储能与动力电池技术及应用

电动汽车用锂离子动力电池设计与制造技术

王　芳　肖成伟　马　华　等著

科学出版社

北　京

内 容 简 介

本书内容根据作者多年从事电动汽车用锂离子动力电池设计与制造工作积累的经验，结合电池应用场景及性能特点，对锂离子动力电池设计开发及制造工艺进行了系统论述，使读者了解电池设计及工艺参数控制重点，可用于指导锂离子动力电池的设计开发及制备。本书共七章，分别论述了电池技术发展趋势、产品设计、结构设计、电化学设计、安全设计、仿真设计及制造技术。

本书可作为高等院校新能源领域相关专业本科生、研究生和企事业单位研发及工程技术人员参考用书。

图书在版编目（CIP）数据

电动汽车用锂离子动力电池设计与制造技术 / 王芳等著. -- 北京：科学出版社， 2024. 6. --（储能与动力电池技术及应用）. -- ISBN 978-7-03-078690-6

Ⅰ. U469.720.3

中国国家版本馆 CIP 数据核字第 20244D9X09 号

责任编辑：李明楠 刘 冉 / 责任校对：杜子昂
责任印制：徐晓晨 / 封面设计：图阅盛世

科 学 出 版 社 出版
北京东黄城根北街 16 号
邮政编码：100717
http://www.sciencep.com
北京中科印刷有限公司 印刷
科学出版社发行 各地新华书店经销

*

2024 年 6 月第 一 版 开本：720×1000 1/16
2024 年 6 月第一次印刷 印张：22
字数：443 000
定价：150.00 元
（如有印装质量问题，我社负责调换）

主要作者简介

王 芳 博士，教授级高工。入选科技部"中青年科技创新领军人才"，享受国务院特殊津贴专家。现任中国汽车技术研究中心有限公司首席科学家、新能源专项总工程师。研究方向致力于新能源汽车及关键零部件测试技术，尤其是聚焦先进能源动力系统的测评体系。牵头科技部"十二五"863计划项目和"十三五""十四五"国家重点研发计划项目；牵头/参与制定2项国际标准和15项国家标准。相关成果获国家科学技术进步奖二等奖及省部级奖10余项，个人获第十七届中国青年科技奖、全国五一劳动奖章、天津市优秀科技工作者、天津市突出贡献专家、中国汽车工业优秀科技人才等荣誉称号。

肖成伟 博士，研究员级高工。中国电子科技集团公司第十八研究所研究员。担任国家"十三五""十四五"新能源汽车重点研发专项专家组成员，节能与新能源汽车动力电池技术路线图专题组共同组长，全国汽车标准化委员会电动汽车分委员会副主任委员等。现从事动力及储能电池、新体系电池、关键材料、测试评价及标准体系等研究工作。

马 华 博士，正高级工程师。现任天津市捷威动力工业有限公司研究院院长，长期致力于新型电极材料和先进电池体系的技术研究和应用。在 *J. Am. Chem. Soc., Adv. Mater., Sci. Adv.* 等国际、国内期刊上发表论文20余篇，申请专利70余项。作为负责人承担863项目子课题1项和国家重点研发计划项目子课题1项，完成天津市自然科学基金重点项目1项，参与完成863项目3项。获国家自然科学奖二等奖、天津市自然科学奖一等奖和天津市科技进步奖特等奖等奖励。

"储能与动力电池技术及应用" 丛书编委会

丛 书 序

新能源汽车是指采用非常规的车用燃料作为动力来源（或使用常规的车用燃料、采用新型车载动力装置），综合车辆的动力控制和驱动方面的先进技术，形成的集新技术、新结构于一身的汽车。中国新能源汽车产业始于21世纪初。"十五"以来成功实施了"863电动汽车重大专项"，"十一五"又提出"节能和新能源汽车"战略，体现了政府对新能源汽车研发和产业化的高度关注。

2008年我国新能源汽车产业发展呈全面出击之势。2009年，在密集的扶持政策出台背景下，我国新能源产业驶入全面发展的快车道。

根据公开的报道，我国新能源汽车的产销量已经连续多年位居世界第一，保有量占全球市场总保有量的50%以上。经过近20年的发展，我国新能源汽车产业已进入大规模应用的关键时期。然而，我们要清醒地认识到，过去的快速发展在一定程度上是依赖财政补贴和政策的推动，在当下补贴退坡、注重行业高质量发展的关键时期，企业需要思考如何通过加大研发投入，设计出符合市场需求的、更安全的、更高性价比的新能源汽车产品，这关系到整个新能源汽车行业能否健康可持续发展的关键。

事实上，在储能与动力电池领域持续取得的技术突破，是影响新能源汽车产业发展的核心问题之一。为此，国务院于2012年发布《节能与新能源汽车产业发展规划（2012－2020年）》及2014年发布《关于加快新能源汽车推广应用的指导意见》等一系列政策文件，明确提出以电动汽车储能与动力电池技术研究与应用作为重点任务。通过一系列国家科技计划的立项与实施，加大我国科技攻关的支持力度、加大研发和检测能力的投入、通过联合开发的模式加快重大关键技术的突破、不断提高电动汽车储能与动力电池产品的性能和质量，加快推动市场化的进程。

在过去相当长的一段时间里，科研工作者不懈努力，在储能与动力电池理论及应用技术研究方面取得了长足的进步，积累了大量的学术成果和应用案例。储能与动力电池是由电化学、应用化学、材料学、计算科学、信息工程学、机械工程学、制造工程学等多学科交叉形成的一个极具活力的研究领域，是新能源汽车技术的一个制高点。目前储能与动力电池在能量密度、循环寿命、一致性、可靠性、安全性等方面仍然与市场需求有较大的距离，亟待整体技术水平的提升与创新；这是关系到我国新能源汽车及相关新能源领域能否突破瓶颈，实现大规模产业化的关键一步。所以，储能与动力电池产业的发展急需大量掌握前沿技术的专业人才作为支撑。我很欣喜地看到这次有这么多精通专业并有所心得、遍布领域各个研究方向和层面的作者加入到"储能与动力电池技术及应用"丛书的编写工作中。我们还荣幸地邀请到中国工程院陈立泉院士、衣宝廉院士担任学术顾问，为丛书的出版提供指导。我相信，这套丛书的出版，对储能与动力电池行业的人才培养、技术进步，乃至新能源汽车行业的可持续发展都将有重要的推动作用和很高的出版价值。

本丛书结合我国新能源汽车产业发展现状和储能与动力电池的最新技术成果，以中国汽车技术研究中心有限公司作为牵头单位，科学出版社与中国汽车技术研究中心共同组织而成，整体规划 20 余个选题方向，覆盖电池材料、锂离子电池、燃料电池、其他体系电池、测试评价 5 大领域，总字数预计超过 800 万字，计划用 3~4 年的时间完成丛书整体出版工作。

综上所述，本系列丛书顺应我国储能与动力电池科技发展的总体布局，汇集行业前沿的基础理论、技术创新、产品案例和工程实践，以实用性为指导原则，旨在促进储能与动力电池研究成果的转化。希望能在加快知识普及和人才培养的速度、提升新能源汽车产业的成熟度、加快推动我国科技进步和经济发展上起到更加积极的作用。

祝储能与动力电池科技事业的发展在大家的共同努力下日新月异，不断取得丰硕的成果！

吴锋

2019 年 5 月

前 言 Preface

当前，在双碳目标驱动下，低碳、零碳技术创新已成为各国政策导向和企业战略选项的重要内容。2022 年，工业和信息化部、国家发展改革委和生态环境部联合印发《工业领域碳达峰实施方案》，该方案明确要求，对标国际领先标准制修订汽车节能减排标准，并指出到 2030 年，当年新增新能源、清洁能源动力的交通工具比例达到 40% 左右,乘用车和商用车新车二氧化碳排放强度分别比 2020 年下降 25% 和 20% 以上。该方案还提出，要大力推广节能与新能源汽车，强化整车集成技术创新，提高新能源汽车产业集中度等。

在政策与市场的双轮驱动下，2022 年我国新能源汽车产业持续爆发式增长，销量 688.7 万辆，市场占有率达 25.6%；2023 年中国新能源车销量 949.5 万台，市场占有率达 31.6%。我国新能源汽车销量已连续 9 年位居世界第一，继续大幅超越欧洲和北美洲，优势明显。

得益于新能源汽车产业的快速发展，动力电池作为新能源汽车的核心部件，其在技术水平、市场规模及产业链完整度等方面都取得了较大进步。近年来，国家公布多项产业政策和法律法规以鼓励动力电池技术和产业的发展,《新能源汽车产业发展规划（2021—2035 年）》《锂离子电池行业规范条件（2021 年本）》《关于做好锂离子电池产业链供应链协同稳定发展工作的通知》等为动力电池行业发展提供了方向指引，为企业提供了良好的生产经营环境。

2022 年我国动力电池产销量成倍数增长，国内动力电池总产量为 545.9GWh,同比增长 148.5%,总销量为 465.5GWh,同比增长 150.3%；2023 年，我国锂离子电池产业延续增长态势，动力和其他电池合计产量为 778.1GWh，同比增长 42.5%；动力电池累计销量为 616.3GWh，同比增长 32.4%。高性能、高能量密度且产量持续攀升的动力电池必将显著促进新能源汽车生命周期碳排放削减效果。

近年来，随着新能源汽车性能的不断提升，对动力电池能量密度、安全性及循环寿命等性能指标提出了更高的要求。各大电池企业均加大了动力电池技术研发投入，分别在材料、结构、工艺及体系四个维度进行技术创新，从动力电池设计及制造角度不断进行优化迭代，实现技术升级。

本书主要围绕锂离子动力电池这一新能源汽车的核心部件，重点介绍了新能源汽车用锂离子动力电池设计与制造技术的最新进展。以应用场景为前提，根据特定工况要求，对电池结构、化学体系等进行适应性设计开发（工艺配方、电芯结构设计等），结合安全性设计要求、仿真分析手段及测试评价技术，更好地指导电池设计开发与验证工作，同时对电池制造工艺技术进行了系统性介绍，便于读者了解电池工艺参数设计的重点及控制点。

本书在锂离子动力电池开发过程中涉及的整体分析及设计思路与流程、设计关键点等方面为读者提供了方法论，可指导读者完成锂离子动力电池产品的高效设计，并提升设计技术水平和能力。

本书由王芳、肖成伟统筹规划和整理，共分为 7 章，第 1 章由肖成伟、王松蕊、王芳编写，第 2 章由暴旭、郑彦俊、藏永、孙翠平编写，第 3 章由张娜、王芳、张明明、刘萍编写，第 4 章由高秀玲、靳尉仁、申津婧、马华、王炜娜编写，第 5 章由马华、王芳、张越超、高金津编写，第 6 章由丁飞、王芳、张睿、王宁、王新改、李乐编写，第 7 章由阳如坤编写。

本书的筹备、编写和出版，得到了以下单位的大力支持，在此一并表示感谢：
中国汽车技术研究中心有限公司
天津市捷威动力工业有限公司
天津理工大学
河北工业大学
深圳吉阳智能科技有限公司
中国电子科技集团公司第十八研究所
作者诚挚感谢给予本书出版和发行大力支持的业界同仁。

限于作者的水平，本书未能涵盖与动力电池相关的所有设计开发及制造知识，我们希望以此书为牵引，促进更多的高校、科研院所与企业的技术人员提升动力电池的科研技术水平，凝聚众人之智慧，齐心协力推动动力电池和新能源汽车产业的健康发展。同时，本书若有疏漏、不当之处，恳请读者朋友们不吝指正。

王　芳　肖成伟
2024 年 2 月

目　　录 Contents

01

电池技术综述

在全球碳中和的宏观背景下，交通能源动力转型成为全球共识，汽车技术迎来了动力系统电动化的时代，发展电动汽车已成为世界范围内汽车产业技术发展的共识和主攻方向。新能源汽车市场迎来爆发式增长，带动动力电池装车量持续提升。

动力电池作为新能源汽车的能量储存装置，其性能的优劣直接影响新能源汽车的应用，如安全性、能量密度、功率密度、寿命等。目前铅酸电池、镍氢电池、超级电容器及锂离子电池在新能源汽车领域均有应用，而锂离子电池作为铅酸电池、镍氢电池、超级电容器的技术及产业升级换代产品，具有质量及体积功率密度高、能量密度高、自放电率低、无记忆效应以及环境友好等优点，成为目前研究及产业化的焦点和热点，其应用领域涵盖了混合动力、插电式混合动力以及纯电动汽车，发展前景广阔，市场需求巨大[1,2]。

1.1 动力电池基本工作原理

电池是通过电化学氧化还原反应实现活性材料化学能转换成电能的装置。如图 1-1 所示，当电池放电时，电池与外部负载相连接，电子从负极通过外部负载流向正极。此时负极（或阳极）被氧化，正极（或阴极）接受电子而被还原。在电解质中依靠阴离子和阳离子分别向负极和正极的移动而使整个电路连通起来。该过程中电池将化学能转变为电能；充电时的电流流动方向与放电时相反。正极（或阳极）发生氧化，负极（或阴极）接受电子而被还原。在电解质中依靠阴离子和阳离子分别向正极和负极的移动而使整个电路连通起来。该过程中电池将电能转变为化学能并贮存起来[3,4]。

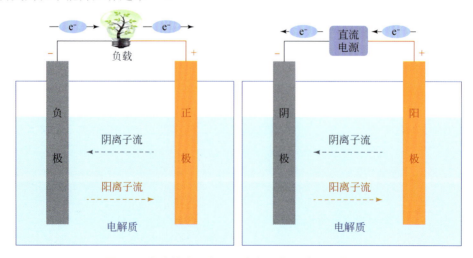

图 1-1　电池放电（左）和充电（右）时的工作原理

电池的基本热力学基础：在电池中，反应一般是发生在两个区域或两个部位上，这些反应部位就是电极界面。设电池的正、负极上的反应分别为：

正极
$$aA + ne^- \Longleftrightarrow cC$$

负极
$$bB - ne^- \Longleftrightarrow dD$$

电池总反应可通过两个半电池反应相加而得到：

$$aA + bB \Longleftrightarrow cC + dD$$

电池是一种将化学能转换为电能的装置，这里所说的化学能的变化是指化学反应进行时体系自由能的减少，即 ΔG。根据热力学原理，有：

$$\Delta G = -nFE \tag{1-1}$$

或
$$E = -\frac{\Delta G}{nF} \tag{1-2}$$

式中，ΔG 为体系的自由能变化；n 为参加反应的物质得失电子数；F 为法拉第常数，即 1mol 电子的电量，约等于 96500C；E 为电池的电动势。

由式（1-1）可知，反应如果能够自发进行，ΔG 一定是负值。只要满足这个条件，无论是固体、液体还是气体，都可以用作电池的活性物质。

当所有物质的活度都等于 1 时，上式即为：

$$\Delta G^\circ = -nFE^\circ \tag{1-3}$$

或
$$E^\circ = -\frac{\Delta G^\circ}{nF} \tag{1-4}$$

式中，ΔG° 为体系的标准自由能的变化；E° 为电池反应的标准电极电位。

当条件与标准状态不同时，电池电动势 E 可由热力学计算公式得到：

$$E = -\frac{\Delta G}{nF} = -\frac{\Delta G^\circ}{nF} - \frac{RT}{nF} \ln \frac{\alpha_C^c \alpha_C^d}{\alpha_A^a \alpha_B^b} = E^\circ - \frac{RT}{nF} \ln \frac{\alpha_C^c \alpha_C^d}{\alpha_A^a \alpha_B^b} \tag{1-5}$$

式中，α_i（i=A，B，C）为相应组分的活度；R 为摩尔气体常数，8.314J/mol；T 为热力学温度。

式（1-5）即为电池电动势的热力学计算公式，也称为能斯特（Nernst）方程。它反映了电池的电动势只与参加化学反应的物质本性、电池的反应条件（温度）以及反应物和产物的活度有关，而与电池的几何结构、尺寸大小无关。

此外，还可以根据式

$$E = \psi_+ - \psi_- \tag{1-6}$$

及能斯特方程求得电池电动势。

根据能斯特方程，可以分别列出电池正负极的平衡电极电位：

$$\varphi_+ = \varphi_+^0 - \frac{RT}{nF} \ln \frac{\alpha_C^c}{\alpha_A^a} \tag{1-7}$$

$$\varphi_- = \varphi_-^0 - \frac{RT}{nF} \ln \frac{\alpha_B^b}{\alpha_D^d} \tag{1-8}$$

电池的电动势就是用正极的平衡电位减去负极的平衡电位，即

$$
\begin{aligned}
E = \varphi_+ - \varphi_- &= \left(\varphi_+^0 - \frac{RT}{nF} \ln \frac{\alpha_C^c}{\alpha_A^a}\right) - \left(\varphi_-^0 - \frac{RT}{nF} \ln \frac{\alpha_B^b}{\alpha_D^d}\right) \\
&= (\varphi_+^0 - \varphi_-^0) - \frac{RT}{nF} \ln \frac{\alpha_C^c \alpha_C^d}{\alpha_A^a \alpha_B^b} \tag{1-9} \\
&= E^0 - \frac{RT}{nF} \ln \frac{\alpha_C^c \alpha_C^d}{\alpha_A^a \alpha_B^b}
\end{aligned}
$$

式（1-9）所得的电池电动势与式（1-5）相同。

需要说明的是，单电极（绝对）电位的直接测量实际上是不可能的。在实际工作中经常使用的电极电位并不是单个电极的绝对电位，而是相对于某一个参比电极的相对电位。

电池的基本动力学基础：电池是通过化学反应获得电能，对电池有重要影响的是电极反应动力学过程。电极过程并不是一个简单的化学反应，而是由一系列性质不同的单元步骤串联组成的复杂过程。有些情况下，除了连续进行的步骤外，还有平行进行的单元步骤存在。一般情况下，电极过程大致由下列各单元步骤串联而成[5]：

液相传质步骤　反应粒子（离子、分子等）由电解质本体向电极表面迁移。

前置的表面转化步骤（或前置转化）　反应物粒子在电极表面或电极表面附近液层中进行电化学反应前的某种转化过程，如反应粒子在电极表面的吸附、络合离子配位数的变化或其他化学变化。通常，这类过程的特点是没有电子参与反应，反应速度与电极电位无关。

电子转移步骤（或电化学反应步骤）　反应物粒子在电极/溶液界面上得到或失去电子，生成还原反应或氧化反应的产物。

随后的表面转化步骤（或随后转化）　反应产物在电极表面或表面附近液层中进行电化学反应后的转化过程，如反应产物自电极表面脱附、反应产物的复合、分解、歧化或其他化学变化。

新相生成步骤　反应产物生成新相，如生成气体、固相沉积层等，称为新相生成步骤。

或者，反应产物是可溶的，产物粒子自电极表面向溶液内部或液态电极内部

迁移，称为反应后的液相传质步骤。

对一个具体的电极过程来说，并不一定包含所有上述五个单元步骤，可能只包含其中若干个。但是，任何电极过程都必定包括液相传质、电子转移、新相生成三个步骤。

研究电极过程的目的是确定上述步骤中哪一步是最慢的，然后获得整个电极反应的数学表达式，定量地描述浓度（活度）与时间的关系。一般把控制整个电极过程速度的单元步骤（最慢步骤）称为电极过程的速度控制步骤，也可简称为控制步骤。只有提高控制步骤的速率，才有可能提高整个电极过程的速率。因此，确定一个电极过程的速率控制步骤，在电极过程动力学研究中有着重要的意义。

电极上的反应以化学和电两方面的变化为特征，属于异相反应类型。假设电极反应为

$$O + ne^- \rightleftharpoons R$$

按照异相化学反应速率的表示方法，该电极反应速率为：

$$v = \frac{1}{S}\frac{dc}{dt} \tag{1-10}$$

式中，v 为电极反应速率；S 为电极表面的面积；c 为反应物浓度；t 为反应时间。

根据法拉第定律，产生 1 克当量物质的变化，电极上需要通过 1F（法拉第）电量。因此，电极上 n mol 物质还原或氧化，就需要通过 nF 电量。n 为电极反应中一个反应粒子所消耗的电子数，即式（1-11）中参与电极反应的电子数 n。反应物质放电的时候必然产生电流，通过电流的变化就可观察到反应速率的变化，所以，可把电极反应速率用电流密度（i）表示为：

$$i = nFv = nF\frac{1}{S}\frac{dc}{dt} \tag{1-11}$$

当电极反应达到稳定状态时，外电流将全部消耗于电极反应，因此实验测得的外电流密度就代表了电极反应速率。

电流是有方向的，因此往往加上箭头表示电流密度的方向，如 $\vec{i}$ 或 $\overleftarrow{i}$；有时也以文字说明规定电流或电流密度的方向，如规定阴极还原电流为正。

众所周知，电极过程往往是复杂、多步骤的过程，而构成电极过程的各个单元步骤所起的作用是不同的，其中占据主导地位的控制步骤主要决定了电极过程的动力学特征和极化类型。

通常把对平衡现象的偏离称为极化现象或极化作用。热力学平衡过程与可逆现象紧密相连。可逆过程或平衡过程的变化率是很小的，但实际过程必须有一定的速率，有时还要求有很高的速率。例如电动汽车的要求之一是必须有大电流放

电，即要求反应速率很大，这样必然偏离平衡电位的现象，即电极极化。

典型的电极过程极化主要包括以下三种类型的极化[6]：

欧姆极化 欧姆极化是指由于电极有欧姆电阻，当电流流过电极体系上的欧姆电阻时，会在电阻上引起欧姆压降，从而使电极电位偏离平衡电位的现象。欧姆极化的驱动力是电场梯度。导电好的金属电极，其欧姆电阻常可忽略。电池的电阻一般有电解质的电阻、电极材料的电阻，有时甚至还有反应产物附着造成的电阻等。

浓差极化 浓差极化是指电化学反应进行时作用物浓度的变化造成电极电位对平衡电位的偏离。浓差极化的驱动力是浓度梯度。

电化学极化 电化学极化是指电荷传递过程迟缓造成界面电荷分布状态改变，从而使电极电位偏离平衡电位的现象。电化学极化的驱动力是电场梯度。

后期的研究也表明，紧挨着放电步骤（除扩散步骤外）的前置步骤（如配合物离解）及后续步骤（如放电以后形成的金属原子进入晶格）也可能很慢，这些缓慢步骤造成电极电位对平衡电位的偏差，往往也称为电化学极化。

1.1.1 超级电容器基本工作原理

电容器储能靠电荷分离，最简单的电容器是在承载于金属板上的电介质薄层中储能。电化学电容器有时被称为超级电容器。电化学电容器电极材料由具有高比表面积、孔径在纳米范围的多孔材料制成，电荷储存在固体电极和电解质的界面层中。电化学电容器的储能机理，可以分为双电层电容和赝电容两类过程[7]。

双电层电容：在电极/溶液界面通过电子或离子的定向排列造成电荷的对峙而产生。对一个电极/溶液体系，会在电子导电的电极和离子导电的电解质溶液界面上形成双电层。当在两个电极上施加电场后，溶液中的阴、阳离子分别向正、负电极迁移，在电极表面形成双电层；撤消电场后，电极上的正负电荷与溶液中的相反电荷离子相吸引而使双电层稳定，在正负极间产生相对稳定的电位差。这时对某一电极而言，会在一定距离内（分散层）产生与电极上的电荷等量的异性离子电荷，使其保持电中性；当将两极与外电路连通时，电极上的电荷迁移而在外电路中产生电流，溶液中的离子迁移到溶液中呈电中性，这便是双电层电容的充放电原理（图 1-2）。

赝电容：利用电极材料与电解质之间的氧化还原反应产生法拉第电荷储存电量，其理论模型由 Conway 首先提出，是在电极表面和近表面或体相中的二维或准二维空间上，电活性物质进行欠电位沉积，发生高度可逆的化学吸脱附和氧化还原反应，产生与电极充电电位有关的电容。其储存电荷的过程不仅包括双电层上的存储，还包括电解液离子与电极活性物质发生的氧化还原反应。当电解液中的离子（如 H^+、OH^-、K^+ 或 Li^+）在外加电场的作用下由溶液中扩散到电极/溶液界面时，会通过界面上的氧化还原反应而进入电极表面活性氧化物的体相中，从而使得大量的电荷被存储在电极中。放电时，这些进入氧化物中的离子又会通过以上氧化还原反应的逆反应重新返回到电解液中，同时所存储的电荷通过外电路而释放出来（图 1-3）。

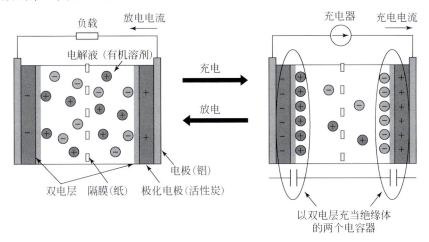

图 1-2　双电层电容的充放电过程

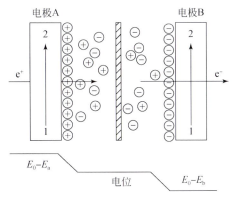

图 1-3　赝电容的充放电过程

E_0-E_a：充电状态正极电位；E_0-E_b：充电状态负极电位

1.1.2　镍氢电池基本工作原理

镍氢电池是由氢离子和金属镍合成的一种碱性蓄电池，它的正极活性物质主要由镍制成，负极活性物质主要是氢气或者储氢合金，动力用镍氢电池的负极多为储氢合金，电解质为氢氧化钾水溶液[8]。

在放电过程中，正极羟基氧化镍被还原为氢氧化镍，在充电过程中重新氧化为羟基氧化镍。

正极 $\quad$ $NiOOH+H_2O+e^- \underset{充电}{\overset{放电}{\rightleftharpoons}} Ni(OH)_2 + OH^-$ $\quad$ $E_0=0.52V$

在放电过程中，负极金属氢化物 MH 被氧化成金属合金 M，在充电过程中重新还原为金属氢化物。

负极 $\quad$ $MH + OH^- \underset{充电}{\overset{放电}{\rightleftharpoons}} M + H_2O + e^-$ $\quad$ $E_0=0.83V$

总反应为：

$$MH + NiOOH \underset{充电}{\overset{放电}{\rightleftharpoons}} M + Ni(OH)_2 \quad E_0 = 1.35V$$

镍氢电池充放电过程如图 1-4 所示。

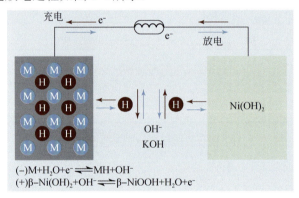

图 1-4　镍氢电池充放电过程

1.1.3　锂离子电池基本工作原理

传统锂离子电池的活性物质是基于嵌入反应过程中能可逆地结合锂进行工作的，反应本身是一个局部规整反应，反应期间可使锂离子可逆移出和插入到宿主中，而不引起宿主结构发生明显变化。锂离子电池中正极材料是含锂的过渡金属氧化物、磷酸盐等，它们或者具有层状结构，或者具有三维骨架结构。石墨型碳负极材料也具有类似于石墨的层状结构。由此过渡金属氧化物、石墨和其他材料作为宿主，可以接受作为客体的锂离子，并可逆地形成如"三明治"一样的结构[4,9]。

锂离子电池的充放电过程（图 1-5）：

正极 $\quad$ $LiMO_2 \underset{放电}{\overset{充电}{\rightleftharpoons}} Li_{1-x}MO_2 + xLi^+ + xe^-$

负极 $\quad$ $C + yLi^+ + ye^- \underset{放电}{\overset{充电}{\rightleftharpoons}} Li_yC$

全电池反应　　$LiMO_2 + \dfrac{x}{y}C \underset{\text{放电}}{\overset{\text{充电}}{\rightleftharpoons}} \dfrac{x}{y}Li_yC + Li_{1-x}MO_2$

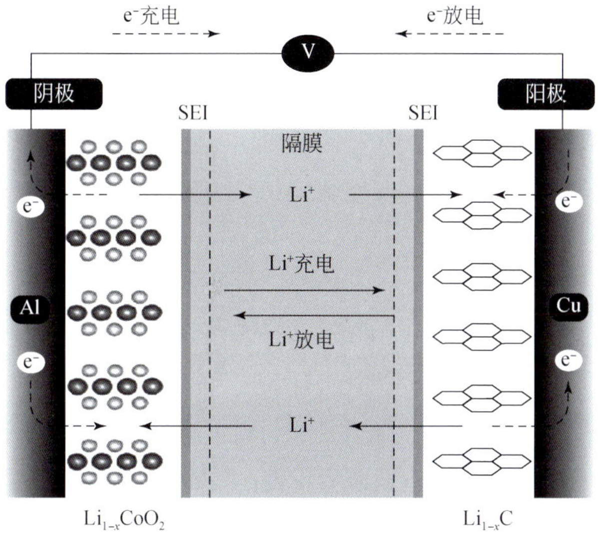

图 1-5　锂离子电池中的充放电过程图解

1.2　动力电池发展历史

电池的发展最早可以追溯到 1800 年的伏特电池，而电动汽车的发展最早可以追溯到 1842 年，苏格兰发明家罗伯特·安德森（Robert Anderson）和托马斯·戴文波特（Thomas Davenport）合作打造了世界上第一部以电池为动力的电动汽车，开创了电动车辆的发展和应用历程。此后，1884 年，英国发明家和实业家托马斯·帕克（Thomas Parker）用他自己专门设计的高容量可充电电池，在伦敦制造了第一辆实用的电动汽车。世界第一辆现代电动汽车——通用 EV1 于 1996 年应运而生。通用 EV1 第一代是由 32 块铅酸电池作为主能源，车体自重 1000kg，一次充电可以行驶 144km。

在经历了繁荣、衰落后，由于石油紧张、空气污染、温室效应、双碳经济等原因，电动汽车进入了复苏阶段，铅酸电池、镍氢电池、超级电容器及锂离子电池成为电动汽车的主要动力电池类型。

1.2.1　超级电容器发展历史

19 世纪 70 年代至今，超级电容器的重要发展历程如下：

1879 年，Helmholtz 发现了双电层电容性质，提出了双电层的概念。

20 世纪 50 年代末，科学家提议把由金属片构成的双层电化学电容器替换成由多孔碳材料构成的电容器，并得到了实践的证明。

1957 年，Becker（美国通用电气公司）申请了由高比表面积活性炭作电极材料的电化学电容器方面的专利，并提出将接近电池比容的电容器作为储能元件。

1962 年，标准石油公司（SOHIO）生产了一种 6V 的以活性炭（AC）作为电极材料，以硫酸水溶液作为电解质的超级电容器。

1969 年，标准石油公司（SOHIO）首先实现了碳材料电化学电容器的商业化。

1971 年，世界上第一个商用的超级电容器问世，这标志着超级电容器已经开始进入市场化运行阶段。

1979 年，日本电气股份有限公司开始生产超级电容器，并将其用于电动汽车的起动系统。

20 世纪 80 年代，引入了赝电容电极材料，超级电容器的能量密度得到了大幅度提升，达到了之前从未达到过的法拉第（F）级别，也就在这个时期电化学电容器被冠以了真正意义上的超级电容器之名（超大法拉级别的电容器）。

1980 年，日本松下电子公司研究了以活性炭为电极材料，以有机溶液为电解质的超级电容器，在此之后超级电容器开始大规模产业化。

1981 年，美国得克萨斯大学奥斯汀分校研制了一种新型超级电容器，可在不到 1 分钟时间内完成充电。

1982 年，新加坡国立大学纳米科技研究所宣称开发出一种能够储能的隔膜，不需要电解液，从而避免超级电容器漏液损坏，不仅降低了成本，还能够储存更多的能量。

20 世纪 90 年代，超级电容器的发展前景被西方发达国家看中，他们纷纷提出了与之相关的重大项目。同时，俄罗斯的 Econd 公司和 Elit 公司又推出了适合于大容量、高功率场合的电化学电容器。

1995 年，日本日产公司利用新型超级电容器进一步提升电池充电效率，10 分钟能够将一辆电动汽车的电池充满电。

2006 年，美国《探索》杂志曾将超级电容器列为世界七大科技发现之一，并将超级电容器的出现视为能量储存领域中一项革命性的突破。

2008 年之前，电极技术曾一度制约了中国超级电容器行业的发展。但随着核心电极技术的突破，相关企业又从高分子科学角度出发，自主研发干法电极技术，为中国汽车行业的超级电容应用和干法电极电池的发展奠定了坚实基础。

2010 年开始，中国国产超级电容器已陆续开始在新能源汽车、电力配网设备等领域应用。

2015 年之后，中国超级电容器产业在国际上率先应用于储能式有轨电车、超级电容客车等领域；在轨道交通、风力发电、电动船舶等领域的应用规模已经达到世界领先水平。

2016 年，中国在世界上成立了第一个超级电容产业联盟，目前已经有 176 个会员单位，这个规模甚至超越了欧美及全世界电容器厂商的总和。

2017 年，中国科技部把"基于超级电容器的大容量储能体系及应用"，正式列入国家重点基础研究发展计划（简称"973 计划"）

2020 年，据超级电容产业联盟统计，最近五年中国超级电容器产业的市场增长率超过 35%。其中，部分产品赶上了产业升级换代的好时机，市场增长率甚至超过了 100%。

超级电容器的快速发展也就仅仅几十年的时间（图 1-6），超级电容器在国外起步发展比较早，美国、德国、日本、俄罗斯都有了较为成熟的技术累积，Panasonic、NEC、EPCOS、Maxwell 等公司在超级电容器方面的研究均非常活跃。

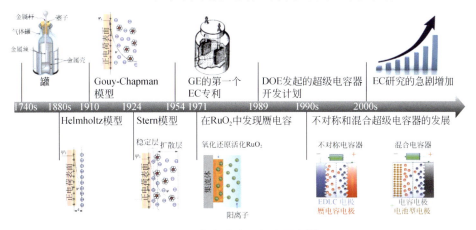

图 1-6　超级电容器的发展史[10]

1.2.2　镍氢电池发展历史

镍氢电池是 20 世纪 90 年代在镉镍电池基础上发展起来的一种新型绿色电池，因具有高能量、长寿命、无污染等特点，而成为世界各国竞相发展的高科技产品之一（图 1-7）。

1967 年，Battelle-Geneva 研究中心开始镍氢电池的相关技术研究，该技术基于烧结的 $Ti_2Ni+TiNi+x$ 合金和 NiOOH 电极。

20 世纪 70 年代，卫星应用的镍氢电池实现商业化。氢化物技术提供了一种替代的、体积较小的储氢方法。飞利浦实验室和法国国家科学研究中心（CNRS）

研究开发了新的高能混合合金，其中混合了稀土金属作为负极。

1978 年，美国将镍氢电池成功地应用在导航卫星上。

1980 年前后，开发出稳定的用于镍氢电池的合金。

1983 年，中国开始研究镍氢电池（南开大学）。

1987 年，Willems 和 Buschow 发明了使用 $La_{0.8}Nd_{0.2}Ni_{2.5}Co_{2.4}Si$ 混合物的镍氢电池，在 4000 次充放电循环后仍保持 84% 的充电容量。后来的镍氢电池均基于这种设计。

1989 年，第一款商业镍氢电池问世（阳极为金属氢化物或储氢合金，阴极为氢氧化镍），由戴姆勒-奔驰和德国大众公司赞助，除了被大量使用于数码产品之外，还被早期的丰田普锐斯（Prius）混动车所采用。

1989 年，中国把镍氢电池列入国家发展计划。

1990 年前后，镍氢电池实现商业化生产。

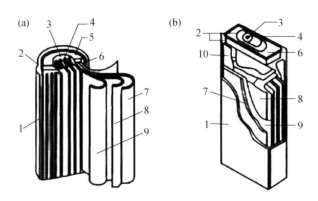

图 1-7　镍氢电池结构图
（a）圆柱形电池；（b）方形电池
1-盆子（－）；2-绝缘衬垫；3-盖帽（＋）；4-安全排气口；5-封盘；
6-绝缘圈；7-负极；8-隔膜；9-正极；10-绝缘体

1992 年，日本三洋公司每月可生产 200 万只镍氢电池。

1992 年，中国第一次将电动汽车列入国家科技攻关计划。

1995 年，中国镍氢电池商业化发展初具规模。

1997 年，日本丰田的普锐斯（Prius）混合电动乘用车量产，这是世界上第一款量产的混合电动车型，也是首款搭载丰田第一代 THS 混动系统（Toyota Hybrid System）的车型。

1998 年，Ovonic 电池公司改进了 Ti-Ni 合金的结构和成分，并为其创新申请了专利。

2003 年，日本第二代普锐斯车型上市，第二代 THS 系统也同时问世，提高了混合电动汽车的动力性和加速能力。

2006 年，我国生产镍氢电池 13 亿只，超过日本成为第一生产大国。

2008 年，全球使用镍氢电池制造的混合动力汽车超过 200 万辆。

2009 年，第三代普锐斯车型上市，搭载的仍旧是 201.6V/1.31kWh 镍氢电池组。整车实测油耗为 4.3L/100km。

2011 年，中国科霸公司收购了世界上最早开发并为丰田第一代 Prius 提供镍氢动力电池的日本松下公司的湘南工厂。

2015 年，巴斯夫生产了经过改进的微结构镍氢电池，单位能量密度达 140Wh/kg。

2017 年，丰田混合电动车全球累计销量达 1000 万辆。

2021 年，丰田推出了首次搭载大功率"双极性镍氢电池"的新款 AQUA。

1.2.3 锂离子电池发展历史

20 世纪 60 年代，人们正式进入了锂电池的时代。

1970 年，Exxon 公司的 M.S.Whittingham 采用硫化钛作为正极材料，金属锂作为负极材料，制成首个锂电池。

1972 年，在一次学术会议上，Steel 与 Armand 等人提出"电化学嵌入"概念的理论基础。

1972 年，Exxon 公司设计了一种以 TiS_2 为正极、锂金属为负极、$LiClO_4$/二噁茂烷为电解液的电池体系。实验表明，该电池的性能表现良好，深度循环接近 1000 次，每次循环损失低于 0.05%。

1973 年，贝尔实验室的 J.Broadhead 等人研究了在金属二硫族化合物中的硫、碘原子的插层现象，这些对于离子插层现象的初步研究正是带动锂电池逐步进步的最原始的研究，也正是因为这些研究才使得之后的锂离子电池成为可能。

1975 年，三洋公司在过渡金属氧化物电极材料取得突破，Li/MnO_2 开发成功，用在 CS-8176L 型可充电太阳能计算器上，这可以算是第一个可充电的锂电池。

1975 年，Exxon 公司（埃克森美孚的前身）的 Martin B. Dines 对一系列过渡金属二硫族化合物与碱金属之间的插层进行了初步的计算和实验，同年 Exxon 公司的另一名科学家 M.S. Whittingham 发表了关于 $Li\|TiS_2$ 电池的专利。

1977 年，Exxon 公司商业化了基于 $Li\text{-}Al\|TiS_2$ 的电池，其中锂铝合金可以增强电池的安全性（虽然仍然有较大危险性），$LiTiS_2$ 电池体系陆续被美国的 Eveready Battery 公司和 Grace 公司商业化。

图 1-8 芝加哥电池展上的
LiTiS₂ 电池

1977 年，Exxon 公司在芝加哥的汽车电子展中展示了以 TiS₂ 为正极的大型的锂单电池体系（图 1-8），后来 Exxon 公司出于安全问题，未能将该锂二次电池体系实现商品化。

1980 年，Mizushima 和 Goodenough 提出 LiCoO₂ 或 Li$_x$NiO₂ 可能的应用价值（图 1-9）。

1982 年，伊利诺伊理工大学的 R. R. Agarwal 和 J. R. Selman 发现锂离子具有嵌入石墨的特性，此过程是快速的，并且可逆。人们尝试利用锂离子嵌入石墨的特性制作充电电池。首个可用的锂离子石墨电极由贝尔实验室试制成功。

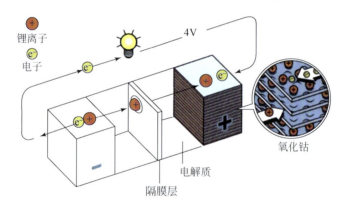

图 1-9 Goodenough 的锂电池构造

1983 年，加拿大科学家 M. A. Py 发明了 Li‖MoS₂ 电池，它在 1/3C 下能有 60～65Wh/kg 的能量密度。

1983 年，M. Thackeray、J. Goodenough 等人发现锰尖晶石是优良的正极材料，具有低价、稳定和优良的导电、导锂性能。其分解温度高，且氧化性远低于钴酸锂，即使出现短路、过充电，也能够避免燃烧、爆炸的危险。

1983 年，Peled 等人提出固态电解质界面膜（简称 SEI）模型。研究表明，这层薄膜的性质（电极与电解质之间的界面性质）直接影响到锂电池的可逆性与循环寿命。

1987 年，加拿大 Moli Energy 公司推出了真正意义上广泛商业化的锂电池 Li‖MoS₂。

1989 年，因为 Li/MoS₂ 二次电池发生起火事故，大部分企业退出金属锂二次电池的开发。

1989 年，A. Manthiram 和 J. Goodenough 发现采用聚合阴离子的正极将产生更高的电压。

1990 年，日本的索尼（Sony）公司率先研制成功锂离子电池（图 1-10）。

1992 年，商业化的可充电氧化锂钴离子电池由索尼推出，并将该技术重新命名为"Li-ion"。该电池以炭材料为负极，以含锂的化合物为正极，在充放电过程中，没有金属锂存在，只有锂离子，这就是锂离子电池。锂离子电池革新了消费电子产品的面貌。此类以钴酸锂作为正极材料的电池，至今仍是便携电子器件的主要电源。

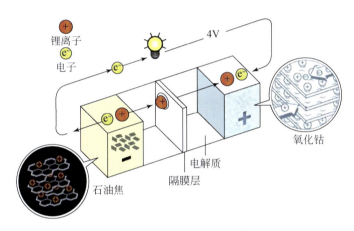

图 1-10　商业化锂离子电池构造

1995 年，日本索尼公司发明了聚合物锂离子电池，电解质是凝胶的聚合物。

1996 年，Padhi 和 Goodenough 发现具有橄榄石结构的磷酸盐，如磷酸铁锂（$LiFePO_4$），比传统的正极材料更具安全性，尤其耐高温，耐过充电性能远超过传统锂离子电池材料。

1997 年，中国建成第一条锂离子电池生产线。

1999 年，聚合物锂离子电池实现商品化。

2000 年，中国锂离子电池商业化生产。

2005 年，中国装载锂离子电池的电动汽车进行了全球首次碰撞实验。

2006 年，比亚迪首款电动车 F3e 问世。

2008 年，特斯拉 Roadster 问世，该车是首辆使用锂离子电池的商用汽车，也是第一辆续航里程超过 390 公里的电动汽车。

2011 年，我国兆瓦级储能站并网，这也是全球首个采用磷酸铁锂正极的兆瓦级储能站。

2012 年，特斯拉 Model S 上市。

2017 年，玻璃态电解质技术的提出，标志着全固态电池开发进入新阶段。

2019 年，因在可充电锂离子电池开发方面的突出贡献，John Goodenough、Stanley Whittingham 和吉野彰（Akira Yoshino）被授予诺贝尔化学奖。

2020 年以后，为进一步提高能量密度，同时降低成本，动力电池推出了新的结构形式，如大圆柱 4680、刀片电池等，同样系统结构也相继推出 CTC、CTB、CTP 等方式。

1.3　动力电池发展趋势

新能源汽车融汇新能源、新材料、互联网、大数据、人工智能等多种技术，正推动汽车从单纯的交通工具向移动智能终端、储能单元和数字空间转变。动力电池作为新能源汽车的核心部件，占新能源汽车总成本的 40%左右，随着新能源汽车渗透率的逐步提升，动力电池发展空间更为广阔，预计 2025 年之后的市场规模超万亿，未来五到十年将是动力电池的黄金发展时期。

从全球来看，世界各主要经济体相继提出"碳达峰、碳中和"方案。欧盟已制定严苛的绿色经济复苏计划，2021 年起对所有新车实施二氧化碳排放量不超过 95g/km 的规定，同时欧盟委员会计划要求新车和货车的排放量从 2030 年起下降 65%，从 2035 年开始下降 100%，并且欧洲各大车企最迟于 2035 年前停止销售燃油车型。

目前在国际上，混合动力汽车已实现商业化，插电式混合动力汽车、纯电动汽车和燃料电池汽车处于应用推广及示范阶段。多国纷纷推出禁止燃油车销售时间表，宝马、奔驰等都明确提出电动化转型目标。国际能源署对各种汽车未来的预测如图 1-11 所示。

从国内来看，我国已提出"双碳目标"，将大力发展新能源交通方式，根据 2020 年 11 月 2 日国务院办公厅发布的《新能源汽车产业发展规划（2021—2035 年）》，到 2025 年，纯电动乘用车新车平均电耗降至 12.0kWh/100km，新能源汽车新车销售量达到汽车新车销售总量的 20%左右。到 2035 年，纯电动汽车将成为新销售车辆的主流，为世界经济发展注入新动能。

动力电池是新能源汽车的心脏，其性能直接影响新能源汽车的市场应用和消费者的接受度，因此成为各国在新能源汽车领域战略布局的重点。美、日、德等国家均制定了车用动力电池发展的国家规划，对动力电池的研发进行大力支持，以推动动力电池技术的快速发展和市场推广应用。

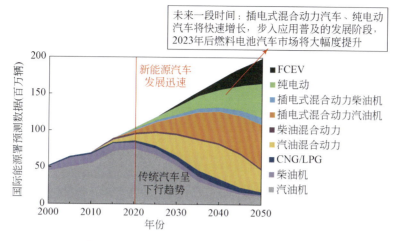

图 1-11　国际能源署对汽车未来发展的预测

欧洲电池联盟（EBA）已经支持了近 70 个工业项目，总投资约 200 亿欧元，以创建一个可持续的电池制造链。美国在 2021 年 6 月启动了"2021～2030 年国家锂电池蓝图"，并在 2021 年 12 月启动了 Battery 500 联盟的第二阶段（7500 万美元），旨在提升研发能力，建立国内锂基电池的供应链。日本新能源和工业技术开发组织（NEDO）部署了 "电动汽车创新电池开发（RISING III）"计划（期限：2021～2025 年，投资额：166 亿日元）。韩国在 2021 年 7 月公布了"2030 年二次电池产业发展战略"，总投资额为 3066 亿韩元。中国一直将先进的电池技术，特别是锂离子电池技术的发展纳入国民经济和社会发展的五年计划（从"六五"到"十四五"），持续的投资使中国成为生产锂离子电池的领先国家。商用锂离子电池的能量密度从不足 100 Wh/kg 提高到 300 Wh/kg 以上，循环寿命从百次提高到 10000 次以上，而电池的价格从 5 元/Wh 以上降到 0.5 元/Wh 以下。

1.3.1　各国动力电池规划

1. 美国动力电池规划

2021 年 6 月，由美国能源部、国防部、商务部、国务院四部门联合组建的联邦先进电池联盟（Federal Consortium for Advanced Batteries，FCAB）发布了美国国家锂电池蓝图（2021～2030 年），这是第一份由政府主导制定的美国锂电池发展政策。

锂电池蓝图旨在引导对美国锂电池制造价值链的投资，创造就业机会，建立清洁能源经济以及减缓气候变化。全球锂电池市场在未来十年预计将增长 5～10

倍，美国需要加大投资规模并与盟国合作，到 2030 年，在美国国内建立锂电池供应链，以追赶欧洲和东亚的步伐。

锂电池蓝图涵盖了从原材料生产、冶炼加工、电池制造、包装制造、下游应用（电动车、储能、军工、航空）到资源回收的完整锂电池供应链。

蓝图给出了未来十年的五个主要目标：

目标一：确保获得原材料和精炼材料，并发现商业和国防应用中关键矿物的代替品

建立坚固、安全的国内锂电池工业基地，为锂电池提供可靠的原材料、精炼和加工。其目标是减少美国电池制造对稀缺材料的依赖，或那些由不可靠的合作伙伴控制材料的依赖，以发展一个更强大、更安全的供应链。

短期行动（到 2025 年）：①与合作伙伴和盟国一起建立可靠的电池关键原材料来源和供应；②通过支持研发和开发采矿技术，提高美国电池关键矿物（锂、镍和钴）安全供应和可持续生产能力；③制定联邦政策，支持建立具有韧性的国内和全球关键原材料来源和供应体系。

长期行动（到 2030 年）：①通过支持研发工作，降低锂离子电池中的钴和镍元素需求；②将废旧电池回收利用作为电池循环经济的关键组成部分。

目标二：支持美国材料加工基地的增长，能够满足国内电池制造的需求

目前，美国大部分锂电池原材料的加工都依赖于国际市场，国家将扶持从成本上具有竞争力的国内锂电池材料加工，并从其发展和增长中受益，发展不使用关键矿物（如钴和镍的锂电池），并开发降低阴极、阳极和电解质等电池材料成本的新工艺，这是材料加工行业未来增长的关键因素。

短期行动（到 2025 年）：①刺激国内电池材料加工业需求增长；②支持材料工艺创新研发，以生产低钴/无钴材料，并扩大生产规模；③改进现有材料的工艺，降低制造成本，提高电池性能，使电池成本达到 60 美元/kWh；④与合作伙伴和盟国合作，促进加工材料供应链的多元化。

长期行动（到 2030 年）：支持材料加工工艺创新研发，以生产无钴和无镍的活性材料，并实现规模化生产。

目标三：促进美国电极、电池和包装制造业的电池能源存储技术取得重大进步

过去 10 年，由于能源密度增加，电池组成本下降约85%，到 2020 年达到 143 美元/kWh。尽管取得这些进展，但是持续的国内增长和电池封装制造还需要政府持续对电动车产业采用激励和支持的政策。美国应制定联邦政策框架，支持国内制造电极、电池和电池组，并鼓励对锂电池的需求增长。此外，进一步研发具有经济效益的电极、电池和封装制造工艺，以降低成本、提高电池性能，保证市场需求持续增加。

短期行动（到 2025 年）：①促进新型电池设计研发，减少电池组装时间，并降低组装成本；②加快新技术和制造工艺的规模化生产和商业化；③为国防、电动汽车和电网应用开发相应的电池性能标准；④制定联邦政策框架，支持美国企业在国内生产电极、电池和电池组，促进锂离子电池的需求增长。

长期行动（到 2030 年）：①通过多样化的国内供应商满足国防用锂电池的关键性能需求；②通过研发下一代封装材料、组件和创新设计，以及先进的制造和组装技术，将电动汽车封装制造成本降低 50%。

目标四：在美国建立电池再利用和关键材料规模回收，并建立完整的竞争价值链

锂离子电池的回收利用不仅可以缓解关键矿物的稀缺性问题，增强环境的可持续性，还可以支持一个更安全、更有弹性的国内材料供应链。对于锂离子电池来说，影响回收利用有几个挑战性因素。目前，回收者在回收电动汽车电池时面临着寿命结束成本的问题，而废旧电池被归类为危险废物，其运输成本占据电池寿命结束成本的一半，需要开发关于锂离子电池收集、分类、运输和处理回收电池材料的新方法，注重降低成本。除了回收外，还应开发一个弹性市场，以推动退役电动汽车电池的二次利用，包括电网存储。再利用电池需要适当的分类、测试和平衡。

短期行动（到 2025 年）：①促进电池包的设计，便于二次利用和回收；②以降低成本为重点，建立回收锂离子电池材料的收集、分类、运输和加工流程方法；③提高钴、锂、镍和石墨等关键材料的回收率；④开发加工技术，将回收的关键材料重新引入供应链；⑤为二次利用的电池部件开发合适的组装流程和测试方法；⑥制定联邦回收政策，以促进锂离子电池的回收和再利用。

长期行动（到 2030 年）：①鼓励消费电子产品、电动汽车和储能电池的回收利用，使其回收利用率达到 90%；②制定联邦政策，要求在电池制造材料中使用回收材料。

目标五：通过大力支持科学研发、STEM 教育和人才发展，来保持和提升美国电池技术的领导地位

在加速的电动汽车和电网存储市场中建立一个具有竞争力和公平的国内锂电池供应链，作为新的零碳能源经济的一部分，是全球锂电池向高性能和降低成本快速发展的一个阶段。为保持美国领导地位，重点关注从下一代锂离子电池的新电极、电解质材料到固态电池，以及新材料、电极和电池制造方法。相关研发将得到强大的知识产权（IP）保护，并通过诸如在半导体行业建立的公私研发伙伴关系，促进创新从实验室向市场快速转移。从事研发需要的高技能人才，需要从公平的科学、技术、工程和数学（STEM）教育体系进行培养。

短期行动（到 2025 年）：①支持研发无钴正极材料和电极成分，重点关注能量密度、电化学稳定性、安全性和成本等重要指标，使其优于目前的商业进口产品；②发展伙伴关系为技术转让和应用前测试制定标准，以确保在美国发明的电池技术应用于美国市场；③在政府范围内实施锂电池技术和配置的标准化，提高政府主导市场（如国防）中的锂电池技术快速应用到其项目的能力，并从一个强大、公平、可持续的国内供应链中受益；④加强知识产权保护战略、研究国内制造业出口控制政策以及国际盟友的参与机制；⑤与行业合作伙伴一起确定人才需求并支持教育规划。

长期行动（到 2030 年）：①开发不含钴和镍的正极材料和电极成分，提高能量密度、电化学稳定性、安全性和成本等重要指标，并优于目前的商业进口产品；②加快研发，实现包括固态和锂金属在内的变革性电池技术的示范和大规模生产，实现电池生产成本低于 60 美元/kWh，电池能量密度超过 500Wh/kg，且电池成分中无钴和镍元素。

2. 日本动力电池规划

2022 年 4 月 19 日，日本新能源产业技术综合开发机构（NEDO）宣布在"绿色创新基金"框架下，投入 1510 亿日元启动"下一代蓄电池和电机开发"项目，旨在推进汽车产业向电气化发展，降低全产业链碳排放，实现碳中和目标。该项目的实施期为 2022～2030 年，目前已确定资助 3 个主题的 18 个课题。

主题一：高性能电池及材料研发

该主题将开发高容量电池（如全固态电池）及其材料，能量密度提升至当前水平 2 倍以上，即超过 700～800Wh/L。同时，开发替代钴、石墨等的材料和低碳制造工艺。计划资助 10 个课题：①下一代全固态电池开发；②建立叠层软包全固态电池（ASSB）试产线，生产高性能、低生命周期排放的电池；③通过高性能固态电解质和材料表面处理技术开发先进固态电池；④增加液态锂离子电池容量，开发无钴正极和高密度填充电池设计；⑤开发高容量液态锂离子电池以及无钴正极和高性能负极；⑥通过提高正极材料、负极材料和树脂的性能，开发高容量全树脂电池；⑦大容量材料成分研究/颗粒物性控制、表面处理技术、低排放制造工艺；⑧利用真空蒸镀技术开发全固态电池薄膜锂金属负极制造技术；⑨颗粒形状可控固体电解质大规模制造技术开发；⑩全固态电池超高离子导电聚合物材料开发。

主题二：电池回收利用技术开发

该主题将开发可回收 70%锂、95%镍、95%以上钴的回收技术。计划资助 4 个课题：①开发干式、湿式结合的冶炼技术，以提高回收率并降低成本；②开发湿法解毒预处理及金属回收技术；③开发非焙烧材料分离回收及正极材料直接回收循环利用技术；④开发回收特定电极材料技术以减少生命周期碳排放。

主题三：高效、高功率密度电机系统开发

该主题将开发创新的材料、电机结构、逆变器、冷却技术，提高电机系统效率（系统平均效率达到 85%），减小尺寸和重量，提高功率（系统输出功率密度达到 3kW/kg）。计划资助 4 个课题：①开发高效电机系统，包括开发轻量化高效超多极结构电机、高性能逆变器、高效轻质磁性材料等；②开发电机系统高效和高功率密度技术，包括轻量化技术、散热技术、控制技术等；③通过不使用磁铁的感应电机，实现更小尺寸、轻质、高输出密度和高效的牵引电机；④利用无镝磁铁和高性能齿轮钢，开发高输出、紧凑、轻量化的高效电动汽车车桥。

3. 欧盟动力电池规划

2018 年 12 月欧盟发布了《电池 2030+》（BATTERY 2030+），阐述了计划的目标、愿景和重点研发领域，提出未来 10 年欧盟电池技术的研发重点，旨在开发智能、安全、可持续且具有成本竞争力的超高性能电池，使欧洲电池技术在交通动力储能、固定式储能领域以及机器人、航天、医疗设备、物联网等未来新兴领域保持长期领先地位。该路线图提出了欧盟电池研发的长期愿景和总体目标。

总体目标是实现能够适用于不同应用场景，且具备超高性能和智能功能的可持续电池。所谓的超高性能指的是，能量密度和功率密度接近理论限值，使用寿命和可靠性非常出色，安全性、环境可持续性和可扩展性得到强化，能够以具有竞争力的成本大规模量产电池。

与目前最先进的电池技术相比，《电池 2030+》旨在影响电池技术的未来发展：

第一，将电池实际性能（能量密度和功率密度）和理论性能之间的差距缩小至少 1/2。

第二，将电池的耐用性和可靠性至少提高 3 倍。

第三，（对于特定的电力组合）将电池的生命周期碳排放量至少减少 1/5。

第四，使电池的回收率达到至少 75%，并且关键原材料回收率实现接近 100%。

重点领域研发路线一，通过创建材料加速平台，将合作伙伴的优势互补和现有的合作环境相结合，以支持提高对电池材料认识的研究工作。重点研发技术包括：①开发高通量自主合成机器人，以解决电解质配方和电极活性材料及其组合时的材料表征问题；②建立用于对电池材料及其原位和运行过程中表征的自动化高通量基础设施，将物理参数导向的基于数据的建模和数据生成相结合，对电池及其活性材料进行高通量测试，建立可加速开发新材料和界面的电池材料平台；③建立基于分布式访问模型的跨部门通用数据基础架构，确保在材料的闭环研发过程中，能够实时进行跨部门实验数据集成和建模；④多尺度互连和集成工作流程，通过机器学习和物理理论导向的数据驱动模型识别最重要的参数和特点，开发创新方法以有效和稳固的方式最佳地耦合和连接不同尺度的模型；⑤开发人工智能，将基于 AI 技术开发集成物理参数和数据驱动的混合模型；⑥统一数据协议，利用欧洲材料建模委员会（EMMC）和欧洲材料和建模本体（EMMO）支持的语义访问协议，并将学术界和工业界、材料建模和工程联系起来，实现整个电池价值链中的数据标准化；⑦电池材料和界面的逆向设计，通过所需性能目标来确定电池材料和/或界面的组成和结构，从而颠覆传统的开发过程。

短时间目标：开发用于电池材料和界面的共享且可互操作的数据基础架构，涵盖电池发现和开发周期内所有领域的数据；自动化的工作流程，可识别并在不同的时空尺度之间传递特点/参数；构建基于不确定性的材料和界面的数据驱动和物理混合模型。

中期目标：在材料加速平台中实行电池界面基因组，能够集成计算建模、自主合成机器人和材料表征；成功演示电池材料可逆设计过程；在发现和预测过程中直接集成来自嵌入式传感器的数据。

长期目标：在电池界面基因组-材料加速平台上建立并示范完全自主开发过程；集成电池组装和设备级测试；在材料开发过程中实现可制造性和可回收性；示范材料开发周期的 5 倍加速；实行并验证用于电池超高通量测试的数字技术。

重点领域研发路线二，在电池界面/中间相研究方面，将重点关注如下研究：①开发针对更高的空间分辨率、时域和运行条件的新型计算和实验技术，以获得超高性能电池系统构造的新认知；②开发结合实验、理论和数据驱动的全新研究方法，通过基于物理的数据驱动混合模型和仿真技术以描述最先进的实验；③开发具有高保真度的电池界面表征技术，通过对电池界面及其动态特性的精确表征，建立电池界面属性的大型共享数据库；④设计电池及其材料的标准化测试协议，以便通过将电池性能及其化学性质进行比较来获取有关电池界面的关键信息；⑤开发更精确的模型，以接近最真实的界面、老化和退化情况。

短时间目标：为电池界面建立规范的特性/测试协议和数据标准；开发自主模块可利用 AI 和仿真模拟技术进行动态特点分析和数据测试；开发可互操作的高通量和高准确度的界面表征方法。

中期目标：为电池界面的空间和时间变化过程开发预测混合模型；电池中间相逆向合成设计模型的示范；电池界面基因组-材料加速平台得以实现，能够集成计算建模、自主合成机器人技术和材料表征。

长期目标：在电池界面基因组-材料加速平台上建立并示范完全自主开发过程；证明界面性能提高了 5 倍；证明电池界面基因组到新型电池化学和界面的可移植性。

重点领域研发路线三，在先进传感器方面，将重点关注如下研究：①将智能功能嵌入电池，集成和开发适用于电池的多种传感器，如光学、电学、热学、声学和电化学传感器，并设计/开发固体电解质中间相动态监测功能；②将传感器嵌入电池，开发具有创新化学涂层的传感器，将传感器尺寸减小到几微米以适合电极隔板的厚度，采用无线传感技术来防止连接布线问题，还可开发能够监测多个参数的新型传感器。

短时间目标：开发基于各种传感技术和简单集成的非侵入性多传感方法，为评估电池内的界面动力学、电解质降解、枝晶生长、金属溶解、材料结构变化等现象提供可行的技术手段；监测电池工作期间关键参数的正常-异常变化，并定义从传感器到电池管理系统的传递函数；通过实时传感将工作温度窗口扩大 10%以上。

中期目标：实现（电）化学稳定传感技术的微型化和集成，以经济有效的方式与工业制造过程兼容，在电池层面和实际电池模块中均具有多功能；利用先进电池管理系统传感数据，建立新的自适应预测控制算法；在电池界面基因组-材料加速平台中集成感应和自修复功能；多价电极体系过电压降低 20%以上；将锂离子的电压窗口新增 10%以上。

长期目标：依靠新的 AI 协议辅助的先进电池管理系统，通过无线传感器通信实现完全可操作的智能电池组；在未来的电池设计中，将感测/监视和刺激引起的局部修复机制（例如自修复）结合，从而可以通过集成感测—电池管理系统—自修复系统来获得智能电池。

重点领域研发路线四，在电池自修复方面，将重点关注如下研究：①功能化电解质隔膜，研究电解质隔膜孔道内接枝的方法，经过专门设计使其具有自修复特性；②针对大多数组件和界面开发聚合物自修复策略，也将探索超分子在自修复多相固体聚合物电解质系统中的应用；③开发生物基电解质隔膜，通过控制电解质的分解从而改善电池老化，使用无毒的生物基分子/蛋白质（例如环糊精）设计薄而多孔的可控隔膜，其选择性可以通过使用和优化蛋白质工程来实现；④探索利用滑动轮凝胶控制隔膜表面的有机物并优化电池装置的效率，另外将研究复合电极，其包含能够通过施加刺激来释放修复剂的微胶囊，将设计具有矿物或聚合物壳的微囊，在受刺激破裂时将释放锂盐、钠盐等。

短时间目标：进行跨领域合作，为建立新的电池研究领域打下基础，从而开发电池的自修复功能。对隔膜进行功能化处理，并开发依靠 H—H 键可逆交联的超分子结构，以修复电极-隔膜的膜破裂，同时和目标电池的化学性质兼容。

中期目标：设计具有可容纳多种功能有机-无机修复剂胶囊的隔膜，可通过磁、热或电模量触发以实现自动修复；确定和刺激驱动的自修复操作相关的响应时间，以修复和电极断裂或固体电解质中间相老化有关的故障。

长期目标：设计和制造具有受控功能和孔隙率的低成本生物基电解质隔膜；在电池传感器和电池管理系统之间建立有效的反馈回路，以通过外部刺激适当触发已经植入电池的自修复功能。

重点领域研发路线五，未来电池制造应防止使用当前的反复试错方法，并且电池和制造过程必须"智能"，开发电池数字化模型。因此需进行如下工作：①引入新功能，如自修复材料/界面、传感器或其他执行器、电池生态设计和替代电池设计；②开发灵活的制造流程和高精度建模工具，以优化工艺、条件和机器参数，开发用于处理电极浆料和电池性能的实时模型（即用于电池制造的数字化模型）；③在电池制造过程中开发和验证多重物理量和多尺度模型，以更准确了解制造过程的每个步骤。

短时间目标：重点开发电池设计方法，改进仿真工具（如多物理场模型），通过深度学习和机器学习方法减轻电池单元设计的计算量并应用当前的 AI 技术。

中期目标：开发电池界面基因组、材料加速平台、传感技术、自修复、回收和其他创新领域，并将其整合到流程中；在电池级设计取得进展之后，将启动并实行基于 AI 的制造方法，即建模—AI—制造（包括新技术的制造以及制造过程中的数字化模型）；开发规模可扩大的电池，如液流电池。

长期目标：通过在整体原型开发中集成电池单元设计，可以成熟地使用整体由 AI 驱动的方法，实现基于电池界面基因组-材料加速平台的完全自主系统。利用这种方法开发可商业化的最新电池技术。

重点领域研发路线六，计划将开发突破性的电池回收工艺，重要研究方向包括：①数据收集和分析（通过标签、电池管理系统、传感器等）；②现代低碳足迹物流概念，包括分散式处理；③自动将电池组拆解到单元级别；④尽可能探索重复使用和再利用；⑤自动拆解电池至最大的单个组件；⑥开发选择性粉末回收技术，并将其"翻新"为电池活性物质，假如不可能，则通过调整组成来合成活性物质前驱体。

为此，将进行特定研发活动：①电池设计中尽可能延长寿命，并考虑重新校准、翻新以及二次使用和多次使用的适用性；②集成传感器和自修复功能，用于识别损坏/老化的组件并为它们的重复使用做准备；③开发可追溯性概念，特别是整个电池生命周期中关键原材料的可追溯性，自动电池分拣和评估，以及开发对有价值关键材料的有效、低成本和可持续的一步回收处理；④选择性回收过程中将使用 AI 技术和分拣设备，同时还将寻求适用于所有电池的通用过程，确保即使是金属-空气电池等新型电池，也能最大限度地回收电池组件。

短时间目标：开发用于数据收集和分析的系统，开发用于电池组/模块分拣和重复利用/再利用的技术，并开发自动拆解电池的方法。将开发用于电池快速表征的新测试技术。

中期目标：开发自动将电池拆解成单个组件的技术，粉末和组件的分选和回收技术，以及将其"翻新"为先进的新型电池活性材料的技术。在电池中测试回收的材料。将开发二次应用中材料再利用的预测和建模工具。显著提高关键原材料的回收率并明显改善对能源和资源的消耗。

长期目标：开发和验证完整的直接回收系统，该系统将在经济上可行、安全且环境友好，并且比目前的流程具有更低的碳足迹。

2021 年，EUROBAT（欧洲汽车和工业电池制造商协会）最新发布《2030 电池创新路线图》。为欧洲电池行业的可持续性发展，EUROBAT 建议采用平衡的立法方法，支持所有技术，不让一种技术优先于另一种技术。未来的欧盟研发公共资金应针对不同应用研究，在不同的技术之间平等分配。

市场驱动的研发产生了各种各样的商用铅、镍、锂和钠基电池产品，这几十年来不断改进的结果，满足了特定应用及其不断增长的需求。欧洲电池行业一直热衷于将一些改进技术从实验室推向市场，满足新的需求和要求。目前，欧洲电池行业在铅基汽车和动力市场保持领先地位，固定业务中领先程度不大。欧洲主流电池技术包括铅、锂和镍基电池；钠技术也有改进的潜力，研发重点是通过设计改进提高充电能力和延长循环寿命。表 1-1 和图 1-12 给出了欧洲电池创新路线图中对每种电池技术的规划和预期。路线图选择了四个关键应用领域：汽车出行、材料处理和物流、越野运输和固定存储。

表 1-1　不同电池技术的发展目标

		铅酸电池技术		碱性电池技术		锂离子电池技术	
		Pb 2020	Pb 2030	NiX 2020	NiX 2030	锂离子 2020	锂离子 2030
电化学体系	正极	PbO_2	PbO_2	β-NiOOH	β-NiOOH	NCM111；NCM523-622，LFP，LMO，LCO，NCA	NCM622-NCM811，NCM811，HE-NCM，HVS，固态
	负极	Pb，Pb+C	Pb，Pb+C	Cd，MH	Cd	LTO，C	C+Si（5%～10%），Si/C
质量能量密度（Wh/kg）	电池	24～48	30～60	28～50	30～55	60～250	300～450
	系统	23～45	35～55	24～43	38～50	20～140	80～400
体积能量密度（Wh/L）	电池	60～105	80～150	55～80	60～90	140～580	650～1100
	系统	36～100	50～110	47～70	50～75	20～250	100～1000

续表

		铅酸电池技术		碱性电池技术		锂离子电池技术	
		Pb 2020	Pb 2030	NiX 2020	NiX 2030	锂离子 2020	锂离子 2030
质量功率密度（W/kg）	电池	34~448	80~505	80~225	100~240	210~1800	450~1100
	系统	41~400	65~450	68~180	80~210	170~520	250~700
体积功率密度（W/L）	电池	91~880	120~920	112~400	120~460	470~2200	800~2500
	系统	76~840	72~900	95~350	100~380	180~650	600~1200
寿命	全循环寿命	200~2500	1000~4800	3000	4000	>3500	>10000
	日历寿命	10~25	10~25	20	20	10	15~25
工作温度（℃）		-25~+50	-25~+50	-50~+60	-50~+60	0~45 充电 -20~+60 放电 -30~+55（LTO）	-30~+60
能量效率（%）		67~85	>90	70~85	>85	>90	95
回收利用		90	90	79	80~85	50	80~85

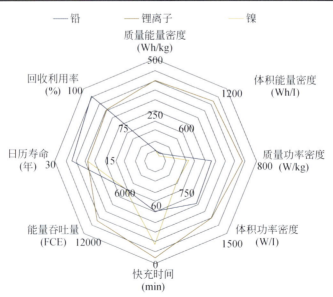

图 1-12　2030 年每种技术的 KPI 概览

4. 韩国动力电池规划

2021年7月8日，韩国政府发布了"2030二次电池产业（K电池）发展战略"，这是在5月份的"K半导体"战略基础上，把电池核心技术指定为与半导体并列的国家战略技术，凸显出了当前国际技术竞争的总体格局和重要性。其目标为：到2030年实现二次电池销售达到166万亿韩元（占世界市场40%），小额销售达到60万亿韩元（占世界市场20%），二次电池出口达到200亿美元。

战略一：确保一流的技术实力，推进民官合作大规模 R&D

包括：①早期掌握新一代二次电池技术；②获得新一代二次电池用辅助元件技术；③确保锂离子电池超代技术竞争力。

政府将于2023~2028年投入3066亿韩元争取提前实现固态电池、锂硫电池、锂金属电池的商用化。锂硫电池、固态电池、锂金属电池将分别于2025年、2027年和2028年实现商用化，并为此提出了耗资5000亿韩元以上的研发项目以及先行确保新一代电池技术的计划。

在新一代电池代表品种及开发方向中，开发重量轻的硫化物系全固态电池（EV用，空间用）、高温安全性高的氧化物系全固态电池（ESS）等多种特定应用市场所需技术；通过开发可小型化、轻量化的锂硫电池，创造航空、无人机用轻质二次电池、纤维、电子设备用柔性二次电池等新的市场；在全固态电池中应用锂金属负极材料，开发同时最大化能量密度和安全性的电动车用二次电池（表1-2）。

表1-2　二次电池技术开发·实证路线

种类	2020年	2025~2028年	2030年
全固态	300Wh/kg 的电容器	400Wh/kg 商用技术	车辆实证
锂硫	400Wh/kg 电芯 无人机（混合动力）实证	小型、柔性电池的开发，无人机商用化技术	应用飞行器
锂金属	阴极材料的开发	400Wh/kg 商用技术	车辆实证

战略二：建设全球领先基地，打造具有稳定供应链的坚实生态系统（建立团结与合作的生态系统）

韩国具体策略包括：通过公私合作，支持大规模电池研发；培育韩国本土电池生态体系，稳定电池供应链；创造公共/私人消费市场，刺激中小企业和初创企业的研发，确保韩国电池产业生态系统以及全球份额的稳定增长。

为稳定供应链，在原材料供给和材料生产能力方面加强政府间的合作，通过民间和官方的合作加强原材料矿物的供给，保证能够满足国内需求的再利用材料。为支援与需求企业相关的技术开发等小型企业核心技术，政府将设立蓄电池研发创新基金。在现有 300 亿韩元技术创新专业基金的基础上，加上三大蓄电池厂商捐赠的 200 亿韩元和民间投资 300 亿韩元，形成 800 亿韩元的基金，扶持中型骨干企业及中小企业的蓄电池研发项目。

政府向研发活动提供 40%～50%的税额抵扣优惠，向设备投资提供最多可达 20%的税额抵扣优惠。各高校参与的硕士、博士级人才培养项目的人数将由 50 人增至 150 人，每年为二次电池方向培养人才 1100 人。

通过民官合作强化海外矿物资源的保证及储备，积极扶持民间企业的海外矿产开发项目，开展海外资源开发的实施性、技术可行性、法律制度等基础调查支持和融资，扩大财团构建等资金支持。扩大国家间合作渠道，通过与资源需求国的网络活动，为民间走出去奠定基础，扶持民间企业参与矿产、矿山开发项目，探索联合研发采矿分离精炼等原料基础材料技术。通过与美国、欧盟等有需求产业基础国家的多边、双边交流渠道，加强信息技术合作，发掘产学研共同项目，考虑扩大稀有金属储备，将供需担忧品种钴的储备量扩大 2～3 倍，根据供需情况提高利用战略。

战略三：扩大二次电池市场，创造公共和私人需求市场

包括：①激活使用后二次电池市场；②扩大二次电池需求基础；③为二次电池服务新产业创造条件。

制定回收体系等制度，通过产业化中心等支撑产品化。在全国 4 个区域建立废旧电池回收中心，制定使用后二次电池运输、保管等相关标准，以支持企业二次电池的筛选（性能安全性评价等），在济州、罗州、蔚山、浦项扩大构建"使用后二次电池产业化中心"；推进储能、电动手推车等使用后二次电池的应用产品开发及产品性能安全性评价技术、电池管理技术（BMS）等技术转让。建立使用后二次电池的"回收→收集、运输→贮存→性能评价"系统。

利用公共市场扩大二次电池需求，扩大稳定化电网储能系统、岛屿微电网、公共机构设置等，在 2021～2025 年内创造 2.2 GWh 规模的公共电网储能市场；建立参与可再生能源发电量预测制度或可再生能源招标制度，保证可再生能源并网型 ESS 系统稳定并提供便利支持，将公务船（共 388 艘）按运行"30 年"的需求进行电池系统大小、运行特性等考虑，通过采用电动、混合动力等方式转变为环保船舶。支持民间市场创造，开发适合新需求产业的二次电池，开发新一代航空用二次电池，扩大二次电池市场需求，推动飞车（UAM·PAV）渡轮、鲸鱼观光船等电力推进船舶开发及验证；开发国际航运船用发动机-电动机-ESS 耦合混合动力推进系统和高安全性 ESS 封装技术。建设机械用二次电池开发及普及项目扩大需求的电动挖掘机、电动叉车等为实现国产化需要大功率的特性，支持建筑机械用电池组的开发。开发城市铁道车辆行驶用二次电池，通过实证创造需求，支

持铁道车辆行驶用快速充电混合动力电池组开发，打造重型电池安全可靠性评估基础设施。

为二次电池服务新产业创造条件，发展二次电池数据利用新产业，二次电池租赁、更换服务等二次电池相关服务产业的挖掘、培育。建立过程大数据采集与利用的"电动车零部件数据平台"，促进以行车管理数据为基础开发二次电池性能的改进、电动汽车零部件转换以及二次电池管理、定制保险、金融商品等新产业的创建。推动创造二次电池不是"购买"而是"租赁换电"服务产业，以示范项目结果为基础，推进相关制度整顿，将二次电池与车辆区分开来，引入"租赁服务"在车辆价格中去掉二次电池（电动汽车价格的 40%）的价格进行销售，推进面向消费者租赁的二次电池租赁示范工程，集中验证面向出租车、公交车的电动汽车二次电池租赁模式的可行性，引入无充电等待时间的"更换服务"（即电动两轮车、个人移动等二次电池通过换电，无须等待充电），推进在站换用缓冲二次电池试点项目。为活跃换电型二次电池市场，对换电型电池组大小、形态、电压、电源连接器形态等进行标准化。

5. 中国动力电池规划

《中国制造 2025》：《中国制造 2025》是由国务院于 2015 年 5 月印发的部署全面推进实施制造强国的战略文件，是中国实施制造强国战略第一个十年的行动纲领。

在节能与新能源汽车领域，继续支持电动汽车、燃料电池汽车发展，掌握汽车低碳化、信息化、智能化核心技术，提升动力电池、驱动电机、高效内燃机、先进变速器、轻量化材料、智能控制等核心技术的工程化和产业化能力，形成从关键零部件到整车的完整工业体系和创新体系，推动自主品牌节能与新能源汽车同国际先进水平接轨。其中动力电池发展目标，到 2020 年，电池单体比能量达到 300Wh/kg 以上，成本降至 1 元/Wh；系统成本降至 1.3 元/Wh；到 2025 年，电池单体比能量达到 400Wh/kg 以上，成本降至 0.8 元/Wh；系统成本降至 1 元/Wh；到 2030 年，电池单体比能量达到 500Wh/kg 以上，成本降至 0.6 元/Wh；系统成本降至 0.8 元/Wh。

《节能与新能源汽车技术路线图 2.0》：2020 年 10 月 27 日，由工业和信息化部装备工业一司指导，中国汽车工程学会牵头组织编制的《节能与新能源汽车技术路线图 2.0》（简称"路线图 2.0"）正式发布。路线图 2.0 提出，至 2035 年，我国节能汽车与新能源汽车年销量将各占一半，汽车产业实现电动化转型。

基于汽车技术发展的社会愿景和产业愿景，路线图 2.0 的总目标为：面向未来 10～15 年，我国汽车产业发展的总体目标是碳排放总量将先于国家碳减排承诺提前达峰；新能源汽车将逐渐成为主流产品，汽车产业基本实现电动化转型；中国方案智能网联汽车核心技术国际领先，产品大规模应用；关键核心技术自主化水平显著提升，形成协同高效、安全可控的产业链；建立汽车智慧出行体系，形成汽车、交通、能源、城市深度融合生态；技术创新体系基本成熟，具备引领全球的原始创新能力。基于节能和新能源汽车技术的持续进步，乘用车、商用车油耗不断降低。到 2025 年，乘用车新车油耗达到 4.6L/100km，货车油耗较 2019 年降低 8%以上，客车油耗降低 10%以上；到 2030 年，乘用车新车油耗达到 3.2L/100km，货车油耗较 2019 年降低 10%以上，客车油耗降低 15%以上；到 2035 年，乘用车新车油耗达到 2.0L/100km，货车油耗较 2019 年降低 15%以上，客车油耗降低 20%以上。

基于六大总体目标，路线图 2.0 分别以 2025 年、2030 年、2035 年为关键节点（图 1-13）。预计至 2035 年，我国节能汽车与新能源汽车年销售量各占 50%，汽车产业实现电动化转型。燃料电池保有量达到 100 万辆左右，商用车实现氢动力转型。各类网联式高度自动驾驶车辆在国内广泛运行，中国方案智能网联汽车与智慧能源、智能交通、智慧城市深度融合。

在路线图 2.0 中，动力电池路线图涵盖了能量型、能量功率兼顾型（含快充电型）和功率型三大类别动力电池，同时包含了动力电池关键材料、系统集成、制造装备、测试评价、梯次利用和回收以及新体系电池等重点技术。

动力电池技术路线图以能量型动力电池、能量功率兼顾型动力电池和功率型动力电池等重点产品的比能量、能量密度、比功率、成本、安全性能等得到全面提升为核心目标，提出发展高比容量和热稳定性好的正负极材料、耐高温隔膜材料、耐高压阻燃电解液等关键材料技术，系统集成技术、智能制造技术及装备、测试评价技术、梯次利用与回收技术，并布局全固态锂离子和锂硫电池等新体系电池研发。

在路线图 2.0 中动力电池未来发展大致分为三个阶段，如图 1-14 所示[11]：

第一阶段：到 2025 年，动力电池技术提升阶段。新型锂离子电池实现产业化。能量型锂离子电池单体比能量达到 350Wh/kg，能量功率兼顾型动力电池单体比能量达到 200Wh/kg。动力电池实现智能化制造，产品性能、质量大幅度提升，成本显著降低，纯电动汽车的经济性与传统汽油车基本相当，插电式混合动力汽车步入普及应用阶段。

第二阶段：到 2030 年，动力电池产业发展阶段。新体系电池技术取得显著进展。动力电池产业发展与国际先进水平接轨，形成两三家具有较强国际竞争力的大型动力电池公司，国际市场占有率达到 30%。固态电池、锂硫电池、金属空气电池等新体系电池技术不断取得突破，比能量达到 400Wh/kg 以上。

汽车产业碳排放总量先于国家碳减排承诺于2028年左右提前达到峰值，到2035年排放总量较峰值下降20%以上

新能源汽车逐渐成为主流产品，汽车产业实现电动化转型

总体发展目标

中国方案智能网联汽车技术体系基本成熟，产品大规模应用

关键核心技术自主化水平显著提升，形成协同高效、安全可控的产业链

建立汽车智慧出行体系，形成汽车-交通-能源-城市深度融合生态

技术创新体系优化完善，原始创新水平具备全球引领能力

		2025年	2030年	2035年
主要里程碑	乘用车	乘用车(含新能源)新车油耗达到4.6L/100km (WLTC)	乘用车(含新能源)新车油耗达到3.2L/100km(WLTC)	乘用车(含新能源)新车油耗达到2.0L/100km(WLTC)
	商用车	货车油耗较2019年降低8%以上 客车油耗较2019年降低10%以上	货车油耗较2019年降低10%以上 客车油耗较2019年降低15%以上	货车油耗较2019年降低15%以上 客车油耗较2019年降低20%以上
	节能汽车	传统能源乘用车新车平均油耗5.6L/100km (WLTC)	传统能源乘用车新车平均油耗4.8L/100km (WLTC)	传统能源乘用车新车平均油耗4L/100km (WLTC)
		混动新车占传统能源乘用车的50%以上	混动新车占传统能源乘用车的75%以上	混动新车占传统能源乘用车的100%
	新能源汽车	新能源汽车占总销量20%左右	新能源汽车占总销量40%左右	新能源汽车成为主流(占总销量50%以上)
		氢燃料电池汽车保有量达到10万辆左右	氢燃料电池汽车保有量达到100万辆左右	
	智能网联汽车	PA/CA级智能网联汽车占汽车年销量的50%以上，HA级汽车开始进入市场，C-V2X终端新车装备率达50%	PA/CA级智能网联汽车占汽车年销量的70%，HA级超过20%，C-V2X终端装配基本普及	各类网联式高度自动驾驶车辆广泛运行于中国广大地区，中国方案智能网联汽车与智慧能源、智能交通、智慧城市深度融合

图 1-13 中国汽车技术总体发展目标

第三阶段：到 2035 年，动力电池产业成熟阶段。新体系电池实现实用化，电池单体比能量达到 500Wh/kg 以上，成本进一步下降；动力电池技术及产业发展处于国际领先水平。

《新能源汽车产业发展规划（2021—2035 年）》：2020 年 11 月 2 日，国务院发布了《新能源汽车产业发展规划（2021—2035 年）》。其发展愿景为，到 2025 年，我国新能源汽车市场竞争力明显增强，动力电池、驱动电机、车用操作系统等关键技术取得重大突破，安全水平全面提升。纯电动乘用车新车平均电耗降至

			2025年	2030年	2035年
总体目标	**能量型电池**	普及型	比能量>200Wh/kg 寿命>3000次/12年 成本<0.35元/Wh	比能量>250Wh/kg 寿命>3000次/12年 成本<0.32元/Wh	比能量>300Wh/kg 寿命>3000次/12年 成本<0.30元/Wh
		商用型	比能量>200Wh/kg 寿命>6000次/8年 成本<0.45元/Wh	比能量>225Wh/kg 寿命>6000次/8年 成本<040元/Wh	比能量>250Wh/kg 寿命>6000次/8年 成本<0.35元/Wh
		高端型	比能量>350Wh/kg 寿命>1500次/12年 成本<0.50元/Wh	比能量>400Wh/kg 寿命>1500次/12年 成本<0.45元/Wh	比能量>500Wh/kg 寿命>1500次/12年 成本<0.40元/Wh
	能量动力兼顾型电池	兼顾型	比能量>250Wh/kg 寿命>5000次/12年 成本<0.60元/Wh	比能量>300Wh/kg 寿命>5000次/12年 成本<055元/Wh	比能量>325Wh/kg 寿命>5000次/12年 成本<0.50元/Wh
		快充型	比能量>225Wh/kg 寿命>3000次/10年 成本<0.70元/Wh 充电时间<15分钟	比能量>250Wh/kg 寿命>3000次/10年 成本<065元/Wh 充电时间<12分钟	比能量>275Wh/kg 寿命>3000次/10年 成本<0.60元/Wh 充电时间<10分钟
	功率型电池	功率型	比能量>80Wh/kg 寿命>30万次/12年 成本<1.20元/Wh	比能量>100Wh/kg 寿命>30万次/12年 成本<1.00元/Wh	比能量>120Wh/kg 寿命>30万次/12年 成本<0.80元/Wh
系统集成			成组效率>70% 热扩散时间>90分钟 标准化比例>30%	成组效率>73% 不发生热扩散 标准化比例>60%	成组效率>75% 不发生热扩散 标准化比例>90%
材料体系	正极		橄榄石结构磷酸盐类材料、层状结构高镍多元氧化物材料、富锂锰基材料、尖晶石结构氧化物材料和其他新型高电压、高容量正极材料		
	负极		石墨类材料、软硬碳材料、硅等合金化负极材料、铌酸钛等高电位负极材料		
	电解液		LiPF$_6$、LiFSI、LiTFSI等电解质盐，酯类、醚类及氟代酯类、醚类溶剂，新型电解质盐、溶剂及功能添加剂，固体电解质等		
	隔膜		PE、PP及其复合膜、表面改性膜剂及新型耐高温隔膜等		
智能制造及关键装备			智能化、无人化、洁净化，制程能力指数(Cpk)>2.0，材料利用率>98%，动力电池新型工艺技术(如干电极、复合固体电解质电极等)，电池、模组及电池系统实现规格化、标准化等		
测试评价			新型分析和测试评价技术，尤其是全生命周期的安全性、可靠性和耐久性测试技术，关键材料和电池的失效模式分析与验证技术等，实现测试评价技术的标准化、高效化、准确化和定量化		
梯次利用和资源回收	梯次利用		动力电池剩余价值评价技术及方法，动力电池剩余价值评估模型及残余价值评估体系，动力电池高效无损分选和自动分类与归集，实现经济性的应用场景和商业模式		
	回收利用		构建退役动力电池精细化、智能化、高值化清洁循环利用技术体系，实现经济性的绿色回收利用		
新体系电池	固态电池 锂硫电池 其他新体系电池		材料体系的构效关系与材料设计、电极/电解质固固两相界面调控与反应机制研究、固态体系中锂离子嵌脱过程引起的材料应力分布变化和对电池性能的影响及调控；新型固态电池结构设计和制造，硫正极稳定性提升和锂负极循环性能提升等		

图 1-14 动力电池总体路线图

12.0kWh/100km，新能源汽车新车销售量达到汽车新车销售总量的 20%左右，高度自动驾驶汽车实现限定区域和特定场景商业化应用，充换电服务便利性显著提高。

力争经过 15 年的持续努力，我国新能源汽车核心技术达到国际先进水平，质量品牌具备较强国际竞争力。纯电动汽车成为新销售车辆的主流，公共领域用车全面电动化，燃料电池汽车实现商业化应用，高度自动驾驶汽车实现规模化应用，充换电服务网络便捷高效，氢燃料供给体系建设稳步推进，有效促进节能减排水平和社会运行效率的提升（表 1-3）。

表 1-3　新能源汽车产业发展规划（2021—2035 年）简述

规划要点	具体内容
发展愿景	到 2025 年，我国新能源汽车市场竞争力明显增强，动力电池、驱动电机、车用操作系统等关键技术取得重大突破，安全水平全面提升
实施电池技术突破行动	开展正负极材料、电解液、隔膜、膜电极等关键核心技术研究，加强高强度、轻量化、高安全、低成本、长寿命的动力电池和燃料电池系统短板技术攻关，加快固态动力电池技术研发及产业化
推动动力电池全价值链发展	鼓励企业提高锂、镍、钴、铂等关键资源保障能量。建立健全动力电池模块化标准体系，加快突破关键制造装备，提高工艺水平和生产效率。完善动力电池回收。梯度利用和再资源化的循环利用体系，鼓励共建共用回收渠道。建立健全动力电池运输仓储、维修保养、安全检验、退役退出、回收利用等环节管理制度，加强全生命周期监管
强化质量安全保障	强化企业对产品安全的主体责任，落实生产者责任延伸制度，加强对整车及动力电池、电控等关键系统的质量安全管理、安全状态监控和维修保养检测
推动产业融合发展	加强新能源汽车与电网（V2G）能量互动。加强高循环寿命动力电池技术攻关，推动小功率直流化技术应用。鼓励地方开展 V2G 示范应用，统筹新能源汽车充放电、电力调度需求，综合运用峰谷电价、新能源汽车充电优惠等政策，实现新能源汽车与电网能量高效互动，降低新能源汽车用电成本，提高电网调峰调频、安全应急等响应能力
健全政策法规体系	加快推动动力电池回收利用立法

国家新能源汽车重点研发专项：在国家新能源汽车重点研发专项中，动力电池作为一个方向，大概占到了 25%，在六个方面对动力电池研发进行支持。第一，新材料新体系；第二，高比能锂电池；第三，高功率长寿命电池；第四，动力电池系统；第五，高比能二次电池；第六，测试评估。

在各国的动力电池规划中，锂电池都占有绝对主导地位，都强调了整个锂电池产业链和供应链的重要性。同时和以前的规划相比，电池的再次利用和资源回收的重要性得到了加强。多国规划中将电池的下游应用和资源回收列为重要组成部分。在各国的动力电池规划中只有欧盟的规划中提到"采用平衡的立法方法，支持所有技术，不让一种技术优先于另一种技术"，还在规划中提到铅基电池的发展。

1.3.2 动力电池发展趋势

动力电池作为新能源汽车的能量储存装置，其技术历经了多次体系升级，每一次升级都带来了电动汽车的新一轮发展高潮。最早的铅酸电池技术的发展带来了 20 世纪初第一次电动汽车研发和应用的高潮；80 年代镍氢电池技术的突破带来了混合动力电动汽车的产业化；90 年代出现的锂离子电池带来了以纯电驱动为主的电动汽车研发和应用的新纪元。目前，铅酸电池、镍氢电池和锂离子电池在电动汽车领域均有应用，如图 1-15 所示。

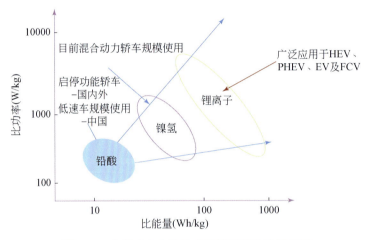

图 1-15　车用动力电池技术发展现状及应用领域

目前，锂离子电池产品主要用于纯电动汽车及插电式混合动力汽车，但纯电动汽车续驶里程相对常规燃油车较短，动力电池成本依然较高（电池系统价格大致在 2～2.5 元/Wh），安全性能有待进一步改善与提升。因此世界主要汽车生产国均在持续支持开展动力电池技术创新研究和扩大产业规模，特别是进一步提高动力电池的安全性、比能量（从目前的电池单体比能量 110～250Wh/kg 提升至 300～350Wh/kg）、比功率及使用寿命，进一步降低制造和使用成本等。

以高安全、高比能、长寿命、低成本为总目标，未来将重点进行新型锂离子电池、新体系电池的研发和产业化，并且电池的梯次利用和资源回收也成为动力电池发展的趋势之一。

1. 新型锂离子电池

以高容量/高电压正极材料、高容量负极材料、高安全性的功能性电解液材料以及高安全性的复合隔膜材料为主要方向，开展正极、负极、隔膜及电解液的匹配技术研究，开展多孔极片模型设计研究，发展高负载电极、表面涂层电极、电池仿真及设计等先进技术和工艺，开发新型锂离子动力电池，开展失效机理研究，重点解决能量特性、功率特性、热特性、循环稳定性和安全性等问题，在动力电池生产工艺的稳定性和低成本等方面取得突破，实现新型锂离子动力电池的产业化。

2. 新体系电池

发展全固态电池、钠离子电池、锂硫电池、金属空气电池等新体系电池，大力发展固体电解质、金属锂、硫/碳复合电极、空气电极等新材料，解决相关科学基础问题、工程基础问题，基于新体系电池的动力电池产品实现实用化，纯电动汽车具有与传统燃油车相当的行驶距离，经济性具有竞争力。

固态电池：固态电池是指采用固态电解质的锂电池，锂离子电池产业化已经进入第 30 个年头，科学界普遍认为传统锂离子电池性能已接近极限，电池技术将进入一个新的变革周期。固态锂电池近年被越来越广泛地接受为可继承锂离子电池地位的二次电池技术，并有望从根本上同时解决影响电动汽车续航里程不够和安全性能差这两大核心问题。

与传统锂离子电池相比，固态电池的核心组成部分是固体电解质材料，这是实现固态锂电池高性能化的关键材料，正极材料决定了电池的能量密度，锂负极材料的稳定输出影响电池的循环稳定性，而界面反应则影响电池的整体性能。离子在固体电解质本体材料中的输运机制，载荷子（离子和电子）在多相颗粒界面之间输运动力学机制，高稳定性、高离子电导率固态电解质的制备技术等是固态电池研究的重心。

固态电池按照其电解质的不同，主要分为聚合物、氧化物和硫化物三种技术路线，卤化物电解质是另一种新兴的固态电解质。聚合物固态电解质率先实现应用，但是室温电导率低、稳定性较差等问题导致其在电动汽车中的应用存在较大的瓶颈；氧化物固态电解质综合性能好，具有车用潜力，但是电导率仍然较低；硫化物电解质的电导率高，开发潜力大，但是生产工艺难度大、成本高（表 1-4）。

表 1-4 三大固态电解质体系及特点

固态电解质类型	主要研究体系	离子电导率	优点	缺点	研究方向
聚合物固态电解质	PEO 固态聚合物体系 聚碳酸酯体系 聚烷氧基体系 聚合物锂单离子导体基体系	室温：10^{-7}～10^{-5}S/cm；65～78℃：10^{-4}S/cm	灵活性好、易大规模制备薄膜、剪切模量低、不与锂金属反应	离子电导率低、氧化电位低（<4V）	将 PEO 与其他材料共混共聚或交联，形成有机-无机杂化体系，提升性能

续表

固态电解质类型	主要研究体系	离子电导率	优点	缺点	研究方向
氧化物固态电解质	非薄膜：钙钛矿型、石榴石型、NASICON 型、LISICON 型	$10^{-6}\sim10^{-3}$S/cm	化学/电化学稳定性高、机械性能好、电化学氧化电位高	界面接触差	提升电导率：替换元素或掺杂同种异价元素
	薄膜：LiPON				
硫化物固态电解质	Thio-LiSICON 型	$10^{-7}\sim10^{-2}$S/cm	电导率高、机械性能好、界面阻抗低	易氧化、水汽敏感	提高电解质稳定性、降低生产成本，元素掺杂发挥各元素协同作用
	LGPS 性				
	Li-aegyrodite 型				

日本正在举全国之力研发固态电池，每年政府投入的经费在 50 亿～100 亿日元（约合人民币 3.11 亿～6.22 亿元）。并预计将于 2025 年左右实现商业化。美国新兴固态电池企业计划与德国大众合作，于 2024 年建立 1GWh 试生产线，通过在大众高端车型上搭载，实现其锂金属固态电池的商业化量产。韩国 LG 公司计划在 2025 年年底实现锂硫电池商业化，并在 2025～2027 年间实现全固态电池商业化。

国内车企联合电池企业，2025 年前固态电池有望搭载在电动汽车上。国内传统车企北汽集团与比亚迪两家布局固态电池；新造车公司对固态电池接受度较高，蔚来汽车、天际汽车分别与台湾辉能科技达成合作，共同研发固态电池；哪吒汽车也在此前宣布了与清陶能源的合作计划。

钠离子电池：钠离子电池是一个新兴的产业，相比于锂离子电池，钠离子电池的优势在于成本更低、安全性能好、低温表现好、快充性能好；不足在于能量密度低、输出功率低；这些特征为钠离子电池在低端储能和动力领域的应用提供良好基础。

优秀的钠离子正极材料应该具备：①原材料成本低，制备工艺简单，更好地发挥钠离子电池成本低的优点；②具有氧化还原电对并且氧化还原电位够高，有利于提高钠离子电池的能量密度；③电子和离子传导速率高，能实现快速充放电；④材料结构稳定性高，在钠离子脱嵌过程中结构不发生相变或相变可逆性高。目前研究得最多的正极材料主要是以下三种：过渡金属氧化物、普鲁士蓝/白化合物、聚阴离子。

相比于锂电池中的石墨负极，传统的石墨材料无法满足高储钠能力，目前可以作为钠离子电池的负极有：硬碳、软碳、纳米纤维、石墨烯和碳纳米管等碳基材料。

有机电解液具有稳定的电化学性能、很高的离子电导率以及较低的价格，是钠离子电池实际应用中最有前景的选择之一。目前最常用的电解液分为醚类电解液和酯类电解液。

钠离子电池正处于产业化初期,中短期内与锂电池互为补充,随着能量密度的提升,长期看有望在锂电池主流应用领域对磷酸铁锂电池形成部分替代。目前全球共有十几家公司正在进行钠离子电池产业化开发,如Faradion、Natron Energy、ASAHI CARBON 等。我国国内有多家企业在钠离子电池领域早有布局,例如中科海钠、钠创新能源、星空钠电等公司,并且在政策支持和高校、研究机构的探索下,钠离子电池产业化的步伐正在加速。

2021 年 10 月 12 日工业和信息化部答复《关于在我国大力发展钠离子电池的提案》中表示,锂离子电池、钠离子电池等新型电池作为推动新能源产业发展的压舱石,是支撑新能源在电力、交通、工业、通信、建筑、军事等领域广泛应用的重要基础,也是实现碳达峰、碳中和目标的关键支撑之一。在电动两轮车方面,2020 年国内两轮车电池需求约 32GWh,预计到 2025 年将达到 41GWh;在 A00级别汽车方面,2020 年国内 A00 汽车动力电池需求约 7GWh,预计到 2025 年将达到 34GWh。在储能、电动两轮车以及 A00 级别汽车领域中,钠离子电池具有良好的应用前景。

锂硫电池(图 1-16):锂硫电池中硫作为正极,其理论比能量高达 2600Wh/kg,因此锂硫电池在诞生之初,就因较高的理论容量和能量密度,被认为是增加新能源汽车实际续航里程的有效材料之一。但是锂硫电池中硫正极的穿梭效应、电子导电性能差、体积变化剧烈等缺点,阻碍了锂硫电池的研究进展。

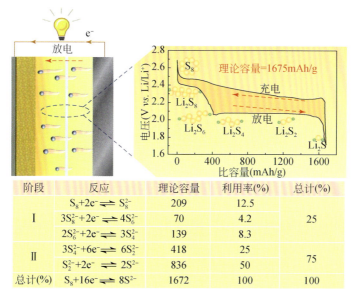

阶段	反应	理论容量	利用率(%)	总计(%)
I	$S_8+2e^- \rightleftharpoons S_8^{2-}$	209	12.5	
	$3S_8^{2-}+2e^- \rightleftharpoons 4S_6^{2-}$	70	4.2	25
	$2S_6^{2-}+2e^- \rightleftharpoons 3S_4^{2-}$	139	8.3	
II	$3S_4^{2-}+6e^- \rightleftharpoons 6S_2^{2-}$	418	25	
	$S_2^{2-}+2e^- \rightleftharpoons 2S^{2-}$	836	50	75
总计(%)	$S_8+16e^- \rightleftharpoons 8S^{2-}$	1672	100	100

图 1-16 锂硫电池工作原理图[12]

要实现高性能、长寿命的锂硫电池，主要存在以下挑战：①LiS_x的溶解及"穿梭效应"；②单质硫及其放电产物的绝缘性；③体积变化大；④锂负极引起的不稳定 SEI 和安全性问题；⑤低的硫负载（面积）或低的硫含量（％）；⑥电解液与活性硫的比值（E/S）在大多数情况下大于 $10μL/mg$，阻碍锂硫电池实现高能量密度；⑦自放电现象。

锂硫电池的正极材料研究工作集中在硫复合正极结构设计，有效控制硫化物的反应路径，包括锂硫电池的正极材料多孔碳，如大介孔碳、活性炭、碳凝胶等；碳纳米管、纳米结构导电高分子材料，如 MWCNT、PPy、PANi/PPy 等；SPAN 等硫化聚合物；添加纳米金属氧化物以提高表面积和吸附作用，例如氧化钒、氧化铝、氧化硅以及过渡金属氧化物。

锂硫电池的负极研究主要集中在锂负极的保护。具有溶解性的锂硫中间产物具有氧化性，能穿梭到锂金属负极，导致锂金属的剧烈腐蚀。锂负极的保护主要包括：①使用多孔结构的负极材料、提高负极比表面积，使锂沉积均匀；②在负极表面涂覆保护层，抑制锂枝晶；③选择合适电解液控制 SEI 组分强度；④在隔膜上涂覆抑制锂枝晶和改善 SEI 膜的材料；⑤采用凝胶电解质提升导电性和相容性；⑥采用固体电解质抑制枝晶生长。

阻燃性电解液和固态电解质的使用，有望从根本上解决锂硫电池的安全问题。但是现有阻燃电解液的电化学稳定性还有待于进一步提高，局部超浓电解液的设计能够很好地平衡电解液阻燃性、电极界面稳定性和电池放电能力的矛盾，即将成为电解液研究的热点。无机-有机复合固体电解质得益于稳定的电化学界面和较高的锂离子电导率，最有希望成为固态锂硫电池的一个突破口，但是仍然存在大量的科学和技术难题有待解决。如何构筑新的复合电解质结构并改善固态电解质/电极界面问题是下一步的研究重点。

开展高性能硫复合材料制备技术、高稳定性金属锂或锂合金负极制备技术以及锂硫电池制备技术的优化等，获得比能量＞700Wh/kg 的锂硫电池，满足新能源汽车长续驶里程的使用要求是锂硫电池商业化发展的必经之路。锂硫电池商业可用性需要进一步的科学技术发展和更多研究，性能令人满意且可靠的锂硫电池需要不断优化硫阴极、锂阳极和电解液，以满足市场需求。此外，需要简单、可持续和可扩展的锂硫电池组件制造方法以降低成本。

金属空气电池：对于金属空气电池，重点开展高效廉价氧催化电极制备技术研究、金属电极制备技术研究、高稳定性电解液技术研究以及防电解液挥发与碳酸盐化技术研究等。当前以锂空气电池为研究热点，重点突破锂金属/合金负极材料的制备技术，提高其在电解液中的耐腐蚀能力，突破廉价高活性氧催化材料制备技术以及空气电极微孔结构与三相界面调控技术，提升锂空气电池的工作电压与比功率。力争获得比能量＞700Wh/kg 的锂空气电池，满足电动汽车长续驶里程的使用要求。

其他电池：水系锂离子电池体系具有低成本、高安全性等优点；镁离子电池体系具有镁资源丰富、价格低廉等优点，这些都是极具发展潜力的新体系电池。

3. 动力电池梯度利用和资源回收

由于关键矿物的稀缺、环境可持续发展的需要，动力电池梯度利用和资源回收也成为各国动力电池发展规划中的重要组成部分。新能源汽车动力电池生命周期一般包括生产、使用、报废、梯次利用以及拆解回收等环节。

动力电池梯次利用：动力电池梯次利用是指对废旧新能源汽车动力电池进行必要的检验检测、分类、拆分、电池修复或重组为梯次产品，使其可应用至其他领域的过程。对退役新能源电池进行梯次利用，能够发挥其最大利用价值，实现循环经济的利益最大化。

梯次利用属于轻度报废，主要针对电池容量降低至 80% 以下，无法应用于新能源汽车上，但电池本身没有报废，可以将退役电池进行回收，筛选，再利用于其他领域，典型应用是储能领域，如风光储能、削峰填谷、备用电源、家庭电能调节等。电池退役后，最大的问题并不是电池本身的问题，而在于电芯性能参数的不一致性。因此，如何确定简单、合适、可靠并具备一定普适性的分选条件是目前需解决的技术难题。

全球范围内都在积极开展有关动力锂离子电池梯次利用的研究。德国、美国、日本等国家起步早，已有成功的示范工程和商业项目。日本 4REnergy、夏普，美国特斯拉已先后将梯次电池用于个人或商业储能项目。

国内梯次利用逐渐走向商业化，近两年新投运的梯次利用储能项目主要集中在工商业储能分时电价套利，地域集中在江苏，得益于江苏峰谷价差较大。国家能源局于 2021 年 9 月发布了《新型储能项目管理规范（暂行）》，对新建动力电池梯次利用储能项目要求为必须遵循全生命周期理念，建立电池一致性管理和溯源系统，梯次利用电池均要取得相应资质机构出具的安全评估报告。

电池资源回收：电池回收过程一般分为放电、拆解、粉碎、分选等预处理流程，然后分离出电池内的金属外壳、电极材料等，再将电极材料经过特定的回收工艺处理，最终筛选得到有价值的金属材料。电极材料的回收工艺一般包括化学回收、物理回收和生物回收三大类。

再生利用的电池属于重度报废，一般电池容量已损耗严重，无法继续使用，只能通过化学方式提炼电池中镍、钴、锂等贵金属达到再造目的。

对动力电池进行回收利用，不仅符合新能源汽车绿色环保的定位，而且有利于对锂钴等资源的循环利用，降低对自然资源的依赖，意义重大。

参 考 文 献

[1] Armand M, Tarascon J M. Building better batteries[J]. Nature, 2008, 451(179): 652-657.

[2] 肖成伟, 汪继强. 电动汽车动力电池产业的发展[J]. 科技导报, 2016, 34(6): 74-83.

[3] 托马斯 B. 雷迪. 电池手册[M]. 4 版. 汪继强, 刘兴江, 等译. 北京: 化学工业出版社, 2013.

[4] 孙逢春.电动汽车工程手册 动力蓄电池[M]. 北京: 机械工业出版社, 2019: 1-54.

[5] 李荻.电化学原理[M].北京: 北京航空航天大学出版社, 2008.

[6] 凌仕刚, 吴娇杨, 张舒, 等.锂离子电池基础科学问题(XIII)[J]. 电化学测量方法, 2015, 4(1): 83-103.

[7] Kötz R, Carlen M.Principles and applications of electrochemical capacitors[J]. Electrochim. Acta, 2000, 45: 2483-2498.

[8] 陆天虹. 能源电化学[M].北京: 化学工业出版社, 2014.

[9] Abell B C.Nucleic acid content of microsomes[J]. Nature, 1956, 135: 7-9.

[10] Shao Y, El-Kady M F, Sun J, et al. Design and mechanisms of asymmetric supercapacitors [J]. Chem. Rev. 2018, 118(18): 9233-9280.

[11] 节能与新能源汽车技术路线图战略咨询委员会, 中国汽车工程学会.节能与新能源汽车技术路线图[M]. 北京: 机械工业出版社, 2016.

[12] Deng R, Wang M, Yu H, et al. Recent advances and applications towards emerging lithium-sulfur batteries: working principles and opportunities[J]. Energy & Environmental Materials, 2022, 5: 777-799.https: //doi.org/10.1002/eem2.12257.

02

电池产品设计

2.1 总体方案设计流程

动力电池多用于新能源汽车、电动自行车等领域，其中新能源汽车又包括乘用车、商用车等类型。新能源汽车的应用场景包括极寒、极热、高温、高湿、颠簸、爬坡、超车等情况，这些应用场景对于动力电池的可靠性和安全性均提出了较高的要求。

新能源汽车用动力电池开发流程较为复杂，其遵从于 ISO/TS16949 质量体系，该质量体系采纳了现代汽车工业界认可的质量工程概念、方法和技术，在内容方面十分详细、具体。如要求采用先期质量策划、潜在失效模式及后果分析等系统技术，突出强调了顾客满意度、持续改进、多方论证、产品和生产过程的特性等概念和方法。在动力电池开发流程中，具体使用 APQP（Advanced Product Quality Planning，产品质量先期策划）来设计动力电池产品。APQP 是 ISO/TS16949 质量体系下颁布的五大工具之一，其功能是确定和制定确保某产品使顾客满意所需步骤的结构化方法。所谓结构化，是指将逐渐积累起来的知识加以归纳和整理，使之条理化、纲领化，做到纲举目张。简单地说，APQP 是一个可以帮助我们正确开发电池的流程化工具，如图 2-1 所示。

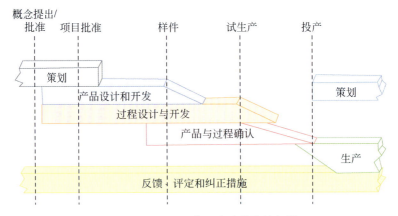

图 2-1 APQP 五个开发阶段的流程图

下面我们介绍一下应用 APQP 工具开发电池的五个阶段[1]。

1）策划

本阶段的目的是确定顾客的需求和期望，从而计划和规定质量项目。所有工作内容围绕客户展开，包括客户明确表达的需求和潜在的需求。一般地，在这一阶段，需要确定技术目标、时间目标、成本目标等。根据产品不同需求，可以分为两类：一类是客户需求明确的；另一类是客户需求不明确的，即希望开发一款兼容某类市场的产品。对于第一类情况，时间、技术、成本目标都是确定的，在第一个阶段更多的是和客户充分交流。此处需要重点说明技术指标的需求，客户的技术指标一般以 SOR（Specification of Requirements，需求规格书）形式通知供货商，但除了 SOR 以外，在沟通中还会有其他需求被表达，此类潜在需求也需要收集整理。在沟通过程中也需要与客户确认，哪些是强烈要求，哪些是可以让步的要求。对于第二类情况，开发的产品是某一类的电池，其时间、成本、技术目标没有直接输入，需要在充分了解市场需求变化与技术发展动态的基础上，再来确定这三大目标。具体地，一般在此阶段需要进行市场调研、竞争产品的分析研究等工作，以确保开发的产品目标具有前瞻性、及时性和实用性。

除了以上提及的工作，产品的可行性研究也是一项重要的工作内容，包括分析产品技术目标的难易程度、技术方案的可靠性、存在的风险项等。在可行性分析阶段，模拟仿真软件和一些预测工具常被用来辅助判断方案是否可靠。除了软件技术之外，硬件条件也是需要评估的维度，即是否具有合适、充足的生产或试验设备来进行设计方案的验证。有效识别以上风险，有助于提升设计方案的可行性以及资源投入的合理性。

总结第一阶段需要完成的任务有：电池产品的开发目标，包括时间、成本、技术目标，及产品的可行性分析，以提前识别后期开发的风险。具体输出的文件主要包括：DFMEA（Design Failure Modes Effects and Analysis，设计失效模式影响与分析）、竞品分析报告、可行性分析报告。

2）产品设计和开发

一个可行有效的设计不仅需要满足性能目标要求，还应满足生产数量和工期要求，同时也要综合考虑质量、可靠性、投资成本、单件成本和时间目标。

该阶段需要制订可以满足以上目标的一套或多套设计方案，并进行方案验证。经过设计及验证后，确定可满足目标的设计方案。

第一步方案设计：电池产品的技术目标是多维度的，包括尺寸、重量、能量、功率、充电能力、高低温放电能力、日历寿命、循环寿命、安全性等。通过对电池正负极材料、电解液和隔膜的选型来设计其电化学体系，电化学体系是电池性能的基础，决定了大部分的电池性能表现。如正负极材料的选择基本决定了能量密度的大小。除了电化学体系，也需要对电池结构进行相应设计，常见的电池结构设计包括电芯外形尺寸、极片结构、极耳及其连接方式（过流结构）、密封结构等。电芯外形尺寸主要受限于电池模组或电池系统尺寸，一般从电池系统或模组尺寸分解得到；极片结构涉及极片（正极和负极）尺寸、极片组合方式（叠片或卷绕）等；极耳及其连接方式是将电芯内部极片与电芯外部极耳相连接的装置，提供电流的通道；密封结构则是保护电化学体系，使其与外界隔绝的装置。不同设计需求的电池其结构形式会存在差异，但基本功能大体一致。如软包电池的密封结构依靠铝塑膜之间的热封，通过高分子材料的分子间作用力形成密封体系；而铝壳电芯则是依靠金属的焊接来实现密封结构，通过金属键作用力实现密封体系。

第二步方案验证：即将第一步设计的方案进行试验验证和测试，进而验证设计方案是否满足客户产品指标要求。不仅要逐一确定 SOR 中的项目是否满足要求，还需评估成本能否满足公司利润指标，以及验证时间能否满足客户项目周期要求。具体输出的文件主要包括：DFMEA（在此阶段主要是以更新的形式进行优化，后面不再重复叙述）、物料清单、产品特殊特性清单、产品图纸、初始过程流程图、设计验证报告等。

对于电池生产厂商，通常将该阶段定义为产品的 A 样和 B 样阶段。

3）过程设计与开发

其目的是保证开发一个有效的制造系统，保证满足顾客的需求和期望。以上一阶段的产品参数为目标，通过合理的工艺过程，实现一个有效的制造系统。

合理的工艺过程以实现产品参数为目标。除了能否实现产品参数外，可制造性和投资成本也是在开发不同工艺过程中需要重点考虑的问题。简短的工艺流程易于控制，且制程时间短；复杂的工艺流程需要更多的控制点与控制设备，每多一道工序，不仅增加制造难度，同时增加成本。

此处着重介绍一下产品设计和过程设计的相互关系。一般地，产品参数是产品功能实现的基础，而过程设计则是指通过什么样的工艺和设备去实现产品参数，一般的逻辑关系是产品设计在前，过程设计在后。但电池产品设计开发和生产制造是一个系统工程，产品设计和过程设计是相互联系、相辅相成的。在产品设计中需要充分考虑制造过程的可实现性以及制程波动对产品一致性的影响，保证产品的批量性能表现稳定可靠。反过来电池制造工艺和设备的进步也来源于对材料和电池设计的深刻理解，在充分识别材料应用边界和电池性能边界的基础上，制造工艺和设备的迭代更新又会扩展材料应用和电池设计的边界。

此阶段，具体输出的文件主要包括：PFMEA（Process Failure Mode and Effects Analysis，过程潜在失效模式及影响分析）、过程特殊特性清单、控制计划、作业指导书、产品验证报告等。

4）产品与过程确认

本阶段围绕着设计验证和设计确认而进行，为了验证是否遵循控制计划和过程流程图，以及产品是否满足顾客的要求。在该阶段，需进行试生产，可以理解为试着去连续生产，即全部计划内的生产设备必须被启用，所有的工作环境应该和量产保持一致，包括人员、生产和检测设备、生产速度等。需要验证的不仅是产品参数的满足程度，还需要对过程能力、测量系统、PPAP 做出评估结果。

此阶段，具体输出的文件主要包括：测量系统分析报告、产能验证表等。

5）反馈、评定和纠正措施

该阶段伴随项目全过程，利用前面四个阶段所有的输出结果，来实现减少变差、提高用户满意度、交付产品和提供服务的目的。在电池开发过程中，不论是产品设计还是过程开发阶段，都会遇到很多问题，如性能的偏差、过程能力的不足、测量系统精度不够等，通常采用 SPC（Statistical Process Control，统计过程控制）、DOE（Design of Experiments，试验设计法）、MSA（Measurement Systems Analysis，测量系统分析）去分析对应的问题，针对性地提出改进方案，检查对应方案的结果，保证过程的稳健性，以此来提高产品的一致性，提高生产效率，并降低成本。

2.2 产品开发范围的确认

产品开发范围是根据需求来源确定的。常见的需求来源有客户明确提出的需求、法规的要求、可制造性的需要、利润的需求等。确定了上述需求后，就可以确定产品开发的范围。常见的范围包括开发周期范围、性能要求范围、投资金额范围、物料清单（Bill of Material，BOM）成本目标范围、制造成本范围、人员范围、生产设备范围等。

在确定范围前，应当与客户充分沟通需求，并尽量多地收集需求，经过内部讨论，确认其是否有难以达成的部分，分析其风险，与客户主动讨论其必要性，最后形成统一的结论，并纳入产品目标范围。

表 2-1 为动力电池开发范围示例。在实际执行时，根据不同的环境情况和客户需求来规划开发范围，并根据实际情况的变化来合理调整开发范围。

表 2-1　动力电池开发范围示例

范围分类	指标
技术	容量≥51Ah
	重量≤760 g

续表

范围分类	指标
技术	长度 305mm±1mm
	宽度 101mm±1mm
	厚度 11.6mm±0.2mm
	功率≥800W
	10%～80% SOC 的充电时间≤30min
	容量保持率为 80%时,循环寿命≥3000 次
未税成本	BOM 成本≤0.5 元/Wh,加工成本≤0.2 元/Wh
时间目标	2023 年 2 月 1 日完成设计冻结
	2023 年 8 月 1 日完成过程冻结
	2023 年 12 月 1 日完成试产
可制造性目标	产品特殊特性的过程能力,C_{pk}≥1.33
	良品率≥95%

2.3　产品开发需求分析和确认

2.3.1　产品需求概述

电动汽车动力电池产品需求依托于整车开发及其实际应用需求分解而来。为了使电池产品满足车规级的开发和应用需求,电动汽车动力电池产品需求一般包含法律法规、知识产权、质量、可靠性、回收、保养、可装配和维修性、应用边界条件、系统设计、安全和关键性能等方面的需求。表 2-2 中较详细地列举了动力电池产品在各需求方面涉及的具体维度,可供读者在设计电池产品时参考。

表 2-2　动力电池产品需求

需求种类	需求简析	备注
法律法规	要求所使用的技术方案符合相应的法律法规	参阅 2.3.4 节相关内容
知识产权	要求电池所使用的技术方案不侵犯专利	
质量	外观、标签、运输及包装、存储条件等	
可靠性	包含质保、质保寿命终止条件、不良 PPM、售后和三包	
回收	要求电池所用的材料及制作方法需要相应的政策规范	参阅 2.3.4 节相关内容
保养	一般要求制定相应的电池保养手册	
可装配和维修性	便于操作、拆卸、更换等,符合客户指定的相关装配规范	

续表

需求种类	需求简析	备注
应用边界条件	如热边界、机械边界、化学边界、电气边界等	
系统设计	机械设计、电气设计、电池管理系统、热管理系统等	
安全	如操作安全、电气安全、机械安全、化学安全、功能安全等	
关键性能	如重量、尺寸、容量、能量、电压范围、功率、高低温充放电、快充时间、一致性等	

2.3.2 电动汽车的应用场景分析

电动汽车是区别于传统燃油车的一类汽车，其显性特征是增加或替换为电机驱动。按驱动模式可以分为混合动力汽车（hybrid electric vehicle，HEV）、插电式混合动力汽车（plug-in hybrid electric vehicle，PHEV）、增程式电动汽车（extended-range electric vehicle，EREV）、纯电动汽车（battery electric vehicle，BEV）。电动汽车的常见工况有起步、加速、减速、上坡、下坡、持续行驶等，应用环境涵盖高温、低温、高湿等情况。对于不同类型电动汽车，在相同工况下对于电池性能需求存在差异。市面上常见的 HEV 车型较多，以丰田普锐斯（Prius Hybrid）与本田音赛特（Honda Insight）为 HEV 车型代表，此外，丰田的卡罗拉、本田的 CRV 都是热销车型。

HEV 的定位是基于传统车的底盘不做大的改动、成本增幅较少的节能车，其动力电池的体积和电量要求较小（一般为 1～2kWh）。其动力电池需要兼容由电动机驱动的整车起步、加速、爬坡等高放电功率工况和由发电机回收的制动、减速、下坡等高充电功率工况，一般还需要支持电动机启动燃油发动机。HEV 电池一般安装在整车内部，且高功率工况下自身发热较大，要求具备相对较高的高温循环和存储性能，可以采用主动冷却的方式进行热管理。因此，HEV 动力电池的关键性能指标有安全、大倍率脉冲功率、低温冷启动功率、大倍率循环性能及存储性能（尤其高温条件下）。HEV 与传统汽车一样，不仅无里程焦虑且相对更节油，应用场景几乎无差异，除了家用代步外，还有一部分 HEV 车型用于运营车。

对于 PHEV 车型，动力电池除了与 HEV 车型一样用于整车起步、加速或上坡动力辅助、减速和下坡能量回收、启动燃油发动机外，还可以提供一定行驶距离（常见的是 50～100km）的纯电续航，并可外接电网直接充电。相比 HEV 用动力电池，其电量要求较大，根据车型和续航里程不同，一般为 10～20kWh，但功率和循环性能要求会有所降低。PHEV 动力电池的关键性能指标有较大倍率脉冲功率、低温冷启动功率、循环和存储性能（尤其在高温条件下）。PHEV 的纯电模式适合近郊工况，混动模式适合远距离工况，对于高速长途虽无里程焦虑，但在电量不足状态下，油耗会增大。当前 PHEV 车型在近郊、城市都有应用，适用范围较广。PHEV 的热销车型以比亚迪（BYD）品牌为主，如比亚迪宋和秦。

对于 EREV 车型，其整体结构与 PHEV 较为相似，主要区别是燃油发动机不再直接驱动车轮，而是由电动机单一驱动。EREV 用动力电池可由燃油发动机在最佳燃油效率的转速下带动发电机来充电，也可由外接电网来进行充电。EREV 用动力电池需要满足整车起步、加速或上坡等大功率放电，也要满足减速和下坡的能量回收功率；此外更重要的是需支持更长的纯电续航（常见的是 100～200km）。因此 EREV 电池的电量需求一般在 30～50kWh，相比 PHEV 用动力电池电量更大（约为 2 倍），其功率和循环性能要求会进一步降低，但对于快速充电要求会提高。EREV 动力电池的关键性能指标有快充性能、低温持续放电、充放电脉冲功率、低温冷启动功率、循环寿命、日历寿命性能等。市场上的 EREV 车型较多，上汽通用别克、东风、广汽、理想等品牌均有相应车型推出。

对于 EV 车型，其相比 EREV 减少了燃油发动机，EV 用动力电池需要支持整车所有行驶工况，其中纯电续航能力成为显著需求。EV 用动力电池电量需求在几种电动汽车电池中最高，根据车型和续航里程不同，其电量需求一般在几十至上百 kWh，相比其他几种电动汽车电池，其对功率和循环性能要求最低，但对快充要求越来越高。EV 动力电池关键性能指标有能量密度、快充、低温持续放电、充放电脉冲功率、循环寿命、日历寿命性能等。EV 类型电动车比较普遍，几乎所有车企都有相应车型推出，代表产品包括 BYD、蔚来、小鹏等。

表 2-3 对于四种电动汽车电池的关键性能需求进行了对比。HEV、PHEV、EREV、BEV 四种电动车型的纯电续航里程逐步增加，对应电池电量和对快充的需求亦不断增加，功率和循环性能要求逐步降低。

表 2-3 四种电动汽车工作特征及其对电池性能要求

项目		HEV	PHEV	EREV	BEV
工作原则		电动机辅助传统内燃机提高燃油效率或性能	电动机和内燃机驱动车辆，可以独立或串并联运行	电动机驱动车辆，内燃机高效运行为电池充电增程	电动机驱动车辆
纯电工况		通常无纯电模式，某些车型可实现短距离低速 EV 模式	纯电动范围较小，纯电续航一般为 50～100km	全部为纯电驱动，纯电续航一般为 100～200km	全部为纯电驱动，纯电续航一般为 200～1000km
电池组电量		一般在 1～2kWh	一般在 10～20kWh	一般在 30～50kWh	几十到上百 kWh
关键性能	快充	无	一般不需要	需要	需要
	低温冷启动	必要	需要	需要	无
	脉冲电流	40～80C	10～20C	5～10C	3～10C

续表

项目		HEV	PHEV	EREV	BEV
关键性能	45℃循环	在 10C 充电/10C 放电电流下,放电容量达到初始容量 80%时,循环寿命达到 10000~60000 次	在 1C 充电/1C 放电电流下,放电容量达到初始容量 80%时,循环寿命达到 2000~4000 次	在 1C 充电/1C 放电电流下,放电容量达到初始容量 80%时,循环寿命达到 1500~3000 次	在 1C 充电/1C 放电电流下,放电容量达到初始容量 80%时,循环寿命达到 1000~2000 次

2.3.3 动力电池相关法律法规及行业规范

作为电动汽车的关键零部件,动力电池在开发、制造和应用过程中都需要符合相应的法律法规及行业规范。对应的动力电池产品的法律法规涉及诸多方面,如安全要求、电性能要求、材料要求、环境要求、气体排放要求、循环回收要求、车辆报废要求、清洁度、追溯标记等,相应标准和规范参见章末附表。

在安全和电性能要求方面,2015 年 5 月 15 日中国质量监督检验检疫总局和中国国家标准化管理委员会围绕电动汽车产业出台了一系列的国家标准。其中与动力电池相关的六项国标文件在 2016 年全面实施,包括《电动汽车用动力蓄电池循环寿命要求及试验方法》(GB/T 31484—2015)、《电动汽车用动力蓄电池安全要求及试验方法》(GB/T 31485—2015)、《电动汽车用动力蓄电池电性能要求及试验方法》(GB/T 31486—2015)、《电动汽车用锂离子动力蓄电池包和系统第 1 部分:高功率应用测试规程》(GB/T 31467.1—2015)、《电动汽车用锂离子动力蓄电池包和系统第 2 部分:高能量应用测试规程》(GB/T 31467.2—2015)、《电动汽车用锂离子动力蓄电池包和系统第 3 部分:安全性要求与测试方法》(GB/T 31467.3—2015)。2020 年 5 月 12 日汽车动力电池第一个强制性国家标准《电动汽车用动力蓄电池安全要求》(GB 38031—2020)发布,并于 2021 年 1 月 1 日正式实施,该标准替代了动力电池原有的两个安全性推荐性国标,即 GB/T 31485—2015 和 GB/T 31467.3—2015。

在运输方面,为了保证电池航空运输安全,避免不安全事件的发生,联合国、国际航协等国际机构要求锂电池运输必须遵守 IATA DGR(国际航空运输协会-危险货物规章)的要求,应参照《联合国关于危险品运输建议书 试验和标准手册》(ST/SG/AC.10/11Rev.7)进行 UN38.3 测试。UN38.3 测试是为确保锂电池能够安全地进行空、海运所采取的强制性检测。民航局明确要求锂电池在空、海运输前必须通过 CNAS 认可实验室的 UN38.3 测试,各航空公司必须在收到锂电池 UN38.3 合格报告及运输鉴定书的前提下,方可收运该锂电池。锂电池新运输规则于 2023 年 1 月 1 日开始执行。

在回收要求方面，电芯材料及制作方法一般都应满足《电动汽车动力蓄电池回收利用技术政策（2015 年版）》、《新能源汽车废旧动力蓄电池综合利用行业规范条件》和《新能源汽车废旧动力蓄电池综合利用行业规范公告管理暂行办法》中的相关要求。

2.3.4 动力电池产品需求构成及分析

我们将需求构成分为技术、成本、开发周期三类。这三类需求是相互关联、互相制约的。从技术指标看，可以分为以下技术需求：

1. 能量密度的需求

动力电池的能量密度定义为电池在一定电流和一定电压区间内，单位质量或者体积能够放出的能量，其单位为 Wh/kg 或者 Wh/L。这一指标会影响电动汽车续驶里程和车内空间大小。因为同样带电量条件下，更重的电池负载会损耗更多的能量，更大的占用体积则会减小车内的实际使用空间。

动力电池的许多设计元素都会影响到能量密度，其中最为核心的是正负极材料的选择。目前较为成熟的正极材料是三元材料和磷酸铁锂材料。其中不同 Ni/Co/Mn（NCM）比例的三元材料其能量密度相差较大，常见的 NCM622/石墨体系电池能量密度可达 260Wh/kg，NCM811/石墨体系电池能量密度能达 285Wh/kg。磷酸铁锂/石墨体系电池能量密度一般可达 170～200Wh/kg。

为了提高能量密度，研发人员提出了多种技术路线，如提高 NCM 材料中 Ni 元素的比例，或者提高材料充电上限电压；在负极掺混高比容量的 Si 系材料；使用更轻量化的箔材；使用更薄的隔膜等。各种轻量化、紧凑化的设计元素不断被尝试，并应用到实际电池产品中去。电池的能量密度从最初约 150Wh/kg 提升到了现在 300Wh/kg 以上，电动汽车里程则从最初的 100～200km 发展到 2023 年的 300～1000km。未来还会出现更高能量密度体系的电池，继续提高电动汽车的行驶里程。

2. 充电能力的需求

动力电池的充电能力定义为电池充电至一定电量条件下，所允许的最大充电电流。这一指标主要影响电动汽车充电时间，充电能力越强，代表其允许的最大充电电流就越大，与之对应的充电时间就相应减少。电池的充电能力设计非常重要，一旦电池充电能力评估不足，极易造成电池在充电时温升过大或其他问题，最终导致寿命衰降快的问题。

动力电池的充电能力从设计上考虑有很多因素。主要包括对充电产生热量的考量和充电倍率的考量。热量的考量主要是考虑极柱极耳或者焊接的设计，当金属通过较大电流值时，会产生大量的热量，导致电池温升过高，影响电池性能和安全性。充电倍率受限于电池的动力学和充电导致的锂枝晶问题，为了具备更好的动力学性能，避免锂枝晶的产生，需要围绕离子扩散和电子电导性来设计，通常选用扩散距离短的小粒径材料以及扩散速率快的材料，并设计适当的孔隙率等方案。

电动汽车通常配有 2 个充电口，分别为快充和慢充，较为常见的快充需求一般是半个小时实现电池 20%～80% 充电。近年来随着一些高端电动车型的开发，5min、10min、15min 等快充需求被提出，并有不少电池厂给出了对应的解决方案，快充能力成为动力电池主要的竞争指标之一。

3. 功率的需求

动力电池功率定义为在一定时间内动力电池能释放或者吸收的能量值，其单位是 W，体现的是动力电池的功率特性，它主要影响电动汽车的动力性，包括加速超车、爬坡、急刹车等高功率放电工况，或制动、急减速、下坡等高功率充电工况，或最高车速、加速性能、低温冷启动等。

不同车型对于功率的需求具有差异性，BEV 车型电量较高，对单体功率需求相对较低，而 PHEV 或 HEV 车型的电量一般较低，但对单体功率的需求较高。为便于读者理解，举例如下，假设车的重量、电机都是一样的，只是总电量不一样，爬坡时的功率需求是 120kW，一辆 BEV 车有 200 支电池，一辆 PHEV 车有 100 支电池，那么针对一支电池所需要提供的功率，BEV 是 600W，而 PHEV 是 1200W。并且实际情况远比上述示例要复杂，由此可以看出，不同需求类型的电池平台需要电池提供的性能是有差异的，电池设计是完全不同的。

4. 存储寿命的需求

动力电池存储寿命定义为在一定环境条件下存储，电池的不可逆容量损失下降至某一规定值所需用的时间。造成不可逆容量损失的原因主要是电池正负极材料与电解液之间在存储过程中产生的一些副反应。存储时的电池荷电态、储存温度都会影响副反应的剧烈程度，一般来说，温度越高、存储荷电态或者电压越高，其副反应程度越剧烈，存储寿命越短。

5. 循环寿命的需求

动力电池循环寿命定义为电池在一定条件下进行充放电循环，保持一定容量的循环次数。其条件具体包含充放电电流、工作电压区间、环境温度等。国标 GB/T

31484—2015 要求，锂离子电池在 25℃±2℃环境下，循环 1000 次后，放电容量应不低于初始容量的 80%。实际上，不同类型锂离子电池其循环寿命有一定差别，其原因在于电池的材料种类、使用工况和环境不同。磷酸铁锂材料是橄榄石型结构，其结构稳定性较好，循环寿命相对较长，EV 用磷酸铁锂体系电池 25℃循环寿命一般都大于 3000 次。而三元材料属于层状结构，其结构稳定性弱于磷酸铁锂，EV 用三元体系电池 25℃循环寿命通常大于 2000 次，值得注意的是，如果缩小三元体系电池的工作电压区间，会损失能量密度，但可以显著延长其循环寿命。

6. 电芯一致性的需求

动力电池一致性定义为单体电池由于原材料性能和制造过程环境的波动而导致的产品性能参数在一定范围内波动的特性。电芯在出厂时，其容量、内阻、电压、自放电等都会存在波动性，合理的波动是可以接受的，但是过大的波动会影响动力电池系统整体性能的发挥。当动力电池单体一致性较差时，会出现"短板"效应，即最差的一只电池让整个系统的能力无法正常发挥，从而无法满足电动汽车的整体要求，因此动力电池一致性要求非常高。

动力电池一致性的影响因素主要包括两方面，一方面是原材料，另一方面是制程控制。原材料都是粉体材料，其粒径、比表面积、振实密度、比容量等都会存在批次内和批次间的波动；在加工过程中，由于加工设备限制，包括单批次的最大生产能力及设备自身的波动，也会产生批次内和批次间的差异。以容量举例，为了方便读者理解，下面简化了一些计算过程和维度。假设比容量的波动是±1%，涂覆量的波动是±1%，并且容量只受这两方面的影响，那么产品容量的波动是这两方面叠加组成的，简单地加和其波动就是±2%（实际一般用蒙特卡罗方法计算，这里为了方便读者理解而使用加和）。

随着电池系统结构的不断改进创新，CTP（cell to pack，电芯到电池包）、CTC（cell to chasis，电芯到底盘）、CTB（cell to body，电芯到车身）的不断涌现，动力电池系统对单体电池一致性要求也越来越高。随着技术的进步，更加先进的设备正在被引入锂离子电池的制造过程中，如连续式生产的螺杆匀浆机、精度更高的涂覆设备、各类在线无损检测和自动纠偏仪器等，依靠高精度、自动化的设备及优异的过程控制能力，产品的一致性会不断提升。

7. 安全性的需求

动力电池安全性定义为电池在正常使用或滥用过程中，依然能保障使用者安全的特性。如汽车发生交通事故的时候，电池易受到碰撞、挤压等各种形式的物理冲击，在此种情况下，电池需要保持其能量释放在可控安全范围内。国标 GB

38031—2020 中要求，电池需要经受过放电、过充电、外部短路、加热、温度循环、挤压等严苛的滥用测试。

电池出现安全问题的原因有很多种，但不管是电池滥用，还是设计冗余不足，又或者是电池制造过程控制能力薄弱等因素，其表现形式大多是正负极之间发生短路，进而引发一系列副反应，最终导致热失控。所以在电池安全设计上，如何避免内部短路的发生非常重要，如隔膜厚度、材质的选取、正负极 N/P 比设计、过程工艺参数如极片毛刺的控制等。

金属杂质一直是电池企业关注及控制的重点。目前原材料端三元材料金属杂质含量已经从 ppm 级别降低至 ppb 级别。在制备过程中也会采用相应的方法控制金属杂质，如正负极浆料制备完成后、涂布前通过除磁方法处理、和电极直接接触的设备要求用非金属材质或者增加耐磨镀层、设备局部及车间的风场来保证粉尘向外吹等手段。此外，结合一些辅助测试手段，如 hi-pot 测试（一种在一定压力条件，施加一定电压，检测漏电流大小来判断电芯的绝缘状态）、自放电筛选等工艺流程，保证电池出厂前经过严格筛选。

水分也是电池厂需要严格控制的关键因素，过量水分不仅会导致电解液中锂盐的分解，还会对正负极材料、集流体都有一定的腐蚀破坏作用，同时也会产生一定量的气体，易导致电池的自放电、循环性能及安全性能等的降低。因此，电池厂的制作车间需要严格控制环境的水分，也会有专门去除电极、电芯水分的烘烤工艺，并需在相应工序监测极片、电芯的水分含量。

极片的毛刺是导致电池内部发生短路的主要因素之一。由于当前极片的尺寸加工以切刀为主，当切刀使用到一定寿命，其切割效果会变差，易产生毛刺。毛刺产生后，易刺穿隔膜，引起内部短路，导致安全问题发生。通常电池厂会通过严格控制极片毛刺来控制这一问题，并且配合 hi-pot 检测和自放电测试进一步筛查。

另外，提高电池安全性的理念渗透到电池设计的每一个环节。比如在正极极片边缘增加一个陶瓷涂层区域，以避免铝箔和高嵌 Li 态石墨直接接触的热失控风险；在隔膜上增加陶瓷涂层，以有效减少隔膜在高温下热收缩比例；在正极或负极表面涂覆一层陶瓷层，以显著提高电池热稳定和抗针刺的能力；壳体防爆阀考虑热失控前期的泄压设计，以在一定程度上防止壳体产生爆炸风险；短路反转片设计，以保障电流过大时及时切断回路；各种新的安全类功能添加剂也在不断涌现，尤其在功能电解液方面，各类阻燃添加剂可以有效提高电池的安全性。需要说明的是，有些措施在提高安全性的同时，也会对其他性能造成一定负面影响。如正负极表面涂敷陶瓷层，虽然可以显著提高电池热稳定性，但也会增加电池内阻，影响电池倍率性能的发挥，因此，采取哪些设计或措施，需要结合电池应用需求在电池性能之间找到平衡点。

8. 成本需求及分析

新能源汽车主要成本构成如图 2-2 所示，其中电池作为核心零部件占据了最大的比例。随着新能源汽车产业的快速发展，电池成本呈逐年降低趋势，如图 2-3 所示，预计到 2030 年，电池成本将降低至 65～70 美元/kWh。虽然 Wh 成本持续降低，但材料成本一段时间内持续升高，在 2023 年原材料价格出现下降趋势，材料成本压力稍有缓解。但电池成本是企业核心竞争要素之一，如图 2-4 所示。成本控制是企业生存和发展的关键。

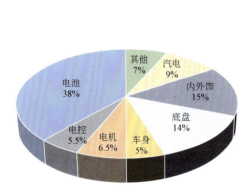

图 2-2　新能源车成本结构图

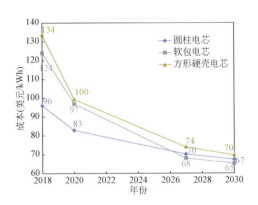

图 2-3　整车厂电池成本趋势图[2]

图 2-4　电池级碳酸锂材料价格走势[3]

9. 开发周期要求及分析

整车开发过程中，会对关键部件电池提出相应的开发时间要求。在保证电池产品能够得到充分验证的情况下，也需保证同时满足整车开发周期要求。整车开发周期是按照 APQP 设计流程进行的，这里不再赘述。下面介绍电池所需开发周期是如何设计的。

电动汽车用电池开发周期是指项目从策划开始一直到进入量产阶段为止的开发时间。由于汽车电池对安全性、可靠性要求较为严格，汽车电池质保一般是 8 年或 15 万公里以上，为了保障其可靠性，在设计阶段对于电池性能可靠性要进行充分评估。在所有测试项目中，循环和存储测试较为消耗时间。以循环测试举例，1C 电流（1 小时内将额定容量全部放完时电流的值）进行充放电，每次充放电之间休息 30min，那么每次循环所需要的时间为 3h，2000 次循环至少需要 8～9 个月评测时间，因此汽车电池的开发周期相对较长，通常需要 1 年以上。为了缩减开发周期，可通过设计加速试验因子加速测试，在保证失效模式不变的情况下，提高电流、提高温度、选择合适的充放电区间等都是常用的加速因子。表 2-4 为一个汽车电池开发周期时长的示例。

表 2-4　汽车电池开发周期示例

阶段	时间节点
项目立项（计划和确定阶段）	2023 年 1 月
设计冻结（产品设计和开发）	2023 年 9 月
过程冻结（过程设计和开发）	2024 年 3 月
试生产完成	2024 年 7 月
进入量产	2024 年 8 月

2.4　产品初始概念方案设计

经过 APQP 的第一阶段（计划与确定）工作，已经可以得到明确的产品开发需求表，并对电芯开发的可行性进行了初步分析。在此之后，将进入 APQP 的第二阶段（产品的设计与开发），首先是产品初始概念方案设计。

在产品初始概念方案设计阶段，需要电芯开发负责人根据开发需求，结合开发技术储备及设计规范等，提供一种或几种满足产品开发需求的可行性设计方案。此阶段的输入物为产品开发需求表。设计的依据通常有锂离子电池设计规范、体系开发数据库、失效库、电池设计表等。此阶段的输出物为产品设计规格、产品图纸、初始 BOM 等。具体输出物在不同的电池厂内部可能略有不同。

需要指出的是，产品初始概念方案设计，往往是动力电池设计中最关键一环，方案设计质量在很大程度上决定了该产品是否能够满足顾客需求以及实现商业化的程度。

2.4.1 产品总体结构和架构

总体来说，电池是一个能量储存装置，其核心功能是储存和输出能量。具体来说，在充电过程中，将电能转化为正负极活性物质的化学能；在放电过程中，再将化学能转化为电能，以特定的电压和电流对外输出。

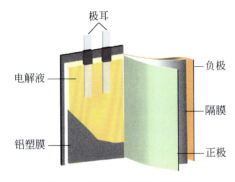

图 2-5　软包电芯结构示意图

电池的主要功能结构如图 2-5 所示，包括正极极片、负极极片、隔膜、电解液、极耳或者极柱、密封包装材料，下面分别介绍其功能。

正极极片，是由正极活性材料、导电剂、粘接剂、溶剂材料进行混合，涂覆在铝箔集流体上，经过烘干得到的一种功能部件，在充电过程中向负极提供锂离子，在放电过程中接收锂离子。选材、配方是极片设计的重点。选择材料在后续章节重点描述，这里不再赘述。材料配方比例的选择在正极极片设计中极为重要，直接影响电池特性发挥水平。配方考虑更多的是极片导电性和粘接力，当前常用的三元材料和磷酸铁锂材料，其本体导电性不高（NCM 类约 10^{-5} S/cm，LFP 类约 10^{-9} S/cm），需要添加一定量的导电剂辅助电子传输。导电剂的比例根据性能需求来确定，一般正极导电剂碳纳米管（CNT）和炭黑类（SP）的混用是比较常见的方式，二者添加量总和在 0.5%～3%。导电剂添加量存在阈值，并非越多越好，添加量超过阈值会使电子电导率提高较小，并且此时起到容量发挥作用的主材（三元或磷酸铁锂）含量会相对减少，从而导致电池能量密度降低。考虑导电剂的同时，也需要考虑粘接剂的含量及种类。粘接剂在极片内起到粘接不掉粉、电极层不脱落的作用，如果出现粘接力不足的问题，电池的电子流通会显著受阻，电池极化增大，严重影响电池容量和功率的发挥[4]。当前较为通用的粘接剂以 PVDF 为主，其含量比例主要是根据正极活性主材的比表面积决定的，一般比表面积（BET）在 0.5～2.0m²/g 的材料（三元类），其粘接剂比例在 1%～2%；BET 在 13m²/g 左右的材料（LFP 类），粘接剂的比例在 1.5%～4%；BET 如果超过 20m²/g（其他新材料），粘接剂的比例需要调整到 4%以上。当然，如果添加了大量导电剂，粘接剂的比例也需要匹配一定量的增加。除了配方以外，还需要选择一定强度的箔材，现阶段正极的箔材一般选择铝材质，具有一定的强度和延展性，在电池内部可以耐腐蚀、耐氧化，铝箔厚度一般选择 9～16μm。

　　负极极片，是由负极活性材料、导电剂、粘接剂及溶剂进行混合，涂覆在铜箔集流体上，经过烘干得到的一种功能部件，在充电过程中接收锂离子，在放电过程中释放锂离子。和正极类似，选材和配方依然是关键设计要素，其考虑维度也是导电性和粘接性。与正极有所差别的是，负极活性物质常用的是石墨材料，导电性较好（10S/m量级），导电剂相对于正极侧导电剂添加量可以适当减小，一般0%～2%比例。负极选用的粘接剂一般以羧甲基纤维素钠（CMC）和丁苯橡胶（SBR）共用为主。其中CMC的主要作用是增稠浆料，可以阻止小颗粒团聚，对于颗粒润湿和抗沉降作用非常明显；SBR主要作用是粘接固体材料，没有浆料的增稠效果。通常石墨材料的浆料，CMC的添加量在0.8%～2%范围内，SBR的添加量在1.5%～4%范围。当前也有选择聚丙烯酸（PAA）类粘接剂材料，区别于SBR和CMC粘接剂，其优势在于动力学性能更好，缺点在于其脆性较高，对加工工艺和设备要求较高。负极的箔材根据负极所选材料的特点略有不同，主流的石墨，通常选择铜箔做集流体，不能选铝材质主要是因为铝在低电位下和锂易形成锂铝合金，使得铝箔粉化。铜箔也具备一定的强度和延展性，厚度通常选择4.5～8μm。

　　确定电极配方以后，涂覆量和压实密度也是需要确定的重要参数，它们会影响电池能量密度、充电能力、循环性能等。涂覆量即箔材表面单位面积涂敷电极材料的质量，在一定电池体积内，极片涂覆量越高，整个电池的辅材用量就相对越少（隔膜和正负极箔材），能量密度就越高。但涂覆量多少受限于设备能力和电池性能要求，当前使用的涂覆机由于其厚度均匀性、烘干开裂等问题，存在涂覆上限。近年来出现了多层涂覆的方式，在很大程度上突破了这一限制，在后续第7章电池制造技术部分进行更为详细的描述，这里不再赘述。涂覆量提高后（假设正负极涂覆量是成比例增加或减少的），电极极片厚度会更高（假设压实密度一致），锂离子在多孔电极内的扩散距离更远，同时电子传输到电极表面（近隔膜侧）的距离也相应更远，导致电极表面过电势增大，在充电时负极侧易形成锂枝晶，即较高的涂覆量一定程度上会降低电池充电能力。同时极化增大，电池功率水平也有所衰减。因而增加涂覆量除了能提高能量密度外，对于电池性能的影响需要综合考虑，平衡设计以满足最终需求。压实密度对于电池也有较为明显的影响，直接影响了极片孔隙率、厚度及电导率，进而影响电池的体积能量密度、充电能力、功率水平、循环性能等。压实密度受限于材料特性和碾压设备能力等因素。压实密度越大，电池厚度越薄，体积能量密度越高，但压实密度对电极的影响是双向的。压实密度越大，材料接触充分，电子导电性越好，但同时易造成孔结构的阻塞，使锂离子液相扩散困难[5]。电子导电性和离子导电性是电池性能关键影响因素，需要综合考虑、平衡设计。常采用的压实密度，三元体系电极3.3～3.6g/cm³，磷酸铁锂体系电极2.2～2.7g/cm³，石墨体系电极1.4～1.75g/cm³。

正负极之间匹配主要体现在两方面，一方面是容量之间的匹配，另一方面是尺寸之间的匹配。单位面积负极的容量设计通常要求比正极容量高10%以上，以保证在材料容量和制程波动情况下，负极容量仍然是过量的。这类波动既包括电极在实际制作过程中存在的涂覆量波动，材料比容量由于批次问题而带来的波动，也包括循环过程中正负极容量衰减速度不一致等。如出现负极容量小于相对位置正极容量的情况，易产生锂枝晶，导致可逆容量降低，且存在安全隐患。尺寸匹配方面，负极极片尺寸要大于正极极片尺寸，综合考虑离子扩散距离、极片尺寸偏差、装配偏差以及全生命周期变化等因素，冗余设计至少大于1mm。

电解液是正负极充放电的桥梁，是锂离子传输的介质。电解液主要由锂盐、溶剂、功能添加剂组成，具体配方比例根据电池性能要求有所不同。除了配方外，电解液含量也是非常重要的设计要素。电解液含量过少使锂离子扩散困难，且不能保证循环消耗。过多会增加电池重量且占用电池内部气室空间，影响电池比能量水平、过充安全性等，同时易影响壳体焊接密封质量等。不同材料体系、不同设计所需要电解液量也不同。设计时，可以根据极片孔隙率、隔膜孔隙率，结合电解液密度，计算其最少注液量，再根据电芯结构和循环要求，设计合理的添加量。但此方法存在一些缺点，如根据材料真实密度计算的孔隙率不是实际孔隙率；实际浸润过程中，是否所有孔隙均可以被填充；以及存在极片和隔膜之间间隙、循环需要消耗的电解液量在初始设计时不能准确计算等问题。所以在电池设计验证时，通常会进行电解液量的验证，以确保电解液量设计参数的合理性。

隔膜，是阻止正负极材料直接接触的介质，是电池安全防护部件。隔膜对于功率、自放电、安全等特性影响非常显著。隔膜一般由基膜和功能涂层组成，其中基膜常见的材质有聚丙烯（PP）和聚乙烯（PE）材质，功能涂层有两大类，一类是陶瓷涂层，可显著减小隔膜热收缩率，提高电池安全性；另一类是涂胶隔膜，通过在隔膜上涂胶把隔膜和极片粘接在一起，形成更稳定的结构。陶瓷和胶的配合方式有多种，如可以把胶和陶瓷混合涂在隔膜上，也可以涂覆一层陶瓷再涂覆一层胶，功能层位置可以选择对正极或者对负极或者两侧都对。隔膜尺寸设计上要保证正负极完全隔离，除了考虑过程波动外，也需考虑在热滥用情况下的收缩余量，因此隔膜尺寸要大于负极尺寸，单侧一般大于至少 2~6mm，具体数值取决于电芯尺寸和隔膜的热收缩率。

极耳或极柱，是电子流通的介质，是将极片中的电流导出至电池外部的输出导体。软包电池引出端是极耳，方形电池引出端是极柱。极耳、极柱均为过流组件，当电流通过时，会产生一定热量，进而引起过流组件及电池温度的升高。温升的考量是极耳、极柱设计的关键因素。当前电池耐受最大温度无统一规定，行业较为通用的最高温度要求不超过55℃（考虑高温加速电解液分解导致性能衰减及对密封可靠性的影响），在 GB 3906—1991 中有关于电流截面积的计算方法，该方法来源于电工行业，在设计电池时会有一些差异。电池行业也在引入热仿真方法计算极耳或极柱的过流温升，来保证其可靠性。通常过流值需要满足铜 $8\sim9A/mm^2$，铝 $5\sim6A/mm^2$。如果想增加过流件的过流能力，一是改变材质，二是增加截面积，通常更多采用改变截面积。或从模组（pack）散热的角度来帮助电芯散热，当前 pack 散热设计为了降低极柱的温升，也逐渐从侧面散热模式发展到极柱散热模式。

电池壳体，是电池隔绝大气环境的介质，由于锂离子电池对水分比较敏感，电池壳体可以隔绝电池内部和外部大气环境。软包电池壳体采用铝塑膜材料，利用热压成型工艺密封。方形壳体和圆柱电池使用焊接方式进行密封。

2.4.2 产品的结构及功能分析

电池产品不同应用环境，会对电池储存和输出能量功能提出相应的具体要求。这些不同要求往往催生出不同的材料设计和结构设计。如前所述，目前市场上常见电池结构主要有三种：方形硬壳电池、圆柱电池和软包电池。三种电池主要结构如图 2-6 所示（后续第 3 章将会对电池结构设计进行详细阐述）。

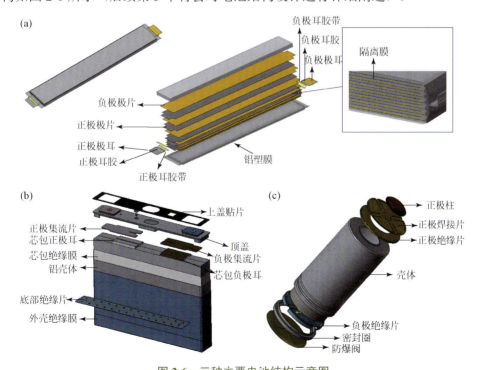

图 2-6　三种主要电池结构示意图
（a）软包电池；（b）方形硬壳电池；（c）圆柱电池

三种类型电池各有特点，适用于不同细分领域，由于其形状、尺寸、材质的区别，电池性能特点有所差别。不同类型结构对比将在第 3 章进行重点论述，本章节简要描述如下。

圆柱电池：壳体材质一般是钢或铝，其外壳和顶盖通过激光焊接工艺进行密封。当前圆柱电池典型尺寸有 18650、21700、46800（直径/高度），46800 电池的容量能做到 30Ah 以上，其最大优势在于可制造性较高、电芯工艺制作简单、生产速度快、效率高。其次，其顶盖设计有功能部件，当电池滥用，如发生内部短路或内部产气时，可有效阻断并泄压。相同体系设计前提下，相比于方形电池其成组率偏低，相比于软包电池其能量密度偏低，即壳体较重（铝密度 2.7g/cm³，钢密度 7.9g/cm³），能量密度不占优势。圆柱电池设计需要综合考虑散热、过流能力及工艺实现性等，单体容量设计相对偏小，一辆汽车需要上千节单体电池，对于电池组装技术及 BMS 管理都提出了很高的要求。

方形壳体电池：壳体材质一般以铝为主，其外壳和顶盖通过激光焊接工艺密封。其优势在于单体容量可做大，因此对于一定能量的电池系统，所需单体数量相对较少，在系统组装、BMS 管理方面相对容易。在电动汽车起步阶段，也受到主机厂的青睐。由于其外形为方形，内部电芯可以叠片或卷绕成型，相对于圆柱电池，其大面散热能力更高。其顶盖板设计包括防爆阀、反转片等功能件。其劣势在于壳体较厚，一般在 0.2～0.5mm，损失了部分空间和重量，能量密度比软包低一些。

软包电池：壳体材质是铝塑膜，如图 2-7 所示，铝塑膜主要是由外层尼龙层、中间层铝箔层、内层热封层［聚丙烯（PP）薄膜］构成的复合材料，其中尼龙层是保护中间层铝箔不被划伤，减少碰撞等外界环境对电池的损伤，同时支撑了一定的铝塑膜结构强度。铝箔层的作用是阻止水汽渗入电池内部。聚丙烯（PP）层作为热封粘接层起到了密封作用。铝箔层与尼龙层之间通过粘接剂进行粘接，铝箔层与 PP 层之间通过粘接剂进行粘接（干法工艺）或通过改性聚丙烯粘接（热

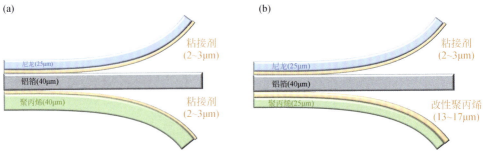

图 2-7　铝塑膜结构示意图
（a）干法工艺；（b）热法工艺

法工艺）。电池厚度受限于铝塑膜成型冲坑设备能力，一般电池厚度不超过 12 mm。软包电池优势在于其轻量化的外壳，能量密度为三种类型电池中最高，其电芯一般采用叠片或卷绕工艺。其劣势在于，多支单体电池在装配成系统时，需要更加复杂的装配过程，不利于快速生产。

2.5 产品开发可行性分析和风险评估

技术可行性分析是根据用户提出的系统功能、性能及实现系统的各项约束条件，从技术角度研究实现系统的可能性。简单讲，即技术需求是否明确、技术收益是否可观、投入资源是否充足、方案是否有困难。

需求明确：如上面几节提到的，需要考虑的需求要素是比较复杂的。技术可行性分析第一个要明确的就是需求，如果有模糊情况时，会隐藏一些风险，在交付技术方案时造成隐患，因此需求必须要明确。

技术收益：每一种解决方案其投入成本和最后形成的单件成本可能是不同的，作为商用电池，目标是开发一款能够有合理利润的产品，因此分析收益是非常重要的。

投入资源：不同的解决方案可能需要不一样的资源支撑，如为了提高能量密度，多层涂覆的厚电极是较为有效的手段，但前提是需要涂覆设备具备该能力。提前做好分析可有效规划试验设备资源。实际上，在电池开发过程中，时间、人力、设备、资金等都是需要考虑的因素，都可能影响试验方案的执行效率。

方案：技术方案需要权衡多项因素，进行综合评估后确定。如对于三元材料的粒径，更小的粒径其反应活性点多，固相扩散容易、功率特性就会更好；但反之活性比表面积大，发生副反应多，稳定性就会差。需要综合考虑正极、负极、导电剂、粘接剂、电解液、隔膜、集流体等材料特性以及各材料之间的交互作用。常用的方法是积累一些体系数据，当新的需求产生时，根据需求偏差，来适当调整体系设计，并充分地验证各个体系。在满足电池性能要求的基础上，具体确定什么设计方案，每个电池厂之间不尽相同，技术路线各有特点。总之，方案的分析是可行性分析的重点，也是方案能否成功的关键。

产品的成本：成本构成包括开发成本、材料成本、生产成本三大部分。开发成本指在开发产品过程中，开展所有活动所投入的资源总价，其包括人力成本、设备成本、材料成本、测试成本、生产必需的能源成本等。材料成本指在开发完成后，单件产品的材料成本，包括了工艺损耗和生产良率带来的影响。生产成本指在开发完成后，每生产一件产品所需要的人力、设备、能源等相关的生产运营成本。当然各个电池厂的区分没有严格的统一标准。

在产品开发阶段设计方案越复杂，为了验证其性能，花费的成本就越高。最终设计定型的方案所选用的材料和用量直接决定了单件产品材料价格，即材料成本。产品工艺过程越复杂，其需要的设备资源越多，控制点就越多，其制造成本就越高。可以看到，所有成本都与设计息息相关。电池产品的 BOM 成本占据了电池总成本的 80%左右。产品 BOM 又叫作产品结构树或产品结构表，是以数据形式来描述产品结构的技术文件，也就是配方或要素表，包括原料、产品、半成品、消耗品、协作件等许多与生产息息相关的物料。它可以看出最终产品、半成品、原材料的层次关系。并且 BOM 有很多不同的种类，包括设计 BOM、工艺 BOM、制造 BOM、采购 BOM 等，基本是依据其功能来分类的。设计 BOM 指的是一个电池在出货状态时，存在的物料量和物料名称；工艺 BOM 是在设计 BOM 的基础上，添加了工艺损耗率（为实现最终产品的工艺设计，不得不损耗的物料量），举例如下：对于叠片电池极耳，需要模切形成固定尺寸大小，必须要切掉其他无用部分；电解液在抽真空时，会由于真空作用有一定量的挥发而有所损失等；制造 BOM 是由于生产过程正常仓损耗的物料量和由于一些异常导致的生产不良带来的成本，比如匀浆工序中管道残留浆料无法被利用等。

能否满足产品开发进度要求，需要综合考虑技术目标难易程度及资源投入比例。常用的方法有两种：一种是正向分析，一种是类比分析。

正向分析，即将实现目标的所有过程逐一列出，然后分析其所用时间，充分考虑并行和串行时间，计算出总需求时间，与项目周期去比较，如果小于项目周期，即认为无风险，反之风险较高。这种方法虽然符合逻辑，但实际执行时经常会出现异常情况，比如开发过程中出现了不可抗拒因素导致交期无法实现，让整体项目延期。所以该方法需要专业人员充分评估需执行的任务和一些意外的情况，而且耗费精力较多。此方法优点是考虑得比较全面。

类比分析，即找一个或者多个类似项目，查询类似项目实际耗费时间，如果比开发周期长则存在风险，反之则认为无风险。该方法优点是以最少资源快速得到风险评估，但缺点是项目与项目之间存在一定区别，遇到困难点也不尽相同，使用该方法估算存在偏差。

如果是一个技术难度较高的项目，通常会采用增加实验量、增加人力、用资源去换时间的方法来达到缩短项目周期的目的，但同时资源投入增多，其开发成本就更高了。因此时间、成本、技术三者是需要互相平衡的关系。

在产品开发过程中需要做很多决策。决策，顾名思义是决定的策略或办法，是一个复杂的思维操作过程，是信息收集、加工，最后做出判断、得出结论的过程；同时也是对风险和机会的一种判断和选择。决策的原则一般是遵循组织的战略规划，并满足客户的产品需求，决策流程可以分为三个阶段：第一个阶段，构建决策框架；第二个阶段，定量分析；第三个阶段，实施评审。在锂离子产品设计方案的决策中，第一个阶段可以分为以下步骤：①识别每个设计方案的风险和机会；②评估每个方案风险和机会的影响因素；③确定产品目标、成功标准和权衡。决策的标准是产品开发的持续时间、成本、质量（范围）等的达成度，产品目标通常有多个，因此决策标准也会有多个，必要的时候需要对产品目标进行排序与权衡。第二个阶段，根据每个产品设计方案中对比的因素差异，定量估算对产品的时间、质量、成本等因素的影响程度，以便进行优先级排序。一般可以利用建模的方式进行量化数据的比较。第三个阶段，根据第一和第二阶段的信息和数据，判断出最佳设计方案进行验证。一般情况下，每个设计方案都会存在风险和不确定性，因此会考虑储备备选方案。对于筛选出的设计方案的风险和不确定性要进行记录，以便后续验证时进行监控和纠正改善。

电池产品设计是一个系统性工作，它涉及的学科非常广泛，包括电化学、非牛顿流体力学、热学、统计学、工程学科等诸多领域。APQP 流程非常适合开发这种相对复杂的产品系统，该流程涉及产品开发的范围、需求、目标、方案、验证和相应产生的风险，维度全面，并且以一定的开发顺序要求开发产品，有助于全面准确地开发一款电池产品。设计一个产品需要至少包括材料选择、电化学设计、结构设计这几部分内容。除了技术的考虑，在设计初期就应该考虑成本和可制造性的问题，这对电池是否可以商业化至关重要。

参 考 文 献

[1] 王海军. 产品质量先期策划(APQP)实用指南[M]. 北京:机械工业出版社,2018:14-17.

[2] The Battery Report 2021. Volta Foundation & Intercalation[EB/OL]. 8 January 2022. www.repooort.com.

[3] 上海有色金属网[EB/OL]. 2023. https://hq.smm.cn/h5/Li₂CO₃.

[4] 查全性,等. 电极过程动力学导论[M]. 北京:科学出版社,2002:129-170.

[5] （美）欧瑞姆，（法）特瑞波勒特. 电化学阻抗谱[M]. 雍兴跃,张学元,等译. 北京:化学工业出版社,2014:180-186.

附表

分类	标准号	文件名称	中文名称
安全要求	IEC 62660-2	Secondary lithium-ion cells for the propulsion of electric road vehicles–Part 2：Reliability and abuse testing	电动道路车辆用二次锂离子蓄电池–第 2 部分：信赖性和滥用试验

分类	标准号	文件名称	中文名称
	IEC 62660-3	Secondary lithium-ion cells for the propulsion of electric road vehicles–Part 3：Safety requirements	电动道路车辆用二次锂离子蓄电池–第 3 部分：安全要求
	IEC 62660-4	Secondary lithium-ion cells for the propulsion of electric road vehicles–Part 4：Candidate alternative test methods for the in ternal short circuit test of IEC 62660-3	电动道路车辆推进用二次锂离子电池–第 4 部分：IEC 62660-3 的内部短路试验备选试验方法
	JIS C 8715-2	Secondary lithium cells and batteries for use in applications-Part 2：Tests and requirements of safety	二次锂电池和应用电池–第 2 部分：安全性试验和要求
	SAE J 2464	Electric and Hybrid Electric Vehicle Rechargeable Energy Storage System（RESS）Safety and Abuse Testing	电动和混合动力汽车可充电储能系统（RESS）的安全性和滥用测试
	SAND2005- 3123	Freedom CAR Electrical Energy Storage System Abuse Test Manual for Electric and Hybrid Electric Vehicle Applications	Freedom CAR 电动和混合动力电动汽车应用滥用测试手册
	UL 1642	Standard for safety Lithium Batteries	锂电池安全测试
	DIN EN 62281	Safety of primary and secondary lithium cells and batteries during transport	一次和二次锂电池及电池在运输中的安全性
	UN Manual of tests & criteria	Recommendation on the transport of dangerous goods Manual of Tests and Criteria	关于危险货物运输的建议试验和标准手册
安全要求	GB 30381-2020	—	电动汽车用动力蓄电池安全要求
	GB 18384	—	电动汽车安全要求
	KMVSS art. 18-2	고전원전기장치	高压电源电气装置
	KMVSS art. 18-3	구동축전지	驱动蓄电池
	AIS-038	Electric Power Train Vehicles-Construction and Functional Safety Requirements	电力车辆–结构和功能安全要求
	AIS-048	Battery Operated Vehicles -Safety Requirements of Traction Batteries	电池驱动车辆–牵引电池的安全要求
	ECE-R 100	Uniform provisions concerning the approval of vehicles with regard to specific requirements for the electric power train	关于车辆对电力传动系统的具体要求的批准的统一规定
	ISO 6469-1	Electrically propelled road vehicles-safety specifications-Part1：Rechargable energy storage system（RESS）	电动道路车辆安全规范第 1 部分：可充电储能系统（RESS）
	ISO 6469-2	Electrically propelled road vehicles-safety specifications-Part2：Vehicle operational safety	电动道路车辆安全规范第 2 部分：车辆操作安全
	ISO 6469-3	Electrically propelled road vehicles-safety specifications-Part3：Electrical safety	电动道路车辆安全规范第 3 部分：电气安全
	ISO 6469-4	Electrically propelled road vehicles—Safety specifications-Part 4：Post crash electrical safety	电动道路车辆安全规范第 4 部分：碰撞后电气安全

续表

分类	标准号	文件名称	中文名称
电性能要求	IEC 62660-1	secondary lithium-ion cells for the propulsion of electric road vehicles-Part 1：Performance test	电动道路车辆用二次锂离子蓄电池-第 1 部分：性能试验
	DIN EN 60068-2-2	Environmental testing-Part 2-2：Tests-Test B：Dry heat	环境试验-第 2-2 部分：试验-试验 B：干热
	DIN EN 60068-2-14	Umgebungseinflüsse-Teil 2-14：Prüfverfahren – Prüfung N：Temperaturwechsel	环境影响-第 2-14 部分：试验-试验 B：温度变化
	DIN EN 60068-2-30	Environmental testing-Part 2-30：Tests-Test Db：Damp heat，cyclic （12 h + 12 h cycle）	环境试验-第 2-30 部分：试验-试验 Db：湿热循环（12 小时+12 小时循环）
	DIN EN 60068-2-52	Environmental testing-Part 2-52：Tests-Test Kb：Salt mist，cyclic （sodium chloride solution）	环境试验-第 2-52 部分：试验-试验 Kb：循环盐雾（氯化钠溶液）
	DIN EN 60512-5-1	Connectors for electronic equipment-Tests and measurements-Part 5-1：Current-carrying capacity tests：Test 5a：Temperature rise	电子设备连接器-试验和测量-第 5-1 部分：载流能力试验测试 5a：温升
	DIN EN 60068-2-38	Umgebungseinflüsse-Teil 2-38：Prüfverfahren-Prüfung Z/AD：Zusammengesetzte Prüfung，Tmeperatur/Feuchte，zyklisch	
	GB/T 31486-2015	—	电动汽车用动力蓄电池电性能要求及试验方法
	GB/T 31484-2015	—	电动汽车用动力蓄电池循环寿命要求及试验方法
	SAND2017-6925	SNL-Abuse-Testing-Manual_July2017_FINAL	滥用测试
材料	DBL_8585_2016-07	General Requirements \Environmental Protection，Hazardous Substances，Dangerous Goods Negative Substance List for the Selection of Materials	一般要求环保、有害物质、危险货物负面物质清单为选用材料
	H317	物质安全资料表	第一类皮肤致敏物
	H334	物质安全资料表	第一类呼吸致敏物
	REACH Regulation（EC）no. 1907/2006	REACH Regulation（EC）no. 1907/2006	REACH 法规要求
	ANSI/UL 94	Standard for Safety for Tests for Flammability of Plastic Materials for Parts in Devices and Appliances	设备和器具部件用塑料材料可燃性的安全试验标准
环境	DIN EN ISO 14021	（Environmental labels and declarations-Environmental supplier's declarations	环境标签及声明-环境供应商声明
	ISO 14040	Enviromental management-Life cycle assessment-Principles and framework	环境管理-生命周期评估-原理和框架
	2000/53/EG ELV	GSO-Dokument：Europäische Union （EU）-Altfahrzeuge	GSO 文件：欧洲关于报废电子电气设备的环保指令

续表

分类	标准号	文件名称	中文名称
气体排放	DBL_5430_BEIB LATT_1_2016-09	DBL 5430 – supplement 1 emission guidelines for sampling and material-development （WEB V 302）	DBL 5430-附录 1 排放指南取样和材料开发（WEB V 302）
	DBL_5430_BEIB LATT_3_2017-08	DBL 5430-supplement 3 emission testing of coatings	DBL 5430-附录 3 coating 的排放测试
	DBL_5430_BEIB LATT_4_2017-12	DBL 5430-supplement 4 emission testing of components	DBL 5430-附录 4 组件的排放测试
	DBL_5430_BEIB LATT_5_2020-01	DBL 5430-Supplementary Sheet 5 Guidelines on Vehicle Component Chamber Measurements in Component Validation Processes	DBL 5430 -附录 5 关于汽车部件验证过程中部件室测量的指南
	DBL_5430_2019-07	Emissions and Odor in the Vehicle Interior	车辆内部的废气和气味
循环回收	MBN 10183	Resource and recycling-compliant vehicle development	资源和循环复合型的车辆开发
	EN 61429/A11	—	国际循环符号的蓄电池和蓄电池组标记
	IEC 61429	Marking of Parts with Daimler Trade Mark，Item Number and Identification Characteristics	用 ISO7000-1135 国际重复循环符号的蓄电池和蓄电池组的标记
车辆报废	2000/53/EC	German "End-Of-Life Vehicles Ordinance"	德国《报废车辆条例》2000/53/EC
清洁度	DBL 6516	Specification of Residual Dirt Limit Values	残余污垢极限值的规范（戴姆勒 DBL 标准）
	MBN LV 126	Technical Cleanliness for High-Voltage Components	高压元件的技术洁净度
	VDA 19.1	Inspection of Technical Cleanliness-Particulate Contamination of Functionally-Relevant Automotive Components	技术洁净度检验。功能部件的颗粒污染相关的汽车零部件
	VDA 19.2	Quality Management In the Automotive Industry-Technical cleanliness in assembly-Environment，Logistics，Personnel and Assembly Equipment	汽车行业的质量管理-装配的技术清洁度-环境、物流、人员和装配设备
通用要求	LHV 310 00x	Common requirements pertaining to the component requirement specifications for EE，software and mechanical components	电子设备、软件和机械部件的部件要求规范的通用要求
	LHV_310_001_2019-08	Common requirements pertaining to the component requirement specifications	组件要求的一般要求规范
追溯标记	MBN 10435	Marking of Parts with Daimler Trade Mark，Item Number and Identification Characteristics	零件上的戴姆勒商标标记，项目编号和识别特征
	MBN 10495	Designation of component parts with the Data Matrix Code （DMC）	带数据矩阵代码（DMC）的零件指定
	MBN 10007	Traceability of Powertrain Component Parts	动力总成部件的可追溯性
电池编码	GB/T 34014-2017	—	汽车动力蓄电池编码规则

03

动力电池结构设计

　　根据整车设计分解，会给出有限的动力电池系统空间大小，在有限空间下，根据电池系统能量及电压需求，通常采用串联和并联方式进行系统布置后，得到电池可用三维结构尺寸。电池结构设计和选型时要考虑到的一些整体和通用性原则包括安全性高、比能量高、比功率高、温度适应性强、使用寿命长、安装维护性强、综合成本低等。

3.1　概　　述

　　电池是电动汽车的动力来源。锂离子电池结构按照其封装工艺和形态不同进行划分，目前结构可分为三种类型，即圆柱形、方形和软包电池（图 3-1）。使用方形电池的电动汽车企业有大众、宝马、雷诺、吉利、长安、比亚迪、长城、蔚来、小鹏、威马等；使用软包电池的电动汽车企业有戴姆勒、吉利等；使用圆柱形电池的电动汽车企业以特斯拉、江淮为代表，近期有消息称大众考虑将在 2025 年开始使用圆柱形电池，另外，宝马、东风岚图、保时捷、路虎等也开始考虑圆柱电池的使用。

　　这三种结构的电池，各有优劣势。

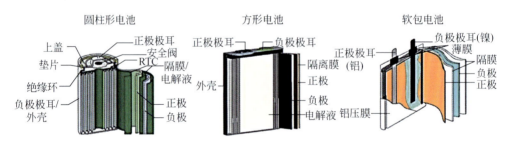

图 3-1　动力电池三种典型结构形式

3.1.1　不同结构动力电池的发展历史

　　最早的圆柱形锂离子电池是由日本 SONY 公司于 1992 年发明的 18650 型电池（直径 18mm、高度 65mm），其生产工艺经过多年发展，相对稳定且自动化程度高，故市场普及率较高。圆柱形电池采用成熟的卷绕工艺，壳体通常为钢壳或铝壳，现市场上钢壳居多。壳体与电池盖的封装工艺有机械压缩密封和焊接封装两种方式，密封性相对较稳定，产品品质稳定，成本相对低。圆柱动力电池有诸多型号，比如常见的有 26650、21700、32700、46800 等，即直径和高度呈增加趋势。圆柱形锂离子电池的生产工艺经过多年发展，相对稳定且自动化程度高，因而生产效率相对较高[1]。

2020 年 9 月特斯拉正式发布 46800（简称 4680）大圆柱电池，该电池采用了全极耳结构设计，极大地提升了电池的能量密度和功率密度，在国产特斯拉装机量的带动下，2021 年 LG 化学的圆柱电池占比达 68%，国轩高科排名第二（表 3-1）。但很多厂家，如 LG、松下、比克、亿纬都在积极布局 4680 电池。预计未来几年，在特斯拉 4680 大圆柱效应带动下，更多车企或将愿意尝试应用该类产品。

表 3-1　国内圆柱电池装机量（GWh）及占比（%）

排名	2018年	装机量	占比	2019年	装机量	占比	2020年	装机量	占比	2021年	装机量	占比
1	比克	1.79	25.3	国轩高科	1.2	29	LG化学	7.39	81	LG化学	6.44	68
2	力神	1.57	22.2	力神	0.78	18.8	国轩高科	0.83	9.1	国轩高科	2.08	21.9
3	国轩高科	0.74	10.5	比克	0.67	16.3	松下	0.3	3.3	力神	0.51	5.3
4	福斯特	0.46	6.5	银隆	0.36	8.6	力神	0.27	3.0	银隆	0.14	1.5
5	银隆	0.46	6.5	联动天翼	0.33	8.0	银隆	0.12	1.3	三星SDI	0.07	0.8
6	江苏智航	0.40	5.7	德朗能	0.20	4.8	比克	0.11	1.2	松下	0.05	0.6
7	德朗能	0.26	3.7	松下	0.18	4.3	苏州宇量	0.06	0.6	比克	0.05	0.5
8	东莞振华	0.24	3.5	苏州宇量	0.17	4.1	鹏辉	0.02	0.2	苏州宇量	0.03	0.3
9	亿纬锂能	0.16	2.3	横店东磁	0.09	2.3	江苏智航	0.01	0.1	鹏辉	0.03	0.3
10	天鹏电源	0.15	2.2	福斯特	0.06	1.6	沃特玛	0.01	0.1	福斯特	0.03	0.3

资料来源：真锂研究，中国银河证券研究院

软包锂离子电池以 LG、SK、AESC 等公司为代表，已有 20 年的发展历史。与以卷绕形式为主的软包消费类电池相比，软包动力电池的极组多以叠片形式为主，叠片工艺一般采用 Z 字形叠片路线，原因为叠片电池电芯边缘相对于卷绕，无结构弯曲变形的影响，尺寸可以做得更大，更适用于动力电池。软包电池的电极制作工艺中，用于消费类领域的小型电池采用间隔涂布工艺，软包动力电池一般采用连续涂布工艺。软包电池的外壳为铝塑膜，这决定了其封装工艺的特殊性，在封装中采用热封工艺，该工艺不同于机械压缩密封和焊接工艺，电池整体装配工艺相对简单，主要关键点为铝塑膜冲坑成型工艺和热封工艺，这些工艺的技术水平直接决定了封装密封性和封装寿命。

方形铝壳锂离子电池由消费类铝壳锂离子电池发展而来，早期应用于消费类产品上的铝壳锂离子电池，体积小，单体容量小，大多采用卷绕极组成型工艺。铝壳电池的电极制作工艺和软包动力电池的制作工艺基本相同，不同点在装配工序，其铝壳与电池盖板的封装采用激光焊接工艺，不同于软包和圆柱形电池，方形铝壳电池在周边焊接后会留有注液孔，在对电池注液后需要进行二次注液孔密封钉焊接，电池组装工艺相对复杂。自铝壳电池应用于电动汽车以来，铝壳电池的尺寸不断增大，方形铝壳动力电池目前主流为 VDA 尺寸（德国汽车工业联合会制定的德国汽车工业质量标准中规定的尺寸）的电池，但是随着大众 MEB 平台的开放及电池包的设计演变，适用于铝壳动力电池三个方向的尺寸也在逐渐演变，传统铝壳电池尺寸长度（L）148mm，高度（H）100～170mm，厚度（T）10～60mm，顶部出极柱。车用的方形铝壳电池形态正在向着大体积方向发展，演化的方向有两种，一种为体积增大，极耳仍在顶部，另一种则演化为两端出极耳的形态，比亚迪（BYD）公司于 2020 年 3 月发布的刀片电池采用了该结构形态。需要提出的是，刀片电池由于特殊的长薄型设计，极片尺寸变大，为了提高成品率，各项工艺过程控制要求更加严格，对环境条件要求严苛，如 BYD 刀片电池重庆工厂为了最大限度降低电池的短路率，提出粉尘分级管控概念，做到一立方米空间内，5 微米（头发丝 1/20 粗细）颗粒不超过 29 个，达到了与液晶屏生产车间相同的标准。生产刀片电池最大的难点和亮点，主要是将 960mm 长的极片，实现公差控制在±0.3mm 以内、单片叠片效率 0.3s/pcs 的精度和速度，除叠片之外，刀片电池生产过程中的配料、涂布、辊压、检测等其他工序环节都达到了世界领先水平[2]。现阶段方形动力电池尺寸为：长度方向（L）200～600mm，高度方向（H）100～200mm，厚度方向（T）25～100mm。

3.1.2 不同结构动力电池圆柱形、方形和软包电池优劣势分析

圆柱形电池：标准化较好，工艺成熟，自动化程度高，产品一致性好，成本较低；但缺点是径向导热差，卷绕层数不能太多，因此单体容量小，对于动力电池系统，需要数百数千个单体组合使用，对电池热管理技术提出了更高的要求。

方形电池：工艺相对较简单，坚硬的外壳对电芯有保护，成组率高，同体系设计前提下能量密度比圆柱形高；但是其尺寸没有标准化，型号太多、工艺难统一。

软包电池：纤薄的形式，铝塑膜外壳重量轻，因而同体系设计前提下能量密度更大；但电池机械强度低、制造工艺要求高，成组技术要求比壳体电池要高（表 3-2）。

表 3-2　动力电池用不同结构电池的优缺点

项目	圆柱形电池	方形电池		软包电池	
壳体	钢壳或铝壳	钢壳或铝壳		铝塑膜	
制造工艺	卷绕	卷绕	叠片	叠片	卷绕
能量密度	高	中	中	中	中
成组效率	中	高	高	中	中
安全性	好	差	差	中	中
生产效率	低	中	中	高	高
标准化程度	低	低	低	高	高
一致性	低	低	低	高	高
充放电倍率	高	中	中	低	中
代表车型	日产 Leaf	宝马	长城、比亚迪	特斯拉 Model 3	—
优势	能量密度高 安全性能好 外形设计灵活	对电芯保护作用强 成组效率高	对电芯保护作用强 成组效率高	生产工艺成熟 电池包成本低 一致性高	生产工艺成熟 电池包成本低 一致性高
劣势	成本高 一致性差 制造工艺要求高	整体重 一致性差 型号多	整体重 一致性差 型号多	整体重 成组效率低	整体重 成组效率低

3.1.3　不同结构动力电池发展趋势

　　三种结构动力电池在应用领域各有独特的优势，从工程设计角度本质上不好比较绝对的好与坏，这三种产品是电动汽车种类和车型及性能综合选择的结果，在一些车型上也存在互换的案例。图 3-2 给出了过去几年三种结构在装机量方面的占比。中国电池企业已经具备了圆柱形、方形以及软包电池研发和制造及应用的全面技术能力，因此在未来的发展中三种结构的动力电池依然会共存，市场中的占比则会受到车型研发进度和市场投放量的影响。

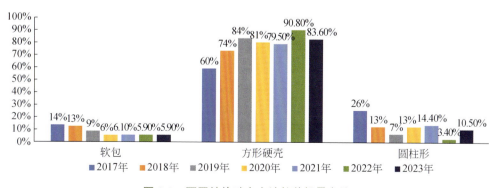

图 3-2　不同结构动力电池的装机量占比

3.2 圆柱形电池结构

3.2.1 圆柱形电池分类

现有的圆柱动力电池大体根据尺寸可分为 18650、21700、26650、46800 等。

以 18650 为例，18 代表圆柱电池的直径是（18±2）mm，650 代表圆柱电池的高度是（65±2）mm，表 3-3 列出了常见圆柱形锂离子电池的尺寸对照。

表 3-3　圆柱形电池尺寸对照表

电池型号	直径（mm）	高度（mm）	主要生产企业
18650	18	65	力神、天鹏
21700	21	70	松下、力神、天鹏
26650	26	65	国轩
46800	46	80	松下、亿纬、宇量

3.2.2 圆柱形电池结构设计

1. 圆柱形电池的基本结构

18650 圆柱电池是在 20 世纪 90 年代初开始进行大规模商业化应用，具有典型的圆柱形锂离子电池结构特征（图 3-3），包括不锈钢电池壳、正极柱（盖）、PTC 元件、断流装置、防爆阀、绝缘片、压缩密封圈、正极、负极和隔膜等。

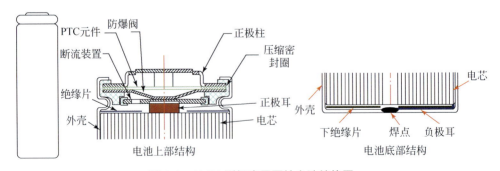

图 3-3　18650 型锂离子圆柱电池结构图

2. 极组的结构

1）单/双极耳卷绕结构

18650 电池正负极片采用间隔涂敷，如图 3-4 所示。在正极、负极和隔膜共同卷绕成电芯过程中，正极和负极各需焊接一个极耳，正极是铝极耳，负极通常是镍极耳或者铜极耳，如图 3-5 所示，焊接极耳后在极耳部位贴胶带，防止短路，如图 3-6 所示。电芯入壳后，首先，将负极耳与壳底部焊接；然后，在壳体上部滚槽；烘烤除水后注液，注液工序完成后，将正极耳与盖子焊接；最后将盖子与电池壳体压缩密封成一体，完成封口操作。

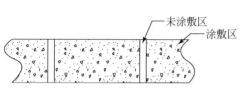

图 3-4 18650 型锂离子圆柱电池极片涂敷示意图[3]

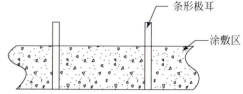

图 3-5 18650 型锂离子圆柱电池极片焊接极耳示意图[3]

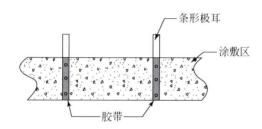

图 3-6 18650 型锂离子圆柱电池极片焊接极耳贴胶带示意图[3]

2）多极耳卷绕结构

随着圆柱电池应用越来越广泛，应用端对圆柱动力电池的性能需求也逐步提高，除了对能量密度、单体容量提升的要求外，对其功率性能也提出更高的要求。为了满足更高的功率输出，会选择增加极耳数量，有效提升充放电过程中的电流传输能力，以实现更佳的功率性能。

如 26650、21700 圆柱电池的结构与 18650 电池结构及制造工艺基本相同，由于其容量的提升，卷绕过程中，增加了极耳数量，以提升其过电流能量，提高功率性能。比如正、负极的极耳都增加至 2～4 个。该结构通常会采用连续涂敷的方式进行极片制作，再通过计算确定好极耳的数量以及极耳的间隔，将计算好间隔位置的极粉去除后再焊接极耳，如图 3-7 所示。根据极耳的位置分布，又可分为"一字"分布（图

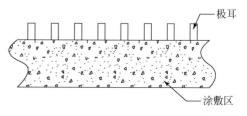

图 3-7 多极耳极片结构示意图[3]

3-8）或"散式"分布（图3-9），两种多极耳分布的电芯主视图如图3-10所示，多极耳卷绕方式可适合于不同的功率需求设计。

图3-8 "一字"分布多极耳卷绕电芯结构

图3-9 "散式"分布多极耳卷绕电芯结构

3）全极耳-揉平卷绕结构

全极耳卷绕结构，因具有良好的集流效果适用于大直径功率型产品，也是超级电容器目前采用的结构，产品通常具有较大直径。该结构极片通常采用连续涂敷方式，如图3-11所示，未涂敷区空白箔作为极耳使用。卷绕后极组及揉平后结构，如图3-12所示。一般采用工装使空白箔形成的全极耳以一定角度旋转、堆叠，形成可以进行焊接的平整表面，采用焊接盘与极耳焊接，再通过激光焊的方式，将正、负极焊接盘分别与电池壳、电池盖焊接相连。图3-13是极组揉平前后的实物图，可以很清晰地看到揉平前后极组端部的变化，该结构可以通过1000A以上的瞬时电流。

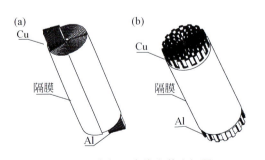

图3-10 多极耳卷绕电芯主视图
（a）"一字"分布；（b）"散式"分布

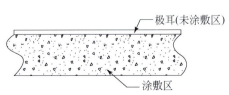

图3-11 全极耳卷绕极片涂敷示意图[3]

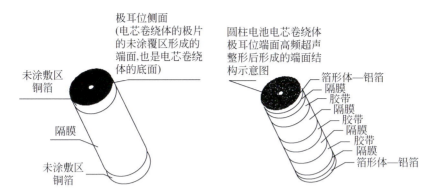

图 3-12　极耳揉平前后对比示意图[3]

图 3-13　极耳揉平前后实物对比图

4）全极耳-切极耳卷绕结构

46800 大圆柱是圆柱电池的改进和创新，这种结构在电池单体能量密度提升的同时，能够在整车层面实现 CTC、一体化压铸的整合，在制造层面大幅降本，实现"极限"制造。图 3-14 是特斯拉公布的 46800 极组端部图，该结构切卷的极耳堆叠整齐，与揉平方式相比，表面更为平整，电流导通更为均匀。该结构更利于实现大倍率、大电流输出，与传统的单极耳或双极耳结构相比，具有更优异的功率性能，具有更低的阻抗，能够有效地减少充放电过程中的热损耗。

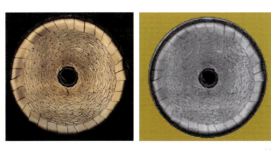

图 3-14　特斯拉 46800 电池切极耳卷绕电芯端部图[4]

　　根据端部图推测其切极耳卷绕和极耳切割过程如示意图 3-15 和折弯示意图 3-16 所示，将箔极耳切割成一定斜角、一定宽度的极耳，在卷绕过程中，通过弯折机构将极耳进行预弯折，卷绕后再进行进一步的整形，最终实现图 3-14 中的结构。图 3-17 是 46800 电池的装配结构示意图，上下焊片既考虑了汇流焊接位置的分布均匀性，同时也考虑了正负极焊盘对注液过程的影响，设计有均匀的缝隙，便于电解液流通。46800 电池一经宣布，立即引起各电池企业的高度关注，除特斯拉外，国内亿纬锂能、宇量也先后公布了其 46800 电池的研发进程，而宁德时代、力神等企业也纷纷布局大圆柱电池的开发，随着大众、宝马先后公布 2025 年将启用 46800 大圆柱电池的计划，46800 电池会受到越来越多的关注。

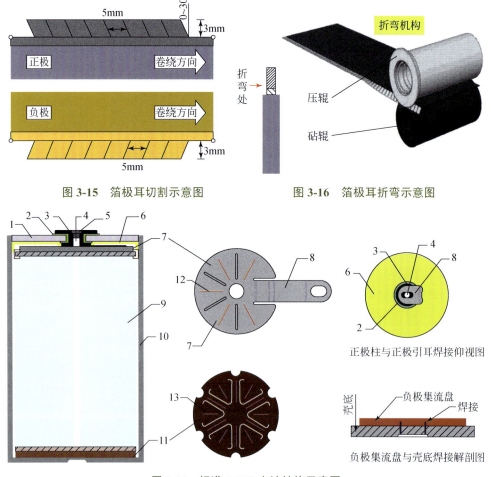

　图 3-15　箔极耳切割示意图　　　　　图 3-16　箔极耳折弯示意图

图 3-17　标准 46800 电池结构示意图

1-电池盖；2-压缩绝缘套；3-正极柱；4-注液孔；5-密封塞；6-绝缘套；7-正极集流盘；8-正极引耳；9-电芯；10-壳体；11-负极集流盘；12-正极焊缝；13-负极焊缝

3. 电池盖板结构

电池盖板一般起到密封、导流的作用，为了保证电池安全性，18650、21700、26650 的盖板通常设计有断流装置和 PTC 结构（图 3-3），当极端条件（如过充、过放、短路等）发生时，引发断流装置启动，切断外部电流，从而有效降低动力电池的危险性，防止其起火或者爆炸。

4. 电池壳体结构

电池壳体一般为钢壳或者铝壳，采用冲压或旋压工艺制成。一种是传统的 18650 壳体结构，直接冲压成壳，装配后采用翻边滚槽工艺或周边焊工艺完成电池制作；另一种是拉伸成上、下相通的圆桶，分别焊接上盖、下盖完成电池制作。

3.3 方形动力电池结构设计

方形动力电池结构，一般采用同侧引出极柱端子的形式，如常见的 VDA-27/54/79-148 系列，MEB22/44/66-221 系列，以及储能应用常见的 54/71-173 系列。随着比亚迪刀片电池的问世，又增加了两端出端子，类似于软包极耳输出方式的方壳结构。

方形动力电池的内部卷芯一般分为叠片和卷绕两种成型方式，卷绕又分为箔极耳卷绕和切极耳卷绕两种形式。

3.3.1 方形动力电池外形尺寸

方形动力电池早期很明显的缺点是，电池型号众多，标准化程度较低，工艺难统一。但是经过近 10 年的优胜劣汰，行业内对电池尺寸的统一以及宁德时代、比亚迪等行业寡头典型产品的带动作用，方形电池型号种类已大为缩减，主流方形电池型号及使用车型如表 3-4 所示。

表 3-4 方形电池型号

电芯尺寸（mm）	容量（Ah）	能量密度（Wh/kg）	循环次数	应用领域
71×173×207	280～310	160～190	3000～10000	商用车
54×173×207	180～240	140～190	3000～10000	商用车
27×173×207	～105	～150	3000～10000	商用车
33×200×207	～150	～165	3000～5000	商用车
33×200×173	～125	～165	3000～5000	商用车
27×148×97	～51	～180	2000～4000	乘用车
13.5×118×（400～1000）	100～500	～170	>3000	乘用车

3.3.2 方形卷绕动力电池结构设计

本部分以 LP71173207（长 173mm，宽 71mm，高 207mm）磷酸铁锂电池设计为例，说明方形卷绕结构的动力电池设计。LP71173207 电池是目前大巴车和大型储能领域一款相对标准化的方形电池。其外形尺寸如图 3-18。电池壳大面壳壁厚度一般为 0.6mm，侧壁厚度为 0.8mm。

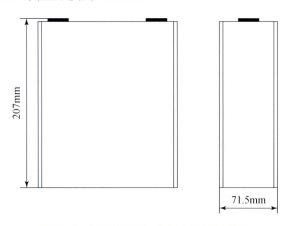

图 3-18 LP71173207 方形电池外形尺寸

1. 极组结构

1）切极耳卷绕结构

卷绕结构具有较高的生产效率，切极耳卷绕工艺的关键点在于设计间隔渐进的极耳，如图 3-19 所示，TW 和 TH 合围的区域为极耳区域，阴影部分为活性物质涂层，A1，A2，…为极耳间隔，该极片展示的是宽幅且对称结构的极片，完成

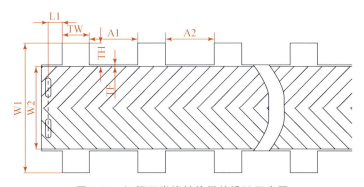

图 3-19 切极耳卷绕结构极片设计示意图

极耳切割后会从宽幅极片中间进行分切，形成两条极片，再进行后序烘烤及卷绕加工；如图 3-20（a）是切极耳卷绕结构的示意图，正负极片以隔膜进行隔离，正、负极耳分别在固定的位置对齐，便于和连接片焊接，最终形成如图 3-20（b）所示的切极耳结构电芯，将其极耳直接焊接在盖板上，就可以进行后续的装配工序。

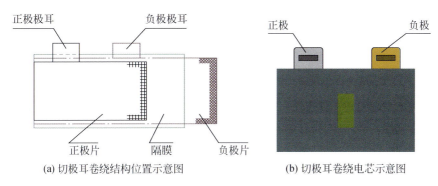

(a) 切极耳卷绕结构位置示意图　　　(b) 切极耳卷绕电芯示意图

图 3-20　切极耳卷绕结构示意图

2）箔极耳卷绕结构

箔极耳结构（图 3-21）也是一种卷绕结构，该卷绕结构将活性物质涂层外的留箔作为极耳，这种全极耳结构具有很好的集流效果，能够更好地实现电池的功率性能，图 3-21 是箔极耳卷绕结构示意图，卷绕之后，需要在箔极耳的位置预设焊点（位置如图 3-22 所示），以便与连接片焊接。

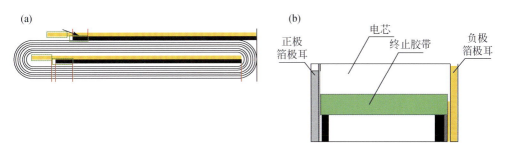

图 3-21　箔极耳卷绕结构示意图
（a）箔极耳卷绕结构极片示意图；（b）箔极耳卷绕极组示意图

2. 电池盖

电池盖是电池的关键零部件，除了集流和绝缘设计之外，为了提升电池安全性，安全组件一般也会集成到电池盖上，比如过充安全保护装置（OSD）一般设计在负极柱下方，正极进行保险丝设计，当过充发生时，随电池内部压力增加，负极柱下方的 OSD 装置动作，触发内部短路，产生瞬间的大电流将正极的保险丝熔断，从而切断电池内部电流回路，保证电池安全。图 3-23 为不同结构电池盖板示意图，其中 3-23（a）为典型的"蝴蝶"焊结构电池盖板示意图，该结构适用于厚度较大的电池。图 3-23（b）为单侧焊接的盖板结构示意图，该结构适用于厚度较小的电池，从单侧焊接后，极耳和连接片恰好弯折至极组上部，有较好的空间利用率，如 VDA-2714897 就采用该结构，可获得更高的能量密度。图 3-23（c）为箔极耳结构采用的盖板示意图，箔极耳结构通常为功率型产品所采用，这种结构极耳集流面积大，能够表现出更优异的功率性能。

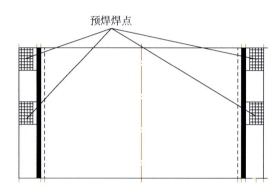

图 3-22　箔极耳卷绕结构极组预焊示意图

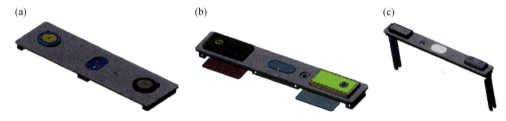

图 3-23　不同结构电池盖示意图

（a）"蝴蝶"焊结构电池盖；（b）单侧焊接结构电池盖；（c）箔极耳结构电池盖

3. 卷芯尺寸

电池壳盖的确定给锂电池设计限定了空间范围，但真正决定容量和能量密度的是内部卷芯的设计。对于卷绕型电池，卷芯尺寸尤为重要。卷绕电池常见的失效原因为卷芯的某些部位（尤其是 C 角部位）受压，导致锂离子不能顺利迁移（图 3-24）。因此卷芯理论尺寸需要考虑电池全寿命周期内极片的膨胀因素，原则上是电芯在寿命终止（EOL）时，卷芯厚度、宽度方向不得超过或仅略微超过内腔尺寸。

对于 LP71173207 型磷酸铁锂体系卷绕型电池（图 3-18），行业内一般为双卷芯设计，根据正负极极片各阶段的膨胀率，若单卷芯的正极卷绕层数为 106 层，尺寸可设计如表 3-5。

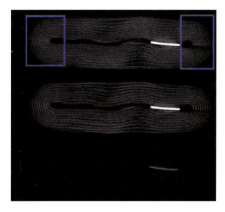

图 3-24　极片膨胀导致的卷芯变形（蓝色框内为 C 角部位）

卷芯高度取决于壳体高度和盖板、极耳等结构件所占空间，该电池壳体高度为 207.2mm，盖板、极耳等结构件占据上部空间为 10～12mm，则卷芯高度可设计为 196mm；卷芯宽度（X）和厚度（Y）设计则需要考虑各阶段正负极片的膨胀，原则上要求 $X+106\times$（$0.05T_{正}+0.30T_{负}$）$\approx$（1.0-1.01）$\times$内腔可使用宽度，$Y+106$ $\times$（$0.05T_{正}+0.30T_{负}$）$\approx$（1.0-1.01）$\times$内腔可使用厚度，如此方可避免电池使用后期因卷芯压力过大而导致的循环快速衰减。

表 3-5　LP71173207 卷绕型电池卷芯尺寸设计示例

项目	正极片厚度	负极片厚度	卷芯高度（mm）	卷芯宽度（mm）	卷芯厚度（mm）
设计值	$T_{正}$	$T_{负}$	196	X	Y
装配时	$1.01\sim1.02T_{正}$	$1.05\sim1.08T_{负}$	196	$X+106\times$（$0.01T_{正}$ $+0.05T_{负}$）	$Y+106\times$（$0.01T_{正}$ $+0.05T_{负}$）
满电时	$1.02\sim1.03T_{正}$	$1.20\sim1.25T_{负}$	196	$X+106\times$（$0.02T_{正}$ $+0.20T_{负}$）	$Y+106\times$（$0.02T_{正}$ $+0.20T_{负}$）
EOL	$\sim1.05T_{正}$	$\sim1.3T_{负}$	196	$X+106\times$（$0.05T_{正}$ $+0.30T_{负}$）	$Y+106\times$（$0.05T_{正}$ $+0.30T_{负}$）

4. 隔膜宽度

隔膜宽度由电池盖连接的结构件（转接片、极耳等）所占体积确定，原则是：保证卷芯既不受结构件压迫，同时又能保证相关安全设计余度，且不能过于宽松而容易晃动。一般采用的原则是：

$$隔膜宽度=壳体可用高度-（8\sim12mm） \tag{3-1}$$

对 LP71173207 方形卷绕电池，壳体可用高度为 204mm，隔膜宽度可设计为 196mm。

5. 极片尺寸

负极片宽度：隔膜宽度-6mm；

正极片宽度：负极片宽度-（3～6mm）。

LP71173207 电池单卷芯极片长度可达 17 米以上，必须留有足够的冗余尺寸（Overhang），以保证隔膜对负极，以及负极对正极的包覆。Overhang 尺寸取决于极片本身的质量（平整度、弯曲程度等）、卷绕设备精度等。现阶段技术水平下，负极 Overhang（相对于正极）一般为 3～6mm，隔膜 Overhang（相对于负极）一般为 6mm。

LP71173207 电池负极片宽度可设计为 190mm，正极片宽度可设计为 186mm。

极片长度：极片长度是估算电池设计容量的关键数据，可根据图 3-25 模型进行计算，将卷芯分成两部分，Part1 部分为直线段，直线长度为 1/2 卷针周长，直线数量为正负极片的卷绕层数；Part2 为圆弧段，可近似看成圆形，左右两部分合为一个正圆，其长度则为一系列呈等差数列的圆的周长，根据等差数列求和公式，即可算出 Part2 部分极片的长度。极片的总长度则为上述两部分的加和。例如，卷针周长为 274mm，正极片厚度为 149μm，负极片厚度为 112μm，隔膜厚度 12μm，正极片层数为 106 层，负极片层数为 108 层，则正极片长度计算如下。

Part1 部分：

$$106×（274/2）=14522（mm） \tag{3-2}$$

Part2 部分：

$$\{2π×（负极片厚度+隔膜厚度×2+正极片厚度）$$
$$+2π［正极片层数/2×（负极片厚度+隔膜厚度×2+正极片厚度）］\}$$
$$×正极片层数/2/2=\{3.14×2×（0.112+0.012×2+0.149）+3.14×2$$
$$×［106/2×（0.112+0.012×2+0.149）］\}×106/2/2=2561.2（mm） \tag{3-3}$$

极片总长度估算：

$$14522+2561.2=17083.2（mm） \tag{3-4}$$

极片长度计算模型见图 3-25。

6. 极耳设计

极耳长度由卷芯厚度和焊接方式综合确定，需要保证焊接可操作性（长度足够），同时考虑涂布碾压等工序的可操作性（满足焊接前提下尽可能短）。

极耳宽度由电池过流能力要求确定，一般铝极耳过流能力为 3～5A/mm²，铜极耳过流能力为 5～8A/mm²。

以 LP71173207 电池为例，铝极耳宽度设计为 40mm，单卷芯极耳数量 53 个，铝箔厚度为 13μm，则过流面积为 53×40×0.013=27.56mm²，单卷芯过流能力达到 137.8A，电芯总过流能力可达 280A，电池可满足最大 1C 连续充放电能力。

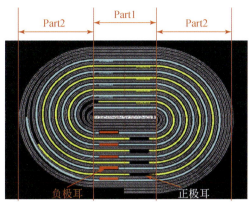

图 3-25   极片长度计算模型

极耳位置会影响电流密度分布均匀性。现在主流方形电池产品的极耳位置和尺寸统计如表 3-6。

表 3-6   部分方形卷绕电池极耳设计

电池型号	正负极耳间距（mm）	极耳长度（mm）	极耳宽度（mm）
LP71173207	～89	～26	～40
LP54173207	～89	～24	～40
LP27173207	～89	～12	～40
LP33200207	～123	～17	～40
LP50160112	～70	～24	～30

极耳数量目前卷绕型方形动力电池极耳数量一般设计为卷绕层数的 1/2，一方面能满足绝大部分动力电池的倍率要求，另一方面有利于极耳焊接操作（极耳总厚度越厚，焊接难度越大），一半极耳的设计，也降低了极耳所需的长度，减少了涂布、碾压的加工难度。但该设计对极耳对齐度提出了较高要求，设备张力的稳定性和极片厚度的一致性非常重要。经计算，若极耳数量为 50，极片厚度偏差 1μm，极耳位置偏差会达到约 10mm。

7. 电芯内部结构及焊接

传统方形电池，是先将电池盖和转接片焊接，再通过转接片和卷芯焊接（图 3-26）。该方式要求转接片长度要超出盖板宽度，给焊接操作留出足够空间，如此一来，两个单电芯合芯之后在电池内的上部形成了冗余较大的气室空间。随着动力电池能量密度需求的日益提升，这种内部较大冗余气室的焊接方式已经很少被采用。

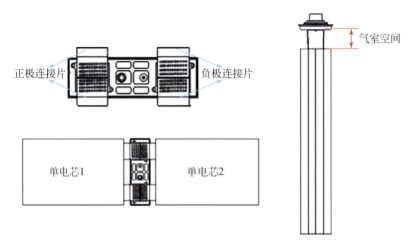

图 3-26　方形电池传统焊接结构示意图

　　现在动力电池焊接结构多采用先焊转接片，再与电池盖焊接的方式，也称"蝴蝶焊"。该方式其连接片长度小于盖板宽度，合芯时只依靠极耳弯折，电芯空间利用率大大提升。以现在主流的 207mm 高度电芯为例，壳体高度为 204mm，内部卷芯高度可设计为 196mm，电芯上部可留出 8mm 高度的气室空间，在此也需明确一下，过大的气室会造成空间浪费，但气室空间也不是越小越好，需要综合考虑电池全生命周期产气量，防止电池由于内部气室过小，气压太大而使电池发生爆裂的情况出现（图 3-27）。

　　除了上述"蝴蝶焊"方式，如果电池厚度较薄，也可以采用"单边焊"的方式（图 3-28）。这种方式是将转接片先和电池盖焊接，再与卷芯焊接。较薄的电池，其容量、充放电电流一般较小，连接片不需要太厚，因此虽然连接片长度超出盖板宽度，但因其比较柔软，可以通过弯折使连接片和极耳形成"Z"字形，达到提高空间利用率的效果。

　　对于典型的 LP71173207 型电池，由于电芯厚度较厚，内部电芯采用双卷芯设计，其焊接方式采用先将卷芯和转接片焊接，再与盖板焊接的方式较为合适。

　　有效焊接面积影响电芯的倍率性能，焊接面积设计过小或焊接效果不佳会导致极柱部位阻抗增加，发热严重，长期循环将造成电池性能衰降并带来安全隐患。

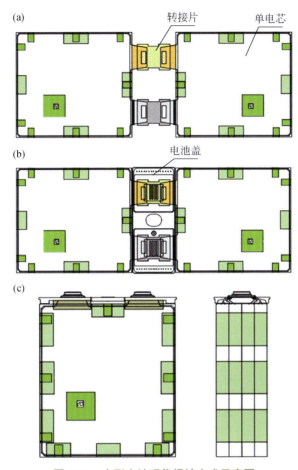

图 3-27　方形电池现代焊接方式示意图

（a）电芯与转接片焊接示意图；（b）转接片与电池盖焊接示意图；（c）方形电池透视示意图

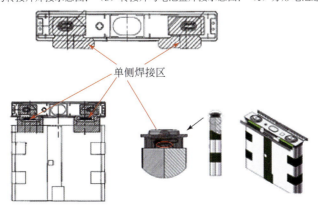

图 3-28　单边焊接方式

图中黑色部分为焊接线

以 LP71173207-280Ah 电池为例，根据如前所述的铜铝过流能力计算，电芯最大连续充放电倍率为 1C，过流需要达到 280A，若采用双卷芯，则单个卷芯过流要求是 140A。根据上述材料过流能力的经验值，超声焊面积要达到 40mm²，实际考虑过流冗余设计，一般采用 16mm×5mm 的超声焊头。转接片和盖板的激光焊接，一般为直径 12mm 的圆，焊接轨迹一般为圆环、双圆环或螺旋线，在焊接良好的前提下，转接片与盖板的接触面积接近 113mm²（以 12mm 直径的圆计算），能够满足过流需求。

上述焊接面积的确定是建立在焊接良好的前提下，因此焊接效果的判断也很重要。一般采用专用拉力设备进行焊接拉力测试加目视来判断，将焊接处拉开后，目视粘连情况，一般要求粘连面积至少要大于焊点总面积的 2/3。在此基础上，设定合理的拉力测试标准。

3.3.3 方形叠片动力电池结构设计

方形叠片动力电池与方形卷绕动力电池，只是内部极组结构有所差异，电池壳盖设计通用，电壳盖及内部空间等设计请参考 3.3.2 部分。此处仅针对电芯进行重点介绍。

本部分以 LP54173207 型 202Ah 锂离子电池为例，进行方形叠片动力电芯结构设计。

1. 叠片极组结构

叠片方式就是将正负极分别切割成一定尺寸，并且根据过电流需求设计一定面积的极耳，将切好的正、负极以隔膜隔开，正负极片按照设计的层数进行堆叠，形成具有一定层数要求的极组电芯，正、负极片的结构如图 3-29（a）所示，叠片后的极组示意图如图 3-29（b）所示。具体详细叠片工艺详见本书第 7 章动力电池制造技术。

2. 叠芯尺寸

跟卷绕型电池不同，叠片电池不存在上述卷绕型电池 C 角位置弯折问题，主要是厚度方向存在膨胀，宽度方向极片不受束缚，叠芯高度和厚度设计原则与卷绕电池一样，即保证全生命周期内电池结构的稳定性。宽度方向则只需要考虑容易入壳以及预留一定的空间保证注液量即可。

以 LP54173207 电池为例，电芯可选用 2 个或者 4 个叠芯，重点需要考虑叠片对齐度以及转运过程中的极片错位问题。壳体宽度为 173.6mm，内腔尺寸为 172mm，Mylar 膜厚度为 0.3mm，则叠芯宽度可设计为 170～171mm。

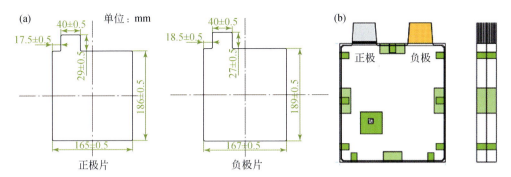

图 3-29　LP54173207 型电芯叠片结构示意图

（a）叠片结构极片示意图；（b）叠片电芯示意图

3. 隔膜宽度

隔膜宽度与方形卷绕电池要求一样，请参照 3.3.2。

对于 LP71173207 方形叠片电池，壳体可用高度为 204mm，隔膜宽度可设计为 195～196mm。

4. 极片尺寸

综合电池设计、极片切割成型及叠片设备能力，充分考虑设计冗余，具体尺寸要求如下：

$$负极片高度=隔膜宽度-6mm \tag{3-5}$$
$$正极片高度=负极片高度-（3～4）mm \tag{3-6}$$
$$负极片宽度=电池内腔宽度-（5～6）mm \tag{3-7}$$
$$正极片宽度=负极片宽度-2mm \tag{3-8}$$

对于 LP71173207 方形叠片电池，负极片尺寸可设计为 189mm×167mm；正极片尺寸可设计为 186mm×165mm。

5. 极耳设计

极耳尺寸及位置设计原则与卷绕电芯一样，但极耳的数量与叠片层数一致，相较于卷绕电池，极耳数量增加了一倍，提高了导流能力，充放电时极耳处发热相对较小，但是更多更厚的极耳给焊接工艺也带来了挑战，不仅需要更大的极耳长度（例如 LP71173207 型号，若采用卷绕形式，极耳长度 26mm，采用叠片形式极耳长度则需要达到 30mm），还需要更高的焊接功率，在高焊接功率下产生焊渣金属屑的概率也会随之增大，增加了电池内部发生微短路的风险。

对于 LP54173207 叠片电池，极耳长度可设计为 28mm，极耳宽度 40mm，超声焊极耳层数 70 层。

3.4 软包动力电池结构设计

3.4.1 软包动力电池外形尺寸

软包动力电池的电芯与方形动力电池电芯设计相同。只是厚度上受铝塑膜外壳成型工艺限制，不能做得太厚。

软包电池传统形态为同侧出极耳，电池的长度方向（L）约在 100～200mm 之间，高度方向（H）在 100～300mm 左右，厚度方向（T）在 8～12mm，随着新能源汽车电池包设计的不断演变，软包动力电池尺寸也发生了较大变化，其中电池长度方向（L）尺寸正在向 300～600mm 之间发展，电池高度方向（H）则变化为 100mm 左右，厚度方向（T）依然在 8～12mm 之间。基于这种"窄长型"的外形，考虑电流分布的均匀性，目前软包电池多采用两侧出极耳的方式，也便于模组（Pack）组装的焊接。软包动力锂离子电池形态发展演变如图 3-30 所示。

目前软包动力电芯尺寸主要是基于电动车模块化平台（MEB 平台），共有三个模组尺寸：355mm，390mm 和 590mm，对应的软包电芯的高度和宽度尺寸约为 100mm×300mm，100mm×335mm 和 100mm×532mm，电芯厚度为 80～150mm。其他尺寸则需要根据整车及 Pack 的需求确定。

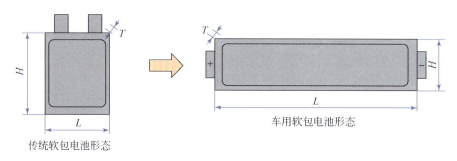

传统软包电池形态　　车用软包电池形态

图 3-30　软包动力锂离子电池形态发展演变

3.4.2 软包动力电池结构设计

本部分以 MEB 平台磷酸铁锂体系软包动力电池 P148100532-97Ah 为例，来说明软包动力电芯结构设计，如图 3-31 所示。电芯采用叠片成型方式。

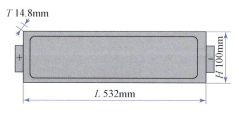

图 3-31　P148100532-97Ah 电池外形尺寸

1. 铝塑膜外壳

铝塑膜组成请参考本书第 2 章内容，铝塑膜外壳需要冲坑成型，即采用冲坑设备将铝塑膜冲成一定深度、一定尺寸大小。该冲坑区域用来放置电芯，因此冲坑尺寸与电芯设计尺寸需要高度匹配，具体设计如下：

1）冲坑长度

$$冲坑长度=电池长度-侧封边宽度-偏差系数 C \qquad (3-9)$$

偏差系数 C：长度方向由于各种误差所产生的系数，需要减掉才能保证电池不超长；一般按照以下确定：

单坑电池：C=1.0mm，双坑电池：C=1.5mm。

对于 P148100532-97Ah 电池，C=1.5mm，侧封边单边宽度 6～7mm，则冲坑长度可设计为 518mm。

2）冲坑宽度

$$冲坑宽度=电池宽度-顶封宽度 \qquad (3-10)$$

顶封宽度是 6～7mm。则 P148100532-97Ah 电池冲坑宽度可设计为 94mm。

P148100532-97Ah 电池比较厚，应采用双坑（图 3-32），两坑深度差 1mm 左右。

3）冲坑深度

冲坑深度还需考虑铝塑膜自身延展等特性，不同厚度铝塑膜冲坑深度常规值如下所示：

88μm 铝塑膜：

冲坑深度≤3.0mm，适用于厚度≤3.5mm 的电池。

113μm 铝塑膜：

冲坑深度≤4.0mm，适用于厚度≤5.0mm 的单坑电池或厚度≤8mm 的双坑电池。

152μm 铝塑膜：

冲坑深度≤6.5mm，适用厚度＞8mm 的双坑电池。

因此，对于 P148100532-97Ah 电池，应选用 152μm 铝塑膜。

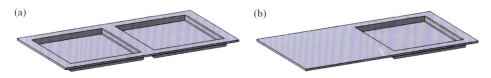

图 3-32 冲坑示意图

（a）双坑；（b）单坑

2. 隔膜尺寸

$$隔膜宽度=铝塑膜冲坑长-（0.0～0.5mm）\qquad（3-11）$$

对于 P148100532-97Ah 电池，隔膜宽度可设计为（518-0.0）=518（mm）。

$$隔膜长度=冲坑宽度×（正极片层数+负极片层数+2）\qquad（3-12）$$

正负极片的层数则跟电池电化学设计参数相关，取决于材料的比容量、涂覆面密度、压实等参数。

例如，P148100532-97Ah 电池正极层数 27 层，负极层数 28 层，则隔膜长度计算为［94×（27+28+2）］=5358（mm）。单只电池隔膜使用面积为（5.358×0.518）=2.77（m^2）。

3. 极片尺寸

$$负极片长度=隔膜宽-（2.0～4.0mm）\qquad（3-13）$$
$$负极片宽度=冲坑宽-（1.0～2.0mm）\qquad（3-14）$$
$$正极片长度=负极片长度-4.0mm\qquad（3-15）$$
$$正极片宽度=负极片宽度-2.0mm\qquad（3-16）$$

对于 P148100532-97Ah 电池，负极片长度为（518-4）=514（mm），负极片宽度为 94-2=92（mm）；正极片长度为 514-4=510（mm），正极片宽度为 92-2=90（mm）。

3.5 动力电池尺寸公差设计

3.5.1 公差设计的意义

公差设计是面向制造和装配的产品设计中非常重要的一个环节，对于降低产品成本、提高产品质量具有重大影响[5]：①合理设定零件的公差以减少零件的制造成本。②判断零件的可装配性，判断零件是否在装配过程中发生干涉。③判断零件装配后产品关键尺寸是否满足外观、质量以及功能等要求。④优化产品的设计，这是公差分析非常重要的一个目的。⑤公差分析除了用于产品设计中，还可用于产品装配完成后，当产品的装配尺寸不符合要求时，可以通过公差分析来分析制造和装配过程中出现的问题，寻找问题的根本原因。⑥当通过公差分析发现产品设计不满足要求时，一般有两种方法来解决问题。其一是通过精密的零件公差来达到要求，但这会增加零件的制造成本；其二是通过优化产品的设计（例如增加装配定位特征）来满足产品设计要求，这是最好的方法，也是公差分析的意义所在。

3.5.2 公差分析的方法

公差分析采用三种主要方法：极值公差法、统计公差法和仿真方法，为实现公差分析自动化，提高计算效率，需要更为有效的公差综合与分析算法。工厂产品设计时常用的公差分析方法，一是极值法，二是均方根法。

1）极值法

极值法是考虑零件尺寸最不利的情况，通过尺寸链中尺寸的最大值或最小值来计算目标尺寸的值。

2）均方根法

均方根法是统计分析法的一种，顾名思义，均方根法是把尺寸链中的各个尺寸公差的平方之和再开根即得到目标尺寸的公差。

3.5.3 电池的公差设计

在电池的公差设计中，最需要关注的有两个方面，一个是极片尺寸公差，另一个是电池装配公差。因为极片尺寸公差，不仅会影响电池的整个装配制造流程，还会影响电池安全设计冗余尺寸，装配公差主要影响电池装配比、壳盖焊接质量等，进而影响电池性能发挥水平，甚至带来一定的安全隐患。表 3-7 和表 3-8 分别列出典型的极片公差设计示例及装配公差示例，供读者参考。

1. 典型极片公差设计

表 3-7 极片公差设计示例

公差设计项	区分	公差	单位
材料比容量	正极	～±2	mAh/g
	负极	～±5	mAh/g
电极涂敷宽度	正极	～±1	mm
	负极	～±1	mm
电极涂敷长度	正极	～±5	mm
	负极	～±5	mm
电极涂敷厚度	正极	～±4	μm
	负极	～±4	μm
涂敷量	正极	～±0.8	mg/cm^2
	负极	～±0.6	mg/cm^2

2. 典型装配公差设计

表 3-8 装配公差设计示例

公差设计项	区分	公差	单位
装配间隔	正极与负极	～±1	mm
	负极与隔膜	～±1	mm
	对齐度	～±0.5	mm
极组厚度	正极片厚度	～±4	μm
	负极片厚度	～±4	μm
	铝箔厚度	～±1	μm
	铜箔厚度	～±1	μm
	隔膜厚度	～±4	μm
	胶带厚度	～±10	μm
极组宽度	卷针宽度	～±0.5	mm
	正极片厚度	～±4	μm
	负极片厚度	～±4	μm
	铝箔厚度	～±1	μm
	铜箔厚度	～±1	μm
	隔膜厚度	～±4	μm
	胶带厚度	～±10	μm
电池	宽度	～±0.1	mm
	厚度	～±0.5	mm
	重量	～±3%	g/kg

参 考 文 献

[1] 祝斌. 动力电池技术与应用[J]. 船电技术, 2009, 35(4):30-34.

[2] 再议刀片电池[N/OL]. 消费电子. 2020-06-28(011). https://kns.cnki.net/kcms2/article/abstract?v=
v5HVlYuqh9pcpkfQj_HD9MFZpkfZkAcixO0VUJxuoKIHm5lqP-XCUM1umhTb5ksZW4aWer
LJnKTH1p8wM13P1GtnZF6diNiYh72Et8sfn1CAMYi0zUTtrFZ2zZXPzcupTs_3EsZLHNy4i_o
OqCpriA==&uniplatform=NZKPT&language=CHS.

[3] 张贵萍, 宋佑, 何亚雄, 等. 新能源锂离子动力电池内部结构简述[J]. 新材料产业, 2015,
9:28-32.

[4] 尚随军, 毛焕宇. 再谈 4680 电池[J]. 电源技术, 2023, 47:698-699.

[5] 钟元. 面向制造和装配的产品设计指南[M]. 2 版. 北京:机械工业出版社, 2016.

04

电化学设计

4.1 电池内部电化学反应动力学及热效应

化学电源包括两个允许电子传输的电极，电极用隔膜隔离开，能传输离子而不能传输电子的电解液。电极-电解液界面发生载流子类型的转变，相应地在电极-电解液界面发生电化学反应。凡是能够影响电极-电解液界面的电化学反应的因素，均会对电池性能（例如功率性能、能量性能、容量性能、阻抗性能等）产生影响。了解电池内部的电化学反应及其影响因素，是识别影响电池性能关键因素的重要途径。同时，电池内部由于有电流通过，会产生一定的热效应。电化学反应具有一般化学反应的特点，对温度具有一定的敏感性，电池内部的热效应将会对电池内部的电化学反应产生影响，而电化学反应过程又会影响电池的热效应。电池内部的电化学反应及其热效应是相互耦合、相互影响的复杂物理化学过程。

4.1.1 电极反应简介

锂离子电池正极活性材料可以是金属氧化物或磷酸盐等，如三元材料、磷酸铁锂材料、钴酸锂等，负极活性材料可以是石墨、硬碳、硅系材料等。电解液组成包括六氟磷酸锂（$LiPF_6$）、碳酸乙烯酯（EC）、碳酸二甲酯（DMC）、碳酸二乙酯（DEC）等溶剂以及功能类添加剂等。

在正负两个电极-电解液界面上会发生载流子的转变，分别对应氧化反应和还原反应。在一个电化学反应中，氧化反应发生在一个电极上，还原反应发生在另一个电极上，这是电化学反应的一个重要特征。尽管氧化反应和还原反应分别发生在不同的电极，但是反应速率通过电荷守恒原理和电中性原理相互耦合。法拉第定律把反应速率和电流关联起来，指出，一种物质的生产速率（或消耗速率）与电流成正比，总质量与通过的电荷量和物质摩尔质量的乘积成正比：

$$m_i = \frac{s_i M_i It}{nF}$$

式中，m_i 为反应中物种 i 生成的质量；s_i 为反应中物种 i 的化学计量系数（生成物为正号，反应物为负号）；n 为转移的电子数；M_i 为摩尔质量；F 为法拉第常数（F=96485C/mol）。

一般来说，电极反应由以下单元步骤串联组成[1]：①电解质相中的传质步骤——反应粒子向电极表面传递；②"前置的"表面转化步骤——反应粒子在电极表面或者表面附近的液层中进行"反应前的转化过程"；③电化学步骤——在电极表面上得到或失去电子，生成反应产物；④"随后的"表面转化步骤——反应产物在电极表面上或者表面附近的液层中进行"反应后的转化过程";⑤电解质相中的传质步骤(或者电极内部的传质过程)——反应产物从电极表面附近向溶液或者向电极内部传递。

这些单元步骤的动力学规律差异很大,其中有些与异相化学反应的一般动力学规律相一致,有的则是电极反应的特殊规律。电极反应并不是都包括这些单元步骤,当然,也有一些电极反应的实际历程可能更为复杂。

这些单元步骤进行的"难易"程度不同,即各个步骤的速率潜力不同。若电极反应的进行速度达到了稳态值,则串联组成连续反应的各单元步骤均以相同的速率进行,在所有的单元步骤中可以找到一个"最慢步骤(最难步骤)"。这时整个电极反应的进行速率主要由这个步骤的进行速率决定,这个电极反应所表现的动力学特征与这个"最慢步骤"的动力学特征相同。"最慢步骤"又称为"控制步骤"。

4.1.2 锂离子电池电极过程动力学

1. 多孔电极简介

化学电源中的电极大多采用粉末材料制成。由粉末材料所制成的电极总会有一定的孔隙率,因而被称为多孔电极。多孔电极是指具有一定的孔隙率的电极,采用多孔电极进行电化学反应,可以提高参与电极反应的表面积,降低电化学极化,减小充放电时的电流密度。锂离子电池正负极通常是由活性材料粉末、导电剂、粘接剂、溶剂混合成浆料,涂布烘干去除溶剂后压制而成,电极结构示意见图 4-1。锂离子电池的嵌/脱锂反应在电极三维空间结构中进行,因此多孔电极结构直接影响电池性能发挥[2]。

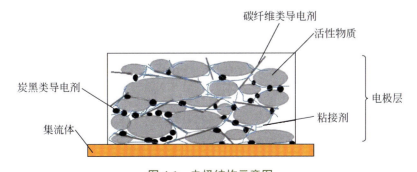

图 4-1 电极结构示意图

多孔电极的结构十分复杂,因活性物质、导电剂、粘接剂及制备工艺不同而变化，描述多孔电极结构特征的参数主要包括孔隙率、孔径及其分布、孔形态、曲折系数、厚度和比表面积等。

孔隙率是指电极中孔隙体积与电极表观体积的比率。用多孔电极组装成电化学装置时，电极中的孔隙内可以有各种不同的填充方式。当电极内部的孔隙充满电解液时，就称为"全浸没多孔电极"[1]。对于正常运行的锂离子电池电极，可以认为是全浸没多孔电极。对于锂离子电池，若孔隙率过小，电极电子导电性提高，但电解液离子传输性能降低，会导致电池性能下降；若孔隙率过大，孔隙中电解液具有较好的离子传输性能，但是固相体积分数会降低，电极电子导电性变差，也可能造成电池性能降低。

孔径是指孔隙横截面的直径。按孔径 d 值大小可将孔隙分为微孔（$d<2nm$）、中孔（$2nm<d<50nm$）和大孔（$d>50nm$）。孔径分布是指不同孔径的孔体积所占总孔体积的百分数。

孔形态通常有通孔、半通孔和闭孔三种（图 4-2）。通孔一般是离子传输的主要通道，半通孔也有离子传输作用，闭孔一般不能传输离子；通孔和半通孔孔壁是电极反应的主要界面，闭孔孔壁不能进行电化学反应。

孔隙曲折系数是指多孔电极中通过孔隙传输时实际传输途径的平均长度与直通距离之比，曲折系数越大（图 4-3），则电解质的实际传输距离越长。

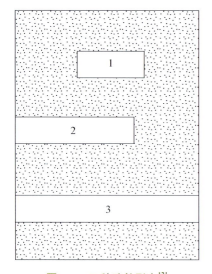

图 4-2 三种孔的形态[3]
1-闭孔；2-半通孔；3-通孔

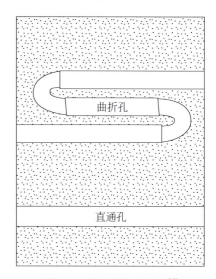

图 4-3 曲折孔与直通孔[4]

电极厚度主要影响多孔电极内部离子导电和电子导电的传输距离，影响多孔电极的反应深度。如果电极厚度过大，多孔电极内部活性物质不能得到充分利用，导致功率密度和能量密度降低；如果电极的厚度太小，活性物质承载量较少，辅助材料所占比例过大，也会导致能量密度降低。

比表面积是指单位表观体积或单位重量多孔电极所具有的表面积，单位分别为 m^{-1} 和 m^2/kg，可以反映参与电极反应的表面积大小。

2. 锂离子电池多孔电极过程动力学

1）电解液相锂离子传输过程

宏观均匀多孔电极理论认为多孔电极由连续的固相和液相重叠组成，每一相的体积分数恒定；忽略孔隙的实际几何形貌，用 S^* 表示多孔电极的比表面积。电极内部的每一点均存在两相界面，在界面上进行的多相电化学反应用均相反应代替。仅有 Li^+ 参与电极反应，电解液中的其他成分不参加电化学反应，并且假设电极孔隙率保持恒定的前提下，电极孔隙中电解质锂盐的物质平衡方程可用下式表示[5]：

$$\varepsilon \frac{\partial c}{\partial t} = \frac{\partial}{\partial x}\left[D_{eff}\left(1 - \frac{\mathrm{d}\ln c_0}{\mathrm{d}x}\right)\frac{\partial c}{\partial x}\right] + S^* J_n\left(1 - t_+^0\right) - \frac{i_{2,x}}{z_+ \nu_+ F}\frac{\partial t_+^0}{\partial x}$$

式中，ε 为多孔电极中液相体积分数（相当于电极孔隙率）；D_{eff} 为多孔电极的孔隙中锂盐的有效扩散系数；J_n 为多孔电极孔壁的 Li^+ 通量；S^* 为多孔电极的比表面积；$i_{2,x}$ 为电解液相中距离边界 x 处的传输表观电流密度。多孔隔膜中的电解液相传输过程与多孔电极中的情形相同，其中相应参数为多孔隔膜的参数，并且隔膜相中 J_n 为零。

多孔电极中液相电势：

$$\nabla \phi_2 = -\frac{i_2}{\kappa_{eff,2}} + \frac{RT}{F}\left(1 + \frac{\mathrm{d}\ln f_A}{\mathrm{d}\ln c}\right)(1 - t_+^0)\nabla \ln C$$

式中，ϕ_2 为液相电势；i_2 为电解液相传输的表观电流密度；$\kappa_{eff,2}$ 为多孔电极孔隙中电解液的有效电导率。

在多孔介质中，由于传输相的体积减小及传输路径变长，为了简化多孔体中的传输过程，多孔电极的传输性能均需采用有效值。对于由电解液形成的液相传输网络，采用 Bruggeman 关系式计算有关传输性能，定义 κ_{eff} 和 D_{eff} 为多孔体中电解液的有效电导率和电解质锂盐的有效扩散系数：

$$\kappa_{eff} = \kappa \varepsilon^\alpha \qquad D_{eff} = D \varepsilon^\alpha$$

式中，α 为液相导电网络的 Bruggeman 系数；ε 为电极或隔膜的孔隙率[5]。

2）电极涂层上的电子传输过程

锂离子电池充放电过程需要锂离子和电子共同参与，要求锂离子电池电极必须是离子和电子的混合导体。由于锂离子电池正极活性物质的电子导电性较差，需要加入导电剂以改善其电子导电性。负极活性物质为碳类材料，电子导电性较好，但是充放电过程中活性颗粒经历周期性的膨胀收缩，颗粒间隙可能增大，会造成相互接触减少，进而导致电池的阻抗增加，所以也需加入导电剂以提高其电子导电网络结构的稳定性。

由于电极层的电子电导性能远小于集流体的电导率，电极涂层主要是在厚度方向上传输电流，而在极片长宽尺度上的电流主要通过集流体进行传输。电极涂层上的电子传输符合欧姆定律[5]。

$$i_1 = -\kappa_{\mathrm{eff},1} \nabla \Phi_1$$

式中，Φ_1 为固相电势；$\kappa_{\mathrm{eff},1}$ 为多孔电极固相部分的有效电子电导率；i_1 为电极固相导电网络传输的表观电流密度。采用 Bruggeman 关系式的体积修正方法计算电极的有效电导率，假定固相导电网络的 Bruggeman 系数为常用数值（1.5）：

$$\kappa_{\mathrm{eff},1} = \sigma_1 (1-\varepsilon)^{1.5}$$

式中，σ_1 为电极基体的电子电导率。

流经固液两相中的表观电流密度由电荷平衡而守恒：

$$i = i_1 + i_2$$

式中，i 为多孔电极表观电流密度；i_1 为固相表观电流密度；i_2 为液相表观电流密度。

3）固液相界面电化学反应

锂离子电池电化学反应主要是锂离子在正负极活性物质中嵌入和脱出，对应电极活性物质的氧化反应及还原反应。假设这两个电化学反应均符合 Bulter-Volmer 方程：

$$i_j = i_{0j} \left[\exp\left(\frac{\alpha_j F}{RT} \eta_j \right) - \exp\left(-\frac{\beta_j F}{RT} \eta_j \right) \right]$$

式中，i_j 为第 j 个电极反应的反应电流密度；α_j 和 β_j 分别为第 j 个电极反应的阴极反应和阳极反应的传递系数；η_j 为第 j 个电极反应的电化学过电势；i_{0j} 为第 j 个电极反应的交换电流密度，它是电解液中 Li$^+$ 浓度及固体活性物质中锂浓度的函数：

$$i_{0j} = K(c)^{\alpha_j} (c_{t,j} - c_{s,j})^{\alpha_j} (c_{s,j})^{\beta_j}$$

式中，$c_{t,j}$ 为第 j 个电极中固体活性物质的最大 Li$^+$ 浓度；$c_{s,j}$ 为第 j 个电极中固体活性颗粒表面的 Li$^+$ 浓度；c 为电解液中 Li$^+$ 浓度；K 为电极反应动力学常数。

第 j 个电极反应的电化学过电势定义如下：

$$\eta_j = \phi_{1,j} - \phi_{2,j} - U_j$$

式中，$\phi_{1,j}$ 为第 j 个电极的固相电势；$\phi_{2,j}$ 为 j 个电极的液相电势；U_j 为第 j 个电极中固体活性物质的平衡电极电势。

电化学反应引起的孔壁 Li$^+$ 通量与流经电解液相的表观电流密度的分流成正比：

$$S^* J_n = \frac{-s_i}{nF} \frac{\partial i_{2,x}}{\partial x}$$

式中，s_i 为电极反应中 Li$^+$ 的化学计量系数。

以上分析表明，电解液中电解质浓度、电解液相电势、电极基体固相电势，是影响局部电化学反应速率（反应电流密度）的决定性因素。

以上三个电极过程是多孔电极的基本步骤。这些步骤可以用图 4-4 近似表示。图 4-4 中将单位表观面积厚度为 L 的多孔电极按平行于电极表面的方向分割成厚度为 dx 的许多薄层，薄层中固相和液相的电位分别用 φ_s 和 φ_l 表示（以下均用下标 s 和 l 表示固、液相）。按 x 方向流经薄层中固相和液相的电流密度分别用 i_s 和 i_l 表示；并用 ρ_sdx 及 ρ_ldx 来模拟每一薄层 x 方向的固、液相电阻，其中 ρ_s 及 ρ_l 分别为固相及液相的表观比电阻。电路中还在固、液相电阻之间用 $Z/$dx 来模拟薄层中电化学反应的"等效电阻"，电荷通过这一电阻在固、液相之间转移。

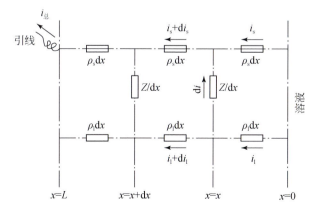

图 4-4 多孔电极的等效电路图[1]

4）电极活性颗粒内部锂离子传输

在锂离子电池电极材料中，固相扩散通常是以锂离子迁移形式进行，离子迁移推动力为电化学势梯度[6]。设离子 i 在电化学势梯度 $\nabla\overline{\mu}_i$ 作用下受到的驱动力为 $F=-\nabla\overline{\mu}_i$，迁移速率为 v，则该离子的迁移率为：

$$b_i = \frac{v}{F} = -\frac{v}{\nabla\overline{\mu}_i}$$

扩散通量可以用下式表示：

$$J_i = -c_i b_i \nabla\overline{\mu}_i$$

进一步将电化学势划分为化学组成和电场作用两部分：

$$\overline{\mu}_i = \mu_i + z_i e_0 \phi$$

则

$$J_i = -c_i b_i \nabla\overline{\mu}_i = -c_i b_i \nabla\mu_i - c_i b_i z_i e_0 \nabla\phi$$

式中，等号右边第一项为化学势梯度的影响，根据 $\mu_i = \mu_i^\theta + RT\ln\alpha_i$，也就是活度项 $\ln\alpha_i$ 梯度的影响，可称为扩散传质项；第二项为电势梯度的影响，可称为电迁移传质项；c_i 为离子浓度；z_i 为离子所带电荷数；e_0 为单位正电荷。如果忽略活性颗粒中的电场梯度，则活性颗粒内部锂离子的传输只有扩散项这一驱动力，浓度代替活度，此时锂离子的扩散通量就可以用 Fick 定律来描述：

$$J_i = -D_i \frac{dc_i}{dx}$$

如果假设活性物质为半径 R_s 的球形颗粒，Li^+ 在活性颗粒内部的传输过程由扩散控制，其动力学控制方程为：

$$\frac{\partial c_s}{\partial t} = D_s \left[\frac{\partial^2 c_s}{\partial r^2} + \frac{2}{r}\frac{\partial c_s}{\partial r} \right]$$

式中，r 为 Li^+ 扩散的空间径向坐标；D_s 为 Li^+ 的固相扩散系数；C_s 为 Li^+ 的固相浓度。

通过恒电流间歇滴定法（GITT）、恒电位间歇滴定法（PITT）、交流阻抗法（EIS）等实验可以测量得到电极活性物质中 Li^+ 的扩散系数。

一般情况下，在锂离子电池的嵌入/脱嵌反应中，电极活性物质中 Li^+ 的固相扩散过程较为缓慢，往往成为控制步骤，Li^+ 的扩散速率相应地也决定了反应速率大小。Li^+ 的固相扩散系数越大，电极活性物质的大电流充放电能力越好，电池倍率性能越好。

5）集流体上电子传输过程

现阶段，锂离子电池正极集流体材质通常选用铝，负极集流体的材质通常选用铜。这两种金属都是典型的电子导体，具有良好的电子导电性，常温下铜的电阻率 $\rho=1.67\times10^{-8}$（Ω·m），铝的电阻率 $\rho=2.65\times10^{-8}$（Ω·m）。电子在这两种金属材质上的传输符合欧姆定律，其微分表达式为：

$$i_1 = -\frac{1}{\rho}\nabla\Phi_1$$

式中，i_1 为电流密度，为垂直于电流传输方向单位截面上的电流，单位为 A/m^2。Φ_1 为电势，单位为 V。

以上所述的锂离子电池电极过程的基本步骤服从不同的动力学规律，以复杂的串并联关系相互耦合，锂离子放电过程中内部参数的数值持续变化，因而准确确定锂离子电池充放电过程各个步骤的实时影响，仍然是一件很有挑战性的任务。但是单独测量各个步骤（大致对应不同的部件）是可能的，并且是锂离子电池设计的研究热点，有兴趣的读者可以查阅有关参考文献。

在电池中，理想的情况是反应电流密度均匀分布，电极任何部位的反应电流密度相同，这样有利于使多孔电极全部表面得到最充分利用。但是事实上很难做到这一点。反应电流密度分布的不均匀程度与输出的总电流有关，总电流越大则反应电流密度分布越不均匀。反应电流密度分布不均匀会引起极化增大，导致输出电压降低（以放电过程为例）。在反应电流密度较大的部位，除电化学极化增大外，还易于引发副反应，其活性物质的消耗速率也超过平均值；反之，在反应电流密度较小的部位则可能出现活性物质得不到充分利用的情况。

电池内部反应电流密度的不均匀出现在电池内部各个不同的方向和层面上：首先，在与电极平面垂直的方向上，可以在多孔电极中不同深度处出现反应电流密度和电化学极化的不均匀分布；其次，在与电极平面平行的方向上，可以出现主要由集流体内阻引起的反应电流密度不均匀分布；最后，对于由电化学活性颗粒组成的电极，在粒子内部还可能出现局部元素组成的不均匀分布，以及由此引起的界面反应电流密度和电化学极化的变化。

在多孔电极中不同深度处电化学极化的不均匀性可能主要是孔隙中电解液网络相内反应离子的浓度极化引起的，也可能主要是固液相网络中的电阻引起的。当然，也可能这两种影响因素同时存在。图 4-5 展示了电极厚度方向上液相电流密度的分流[7]。

在化学电池中，流经电极各处的电流都要先经过集流体汇流，然后才能到达多孔电极活性涂层。若集流体的导电性不够高，或极耳位置以及极片尺寸设计不

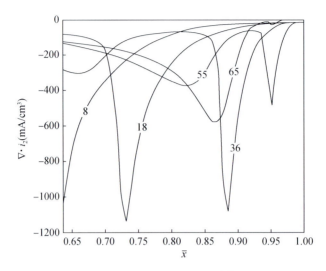

图 4-5　电极厚度方向上液相电流密度的分流（正比于 Li⁺嵌入正极活性材料的孔壁通量）[7]

放电条件 4.0mA/cm²，从放电开始时刻计时，曲线上数字表示从放电开始的时间（min）

合理，会在集流体上产生较大的电势差，导致电极不同部位的电化学反应的驱动力不同，造成电极表面的表观反应电流密度不均匀分布。因此集流体选型、极片尺寸以及极耳的合理设计，使电极平面上表观反应电流密度分布尽可能地均匀，是电池设计中必须认真考虑的重要问题。

锂离子电池的电极由活性材料组成，其热力学电势随嵌-脱锂程度而变化。锂离子电池无论是平行电极方向上的反应电流密度不均匀，还是垂直电极方向上的反应电流密度不均匀，在经过一定时间的充电（或放电）后，电极活性材料的嵌-脱锂程度将会产生不均匀分布，进而导致电极材料的热力学状态分布的不均匀性。电极材料的热力学状态发生改变，会引起电化学极化数值的分布发生改变，同时活性材料的反应能力（反应速率常数）也会发生变化。这些因素共同作用，会引起电池内部反应电流密度分布状态发生改变。

总之，电池各部件及材料，如正负极材料、隔膜、电解液的离子或电子导电性综合影响着电池的动力学特性。因此需要对电池材料的基本物性参数及配方比例进行综合分析，以提高电池动力学特性。

4.1.3　锂离子电池充放电过程的热效应

由于自身内阻、电化学极化等因素，锂离子电池在充放电过程中会产生一定热量，引起电池温度变化。如果散热不及时，易引起热积聚，导致电池温度较大幅度地上升，可能引发电池内部一系列的放热副反应，进而导致热失控等安全问题；即使不带来安全问题，也容易造成电池性能的快速衰减，导致电池使用周期缩短。随着锂离子电池容量的增加及能量密度的提高，其热稳定性及热安全问题也愈发突出。

锂离子电池在正常充放电过程中产生的热量包括可逆热和不可逆热。可逆热是指电化学反应产生的反应热，不可逆热包括极化过电位产生的极化热，以及液相和固相欧姆内阻产生的欧姆热。由此在电池内部造成热量的积累，使得电池温度上升。

如果把正负极的电化学反应热 Q_r 看作理想可逆反应热，则有

$$Q_r = \frac{T\Delta S}{\Delta t}$$

式中，T 为电池温度；ΔS 为电化学反应熵变；Δt 为电化学反应时间。

根据热力学基本方程，$\mathrm{d}G = -S\mathrm{d}T + V\mathrm{d}p$，对于锂离子电池内部，正常充放电过程可以认为是恒压体系，则有 $\mathrm{d}p=0$，于是有

$$\Delta S = -\frac{\mathrm{d}\left(\Delta G\right)}{\mathrm{d}T}$$

锂离子电池可逆反应的吉布斯自由能变化量为 $\Delta G = -nFE$，则有

$$\Delta S = nF\frac{\mathrm{d}E}{\mathrm{d}T}$$

$$Q_r = IT\frac{\mathrm{d}E}{\mathrm{d}T}$$

锂离子电池放电过程的总发热量为

$$Q_{\text{total}} = I^2\left(R_{\text{ohm}} + R_p\right) + IT\frac{\mathrm{d}E}{\mathrm{d}T} = I\left[\left(U_{\text{ocv}} - U\right) + T\frac{\mathrm{d}E}{\mathrm{d}T}\right]$$

式中，R_{ohm} 为欧姆内阻；R_p 为极化内阻；$\frac{\mathrm{d}E}{\mathrm{d}T}$ 为正负极材料的熵热系数；T 为电池温度；U_{ocv} 为电池的开路电压；U 为电池的工作电压。需要注意，这个公式并未考虑多孔电极内部电流密度不一致。

电池的欧姆内阻包括电池极耳、集流体、电极涂层上电子传输的电阻，还包括电解液相中离子传输相对应的阻抗。极化内阻包括电解液相和活性颗粒内部由于浓度极化相对应阻抗，还包括在电极活性颗粒-电解液界面进行电化学反应时电化学极化相对应的阻抗。

电解液的电导率及锂盐的扩散系数、电解液-电极界面的电化学反应速率常数、电极活性颗粒内部的锂离子扩散系数均随温度变化。由于电池的内部热效应将会引起电池温度的变化，温度变化又会引起电极过程的动力学发生变化。

4.2 动力电池材料类型及选配

从动力电池产品使用的平台电压、能量密度及功率方面考虑，动力电池可分为能量型电池和功率型电池两大类。能量型动力电池，顾名思义是以存储更多能量为侧重点，主要考量的是质量比能量（Wh/kg）或体积比能量（Wh/L）。根据工信部《锂离子电池行业规范条件（2021 年本）》要求，三元锂电池的电芯能量密度应大于 210Wh/kg，磷酸铁锂的电芯能量密度应大于 160Wh/kg。功率型动力电池的主要特点是支持大倍率充放电，可以为车辆提供瞬间大电流供电，主要考量的是质量比功率（W/kg）或体积比功率（W/L）。根据《锂离子电池行业规范条件（2021 年本）》要求，功率型单体电池其功率密度应大于 500W/kg。由此可见，能量型动力电池像是一名马拉松选手，比拼的是耐力；而功率型动力电池更像一名百米短跑选手，考验爆发性。具体到应用领域，纯电动汽车（EV）使用的是能量型动力电池，而混合动力车型（包括油电混动 HEV 和插电式混动 PHEV）的电池由于需频繁大功率放电，因此更倾向于使用功率型动力电池。

针对不同类型的电池，在电化学设计时需要结合对电池平台电压、性能、产品认证、产品类型等要求，综合考虑选择满足条件的活性物质主材及其他原材料，使其同时满足电池电性能和安全性能等要求。

锂离子电池包括正极材料、负极材料、隔膜及电解液四大关键材料，也包括导电剂、粘接剂、正负极集流体、壳体等辅助材料。接下来，针对上述材料的现状及发展趋势进行详细的介绍。

4.2.1 正极材料

正极材料主要为电池提供锂离子，它是电池特性表现的基础，如能量密度、寿命、安全性等跟正极材料息息相关，是锂离子电池的核心关键材料。

正极材料的研究早在锂二次电池时期就开始了。1970 年，M. S. Whittingham 就发现了锂离子可以在层状材料 TiS_2 可逆地嵌入脱出，从而适合作为锂离子电池的正极材料[8]。1980 年，John Goodenough 找到了类似石墨的层状结构新物质钴酸锂（$LiCoO_2$）。随后在 1982 年，Goodenough 发现了能够提供三维的锂离子脱嵌通道的尖晶石结构的锰酸锂 $LiMn_2O_4$，而之前 $LiCoO_2$ 只有二维的扩散空间。此外，$LiMn_2O_4$ 的分解温度较 $LiCoO_2$ 更高，且氧化性远低于 $LiCoO_2$，因此获得了更高的安全性，但其能量密度较低[9]。1996 年 Goodenough 又发现具有更高安全性的橄榄石结构磷酸铁锂 $LiFePO_4$，其耐高温耐过充电性能远超过传统材料，但比容量较低且不导电，这意味着需要额外添加导电剂才可以工作[10]。也正因为上述伟大的发明，2019 年诺贝尔化学奖同时颁发给了 Whittingham，Goodenough 以及为锂离子电池产业化作出重要贡献的 Yoshino 三人，以表彰他们对锂离子电池的发展做出的杰出贡献。

下面介绍几种目前常用的锂离子电池正极材料。

1. 钴酸锂 LiCoO₂

$LiCoO_2$ 具有 α-$NaFeO_2$ 结构[11]，属六方晶系，$R\bar{3}m$ 空间群，其中 $6c$ 位上的 O 为立方密堆积，$3a$ 位的 Li 和 $3b$ 位的 Co 分别交替占据其八面体孔隙，在 [111] 晶面方向上呈层状排列，理论容量为 274mAh/g。

但在实际应用时，锂离子从 Li_xCoO_2 中可逆嵌脱最多为 0.5 个单元，实际容量只有 140mAh/g 左右。$LiCoO_2$ 在脱出一半结构内的锂离子会发生六方到单斜的结构相变，进而引起晶胞参数发生变化。当脱出锂离子大于 50%的时候，$LiCoO_2$ 中的钴离子将从其所在晶体结构的过渡金属层平面迁移到锂层，导致结构稳定性降低而使钴离子通过锂层平面溶出至电解液中，并且此时钴离子具有较强的氧化性，易与电解液发生氧化还原反应，造成不可逆容量损失。因此在实用锂离子电池中，一般将脱锂量控制在 50%以内，对应充电电压上限为 4.2V，$LiCoO_2$ 具有平稳的电压平台（约 3.9V），充放电过程中不可逆容量损失小，循环性能较好。若想提高电压使之脱出更多的锂离子，则需要通过掺杂等工艺稳定脱锂态材料的结构稳定性，目前技术上已可实现 4.45V 脱锂态下钴酸锂材料的结构稳定。

以钴酸锂作为电池正极材料的电芯由于其体积能量密度高、倍率性能好，成为第一代商业化应用的锂电池技术路线。但随着材料体系的不断发展，其能量密度优势降低，且成本较高、循环寿命相对较短。目前主要应用于消费类（3C）领域，未来钴酸锂主要将朝着高电压方向发展，以此来提高能量密度，但由此将带来其安全性及稳定性的下降，还需通过进一步多元素掺杂和表面包覆技术来提高高电压下钴酸锂的稳定性[12,13]。

2. 镍酸锂 LiNiO₂

正比例 $LiNiO_2$ 为 α-$NaFeO_2$ 型六方层状结构，属 $R\bar{3}m$ 空间群，Li 和 Ni 分别占据 $3a$ 位和 $3b$ 位，$LiNiO_2$ 正极材料的理论容量与钴酸锂相似，为 275mAh/g，目前实际容量已可达到 180～230mAh/g，较钴酸锂更高。相对于 $LiCoO_2$ 中钴元素的稀缺性，地壳中镍的储量远高于钴，因此金属元素价格更便宜且环境污染小[14]。

与 $LiCoO_2$ 相比，由于 Ni^{2+} 氧化难度高，$LiNiO_2$ 的制备条件比较苛刻，其组成和结构随合成条件的改变而有一定变化。最大的差异在于高比容量 $LiNiO_2$ 的合成

必须要在含有 O_2 浓度较高的气氛中进行反应，根据氧含量的差异合成的产物往往是非整比的 $Li_xNi_{2-x}O_2$ 具有一定比例的锂镍混排。

$Li_xNi_{2-x}O_2$ 中混排的 Ni^{2+} 离子占据锂位（$3a$），在充电（脱锂）过程中时，会被氧化成半径更小的 Ni^{3+} 离子或 Ni^{4+} 离子，使过渡金属与锂层的层间距不可逆地缩小，造成该镍离子附近结构的变形塌陷，在随后的放电（嵌锂）过程中，Li^+ 离子将无法回到已塌陷的位置，进而造成放电（嵌锂）时容量的不可逆损失，这种不可逆损失与占据锂位的 Ni^{2+} 离子的量有直接关系，而非整比 $Li_xNi_{2-x}O_2$ 的混排程度不确定，一致性无法满足商业化应用，因此，至今未在商业化电池上应用。

3. 三元材料 NCM

现阶段商业化的三元材料主要为 $LiNi_{1-x-y}Co_yM_xO_2$（M=Mn 或 Al，$0<x+y<1$），具有 α-$NaFeO_2$ 型层状结构（$R\bar{3}m$ 空间群）[15]，如图 4-6 所示。由于钴和镍是同一周期的相邻元素，二者具有相近的电子排布和原子半径，可以完全固溶。而 M 元素的加入可以稳定材料结构，降低制备工艺难度的同时也降低了金属成本。因此，三元材料作为锂离子电池正极材料兼有 $LiNiO_2$ 和 $LiCoO_2$ 的优点，比容量高，寿命高，成本低，污染小，制备工艺简单，一致性高。

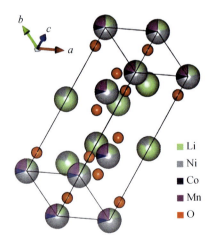

Li
Ni
Co
Mn
O

图 4-6　三元材料结构示意图

目前已商业化应用的三元材料形貌如图 4-7 所示，分为二次颗粒材料和单颗粒材料，二次颗粒材料具有更佳的功率性能，而单颗粒材料循环寿命更胜一筹。

三元材料的理论容量约为 275mAh/g，不同比例三元材料充放电曲线如图 4-8 所示。在 NCM 三元材料中，Mn 始终保持+4 价（NCA 中 Al 始终保持+3 价），没有电化学活性，Ni 和 Co 为电化学活性，初始分别为+2 价和+3 价。由于 Mn（Al）

的价态在充放电过程中保持不变，起到结构支撑作用，因此结构稳定性较高，在充放电过程中，结构变化较小，具有很好的循环稳定性和热稳定性。

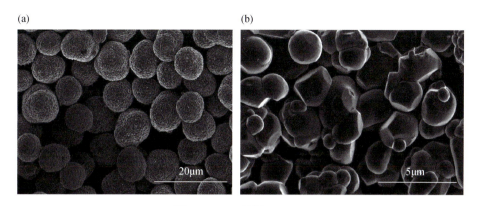

图 4-7 三元材料 SEM 图
（a）二次颗粒三元材料；（b）单颗粒三元材料

随着 Ni、Co、Mn 组成比例变化，材料的容量、安全等诸多性能也存在差异。现阶段产品按照材料比例命名，有 111、523、622、811（数字分别表示 Ni、Co、Mn 三种元素比例）等。随着镍含量的提高，三元材料容量呈上升趋势，但其热稳定性存在一定程度的下降，因此，随着新能源汽车对动力电池能量密度、安全性能等方面要求愈发严苛，高镍化、高电压化、单颗粒化成为三元材料未来的发展趋势，同时需要辅助一定的掺杂及表面包覆技术提升其自身稳定性及界面稳定性，以提高电池长周期寿命及安全性能。

综合其材料优势性能，现阶段三元材料已成为动力电池领域主流正极材料之一。

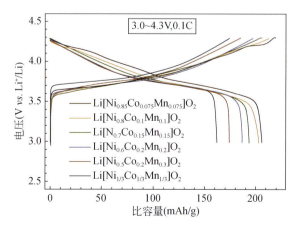

图 4-8 不同比例三元材料充放电曲线[15]

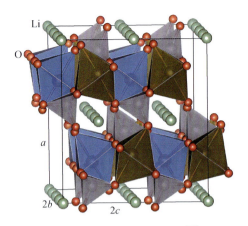

图 4-9　锰酸锂结构示意图[16]

4. 尖晶石锰酸锂 LiMn₂O₄

尖晶石型 $LiMn_2O_4$ 晶型结构为面心立方结构，如图 4-9 所示。属 $Fd\bar{3}m$ 空间群结构[16]，其中氧原子为立方密堆积，占据 32e 位，锂位于四面体的 8a 位，Mn^{4+} 和 Mn^{3+} 按 1∶1 的比例占据八面体的 16d 位，而八面体 16c 无离子占据，四面体和八面体共面连接为锂离子的扩散提供了一个三维隧道结构，锂离子沿着 8a-16c-8a 的路径自由地脱出或嵌入结构。

$Li_xMn_2O_4$ 主要有两个脱嵌锂电位：3.8V 和 3V。0<x≤1 时，锂离子的脱嵌发生在 3.8V 左右（图 4-10），对应于锂从四面体 8a 位置的脱出。在此范围内，锂离子脱嵌后材料的结构可以保持尖晶石结构的立方对称性，因此电芯循环良好[15]。

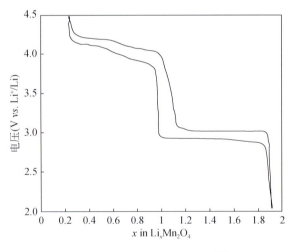

图 4-10　锰酸锂充放电曲线图[16]

$Li_xMn_2O_4$ 在 3V 以下持续嵌锂时，锂离子嵌入到空的 16c 八面体位置，产生结构畸变，从立方体 $LiMn_2O_4$ 转变为四面体 $Li_2Mn_2O_4$，部分锰从 3.5 价还原为 3.0 价。该形变伴随着 Janh-Teller 畸变，c/a 变化幅度达到 16%，晶胞体积膨胀 6.5%，导致部分尖晶石晶粒发生破裂，锰元素溶入电解液中，造成严重锰溶出。因此，虽然 $LiMn_2O_4$ 的理论容量为 148mAh/g，为了降低 Janh-Teller 畸变的影响，实际动力应用中比容量在 100mAh/g 左右。由于尖晶石锰酸锂化合物具有功率性能好、成本低、资源丰富以及无毒性等优点，是三元材料成熟前最佳的动力电池正极材料。

由于锰酸锂材料比容量较低且锰的溶解导致高温性能和循环性能不佳，目前基本不在动力电池领域规模化应用。

5. 磷酸铁锂 LiFePO₄

LiFePO₄ 由 Goodenough 教授于 1997 年首次公开报道可用于锂离子电池正极材料（简化为 LFP 表示）[10]。LiFePO₄ 结构为橄榄石型（图 4-11）的正交晶系，属 *Pbmn* 空间群，铁与锂形成 FeO_6 和 LiO_6 八面体，磷形成 PO_4 四面体，不易析氧。与 c 轴平行的锂离子可以沿着 c 轴，进行脱出或嵌入，形成一维扩散运动。

磷酸铁锂材料理论比容量为 170mAh/g，鉴于其本征电子电导率和离子扩散系数远低于三元材料和锰酸锂，商业化应用中多通过降低材料粒径的方式来缩短离子和电子在材料内部的传输距离，从而降低反应极化，图 4-12 所示为亚微米级别的磷酸铁锂材料的形貌特征。由于组成元素地壳含量高，易于获得，因此该材料具有结构稳定性及安全性高、对环境友好无污染等优点的同时具有更低的原材料成本。

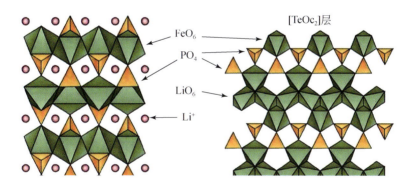

图 4-11　磷酸铁锂结构示意图[10]

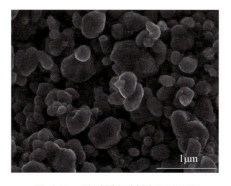

图 4-12　磷酸铁锂材料 SEM 图

在充放电过程中，Li^+ 的可逆嵌脱，对应于二三价铁离子的电子得失，电压平台在 3.4 V（*vs* Li^+/Li），且平台较长。由于 P—O 键能强大，所以 PO_4 四面体很稳定，氧原子很难析出，可以在充放电过程中起到结构支撑作用且 $LiFePO_4$ 和完全脱锂状态下的 $FePO_4$ 的结构基本保持一致，因此 $LiFePO_4$ 循环稳定性和热稳定性优于其他材料，使用 $LiFePO_4$ 材料的电芯有很好的抗热冲击和抗过充的能力，因此，电化学安全性较三元和钴酸锂电芯有明显提升。典型磷酸铁锂材料充放电曲线如图 4-13 所示。

因此，磷酸铁锂材料虽然比容量比三元材料低，但由于其优异的安全性能、长循环性以及低成本，在动力电池领域被大规模应用。

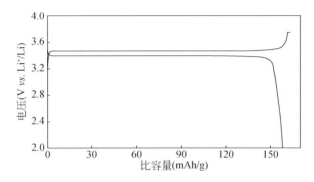

图 4-13　磷酸铁锂充放电曲线

6. 磷酸锰铁锂 $LiMn_xFe_{1-x}PO_4$

为了在 LFP 性能优势基础上进一步提高比容量，因此在 $LiFePO_4$ 的基础上掺杂一定比例的锰元素，形成 $LiMn_xFe_{1-x}PO_4$ 正极材料（简化为 LMFP 表示）。LMFP 与 LFP 晶型相同（图 4-14）。

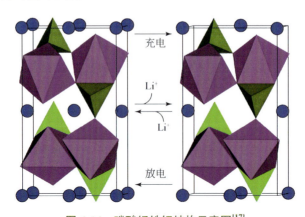

图 4-14　磷酸锰铁锂结构示意图[17]

　　磷酸锰铁锂材料基础物化性质与磷酸铁锂近似（表 4-1）。与 LFP 同属正交橄榄石晶体结构[17]。该晶体内部存在一维锂离子通道，通过两相转化反应实现锂离子脱/嵌，进而完成材料充放电。

表 4-1　磷酸铁锂与磷酸锰铁锂性能对比

性能参数	$LiFePO_4$	$LiMnFePO_4$
晶体结构	橄榄石结构	橄榄石结构
电压平台（V vs Li$^+$/Li）	3.4	4.1 和 3.4
比容量（mAh/g）	155～160	150～155
能量密度（Wh/kg）	530	610
安全性	好	好
循环寿命	好	较好
高温性能	好	较好
锂扩散系数（cm^2/s）	10^{-14}	10^{-15}
电子电导率（S/cm）	10^{-9}	10^{-13}

　　LMFP 具有两段电压平台（4.1V 和 3.4V），如图 4-15 所示，分别对应 Mn 和 Fe 元素价态改变，因此，材料比能量密度提升 15%～20%。Mn 元素加入有效地提升正极放电电压，随着锰含量的提升，高平台比例增加，可以带动材料整体能量密度提升，同时该材料还具有热稳定性高、氧化性低的特点，提高电池安全性。

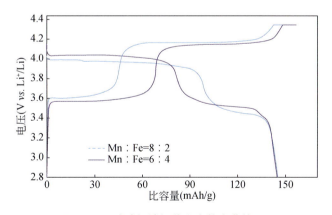

图 4-15　磷酸锰铁锂首次充放电曲线图

　　但现阶段由于磷酸锰铁锂材料较低的压实密度及相对低的导电性问题，与磷酸铁锂比电池能量密度没有明显提升，通常与三元、磷酸铁锂等材料进行复合使用，可以进一步综合材料优势，实现取长补短，提高电芯能量密度、正极锂离子迁移速率、循环稳定性等。

7. 富锂锰基固溶体 xLi $[Li_{1/3}Mn_{2/3}]O_2 \cdot (1-x)LiMO_2$

富锂锰基固溶体正极材料用 xLi $[Li_{1/3}Mn_{2/3}]O_2 \cdot (1-x)LiMO_2$ 来表达，其中 M 为过渡金属（Mn、Ni、Co 等），结构如表 4-2 和图 4-16 所示。部分研究者认为它由 Li_2MnO_3 和 $LiMO_2$ 两种层状材料组成的固溶体，分子式也可写为 $Li[Li_{x/3}Mn_{2x/3}M(1-x)]O_2$。通过优化后 2.0～4.8V 的放电比容量可超过 300mAh/g，能量密度达到 900Wh/kg，因具有高的可逆比容量，相对较低的成本以及新的电化学充放电机制等优点而受到泛关注[18]。

表 4-2 富锂锰基固溶体结构[18]

组成	结构	空间群	晶系	$3a$	$3b$	$6c$
Li_2MnO_3	a-NaFeO$_2$ 型层状结构	$C2/m$	单斜	Li^+	$1/3Li^+ + 2/3Mn^{4+}$	O^{2-}
$LiMO_2$	a-NaFeO$_2$ 型层状结构	$R\bar{3}m$	六方	Li^+	TM^{n+}	O^{2-}

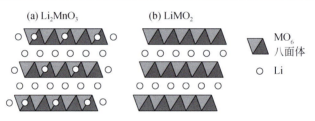

(a) Li_2MnO_3　　(b) $LiMO_2$

MO_6 八面体

Li

图 4-16 富锂锰基材料结构示意图[18]

Li_2MnO_3 锰以正四价存在，电化学活性差；$LiMO_2$ 宽电压范围结构不稳定，限制容量发挥。将两种材料结合成为 xLi $[Li_{1/3}Mn_{2/3}]O_2 \cdot (1-x)LMO_2$，可以获得在较宽电压范围内（2.0～4.8V）容量发挥在 250mAh/g 以上的比容量。

富锂锰基正极材料由于其高比容量及高电压优势被视为下一代锂离子电池正极材料的理想之选。然而，富锂锰基材料目前仍然有还未解决的问题，如首次效率低、倍率性能较差、循环稳定性差以及循环过程中的电压衰减明显等，这些因素很大程度上限制了富锂锰基正极材料的商业化应用，目前科研人员主要从元素调配、体相掺杂、表面包覆、特定构型等方面对富锂锰基材料进行改性提升[19]。

综上所述，从材料自身性能特性、制造成本及产业化进程等方面综合考量，现阶段动力电池用正极材料体系主要是三元和磷酸铁锂两种。

针对能量型电池设计，通常提升其能量密度有以下三种方法：①提升活性物质（如三元材料）的单位质量/体积的比能量；②压缩非活性物质（如导电剂、粘接剂）所占的质量/体积比例；③提升电池首次充放电效率。其中方法①对能量密度的贡献是最大的，可以通过提升材料自身比容量（比容量就是指单位质量的活性材料在一定电压下可以脱出或接纳的电荷数量，一定程度决定了电池容量的大小，进而对电池能量密度影响至关重要）或提高材料压实密度两个方面进行。材料的比容量、平台电压主要由材料自身特性决定。

如前所述，近年来因三元材料的性能特点，成为了锂离子电池正极材料商业化的主要材料之一，随着动力电池能量密度需求的不断提升，商业化的三元材料经历了 $LiNi_{1/3}Co_{1/3}Mn_{1/3}O_2$、$LiNi_{0.5}Co_{0.2}Mn_{0.3}O_2$、$LiNi_{0.6}Co_{0.2}Mn_{0.2}O_2$、$LiNi_{0.83}Co_{0.12}Mn_{0.05}O_2$ 的几个正极材料发展阶段。目前三元材料已发展到镍 9 系（Ni9 系，镍含量≥90%）材料的水平，该材料具有更高的比能量密度。目前已批量商业使用的 Ni9 系是 Ni93 材料（Ni 含量 93%，Co 含量 2%～5%，根据不同材料公司设计目的不同而有较大差异，因此不同于传统 NCM111 和 NCM622 材料，以 Ni93 进行统称）最高放电比容量可达 215mAh/g，同时由于掺杂包覆技术的提升，循环性能也有了较大幅度的增加，已接近 3000 周，如图 4-17 所示。

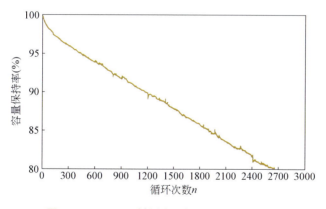

图 4-17　以 Ni93 材料为正极的电池循环性能

镍含量增加提升了电池能量密度，但同时也带来了自身热稳定变差的问题，Ni93 材料的热分解温度较 NCM622 材料低约 45℃，电芯热失控温度相差 10℃，热失控时间相差 10min 左右，因此采用 Ni93 材料为正极的电池安全性仍需进一步提高（图 4-18 和图 4-19）。

功率型电芯设计对于正极材料的离子电导率有更高的性能要求，因此相比于磷酸铁锂材料离子导电率，三元材料更有优势。在早期功率型电芯正极材料主要为 111 型三元材料，随着正极材料工艺的不断提升，在满足功率性能及寿命要求的前提下，提升正极材料比容量、降低钴含量，从而实现材料成本降低成为功率型正极材料的长期要求。因此，业内推出了 NCM532、NCM622 等新型高功率正极材料，在离子电导率、比容量及循环性能等方面都有较为明显的提升[14]，如表 4-3 所示。

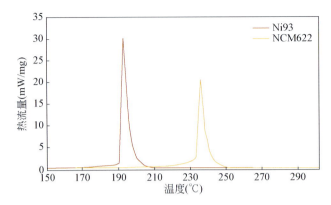

图 4-18　Ni93 材料与 NCM622 材料的 DSC 曲线

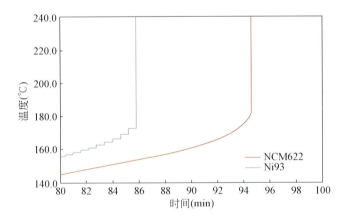

图 4-19　分别以 Ni93 材料和 NCM622 材料为正极的电池热冲击测试

表 4-3　不同镍含量功率材料性能对比

材料型号	离子电导率[1]（S/cm）	比容量（mAh/g）	成本
NCM111	3.2×10^{-6}	148	高
NCM532	1.7×10^{-3}	160	中
NCM622	3.4×10^{-3}	167	低

　　从图 4-20 和图 4-21 中不同镍含量材料循环性能和功率性能对比可以看到，随着材料技术水平的提升，在材料不断降本的同时，也可以使材料的循环性能和功率性能有着较为明显的进步，例如 NCM622/NCM532 替代 NCM111 时，循环 4700 次后容量保持率达到 87%，容量得到显著提升的同时，功率性能并没有随着钴含量降低而变差反而更优。未来,功率型三元材料的开发方向必将继续沿着"提镍降钴"方向展开。

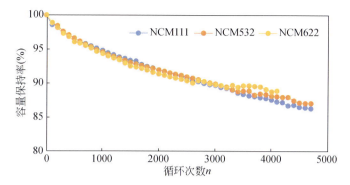

图 4-20　不同镍含量三元材料为正极 **5.2Ah** 功率型电池 4C/4C 循环性能对比

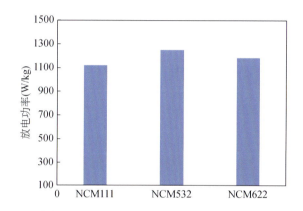

图 4-21　不同镍含量三元材料为正极的 **5.2Ah** 电池 4C 放电功率性能对比

4.2.2　负极材料

负极材料在电池中作为锂离子嵌入和脱出的载体是锂离子电池关键组成部分。要求其具有以下特性：①在负极材料中，锂离子脱嵌反应的自由能变化较小，以确保材料具备较好的电性能；②负极材料应具备较好的电子导电性和离子导电性；③锂离子在负极中的脱嵌应具有高度可逆性；④具有较好的热力学稳定性，与电解液不发生反应；⑤另外，负极材料还需要具有环保、制备工艺简单、易于产业化等特点。

当前常见的锂离子电池负极材料有以下几种：

1. 石墨材料

石墨晶体是层状结构，具有两种晶体构成，一种是六方相，空间群为 $P63/mmc$，$a=b=0.2461nm$，$c=0.6708nm$，$\alpha=\beta=90°$，$\gamma=120°$，碳原子层以 ABAB

方式排列；另一种是菱方相，空间群为 $R3m$，$a=b=c$，$\alpha=\beta=\gamma\neq90°$，碳原子以 ABCABC 方式排列[20]。石墨晶体的结构参数主要有 L_a、L_c、d（002）和 G，L_a 为石墨晶体沿 a 轴方向的平均大小，L_c 为石墨片层沿与其垂直的 c 轴方向进行堆积的厚度，d（002）为石墨片层之间的距离，石墨化度 G 表示碳材料的有序化程度，G 值越大表明其性质和结构越接近于理想石墨。图 4-22 所示为六方石墨结构和菱方石墨结构。

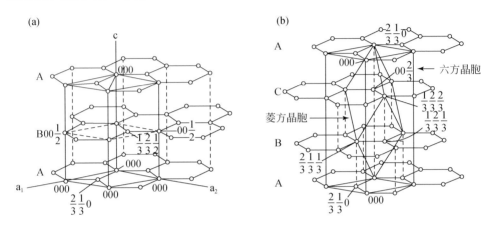

图 4-22　石墨晶体的两种晶体结构[20]

（a）六方石墨结构；（b）菱方石墨结构

石墨的结构是由层状的碳原子组成的，每个碳原子都与三个相邻的碳原子形成共价键。这种共价键的形成使得石墨具有特殊的结构和性质。石墨晶体层内碳原子之间以共价结合形成六边形结构，层间以弱的 Van Der Waals（范德华力）结合。这种特殊构造使得锂可以嵌入石墨晶体的层间，而且不会破坏石墨的二维网状结构，这个过程是可逆的。锂离子插入石墨会形成石墨层间化合物（graphite intercalated compound，GIC），通常表示为 Li_xC_6，其中 x 的大小与材料的种类和结构、电解液的组成以及 Li^+ 移动速率等因素有关。Li^+ 嵌入石墨结构中的过程被称为分级机制，过程一般分为四个阶段，每个阶段的特点是不同的嵌入层和石墨烯层的周期性堆叠顺序。每个插层在机制的第 n 个阶段被 n 个石墨烯层隔开，示意图如图 4-23 所示[21]，可以形成一系列的插层化合物，如 LiC_{24}、LiC_{12}、LiC_6 等。当 $x=1$ 时，形成的是 LiC_6，为一阶锂石墨层间化合物，此时达到石墨的最大理论比容量，对应石墨的理论容量为 372mAh/g。现阶段石墨实际容量发挥已达到 360mAh/g，接近理论容量。

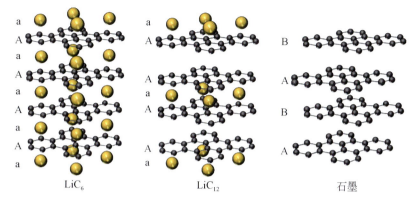

图 4-23 石墨层间化合物的阶结构[21]

石墨材料因具有稳定性高、导电性好、来源广等优点，是目前动力电池使用最多的一类负极材料，其中人造石墨在负极材料中的应用最广泛。目前典型的人造石墨是通过造粒工艺将小颗粒进行粘接，形成二次颗粒结构，从而改善石墨材料的各向异性问题，使石墨材料同时满足电池高能量密度和高功率设计要求，典型的 SEM 照片如图 4-24 所示。

图 4-24 人造石墨 SEM 图

2. 硅碳材料

目前负极石墨材料在电池中的使用容量已接近其理论比容量（372mAh/g），为了进一步提升负极材料容量水平，提高电池能量密度，硅材料被引入电池体系中。单质硅材料储量丰富，理论比容量可以达到 4200mAh/g，是目前石墨材料容量的十倍以上。

硅与锂可以形成合金化，这一特性使得单质硅材料在与锂的合金/去合金化过程中实现锂的存储和释放，从而获得容量，其储锂过程如图 4-25 所示[22]。但硅材料与锂进行合金化反应过程中存在严重的体积膨胀（>300%），在反复充放电过程中硅材料逐渐粉化破裂，暴露出新的表面与电解液进行反应，导致 SEI 膜增厚，电池阻抗增加和容量严重衰减。通过纳米化、合金化、包覆处理、与碳材料进行复合等手段改善硅材料性能是当前行业研究的热点[23]。

1）硅氧材料

一代硅氧为硅和二氧化硅的烧结产物，化学成分主要为 SiO_x，x 通常介于 $0 \sim 2$ 之间（$0 < x < 2$）。电池充电时，SiO_x 发生歧化反应，与锂离子生成 Si 和硅酸锂

盐。这种结构相当于纳米硅分散在硅酸盐中，在后续的充放电循环中，硅酸盐起到缓冲纳米硅体积膨胀的作用，使硅氧颗粒获得了比纯硅更低的体积膨胀率、更好的循环寿命。一代硅氧的缺点是首效偏低，通常只有 75%～80%。

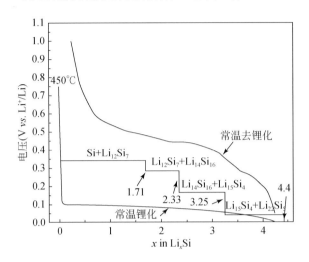

图 4-25　硅材料为合金储锂机制[22]

二代硅氧将锂或镁引入到硅氧材料中，直接在材料中形成硅酸锂或硅酸镁盐。常用的预锂化技术有化学/电化学预锂化、锂金属接触预锂化和预锂化试剂预锂等。预锂化技术减少了硅材料充电过程中对活性锂的消耗，可以大幅度提升 SiO_x 的首次库仑效率，从而提升电池的能量密度。预镁硅氧的首效最高可以达到 90% 左右，预锂硅氧可以达到 90% 以上。

2）硅碳材料

使用碳作为硅的缓冲介质，也能起到缓冲硅体积膨胀的作用。早期的工艺为先制成硅球，再进行碳包覆的方法，将硅球分散在碳中。硅球的尺寸一般在几十到几百纳米，相比于硅氧中自然生成的纳米硅体积仍然偏大，充放电中的体积膨胀-收缩效应仍较严重；同时，为了避免硅球的进一步长大，包碳后的烧结温度也不会很高，得到碳的结构主要为软碳，这也会造成材料在电池中的副反应较多。因此这种硅碳比单质硅的性能虽然有了较大的提升，但寿命仍比硅氧材料偏低。

近年来，以多孔硬碳和硅烷为前驱体，使用化学气相沉积法（chemical vapor deposition，CVD）制备的硅碳材料开始商业化。所选用的硬碳前驱体孔径可以控制在几纳米，硅烷裂解温度也控制在硅的结晶温度以下，从而可以得到非晶的纳米硅材料。这种硅碳材料的性能良好，原料成本较低，具有很好的应用前景。

3. 无定形碳

无定形碳是指碳元素构成的一种非晶态结构体，通常指呈现石墨微晶结构的碳材料，包括软碳和硬碳两种。

软碳的微晶排列结构，多以平行堆砌为主，经过 2000℃以上高温处理后容易转化成层状结构，也称之为易石墨化炭。石油焦和沥青炭均属于软碳。软碳具有较高的可逆容量，但由于比表较大，晶体结构缺陷多，具有多种储锂方式的特性，导致其首次效率偏低。软碳材料对电解液的适应性较强，耐过充、过放性能良好，体积效应低，使其具有良好循环性能。因其具有特殊的嵌锂模式，导致软碳材料的充放电曲线无平台段，在 0～1.2V 内曲线呈斜坡式，造成平均对锂电位较高（约 1V 左右），因此造成电池正负极电压较低，如图 4-26 所示，限制了电池的质量能量密度。由于软碳晶体的乱层结构，导致其电极压实密度低，限制了电池的体积能量密度。

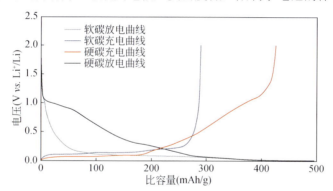

图 4-26　软碳和硬碳材料扣式电池充放电曲线

硬碳属于难石墨化炭，是高分子聚合物的热解碳的无定形结构，即使在 2500℃也不能完全石墨化。硬碳在 0～1.5V 电压范围有比较高的容量（200～600mAh/g），其脱嵌锂电压曲线具有两个平台(图 4-26)。第一部分为斜坡区，电压范围位于 0.1～1.0V，容量为 150～250mAh/g；另一个部分为平台区，容量为 100～400mAh/g。常见的硬碳原料有树脂碳和有机聚合物热解碳等。虽然硬碳具有循环性能好、比容量高、倍率特性优异等特点，但其首次效率过低、电位滞后、体积能量密度低的缺点影响了硬碳的广泛应用。通常通过掺杂、包覆的方法改善其电化学性能。

4. 钛酸锂 $Li_4Ti_5O_{12}$

钛酸锂（$Li_4Ti_5O_{12}$）是一种无机化合物，属于尖晶石面心立方结构，其空间点群为 $Fd3m$ 空间群，晶胞参数 a 为 0.836nm，为不导电的白色晶体。其中 32 个 O^{2-} 构成面心立方 FCC 点阵，处于 32e 位。一部分 Li^+ 位于 8A 的四面体间隙位中，

图 4-27　钛酸锂材料 SEM 图

其余 Li^+ 和 Ti^{4+} 按照一定比例（原子数目 1：5）共同占据 16d 的八面体配体间隙。因此，钛酸锂的结构式也可以写作 $Li_{8a}[Li_{1/3}Ti_{5/3}]_{16d}[O_4]_{32e}$。钛酸锂放电时，来自外部的 Li^+ 和原来四面体 8A 位置的 Li^+ 迁移到空位的 16c 位置，最后所有的 16c 位置都会被 Li^+ 占据，形成可表示为 $[Li_2]_{16c}[Li_{1/3}Ti_{5/3}]_{16d}[O_4]_{32e}$ 的 NaCl 岩盐相结构[24]。其典型 SEM 照片如图 4-27 所示。

纯相的钛酸锂为白色不导电粉末状，可稳定在空气中保存。在充放电过程中，Li^+ 会反复嵌入和脱出钛酸锂晶格。随着 Li^+ 嵌入量的持续增加，$Li_4Ti_5O_{12}$ 将逐渐由绝缘体转化为具有良好导电性能的深蓝色 $Li_7Ti_5O_{12}$，其结构为尖晶石结构，可写为 $Li_2[Li_{1/3}Ti_{5/3}]O_4$。在此过程中，由于 Ti^{3+} 和 Ti^{4+} 的出现，材料的电子电导率明显提高，为 10^{-2} S/cm，这也是该材料倍率性能优异的原因之一，反应前后晶胞参数非常接近，从 $a＝0.836$ nm 提高到 $a＝0.837$ nm，仅增长约 0.3%，可认为晶胞参数基本不发生变化。而且，这种变化是动力学高度可逆的，可避免 Li^+ 在反复脱嵌过程中对晶体结构的破坏，因此钛酸锂也被称为"零应变"材料。这种"零应变"能够避免长期循环过程中由于电极材料的呼吸膨胀而导致结构的破坏，从而提高电极的循环性能和使用寿命，减少循环带来的容量衰减。此外，钛酸锂具有非常好的耐过充、过放特征。

钛酸锂材料比容量低（理论容量 175mAh/g），电子导电性较差，实际充放电曲线如图 4-28 所示，电压平台在 1.55V 左右，放电容量约 140mAh/g。该材料在电池制作过程及循环过程中容易产气，对电池设计和制造工艺要求更为严格。同时由于钛酸锂价格高，导致其未在动力电池领域大幅推广应用，目前仅在电动大巴等安全性能要求较高的领域有所应用。

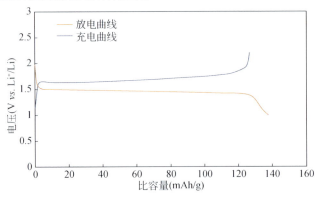

图 4-28　钛酸锂材料扣式电池充放电曲线

能量型锂离子电池通常选择可逆容量较高的负极材料以满足能量密度要求。能量型负极材料主要包括人造石墨、天然石墨以及硅碳材料。典型的能量型负极材料性能参数及充放电曲线分别见表 4-4 和图 4-29。其中人造石墨和天然石墨同属于石墨类材料，受其材料自身特性限制各项参数指标相近，与硅碳材料相比，其比容量偏低（360mAh/g 左右）、首次效率较高（≥91%）、比表面积较小（≤3m²/g），有利于材料的加工应用；硅碳材料由单质硅或氧化亚硅和碳类材料复合形成，材料内部并非均一相，因此常见的硅碳材料容量分布较宽，同时较高的比表面积也使硅碳材料在加工应用方面存在一定的挑战。

对于功率型电池来说，目前应用最广泛的负极材料主要有钛酸锂和无定形碳以及快充型石墨负极。

表 4-4　典型能量型负极材料的理化性能和电化学性能

负极材料	粒度 D_{50}（μm）	振实密度（g/cm³）	比表面积（m²/g）	压实密度（g/cm³）	真密度（g/cm³）	比容量（mAh/g）	首次库仑效率（%）
人造石墨	14.5～20.9	0.80～1.00	0.9～1.9	1.5～1.8	2.24～2.25	350～358	91～95
天然石墨	15.0～19.0	0.95～1.08	1.5～2.7	1.5～1.9	～2.25	350～363	92～95
硅碳材料	5.0～15.0	0.80～1.00	3.0～10.0	1.4～1.7	2.25～2.30	400～2000	85～93

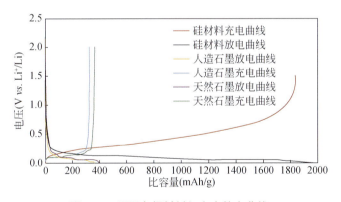

图 4-29　不同负极材料扣电充放电曲线

石墨负极的工作电位低、可逆容量高，但石墨的大片径晶体层状结构导致锂离子的嵌锂路径较长，较小的石墨层间距使得锂离子的固相扩散速率低，导致石墨负极的快充性能较差。常用的改善方法是通过减小石墨一次颗粒粒径缩短扩散路径、表面包覆软/硬碳增强锂离子的嵌入缓冲以及元素掺杂提高扩散能力等方法来提高石墨材料的快充性能。

无定形碳材料的晶体结构杂乱，软碳结构中的类石墨微晶区域较多，呈现短程有序。高温石墨化处理后呈现长程有序。硬碳是难石墨化碳，含有较多的缺陷结构和孔隙，类石墨微晶区较少且杂乱，晶体呈无序态。软碳与硬碳晶体的无定形结构为锂离子提供了较多的储锂位点，同时无定形结构利于锂离子的快速传输。图 4-30 为硬碳在功率型电芯中的性能曲线，具有较高的嵌锂容量、优异的大倍率充放电性能，可以实现 20C 的倍率充放电。但是其较多的缺陷结构与空隙造成其不可逆容量较高，电压滞后现象明显。

钛酸锂材料比表面积大、体积变化小，因此可以承受快速充放电，其倍率性能优异，如图 4-31 所示，具备 10C 的持续充放电能力。另外，钛酸锂具有较高的嵌锂电位（1.55V *vs.* Li/Li$^+$），电解液基本不被还原形成 SEI 膜，可避免一部分活性锂被消耗，其较高的充放电平台电压也可避免锂枝晶的产生，从而确保电池的安全性。钛酸锂材料在极高安全性的前提下兼顾快速充放电特性，但其能量密度低、成本高，限制了其在动力电池应用领域的发展，目前只适合在特殊应用场景下使用。

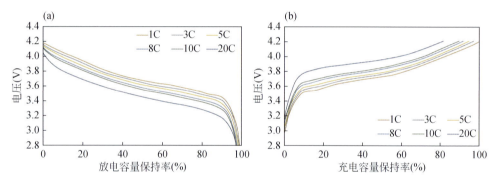

图 4-30　硬碳 5.2Ah 电池不同倍率充放电曲线

（a）不同倍率放电曲线；（b）不同倍率充电曲线

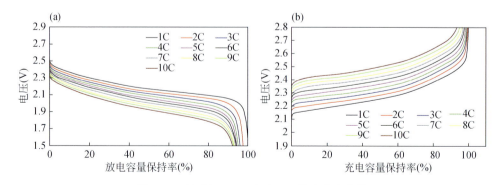

图 4-31　钛酸锂 60Ah 电池不同倍率充电曲线

（a）不同倍率放电曲线；（b）不同倍率充电曲线

4.2.3 电解液

电解液在锂电池正、负极之间起到传导离子的作用，是电池的重要组成部分，由电解质锂盐、有机溶剂及功能添加剂等按一定比例配制而成。在电池的充、放电使用过程中，电解液在正、负极界面上的化学或者电化学稳定性，决定了电池的容量特性及充放电特性。因此，通过调整电解液组分来调控界面结构与成分对电池性能的提高具有重要的指导作用。

当前商业化的液态有机电解液的锂盐为六氟磷酸锂（$LiPF_6$），其分解产生 HF 和 PF_5，产生的 HF 会对高镍层状氧化物正极材料造成一定的界面损伤，并使金属离子从正极结构中溶出，并使其电解液溶剂如碳酸亚乙酯（EC）发生氧化分解产气，其机理反应如图 4-32 所示[25,26]。

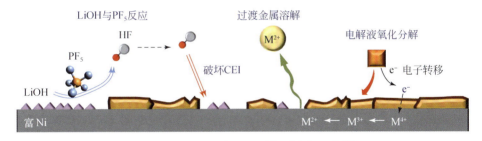

图 4-32　HF 对正极界面破坏反应机理图[26]

研究发现有机磷酸酯类添加剂可以用于 NCM111、NCM523、NCM622 和 NCA 等三元正极材料，可消除 HF 并构建稳定的 CEI 膜，以提升电池性能。Song 等[27] 采用密度泛函数理论（DFT）分别计算了三苯基亚磷酸酯（TPP）、三（2,2,2-三氟乙基）亚磷酸酯（TFEP）、亚磷酸三甲酯（TMP）和三（三甲基硅基）亚磷酸酯（TMSPi）磷类添加剂以及碳酸酯溶剂分子的前线轨道，如图 4-33 所示，表明亚磷酸酯类化合物比溶剂分子具有更高的氧化性，推导出成膜机理为亚磷酸酯中磷原子上的孤对电子可结合 HF，在正极表面能优先发生电化学还原氧化形成 CEI 膜覆盖在正极表面。并推导出该四种添加剂对 HF 的消除能力：TMSPi＞TFEP＞TMP ＞TPP，在电池中 TMSPi 添加剂表现出更优的倍率性能、高温存储性能和高温循环性能。

试验中发现，在中镍三元材料 NCM622 电池体系中，TMSPi 添加剂在 4.4～4.5V 高电压下可减少正极的副反应。图 4-34 表明 TFEP 添加剂可显著降低电池高温 55℃存储 28 天后 Ni^{2+}、Co^{2+}、Mn^{2+}金属离子的溶出量。说明 TFEP 添加剂维持了正极界面的稳定性，减少了正极与电解液的副反应，减缓正极材料结构的相变与破裂，提升了能量型电池在 4.45V 电压下循环性能。

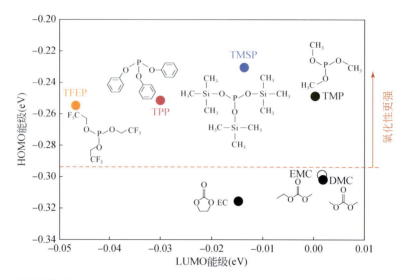

图 4-33　磷酸酯类添加剂（**TPP，TFEP，TMP 和 TMSPi**）和碳酸酯溶剂（**EC，EMC 和 DMC**）的最高占据分子轨道（**highest occupied molecular orbital，HOMO**）/最低未占据分子轨道（**lowest unoccupied molecular orbital，LUMO**）能级[27]

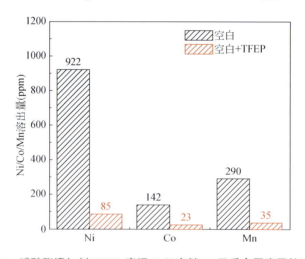

图 4-34　磷酸酯添加剂 **TFEP** 高温 **55℃**存储 **28** 天后金属离子的溶出量

　　应用到能量型电池中的还有含硼类添加剂，如二氟草酸硼酸锂（LiDFOB）、四甲基硼酸酯（TMB）、三（三甲基硅基）硼酸酯（TMSB）、硼酸三乙酯（TEB）等，这些添加剂优先于溶剂被氧化，在正极表面形成 CEI 膜，这层界面膜具有更优异的稳定性，减少电池使用过程中电解液与正极材料直接接触引起电解液的氧化分解和正极材料的结构破坏等副反应，从而提高高能电池循环性能。

能量型电池负极通常选择硅与石墨掺混使用。如前面介绍负极材料中所描述的，硅材料在循环过程中，体积膨胀和收缩使得 SEI 膜产生裂纹，导致材料表面与电解液重新接触，使得电解液再次不断分解，SEI 膜增厚。因此，不稳定的硅/电解质界面严重限制了硅负极的应用，为了解决这一问题，各种针对含硅负极的功能性电解质添加剂被相继开发。

为了提高硅负极 SEI 的化学、电化学和机械稳定性，归纳总结了如图 4-35 所示的以下四类添加剂：

（1）氟化物添加剂，通过 F 的电化学反应以形成富含 F 元素或者 LiF 的 SEI 膜。氟代碳酸乙烯酯（FEC）是当前发现的可有效改善硅负极界面稳定性能的添加剂，由于氟原子的吸电子效应，其具有相对较低的最低未占分子轨道（LUMO）能量，从而优先还原形成含 LiF 的 SEI 膜。Haruta 等[28]研究发现，在硅薄膜电极表面涂敷 4nm 厚的 LiF 涂层可提高电池库仑效率，减少电解质分解形成的沉积物，降低了循环过程中阻抗的增加。LiF 对 SEI 中有机物的固定作用也通过第一性原理计算研究证明。LiF 能够与嵌锂的硅材料形成化学键，因此 LiF 可以稳定地吸附在硅颗粒表面，这些吸附的 LiF 可以连接有机 SEI 膜组分与硅颗粒材料，对 SEI 膜中的有机物具有强束缚性，从而构建坚固的 SEI 膜［图 4-35（a）］[28]。另外，研究发现三（五氟苯基）硼烷、三氟碳酸丙烯酯和氟草酸硼酸锂（LiDFOB）等氟化物添加剂对硅负极界面的稳定也起到良好的作用。

（2）可聚合的有机添加剂，通过聚合反应生成具有聚合物种类的 SEI 膜。聚合物和有机化合物具有较高柔韧性，能够承受硅体积膨胀产生的拉伸应力，一定程度上实现 SEI 膜结构在高嵌锂水平下的可逆变形，维持 SEI 膜结构稳定性。这类添加剂通常含有环状结构或末端不饱和的乙烯基，如双草酸硼酸锂（LiBOB）含有两个草酸环，可以在硅材料上形成碳氧链结构的 SEI 膜。五氟苯基异氰酸酯聚合形成氟化聚合物的 SEI 膜，也可适应硅的大体积变化［图 4-35（b）］。碳酸亚乙酯（MEC）聚合成聚 MEC 结构，能够抑制硅的裂解和碳酸酯溶剂的分解。

（3）硅烷基添加剂，通过与 Si 表面硅烷醇基团反应构建硅氧烷网络结构。如乙烯基三（2-甲氧基乙氧基）硅烷（VTMS）和（2-氰乙基）三乙氧基硅烷（TEOSCN），优先与硅材料表面上的硅烷醇基团反应，形成有机硅或硅氧烷网络[图 4-35（c）][26,29]。这类添加剂形成的 SEI 膜具有高剪切模量，可减轻因硅体积膨胀引起的损伤，从而提高硅/电解液界面的化学/电化学稳定性。

（4）与 FEC 具有协同效应的共添加剂，FEC 形成的 SEI 膜由机械坚固的 LiF 和柔性聚合物组成，可以很好地缓解硅负极膨胀引起的界面劣化［图 4-35（d）］。然而，FEC 热稳定性较差，易于被路易斯酸（例如 PF_5）脱氟以形成酸性物质（HF、HPO_2F_2、H_3OPF_6、H_2PO_3F 和 H_3PO_4），这些酸会严重损坏硅基 SEI 膜的稳定性，导致电池寿命缩短[30]。为了获得优异的富含 FEC 的电解液，研究人员发现通过具有互补功能的添加剂可以进行改善，如氟丙二酸-（二氟）硼酸锂（LiFMDFB）[31]，其中的 FMDFB 阴离子可与 FEC 分子进行配位，抑制 FEC 分解产生酸性物质，并且降低 FEC LUMO 能级并促进其还原分解，形成的 SEI 膜可以兼顾 LiF 基添加剂和有机聚合添加剂性能，更有效的抑制循环过程中硅的开裂和电解液分解。

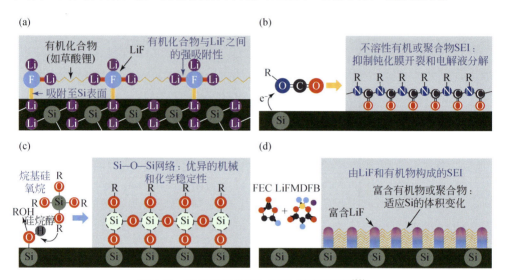

图 4-35　硅负极四类添加剂的成膜示意图[28]
（a）氟化锂；（b）聚合物和有机化合物；（c）硅氧烷网络结构；（d）与 FEC 具有协同效应的共添加剂

针对目前电动汽车的快速发展，除了通过提升电池能量密度缓解里程焦虑外，另一个就是用户对电动汽车充电时长的焦虑，因此，快充或超快充的充电方式开始被广泛研究，美国能源部也提出了"极速充电"的目标，要求充电时间缩短为15 分钟。功率型电池除了需要对正负极材料进行快充性能提升外，适合快充的匹配电解液的研究变得日益迫切。

锂离子电池充电过程中，锂离子从正极经过电解液传输到负极，充电时锂离子从正极经过电解液传输到负极（图 4-36），其中主要的传输路径有：①固态电极内的传输；②经过正负极的电极/电解质界面；③电解液内传输。溶剂的物理化学性质和浓度决定了锂离子在电解液中的扩散速率，电极/电解液界面层的组成决定了锂离子的界面传输动力学。这需要电解液具有高离子电导率和低锂离子界面迁移能垒[32]。以此加速锂离子传输，显著增强电池的电化学及动力学性能。

提升电解液离子电导率主要考虑电解液中锂离子迁移数大小。首先，电解液是一个多溶剂体系，低黏度溶剂可提高锂离子扩散速率，在高充电速率下减轻浓差极化，可有效提高电解液电导率。Cho 等[33]通过在传统碳酸乙烯酯（EC）基电

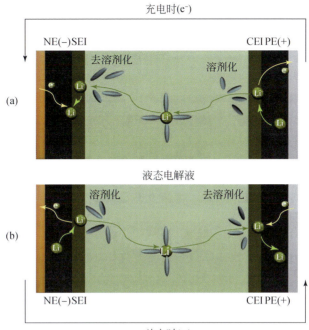

充电时(e⁻)

图 4-36　锂离子传输示意图[32]
(a) 充电；(b) 放电

解液中引入低黏度溶剂，可以有效提升电解液电导率，丙腈（PN）和丁腈（BN）作为共溶剂，25℃条件下，电解液电导率由 12mS/cm 提升到 20mS/cm（表 4-5），电池低温-20℃可以实现 3C 倍率充电，保持率可达 44%。

表 4-5　电解液常用溶剂及相关物理化学性质

中文名称	缩写	熔点 T_f（℃）	沸点 T_b（℃）	黏度 η_{RT}（cP）（25℃）	介电常数 ε_{RT}
碳酸乙烯酯	EC	36.4	248	1.90（45℃）	89.78
碳酸丙烯酯	PC	−48.8	242	2.53	64.92
碳酸二甲酯	DMC	4.6	91	0.59	3.107
乙酸甲酯	MA	−96	56	0.368	6.67
乙腈	AN	−46	81	0.343	37.5
丙腈	PN	−100～−86	97	0.411	
丁腈	BN	−112	118	0.515	20.7

其次，相对电解液溶剂体系，锂离子迁移数也与锂盐的种类相关，王朝阳团队[34] 测试了不同锂盐的 EC 基电解液的锂离子迁移数（图 4-37），发现相比于单一的 $LiPF_6$ 溶液，LiFSI 溶液有更高的锂离子迁移数，由 0.38 提升到 0.56，因此在

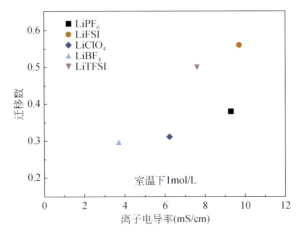

图 4-37　不同锂盐在 EC 基电解液中锂离子迁移数和电导率[34]

同样的倍率下，LiFSI 还可以降低电解液浓差极化，提高电极厚度方向嵌锂反应的均匀性，电池可实现 10 分钟充 75% 电量的快速充电能力。

在快充锂离子电池的电解液设计研究中发现，通过联用低黏度线型溶剂（如碳酸二甲酯、乙酸乙酯等）和低解离能锂盐双氟磺酰亚胺锂以及无机锂盐类添加剂（$LiPO_2F_2$、LiDFOP），可以实现优异的快充性能，4C 快充循环容量衰减到 80% 时可循环 1900 周（图 4-38）。

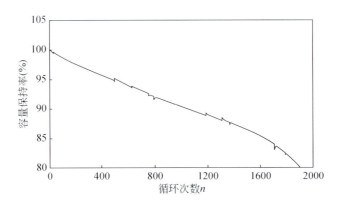

图 4-38　25℃环境下 28Ah 电池 4C 快充循环性能

4.2.4　隔膜

锂离子电池隔膜作为电池四大主要部件之一，一方面隔离正负极，防止正负极接触发生短路，同时允许液相离子通过，实现锂离子在电池内部的传输。隔膜本质上是一种含有大量微孔的绝缘膜，该微孔结构可以允许电解液中的锂离子自由通过，从而实现锂离子在正负极之间的快速传输。目前商业化比较成功的隔膜主要是聚烯烃隔膜，例如聚丙烯（PP）、聚乙烯（PE）、PP/PE/PP 多层复合隔膜等。为了满足电池设计多样化的需求，涂层隔膜逐渐进入大众视野。涂层隔膜顾名思义就是在现有的隔膜基底上涂敷不同的物质以满足不同电池设计的需求，例如涂覆陶瓷、芳纶或者陶瓷/高分子混合物用来提高隔膜的耐热性，或者涂胶隔膜（隔膜表面涂覆粘接剂）实现隔膜与极片的粘接，改善电池界面（图 4-39）。

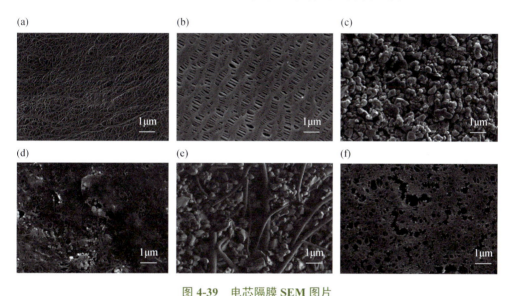

图 4-39　电芯隔膜 SEM 图片
（a）PE 隔膜；（b）PP 隔膜；（c）陶瓷涂覆隔膜；（d）芳纶隔膜；（e）陶瓷/高分子聚合物复合涂层隔膜；（f）涂胶隔膜

为了满足电池对能量密度、功率特性、安全性以及长循环寿命等性能要求，隔膜需要具备如下性能：

（1）厚度：隔膜需要具有一定机械强度、不易破损，来保证相应安全性能。在不明显减小隔膜机械强度和安全性的前提下，为了提高电池能量密度和功率性能，通常会选用厚度更薄的隔膜。早期动力电池能量密度不高，隔膜厚度一般选用 25~40μm。但是随着电池能量密度的要求越来越高，隔膜的薄型化成为降低非活性物质用量的一种比较可行的方法。隔膜厚度的降低不仅可以减少隔膜质量，同时隔膜总体积明显减小对应吸收的电解液量也明显减小，因此可以明显降低电池中电解液用量，进而可以提升电芯的质量能量密度和体积能量密度。当隔膜厚度由 25μm 降低到 7μm，对应的电芯质量能量密度和体积能量密度分别提升 6.6% 和 17.0%（图 4-40）[35]。

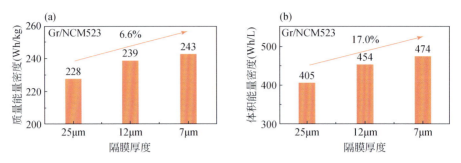

图 4-40　隔膜厚度对电芯质量和体积能量密度影响[35]

同时，隔膜厚度变薄还可缩短锂离子扩散路径，有利于提高锂离子透过性和降低电池内阻，因此减薄隔膜可以在一定程度上提升电池的功率性能。

（2）热稳定性能：隔膜尺寸稳定性是影响锂离子电池在高温下正常工作的关键因素。电池在充放电过程中会发生内部产热行为，尤其是高功率电池在大倍率充放电过程中其内部温度升高会更为明显。此时，要求隔膜不会发生明显的尺寸收缩或者变形起皱现象，从而保证隔膜能有效地隔离正极和负极，防止由于隔膜热收缩导致的正负极接触短路。因此，隔膜的横向和纵向热收缩率是衡量隔膜热稳定性的重要指标参数，电池隔膜尺寸冗余设计时需要充分考虑不同隔膜的热收缩率差异。

（3）孔隙率及孔径分布：隔膜孔隙率是指隔膜中微孔的体积与隔膜总体积的比值，孔隙率与隔膜的透气度、锂离子透过性有密切的相关性。相同厚度下，孔隙率越高越有利于提高锂离子的透过性，进而有利于降低电池内阻，提升电芯的倍率性能。

（4）透气度：透气度表征的是隔膜的气体透过能力，主要受隔膜厚度、孔隙率、孔径大小及分布等多种因素影响。一般来说隔膜厚度相近的情况下，孔隙率越大，对应的隔膜透气度值越小（图 4-41），电芯的倍率性能越好。

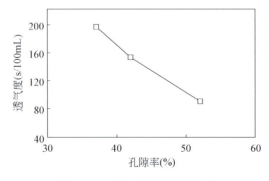

图 4-41　孔隙率与透气度关系

（5）力学性能：电芯在卷绕时需要隔膜承担一定应力，因此隔膜需要保持一定的力学强度，通常要求隔膜沿卷绕或叠片方向（拉伸方向）的抗拉强度应≥100N/mm²。

随着隔膜厚度的不断降低，其在高温下保持尺寸稳定性的能力也面临着挑战。为了提高隔膜的热稳定性，保证电芯的安全应用。一般在隔膜单面或双面各涂覆一层 1～4μm 厚无机陶瓷颗粒来提升隔膜的热稳定性，常见的陶瓷颗粒有三氧化二铝、勃姆石等。陶瓷颗粒耐高温及隔热性好，涂层在隔膜表面会形成刚性的支撑骨架，在一定程度上抑制隔膜基膜收缩变形，从而可以在一定条件下保持隔膜形态，提高电池安全性能。目前动力电池领域多选择带有陶瓷涂层的隔膜。

随着电池能量密度的提升，电池尺寸不断增大，对电池界面稳定性的要求也越来越高。目前多选用涂胶隔膜，在电池生产过程中通过对电池表面进行加温加压处理来实现隔膜与极片的粘接，确保在电池生产加工和使用过程中极片不会发生位移，从而保障电池在整个生命周期内的界面稳定性。涂胶隔膜常用粘接剂有 PVDF 和 PMMA 两种，根据电池设计需要可以将涂层粘接剂与陶瓷颗粒混合后涂覆在隔膜表面，也可以将涂层粘接剂单独涂覆在聚烯烃隔膜或陶瓷隔膜表面使用。其他类型隔膜，例如芳纶涂层隔膜、PI 隔膜等高分子聚合物涂层隔膜，目前因制造难度大或原料成本偏高，尚未大批量进入市场，各企业多处于研发阶段或小批量应用阶段。

4.2.5 其他辅助材料

粘接剂和导电剂是电池内较为重要的两种辅材，是电池正负极结构的重要组成部分，配合活性物质可形成良好的电极网络结构。

1. 粘接剂

粘接剂在电极内起到粘接各材料及集流体的作用，使电极尤其是长期循环后的电极不掉粉不脱落。同时在匀浆阶段，粘接剂可起到分散剂和悬浮剂的作用，确保浆料的分散稳定性，不易发生沉降。

粘接剂需具备以下特点：①对活性物质有较好的粘接力；②对集流体有较好的粘接力；③在宽的电压窗口内性能稳定；④具备高熔点；⑤具备低的玻璃化转变温度；⑥耐电解液性好（不易被腐蚀、溶胀率低）。

目前锂离子电池广泛使用的粘接剂主要有三大类：聚偏氟乙烯（PVDF）类、丁苯橡胶（SBR）乳液和聚丙烯酸（PAA）类粘接剂，此外以聚丙烯腈（PAN）和聚丙烯酸酯作为主要成分的水性粘接剂也占有一定市场。

聚偏氟乙烯（PVDF）是最先广泛应用的油性粘接剂，耐电化学腐蚀能力强、热稳定性好，易于分散在 N-甲基吡咯烷酮（NMP）溶剂中，目前主要应用于正极。其分子结构如图 4-42 所示，PVDF 单体由两个氢原子和两个氟原子构成（—CH_2—CF_2—），其中氢原子是给体，有贡献电子给其他原子的倾向，氟原子是受体，有从别的原子接受电子的倾向。因此每一个单体具有一个偶极矩，聚合时形成线型首尾相连的规则键合结构，如—CH_2—CF_2—CH_2—CF_2—。PVDF 链上相邻氟原子之间的相互排斥使氟原子不在同一平面上而是围绕碳链螺旋排列，因此碳链不易破坏，具有很好的化学稳定性。

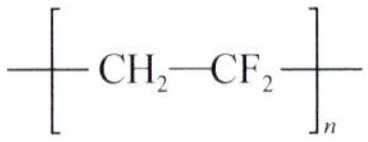

图 4-42　PVDF 分子结构图

常规 PVDF 均聚物在碱性环境下容易发生消除反应，生成多烯烃结构，导致胶液变色，浆料黏度快速上升。引入极性基团的改性 PVDF 共聚物不仅可以提升 PVDF 的耐碱性，同时官能团的粘接性大幅提升，可进一步降低粘接剂用量，赋予电池更高的能量密度和更低的内阻。

PVDF 需要采用 NMP 作为溶剂，回收溶剂的成本高，对环境产生一定污染，而且 PVDF 粘接剂在碳基材料中易与 Li 和 LiC_6 反应，导致负极上锂盐沉积，增加电池界面阻抗。在电位相对较低的石墨负极中通常联合使用水性粘接剂 SBR 和增稠剂羧甲基纤维素（CMC）。SBR 分子结构见图 4-43，力学性能与天然橡胶类似，其耐热性和耐老化性都更加优良，在石墨负极中起到主要的粘接作用。

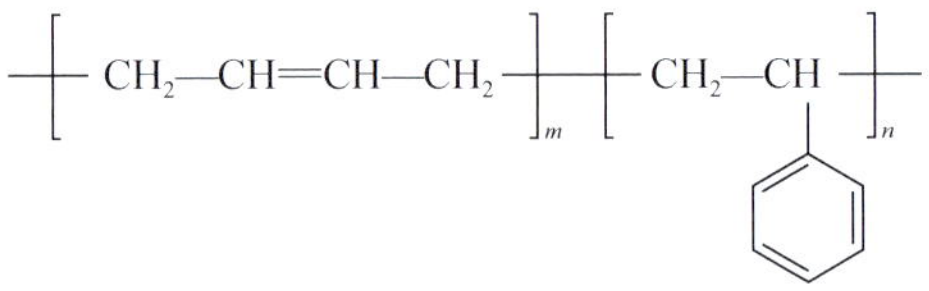

图 4-43　SBR 分子结构示意图

负极浆料中 CMC 非极性分子链首先吸附在石墨表面，SBR 中的极性官能团与吸附在石墨表面的极性官能团相互亲和，从而使负极颗粒之间有较好的粘接作用，所以一般选用 CMC 和 SBR 两者协同使用。CMC 是纤维素的羧甲基化衍生物，是一种高分子化合物，以较低比例溶于水后形成无色的黏性液体，对于石墨浆料的沉降和分散有明显的改善效果。随着能量型电池中负极硅系材料的应用，为了应对其膨胀特性，需要提高粘接剂的刚性，引入 PAA 类粘接剂改善硅系负极电池的循环性能，PAA 是以过硫酸盐为引发剂，在水溶液中将丙烯酸单体聚合而成，其分子结构图见图 4-44。

$$\left[CH_2-CH\right]_n\left[CH_2-CH\right]_m$$
COONa   CN

图 4-44　PAA 分子结构示意图

2. 导电剂

导电剂所起的作用是构建电极导电网络，确保电化学反应过程中电极内部活性材料的电子传输通道畅通。目前产业化应用的导电剂主要是碳材料，按照导电特点可以分为点状、线状、面状导电剂。

点状导电剂也称短程导电剂，主要是炭黑类（炉黑、乙炔黑），如图 4-45 所示。炭黑在极片中的最小单元是聚集体，聚集体由大量一次粒子通过共价键连接而成，炭黑微粒的一次粒子（10～60nm）是半结晶态粒子。其粒子结构具有较高的比表面积，具有良好的导电性能。

线状导电剂也称长程导电剂，主要有碳纳米管（单壁碳纳米管和多壁碳纳米管）、气相生长碳纤维（VGCF），如图 4-46 所示为碳纳米管透射电镜（TEM）照片[36]，直径几个到几十纳米，长度达到微米级，其主流工业制备工艺是化学气相沉积法（CVD），具有效率高、成本低的绝对优势。

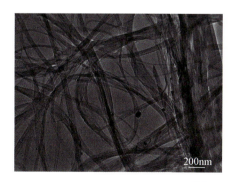

图 4-45　导电炭黑的形貌　　　　　**图 4-46　碳纳米管的 TEM 照片[36]**

碳纳米管是由石墨烯蜂窝网络卷曲构成，如图 4-47 所示，主要由最外层承担电子传输任务，碳管比表面积越大、缺陷越少，导电性能越好。但高比表面积往往带来强触变性，给浆料的匀浆工艺带来一定的难度，需要匹配合理的分散设备及匀浆工艺进行应用。

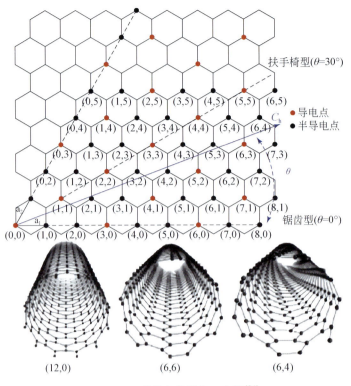

图 4-47　碳纳米管径向示意图[36]

面状导电剂主要包括片状石墨及石墨烯等二维导电材料，片状石墨是由正六面体平面内碳原子排列组成的层状晶体结构，各层之间相互平行，具有极为明确的相对取向。在某个给定的平面内，碳原子之间彼此牢固地结合在一块，而平面与平面之间的结合力却比较脆弱。石墨烯是由碳六元环组成的两维周期蜂窝状点阵结构。目前作为导电添加剂用的石墨烯主要通过机械剥离法制备，石墨片层在10 层左右，不是严格意义的单层石墨烯。由于其结构的完整性高、缺陷少，电子在层面上移动速度很快，但不能穿过片层，因此和石墨烯同一层面接触的颗粒间导电性很好，但是被石墨烯层阻隔的颗粒间导电性会下降。另外，石墨烯层也会阻隔锂离子的传输，所以石墨烯片径不宜过大，否则其位阻效应会明显增强。石墨烯片径也不宜过小，一方面不利于分散，同时石墨烯分子间的 π-π 键会导致其回叠沉降。图4-48 为典型石墨烯的 SEM 图，可以看出明显的

图 4-48　石墨烯导电剂形貌 SEM 图

片状结构。

虽然导电剂种类较多，但其导电性和结构各不相同，需要综合考虑电池性能要求以及电池内各材料特点综合使用，从而达到最佳的导电效果。

Zallen 等[37]借用 Flory 凝胶理论描述导电网络的形成，并提出经典统计的逾渗理论方程：

$$\sigma = \sigma_P (v - v_C)^x$$

式中，σ_P 为填料的电导率，S/cm；v 为填料的体积分数；v_C 为逾渗临界积分数；x 为与体系维数相关的系数。对于二维体系 x 的典型值为 1.3，对于三维体系 x 为 1.9。

结合格子逾渗理论模型（图 4-49）可知，当所有导电位点连通后才能形成最高效的导电网络，假设在整个电极结构中，肯定存在能形成有效导电网络的最小导电位点数 M_c，当导电位点数超过 M_c 时就会发生逾渗转变，电极电阻率突降。对于线接触和面接触的导电剂来说，其有效导电位点多，因此在同等添加量的情况下，其渗流阈值比点接触导电剂要高。

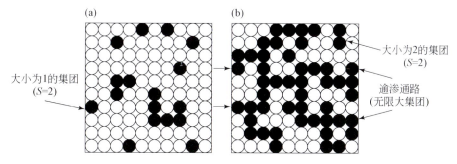

图 4-49　格子逾渗模型图[37]

（a）未导通；（b）导通

根据上述理论可知，导电剂的比表面积越大、本征电导率越高、长径比越大，导电效率越好。不同导电剂性能参数如表 4-6 所示。

表 4-6　不同导电剂性能参数对比

类型	炭黑	碳纳米管	石墨烯
粒度/厚度（nm）	10～60	7～20	<5
比表面积（m²/g）	50～200	180～320	<2000
粉末体电阻率（Ω·cm）	10^{-1}	$10^{-2} \sim 10^{-3}$	10^{-4}
理论导热率（W/mK）	110～470	5800～6600	5300～6600
纯度（%）	99.5～99.9	>98.5	>99.5

在电极构建中需要综合考虑电子导电和离子导电的平衡，如石墨烯导电剂的片状结构会产生明显的离子位阻效应，炭黑类导电剂可以增加电极内部电解液的保持率，进而提升离子传输能力。因此在构建导电网络时，需要综合考虑各类型导电剂的优劣势，通常复配使用多种类型导电剂更有利于形成综合性能优异的电极结构，图4-50中采用炭黑+碳纳米管+石墨烯的复合导电剂方案的电池在-20℃ 10s和-30℃ 2s恒功率放电测试中，最大放电功率密度高于单一炭黑导电剂的方案。

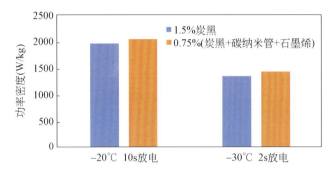

图4-50 不同导电网络电极的 5.2Ah 电池性能

4.3 体系配方设计

4.3.1 正负极体系介绍

如前面粘接剂所述，锂离子电池粘接剂分为油性和水性两类。油性粘接剂以聚偏氟乙烯（PVDF）的均聚物和共聚物应用最为广泛，采用 N-甲基吡咯烷酮（NMP）作为分散剂，水溶性粘接剂以丁苯（SBR）乳液和丙烯酸酯类（PAA）多元共聚物粘接剂的使用较为广泛，采用水作为分散剂。相应的锂离子电池浆料体系也分为油性体系和水性体系两大类，该体系的选择主要取决于粘接剂的种类，常用的体系见表4-7。

表 4-7　正负极常用体系

浆料体系	油性体系		水性体系
粘接剂	PVDF		SBR、PAA
分散介质	NMP		去离子水
正负极浆料	正极浆料	负极浆料	负极浆料
活性物质	三元材料、钴酸锂、磷酸铁锂、富锂锰基、锰酸锂、镍酸锂	石墨、硅碳、硅氧、钛酸锂；硬碳、软碳、复合碳等无定形碳材料	

续表

浆料体系	油性体系	水性体系
导电剂	炭黑、石墨烯、单壁碳纳米管、多壁碳纳米管	
分散剂	PVDF	CMC

油性体系和水性体系主要有如下特点：

（1）油性体系的溶剂为 N-甲基吡咯烷酮（NMP），因 NMP 与正极材料和负极材料均具有很好的润湿性，因此活性物质可以是正极材料，也可以是负极材料，但考虑生产成本，通常用于正极材料。油性体系的稳定性受浆料内痕量水影响，NMP 易吸水，能与水无限互溶，由此可导致粘接剂 PVDF 发生脱 HF 反应，形成碳-碳双键，浆料易发生团聚，并降低粘接性，因此制备浆料时应该严格控制原料和环境的水分含量。

（2）水性体系的溶剂为去离子水，负极主要采用水系粘接剂 SBR 和 PAA 类，同时使用增稠剂 CMC 提高粘接性。硅系负极（硅碳或硅氧）因其充放电过程中的体积膨胀收缩较大，采用的粘接剂一般为 PAA 类粘接剂或 PAA 类粘接剂搭配 SBR 使用。

4.3.2 配方设计

1. 不同体系的配方选择

如前所述，动力电池按照电性能分类可分为能量型电池和功率型电池。

能量型电池通常具有较高的容量，磷酸铁锂电芯能量密度大于 160Wh/kg，三元电芯能量密度大于 210Wh/kg，适合使用时间长而对功率要求不高的领域，如纯电动车。功率型电池需要满足瞬时 10C 甚至更大电流放电，通常具有较高的功率密度，可到 1800W/kg 以上，但容量不高，适合用于高功率需求但使用时间不长的领域，如混合动力汽车。但是能量型和功率型电池的技术指标没有明确的界限。

能量型电池注重能量密度指标，在电池材料选择上更多偏向于放电比容量高的材料，一般正极多选用高镍三元材料等，负极多选用石墨掺混硅负极（硅碳或硅氧）体系。功率型电池注重功率性能指标，在电池材料选择上更多偏向于倍率放电和倍率充电性能好的材料，一般正极多选用快充型小粒径三元材料，负极多选用快充型小粒径石墨。相对于能量型电池来说，功率型电池在配方选择上会使用相对多比例的导电剂和更少比例的粘接剂来满足电池的倍率放电和倍率充电需求，同时会采用更低的极片压实密度，确保极片的孔隙率在合理的范围内，以保证电解液可顺利传输，进而提升锂离子在电极中的传输速率。

2. DOE 实验

DOE（design of experiment）实验是研究如何正确地设计实验计划和分析实验数据的理论和方法，通过改变过程的输入因素，观察其相应的输出响应的变化，从而获取关于这个过程的知识，确定各个输入因素的重要性以及各输入因素如何影响输出响应，并如何达到最优化过程的目的。采用 Minitab 软件可进行 DOE 因子试验设计及分析。

了解电极配方中每个材料组分对电池性能发挥的影响程度及其交互作用是非常有必要的，下面以锂离子电池导电剂的选取为例，进行 DOE 实验设计范例的介绍。

导电剂含量对电性能的影响至关重要，含量太低则电子导电通道少，不利于大电流充放电；太高则降低了活性物质的相对含量，使电池容量降低。

以含硅石墨负极的能量型电池为例，针对负极中的导电剂选型及含量进行 DOE 实验设计，得到如表 4-8 所示的实验设计表，该表中材料总含量为 100%。方案 1 至方案 4 主要针对炭黑类导电剂含量进行调整设计，通过该 DOE 方案的设计，结合后续电极导电性、浸润性以及电池相关性能的测试结果，综合分析可以优选出最佳方案。如导电剂含量过高和过低都对电池性能有较大影响。如炭黑类导电剂含量相对较低，会导致活性物质与导电剂的点接触过少，使电池阻抗增大，从而影响电池的循环性能和倍率性能的发挥。炭黑类导电剂含量较高，易出现高比表面积的炭黑类导电剂分散不均匀的现象，同时炭黑类导电剂吸液性较好，如含量过高还会导致保液量过高，尤其是炭黑类导电剂过高相对比表面积较大，可能造成电池在高温存储过程中过多的产气。方案 5 和对比方案 6 是基于通过控制导电剂总占比为 1.2% 不变，调整导电剂类型，即调整短程和长程导电效果进行的设计。加入的碳纳米管类导电剂如果含量高，在匀浆过程可能会出现浆料黏度较高的现象，易导致浆料分散不好，可能会出现局部碳纳米管团聚的现象，进而降低电池的倍率性能。但如果碳纳米管含量过低，活性物质与导电剂的线接触会较少，也易增加电池的阻抗，进而降低电池的循环性能和倍率性能。

表 4-8 导电剂 DOE 实验设计方案

方案号	配方/质量比（%）					
	石墨	硅氧	炭黑	碳管	PAA 胶	SBR
方案 1	76.48	19.12	0.5	0.4	2	1.5
方案 2	76.08	19.02	1	0.4	2	1.5
方案 3	75.68	18.92	1.5	0.4	2	1.5
方案 4	75.28	18.82	2	0.4	2	1.5

续表

方案号	配方/质量比（%）					
	石墨	硅氧	炭黑	碳管	PAA 胶	SBR
方案 5	76.08	19.02	0.8	0.6	2	1.5
方案 6	76.08	19.02	1.2	0.2	2	1.5

对于各方案进行评估时，应关注匀浆工序、电极工序的制程情况和相应的特性指标，同时还应重点关注电池的电性能测试。匀浆工序应重点关注匀浆工艺是否出现浆料团聚、沉降等异常问题，并考察浆料的固含量、细度和黏度等。电极工序应重点关注涂布和碾压时是否出现划痕、气孔、大颗粒、凸起等异常情况，并考察极片的面密度、压实密度、面电阻、剥离强度和孔隙率等，对于新材料或新体系还可考察极片的最大压实密度和极片吸液性能等。电池电性能测试应重点关注循环性能、DCR（直流内阻）、倍率充电、倍率放电和高温存储等性能测试。最后对各项指标和性能测试结果进行整理，综合评估各方案电池的性能发挥情况，并与预期结果进行对比，最终确定具体配方及匹配工艺。

4.3.3 浆料和电极的评价与改善

浆料和电极的优劣对体系设计的评价、电池性能有着至关重要的影响，因此本节将介绍浆料与电极的评价方法。

1. 浆料的评价方法

锂离子电池生产制造工序较多，每一个工序步骤均对电池最终性能发挥有重要的影响，其中电池浆料质量的影响尤为重要，浆料是电池制作的基础，浆料性质的好坏影响电池成品质量的 70% 以上，因此如何获得稳定均一的电极浆料成为电池制造关注的重点。

锂离子电池浆料包括正极浆料和负极浆料，两种浆料均由活性材料、导电剂、粘接剂、分散剂、溶剂等构成，两种浆料的制备都包括了液体与液体、液体与固体、固体与固体之间的相互混合、溶解、摩擦、分散等一系列的工艺过程。该过程可以分为宏观混合过程和微观分散过程，这两个过程始终伴随着锂离子电池浆料制备整个过程。浆料制备完成后，内部的平衡非常脆弱，也不均匀，存在各种分子团和带电颗粒。有时自身或同外部成分发生持续的物理或化学反应，如吸附、分解、化合等变化，微观上肉眼难以定量观察分辨，需要特定仪器才能定量表征锂离子电池浆料质量。常用的表征方法一般包括以下几种。

1）固含量测试

浆料的固含量是活性物质、导电剂、粘接剂等固体质量占整个浆料质量的百分比，固含量测试方法是一个成本低、便于检测的方法，其原理是通过将浆料静置于某一容器内，每间隔一定时间，在同一位置进行采样记录浆料质量，后烘干再称重，通过计算前后质量差得到浆料固含量大小。通过判断固含量的差异，来判断锂电池浆料的稳定性，看是否发生沉降、分层等现象。

2）细度测试

细度是判断浆料均匀性的一项重要指标，它对浆料的储存稳定性均匀性及电极表观质量有较大影响，浆料细度值较大，易对后段涂布工序带来影响，电极表面易出现划痕及大颗粒的质量问题。但也不是细度值越小越好，需要综合考虑材料的粒径，如果过小，可能破坏了材料本身的颗粒结构。细度测试基本都采用刮板细度计，具体的测试方法如下：①将彻底清洗干净并干燥的刮板放在平坦、水平、不会滑动的平面上；②将足够的样品滴入沟槽最深部位，即刻度值最大部位，并使样品略有溢出；③以双手的大拇指和食指捏住刮刀，将刮刀刀口横置于刮板刻度值最大部位（在试样边缘处）使刮刀长边与刮板宽边平行，并与刮板表面垂直接触。在 1~2 秒钟内，将刮刀由最大刻度部位向刻度最小部位刮过；④刮完样后立即（不得超过 5 秒钟）使视线与沟槽平面成 20°~30°角，对光观察沟槽中颗粒均匀显露处，并记下相应的刻度值。

通常定义第一条划痕起始位置的刻度为浆料中大颗粒的尺寸，第三条划痕起始位置刻度为浆料的平均粒径。

3）黏度测试

黏度测试法也可以基本反映出浆料稳定性，其原理是将浆料静置于某一容器内（如玻璃烧杯），每间隔一定时间，采用黏度计进行黏度测试，通过黏度的变化来判断浆料稳定性。同时也可以从黏度数据看出涂布的可操作性，黏度值过大（如 6000cP 以上），涂布时浆料流平性较差，电极易出现条纹，浆料黏度太小（如小于 1000cP）在涂布烘烤过程中，由于浆料流平性太好，在电极走带拉伸时易流向微观凹陷的地方，导致电极某些部位因浆料多烘干后涂层表面有凸起的现象。

4）激光粒度分析法

激光粒度分析仪根据颗粒能使激光产生散射这一物理现象测试粒度分布的，颗粒越大，产生的散射光的 θ 角就越小；颗粒越小，产生的散射光的 θ 角就越大。可以在不同时间测试浆料的 θ 角。

除上述浆料表征手段外，还有其他的一些表征手段，如流变仪、分散稳定仪等。

2. 浆料稳定性改善的策略与方法

1）助剂的使用

浆料在存放过程中因为粘接剂吸收水分发生结构性变化或者自身降解，都会导致浆料黏度发生变化，稳定性变差，此时可加入相应的分散剂或者表面活性剂，通过电荷相斥和高分子位阻的原理来改善浆料稳定性。

2）控制水分

三元正极材料由于其制备工艺问题，表面残碱较高，通常 pH>11，若存储不当或者匀浆、涂布环境湿度较大，容易使 PVDF 在碱性基团的作用下发生缩合反应，产生凝胶化。因而避免凝胶化最有效的方式一是在匀浆前将物料彻底干燥，并测量物料水分（通常三元来料为真空状态或充氮气状态，则不需要再烘干，可直接使用），同时根据材料的特性严格控制匀浆、涂布的环境湿度。二是在浆料中加入少量的弱酸（如主材含量 0.5%以内的马来酸等），平衡其 pH 值，使浆料保持稳定。

3. 电极的评价方法

电极质量与浆料质量同样重要，直接影响着后续电池性能的发挥，除了目测或 CCD 检测电极表观质量外，还有如表 4-9 所示的相关评价方法表征其性能指标。

表 4-9　电极评价方法

评价维度	测试项目	评价方法
极片表观性能	面密度	称量法
	延展性	测量法
	反弹	测量法
	极限压实	测量法
	厚度测试	测量法
孔隙结构	孔隙率及孔径分布	氮气吸附法 BET、汞压法、液体渗吸法、图像观测法、小角度 X 射线/中子衍射法
	形貌测试	SEM
	离子电导	EIS
极片浸润性	极片接触角	表面张力法
极片粘接性	剥离强度	拉力测试仪法
电极比表面积	比表面积	气体吸附法（BET）、电化学法
电极组分分布	活性材料/导电剂	CT 扫描
	正极粘接剂	EDS
	负极粘接剂	铱酸标记 SBR 配合 EPMA 扫描
极片杂质测试	水分	卡尔费休库仑法

1）面密度

锂离子电极面密度=(极片重量-集流体重量)/极片面积

面密度是一个关键的设计参数，极片面密度越低，集流体的重量和体积占比越高，电芯的能量密度低，但低面密度极片厚度小，锂离子的扩散距离短，且极片越薄，在充放电中锂离子不断的嵌入与脱出对极片结构造成的变化也越小，电池的倍率性能和循环性能较好。面密度较大时，集流体的重量和体积占比低，电芯的能量密度高，增加面密度是设计高能量电芯最快速有效的方法，随着极片面密度的增加，电极厚度增加，厚电极存在加工过程中干燥难、易开裂、离子电子传输相对困难的问题。

在相同叠片层数的情况下，极片的面密度越高，使得电芯容量越高，能量密度越高。电芯的物理尺寸一般是固定的，极片的面密度和厚度相互制约，能量密度存在最佳值。如图 4-51 所示，以某叠片结构的 LFP 软包电芯设计为例，彩色等高线代表满足不同能量密度设计时电极面密度与极片层数的关系，空白区域表示此时的设计已不满足电芯的厚度要求。相同能量密度下，随着电极面密度增加，极片层数随之下降，隔膜、集流体等非电化学活性物质减少，但极片面密度增加到一定程度会影响电池性能和制造可行性。反之，极片面密度降低，极片层数增加，非电化学活性物质的用量增加，也会增加电池成本。因此，在电池设计中，需要综合考虑电芯的使用要求来设计合适的极片面密度和极片数量。

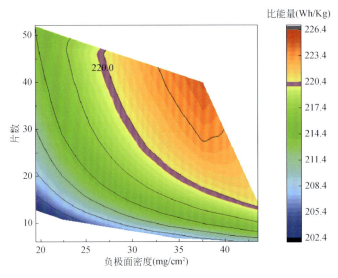

图 4-51　电芯能量密度与极片面密度的关系

2）压实密度

锂离子电极压实密度=涂布面密度/（辊压后极片厚度-集流体厚度）

表4-10为不同负极石墨材料体系不同压实密度对极片电阻与电解液吸收速率的影响。从表中可以看出，当配方及材料体系固定时，随着压实密度的提高，活性物质颗粒与导电剂接触更密实，电子传导路径变短，电池的直流内阻减小，表现出直流内阻随压实密度的提高而减小的趋势。随着极片压实密度增加，导致极片孔隙率降低，极片曲折度增加，阻碍了离子迁移，从而影响电解液的吸收速率。但针对某些压实性不高的材料，随着压实密度升高电阻率下降的情况，主要是因为高压实下颗粒发生了破裂，导致阻抗增加。

表 4-10　不同材料体系压实密度对极片电阻、电解液吸收速率的差异对比

石墨材料类型	压实密度（mg/cm³）	四探针电阻率（Ω·cm）	吸液时间（s）
	1.65	0.168	100
A	1.7	0.127	184
	1.75	0.062	249
	1.65	0.142	213
B	1.7	0.106	243
	1.75	0.060	356
	1.65	0.135	173
C	1.7	0.123	209
	1.75	0.075	361

图4-52是表明了同一材料体系不同压实密度对电池放电容量的影响。从实验数据可以看出，不同压实密度对电池倍率性能有一定的影响，放电倍率从 1C 增至 4C 时，当压实密度为 1.65g/cm³ 时，电池不同倍率下容量最大，这是由于一定

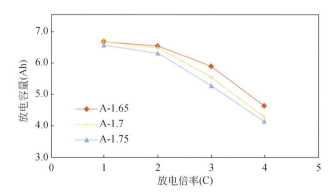

图 4-52　不同压实密度负极对电池放电容量的差异对比

范围内压力较大时，颗粒之间接触紧密，降低了接触电阻，且容量损失小。另一方面，极片厚度较小，缩短了锂离子迁移路径，提高了锂离子在材料中的迁移速率。综上，合适的压实密度可以降低内阻，锂离子迁移路径缩短，提高容量，改善电池快充性能。继续增大压实密度会阻碍离子迁移，反而不利于电池快充。

3）孔隙率

A. 孔隙率的测量定义和测量方法

孔隙率指多孔材料中孔隙的体积占多孔体表观体积（或称为总体积）的比率，一般用百分数来表示。孔隙率的测量方法包括：

a）图像分析法

扫描电子显微镜（scanning electron microscope，SEM）表征是锂离子电池电极表征最常用的技术，主要用于观察电极表面或截面形貌，也用于电极组分的检测，主要包括以下几个方面：活性颗粒表面形貌、粒径大小与粒径分布、活性颗粒取向。Haselrieder 等[38]采用 SEM 分析了不同辊压力下石墨电极表面孔的变化情况。SEM 表征精度虽然不高，但适用于宏观尺度的电极厚向上和电极平面上的孔隙率分布的研究。X 射线计算机断层扫描（X-ray transmission computed tomography，XCT）技术的表征精度高于 SEM，但现有 XCT 无法准确识别碳胶相，比 SEM 具有更高的成本。因此，对锂离子电极孔隙率非均匀分布的表征研究常使用 SEM。

b）压汞法

汞压法本质上利用了毛细管渗透原理，液态汞表面张力非常大（常取值 480dyn/cm），与各类固体材料的接触角都大于 90°，不会润湿材料。通过采用外加压力可以克服表面张力带来的阻力，使液态汞填充到不同大小孔之中，根据压入汞的体积及样品的表观体积就可以计算样品的孔隙率，利用 Washburn 方程可以实现压力和孔径之间的换算。

c）有机溶剂浸润法

有机溶剂浸润法计算极片含孔总体积和被有机溶剂填充后的真体积之比算出孔隙率。常用有机溶剂为十六烷。

B. 电极孔隙率分布规律

不同的 LFP 电极厚向呈现出孔隙率表层大、底层小的梯度分布，NCM 电极的厚向孔隙率梯度分布则与 LFP 的相反，造成这两种正极材料孔隙率分布相反的原因有材料颗粒大小的不同、辊压时 NCM 颗粒的破碎等。由于石墨颗粒刚度小，受到辊压力的作用会发生变形，因此当受到垂直于电极片的辊压力时，因变形电极表层石墨颗粒会沿着电极片平面相互靠拢，使得电极表层孔隙率变小，电极平面各区域之间孔隙率差别减小，从而形成靠近电极表层孔隙率小、靠近集流体孔隙率大的梯度分布。

C. 电极孔隙率影响因素

a）活性物质的颗粒形貌和粒度分布

颗粒的形貌不同，堆积的孔结构也不相同，研究人员研究了颗粒分布和形貌对于颗粒堆积孔隙率的影响[39,40]，结果表明均匀的颗粒分布和圆形的球体颗粒制备的电极可以呈现最佳的孔隙率。Ohzeki 等[41]研究了不同形貌和不同粒径的石墨电池高倍率放电特性，结果表明大颗粒和球形石墨容易形成较为优良的孔结构，而这些孔结构是其倍率性能优良的直接原因。

粒度分布越宽，这些小颗粒会填充在其余颗粒堆积的孔隙中间（填充效应），从而减少孔径和降低孔数目，而大颗粒会占据较大的位置，从而减少颗粒堆积的孔隙（占位效应），因此较宽粒度分布的电极具有较低的孔隙结构。

b）制作工艺和使用环境的影响

电池制作工艺和使用环境复杂多变，这会使得电极的孔结构发生动态变化。辊压工艺如辊压道次、辊压温度、化成工艺 SEI 膜的形成。其中，辊压道次不同改变了极片涂层粒子间的距离和间隙，使得极片涂层表面具有不同的密实程度。辊压温度的不同改变了涂层的变形抗力，使得极片涂层表面具有不同的致密程度。

此外，粘接剂的塑性、溶胀性以及配方配比的不同等也会影响极片的孔隙分布。

D. 极片电阻

极片电阻是锂离子电池内阻中的重要组成部分，通常由涂层电阻、界面电阻和集流体电阻三部分组成，一般情况下界面电阻是涂层电阻和集流体电阻的数倍，界面电阻通过两探针法测试，涂层电阻通过四探针法测试。

E. 剥离强度

剥离强度体现的是涂层与集流体粘接的牢固程度，可用来评价粘接剂的差异、匀浆工艺以及涂布质量的好坏，剥离强度的大小对锂离子电池的循环性能以及内阻也有较大的影响。剥离强度的测试通常采用 180°剥离法：将极片自由端对折 180°，把极片自由端和试验板分别夹在上、下夹持器上，在同一环境中用拉力试验机以固定的拉伸速度进行连续剥离，直至极片和涂层完全分离，可以直接读取剥离强度的测试结果（图 4-53），以稳定阶段 BC 段的平均值作为剥离强度值。

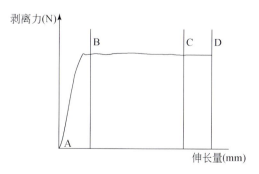

图 4-53　剥离强度测试曲线

4.4 电极电化学设计

正负极设计是需要相互匹配的，不是独立的部件，要想达到电池所要求的性能，尤其是长寿命及安全可靠性，需要对正负极的匹配性进行优化设计，如正负极 N/P 比设计，另外，为了提高电极性能，还需要一些新的技术及工艺辅助来提升电极性能。以下针对电极电化学设计进行重点介绍。

4.4.1 正负极容量匹配设计

1. N/P 比定义及计算公式

在电池容量设计中，一个重要的标准就是负极必须比正极具有更大的可逆容量。若正极过量，充电过程中由正极脱出的多余锂离子在负极表面析出形成锂枝晶，容易引发电池内部短路，从而影响电池安全性能。

N/P 比（negative/positive）=（负极活性物质比容量×负极面密度×负极活性物质含量比）/（正极活性物质比容量×正极面密度×正极活性物质含量比）

2. N/P 比设计的影响因素

1）设计因素

不同的正负极活性材料首次（库仑）效率存在较大差异。在首次充电过程中，材料表面形成钝化膜，材料的缺陷位置和杂质被反应掉，造成首次充电容量大于首次放电容量大于老化后的放电容量。虽然经过老化以及每周的充放电循环，放电容量仍有衰减，但大量反应已经在前期完成，两个阶段的比容量存在差异。

2）工艺因素

不同的装配工艺，如叠片电池和方形卷绕电池 N/P 比设计存在一定差异，主要是由于卷绕电池正负极极片在卷绕弯曲处的接触面密度存在一定的差异，需要在设计中考虑进去。另外不同的化成工艺同样会影响材料比容量的发挥，在进行 N/P/比设计时同样需要考虑。

3）性能因素

应用于不同领域的电池在能量密度需求、充放电倍率、充放电循环寿命和使用环境温度上存在较大的差异。一般来说，需要进行大倍率充电的电池，为了防止倍率充电过程中电流密度分布不均导致局部析锂，需要考虑提高负极活性物质的负载量，即提高 N/P/比。同样对于需要进行低温充电的电池，考虑到负极石墨类材料在低温下扩散系数明显下降，需要适当提升 N/P/比。对于能量密度要求很高的电池，需要在不产生析锂的前提下尽可能地降低 N/P/比，减少非活性物质的比例和不可逆锂的消耗，从而提升正极材料的可逆容量发挥。对于长循环寿命要求的电池，需要根据影响循环的关键因素来适当调整 N/P 比。当正极材料是循环限制因素时，N/P/比适当降低，使正极处于浅充放状态，反之如果负极衰减较快，N/P/比适当提高，使负极处于浅充放状态。

4）活性材料特性影响

对于以石墨为主要活性材料的电极 N/P/比设计准则必须大于 1，是考虑到当负极嵌锂承载量不足时负极电位会迅速降低至析锂电位，同时由于满电嵌锂负极电位（0.085V $vs.$ Li$^+$/Li）与析锂电位接近，难以在充电曲线上区分出析锂的发生，对电池性能和安全造成一定的隐患。但是对于以钛酸锂为负极的电池，N/P/比设计小于 1 成为可能。由于钛酸锂负极嵌锂具有较高的电压平台（1.55V $vs.$ Li$^+$/Li），一旦负极嵌锂量饱和，电池电压会快速上升，为控制过充提供明显的拐点信号。同时由于钛酸锂材料具有稳定的晶格结构和低温及功率性能，限制电池循环、低温及功率性能的短板一般体现在正极材料一侧。因此适当地降低 N/P/比，使得正极材料浅充浅放，有利于提升钛酸锂电池的整体性能表现。

4.4.2 正负极动力学匹配设计

锂离子电池多孔电极动力学

锂离子电池的多孔电极过程包括阳极过程、阴极过程以及电解质中的传质过程。阳极或阴极过程都涉及多孔电极与电解质界面间的电量传递，由于电解质不导通电子，因此电流通过"电极/电解质"界面时，某些组分就会发生氧化或还原反应，从而将电子导电转化为离子导电。而在电解质中，是通过离子迁移的传质过程来实现电量传递的。

通常将电极表面上发生的过程与电极表面附近薄层电解质中进行的过程合并统称为"电极过程"。电极过程通常可以分为下列几个串联步骤：①电解质相中的传质步骤：反应物向电极表面的扩散传质过程。②前表面转化步骤：反应物在电极表面上或表面附近薄层电解质中进行的转化过程，如反应物在表面上的吸附或发生化学变化。③电化学步骤：反应物在电极表面上得到或失去电子生成反应产物的电化学过程，是核心电极反应。④后表面转化步骤：生成物在电极表面上或表面附近薄层电解质中进行的转化过程，通常为生成物从表面上的脱附过程，生成物有时也会进一步发生复合、分解、歧化或其他化学变化。⑤生成物传质步骤：生成物有可能从电极表面向溶液中扩散传递，也有可能会继续扩散至电极内部，或者转化成新相，如固相沉积层或生成气泡。

上述①、③和⑤步是所有电极过程都具有的步骤，某些复杂电极过程还包括②和④步或者其中之一。

电流通过电极时，电极偏离平衡电极电势的现象，通俗来说就是电子流动的速度大于电极反应的速度。根据极化产生的原因可以将极化分为欧姆极化、浓差极化和电化学极化。①欧姆极化：由电池连接各部分的电阻造成，其压降值遵守欧姆定律，电流减小，极化立即减小，电流停止后立即消失。②电化学极化：由电极表面电化学反应的迟缓性造成极化。随着电流变小，在微秒级内显著降低。③浓差极化：溶液中离子扩散过程的弛缓性，造成在一定电流下电极表面与溶液本体浓度差，产生极化。这种极化随着电流下降，在宏观的秒级（几秒到几十秒）内降低或消失。

影响电池极化的因素包含电池内部因素和外部因素两部分。内部因素的影响包括：①电解液的影响：电解液电导率低是锂离子电池极化发生的主要原因，改善电解液大倍率放电能力的途径之一是提高电解液的离子导电能力。②正负极材料的影响：正负极材料颗粒尺寸偏大将导致锂离子在材料内部的扩散通道延长，增加了极化作用，可通过调整颗粒尺寸来解决。③导电剂的影响：导电剂含量减少时，多孔电极的电子传输阻力增加，导致欧姆极化的增加。当导电剂在电极中的分散出现团聚或者上浮等分散不均现象时也会增加电极的欧姆电阻。④电极设计影响：随着极片涂敷面密度的增加，锂离子在液相扩散的路径增大，将产生较大的浓差极化。当极片的压实密度较大时，材料与电解液的接触面积减小，电极的曲折度增加，将会产生较大的浓差极化和电化学极化。

4.4.3 相关电极提升技术

1.复合电极

随着新能源汽车的快速发展，动力电池的能量密度取得突破性进展。在不改变电池基本化学性质的前提下，结构设计为进一步提高锂离子电池的能量密度提供了切实可行的方法。新型电池结构设计是在保持电池性能不变的同时，尽量减少非活性成分的比例。厚电极设计可大幅增加集流体上活性材料负载，增加电池单位体积内活性物质含量，从而提高电池能量密度，同时降低成本。

目前通过厚电极设计来提升电池的能量密度受到了广泛关注，但厚电极的电荷传输动力学较差，增加电极厚度会导致电荷（电子和离子）的传输距离成比例地增加，其需要更多的时间使锂离子到达电极内的所有存储位点，最终会导致其倍率性能和循环性能不佳。多孔电极中的电荷传输主要有四个步骤：①电解液中的锂离子传输；②界面处的电荷传输；③电极体相中的锂离子扩散；④集流体与电极界面处的电荷传输。因此，厚电极中的阻抗可以分为对应的四个部分：多孔电极中的锂离子液相传输阻抗、界面电荷传输阻抗、固相扩散阻抗和集流体与电极界面处的欧姆电阻。在薄电极电池中，电荷传输阻抗是锂离子电池动力学反应的速控步骤，而随着电极厚度的增加，多孔电极中的锂离子传输阻抗逐渐成为锂离子电池内动力学行为的速控步骤（图 4-54）[42]。

在锂离子电池充放电过程中，无论是正极还是负极都伴随着锂离子的传输和电子的传导，且两者的传递规律是：在电极中靠近集流体的电子流浓度最大，远离集流体的电子流浓度最小，然而离子流则反之。两者的传递如果受到阻碍就会引起电极内部的欧姆极化和浓差极化，从而使得电池在容量和倍率性能上变差。极片厚度方向距离越大，形成的电势差越大，将导致电子转移速度受限。同时，离子传输路径变长，电解液对集流体侧极片的浸润效果较差，导致在充放电过程中，锂离子无法顺利、快速的到达极片底部，形成较大的浓差极化，限制电池动力学性能。此外，锂离子电池充放电过程中嵌脱锂时正负极的体积变化还会导致活性涂层与集流体间发生剥离，显著降低电极结构的稳定性。

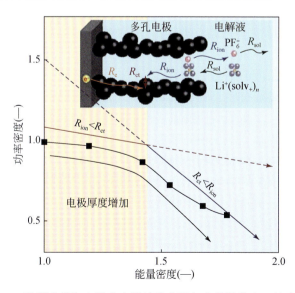

图 4-54　随厚度增加电极中离子转移电阻与电荷转移电阻的变化[42]

为了突破单层结构设计的高负载电极的性能限制，动力电池行业的技术工作者开发出了复合电极。所谓复合电极,是指电极从表层到内层的垂直分布上存在两种或两种以上的体系或结构设计,如图 4-55 所示为磷酸铁锂正极复合极片 SEM图。复合电极通过在电极厚度方向上进行分层设计,优化活性材料形貌尺寸、调整导电剂复配比例和粘接剂比例,微观结构的优化设计,实现具有低迂曲度的高面密度和高压实复合电极。如图 4-55 所示,在极片的表层采用压实较低的二次球颗粒形成孔隙较多的扩散通道层,在极片内层采用高压实结构,内层孔隙较小,整个极片由内而外形成喇叭状的扩散通道,通过复合电极设计一个梯度孔隙分布极片,达到降低液相离子传输阻抗的目的。

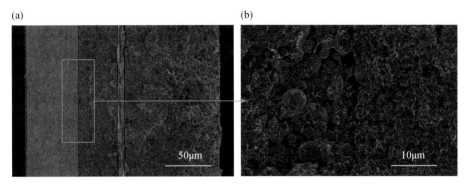

图 4-55 LFP 复合电极 SEM 图片
(a) 复合电极截面图;(b) 复合电极截面局部放大

另外一种方式是构建三维导电框架,活性物质颗粒锚定在导电框架上,提高极片电子电导的同时缩短了锂离子的迁移路径。美国得克萨斯州大学学者就非均质扩散对电荷空间浓度的影响进行了模拟[43],当更多的活性物质集中在集流体侧时,更多的离子需要通过较长的扩散路径到达活性物质表面,这导致了较大的锂离子浓度梯度。而当更多的活性物质集中在隔膜侧时,更多的离子通过较短的迁移路径到达反应活性位点,这种局部增强的传质过程降低了垂直方向的锂离子浓度差,活性物质的梯度分布影响了电荷的有效扩散系数,从而影响电荷传输动力学和电池的倍率性能(图 4-56)。有从业者选用快离子导体类材料,在活性物质层表面涂布快离子层,解决低温时电解质由液相通过正极极片与电解液的固液界面向正极极片内部颗粒扩散慢的问题,且能降低锂离子电池在低温下放电的极化内阻,即改善正极极片在应用过程的极化问题。由于粒度较小的活性物质颗粒可以有效地缩短 Li^+ 在充放电过程中的固相扩散路径,在活性物质层表面引入小颗粒涂覆层可以有效地降低 Li^+ 在实际充放电过程中的传输路径,Li^+ 从电解液中优先到达极片的表面,提升充电能力,进而降低电芯在充放电过程中的极化,尤其是在大倍率的情况下,可以有效地抑制体系由于极化产热,从而降低大倍率充放电时的温升。

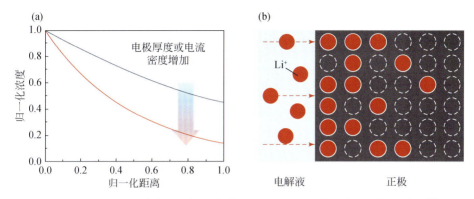

图 4-56 （a）离子浓度随电极厚度变化关系；（b）锂离子嵌入正极示意图[43]

还有一部分研究者构建具有垂直孔径的极片，这种极片能够极大地缩短锂离子扩散路径，提高电芯的性能，但是很难应用到实践中来。其原因是多方面的：其一，具有垂直孔径的极片基本不能够经过碾压，一旦进行碾压，会使得原先的垂直孔径坍塌或者闭合。目前实际生产中涂布后的极片均需要进行碾压，首先碾压后的极片中活性物质颗粒间的接触更加紧密，能够提高极片电子电导率；其次，碾压后的极片，体积缩小能够提高电芯的体积能量密度；再次，极片具有均一通孔，仍然会随着电极厚度的增加，存在着浓差极化，靠近电解液的一侧孔大些，更有利于离子快速通过，靠近极片处的微孔可以保持极片整体的孔隙率，而不影响动力学。Wu 等[44]设计了一种由纤维素纳米纤维、多壁碳纳米管和磷酸铁锂（LFP）组成的自支撑电极，但是电极迂曲度降低不明显，于是又通过激光钻孔技术将均匀的微通道结构引入电极中。纤维素纳米纤维和多壁碳纳米管构成了一个导电网络。微通道结构实现了出色的离子和电子传输，并显著提高了电极的倍率能力。同时，激光的局部热量在微通道内表面产生无定形碳层，这有助于形成稳定的正极-电解质界面并增强厚电极的容量保持率，该方案目前处于实验室阶段，离商业应用还有很长一段距离。激光钻孔会产生大量粉尘，在电池中形成异物，加大了电池的自放电概率，甚至引发热失控等严重后果，且激光钻孔也会造成孔周边的粘接剂等碳化，降低黏附性，产生掉料等问题。

2. 极片表涂

锂离子电池充放电过程中，如果电芯内部有异物引入，或者长时间循环后出现析锂等情况，容易导致隔膜被刺穿出现短路等情况。其次，经过多次充放电循环后，正负极都会有不同程度膨胀，膨胀过大对于电池容量发挥、循环、高低温性能、安全性能等都有严重影响。

业内通过在正负极极片活性物表面涂覆绝缘涂层，如陶瓷涂层等，依靠绝缘涂层自身的强度，在抑制正负极的膨胀反弹方面具有一定效果。陶瓷涂层的存在能够降低极片纵向热传导，提高耐热性、力学性能、机械性、安全性等。

氧化铝（Al_2O_3）作为一种无机物，在自然界中含量丰富，具有优良的热稳定性、化学惰性及电解液相容性，是锂离子电池陶瓷涂层的理想选择。适用于隔膜涂覆的氧化铝主要具有以下性能：①颗粒大小适中，粒径均匀。隔膜涂覆用 Al_2O_3 粒径 D_{50} 一般在 0.5μm 左右，颗粒均匀，分散性能、悬浮性能好。颗粒大小适中、粒径均匀的氧化铝颗粒能很好地粘接到极片上，既耐高温绝缘，又不影响 Li^+ 在正负极间传输，从而提高锂电池的安全性能和使用寿命。②Al_2O_3纯度高。隔膜涂覆用氧化铝不能引入杂质，要求纯度不低于 99.99%，否则会影响电池内部环境。③Al_2O_3 晶相结构稳定，采用 Al_2O_3 生产陶瓷涂覆隔膜，可以保证陶瓷涂覆隔膜具有良好的化学稳定性、热稳定性、对电解液的相容性及浸润性。④安全环保。全无机成分，纯度高，无毒无害，绿色环保，符合国家标准以及国际环保要求。

除了陶瓷隔膜可以提高锂离子电池的循环及安全性能外，也可以在正极或者负极表面涂覆一层 Al_2O_3 陶瓷涂层（图 4-57），将纳米级氧化铝和丙烯酸类粘接剂均匀分散在去离子水中，再加入少量小分子醇类作为分散剂，少量羧甲基纤维素胺或疏水改性碱溶涨型增稠剂作为稳定剂，经过砂磨后制成稳定均匀的陶瓷浆料，陶瓷浆料涂布在极片表面干燥后形成陶瓷涂层，该涂层可以起到增加电极片表面电阻和提高电极片热稳定性的作用，从而在电池局部过热或短路时起到安全保护和阻燃的作用。将 Al_2O_3 涂布到负极表面，形成厚约 2～5μm 的涂层，可以达到提高电池安全性的目的。对涂层要求分布均匀、致密，且单面涂层厚度能控制 2～4μm 以内。在正极表面引入陶瓷表涂层，可以避免因高电压正极材料与聚烯烃隔

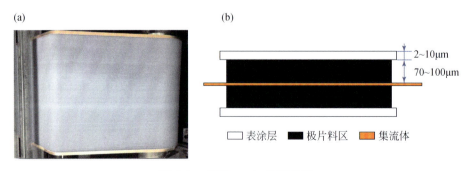

图 4-57 表涂 Al_2O_3 涂层负极

（a）表涂后极片；（b）示意图

膜直接接触导致的隔膜氧化问题，从而提高电池的寿命。在负极表面引入陶瓷表涂层，可以改善负极的吸液、保液和浸润能力，进而提升循环寿命。

在电池行业中，一般采用微型凹版涂布方法将陶瓷浆料直接涂覆在负极（石墨）表面，高温固化后在负极表面形成一层厚度均匀的陶瓷涂层。微型凹版涂布是相对于传统凹版涂布方式而言的，其凹版辊直径较小，它是一种反向、接触式涂布方式，其结构与逆向吻式相同，通过改变辊速与基材速度的差比可得到不同的涂布量。

由于极片表面存在微米级的厚度波动，通常表涂厚度 3～4μm 时不能保证完全覆盖石墨，有少量石墨裸露（图 4-58），虽然照片上看裸露的面积不大，涂层不能完全覆盖内层的材料就会绝缘性不够，降低提升安全性的效果，同时表涂层也不宜过厚，太厚了不但降低电池的能量密度和增加电池材料成本，还会影响电池的功率性能。影响表涂覆盖率的因素如下：①浆料黏度（流平性影响）；②极片表面的微观平整度（极片微观形貌、压实影响）；③极片表面的宏观平整度（碾压后厚度影响）；④极片的面密度波动（直接影响，表涂厚度靠面密度控制）；⑤凹版辊的凹槽（影响涂覆量，损耗快）；⑥凹版辊与极片的距离。

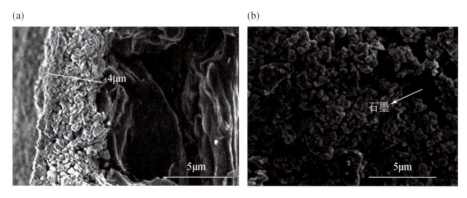

图 4-58　负极表涂 SEM 图片
（a）表涂负极片截面；（b）表涂负极片表面

张沿江等[45]研究了负极陶瓷涂层对三元材料锂离子电池基本性能的影响。如图 4-59（a）和图 4-59（b）所示，对经过分容后，具有陶瓷和非陶瓷涂层的电池进行 1C 充放电测试，结果表明，负极涂覆陶瓷对三元电池的充放电容量方面并无影响。但是由于 Al_2O_3 是不导电的，陶瓷涂覆于负极材料表面会阻碍电子到达负极的路径，使得电池的内阻有所增加［图 4-59（c）］，这可以通过减小陶瓷涂层的厚度来减小电池内阻。图 4-59（d）对比了两种电池在 25℃下 1C 循环中的容量保持率，具有陶瓷涂层的三元电池在经过 173 圈循环后，容量保持率仍能达到

97.76%，而无陶瓷涂层的电池容量保持率仅有 94.53%，从容量衰减的趋势来看，在接下来的循环过程中，陶瓷涂层和非陶瓷涂层的电池容量保持率差别会越来越大。

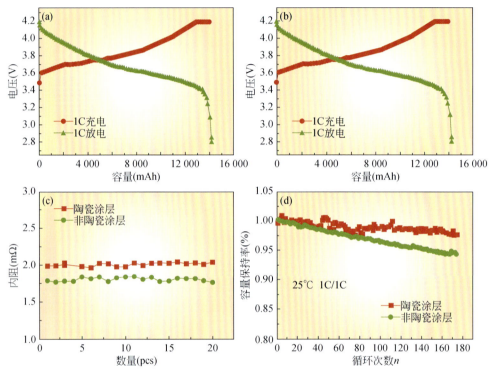

图 4-59　陶瓷涂覆对电池性能与影响分析[45]

（a）无陶瓷涂层和（b）有陶瓷涂层的电池在 1C 下的充放电曲线；（c）无陶瓷涂层和有陶瓷涂层的电池内阻比较；
（d）无陶瓷涂层和有陶瓷涂层的电池在 25℃下进行 1C 充放电循环的容量保持率

侯敏等[46]对比了负极有无 Al₂O₃ 涂层的锂离子电池在循环前后负极片的结构稳定性、电化学特性。通过使用循环前后负极片分别与金属锂片组成扣式电池，对界面特性进行研究。从阻抗图 4-60（a）、（b）中可以看出，经过长循环后，有涂层的负极片界面阻抗增加幅度小于无涂层负极片，这是因为在循环过程中负极材料表面氧化铝涂层与负极表面结合力牢固，界面阻抗小且界面稳定，而空白负极出现了阻抗变大现象。图 4-60（c）和图 4-60（d）是针对循环前后负极片制作的扣式电池进行的循环伏安分析，可以看出，有涂层的负极片氧化还原峰偏移较小，循环后的空白负极极化程度和氧化还原峰对应的面积降低幅度明显大于循环后的涂层负极，这也解释了为何无涂层负极容量衰减更为严重。

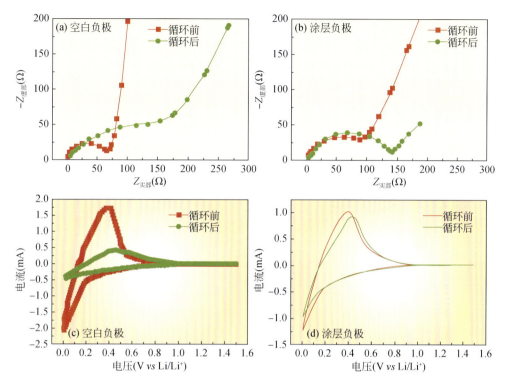

图 4-60　陶瓷涂层对电池循环性能影响分析[46]

（a，b）有涂层负极和无涂层负极电池循环前后的阻抗变化；（c，d）有涂层负极
和无涂层负极电池循环前后的 CV 曲线变化

受到低温下的动力学限制，在充电过程中，石墨电极的电势可能局部低于 0V $vs.$ Li/Li⁺，在负极表面会发生析锂现象。当负极表面涂覆有 Al_2O_3 涂层时，大量绝缘的"死"锂保留在负极表面上。Friesen 等[47]采用湿涂层工艺直接在负极表面上涂覆 Al_2O_3 涂层，组装了商业 18650 型锂离子电池并研究了其在低温下的老化以及机械和热滥用后的安全行为。图 4-61（a）显示了 0℃条件下充电过程中沉积在 Al_2O_3 涂层下方和石墨上方的锂金属对应的容量，锂沉积和溶解过程在每个循环中重复，但沉积和溶解的锂量随着几何限制的增加而进一步减少，电池的充放电效率也逐步增加。图 4-61（b）表明在电池寿命终止（EOL）时，负极表面会生长一层掺杂有锂金属沉积物的 Al_2O_3 涂层。为了确定 Al_2O_3 涂层和锂金属沉积对电池安全性能的影响，在开放和封闭系统中对新鲜和循环后的电池进行了针刺测试，图 4-61（c）在开放系统中进行的针刺测试显示没有热失控，新鲜电池和老化电池刺穿后温度<100℃，图 4-61（d）在封闭系统中进行的针刺测试，这种方法结合了机械和热滥用。针刺开始时，两个电池都快速升温，随后温度缓慢上升至热失控爆发，老化后的电池与新鲜电池相比更快发生热失控，因此，沉积层（锂金属）

在准绝热条件下加速了热失控发生。图 4-61（e）显示老化电池与新鲜电池的产热速率相近，仅显示微小的变化，没有出现电解质与高比表面金属锂的高反应放热，因此，热滥用结果证实 Al_2O_3 抑制了高比表面积锂的生成，提高了电池的安全性。以上结果表明，陶瓷涂层可防止电池内部发生短路从而防止电芯热失控的发生。

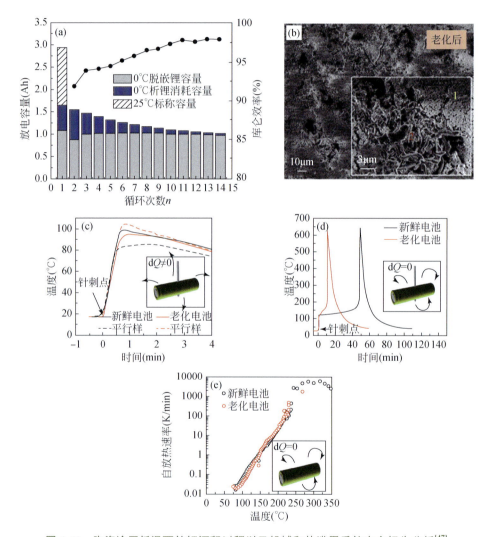

图 4-61　陶瓷涂层低温下的锂沉积过程以及机械和热滥用后的安全行为分析[47]

（a）0℃循环，每个循环充电容量和沉积的金属锂及库仑效率；（b）0℃循环后，负极表面 SEM 图像，其中 1 为 Al_2O_3，2 为金属锂枝晶；（c）开放系统中针刺实验结果；（d）ARC 针刺实验结果；（e）ARC 无针刺实验结果

3. 集流体底涂

集流体作为锂离子电池内部导通电子和承载活性物质的载体，对电芯的最终性能有着重要作用。常规的集流体是二维铜箔或铝箔，由于粉料和箔材的黏附力不足或粉料与接触的集流体界面发生腐蚀，在电芯循环过程中，电极粉料与集流体会慢慢发生分层，集流体和电极粉料之间的接触电阻增加，导致电芯的循环寿命或其功率性能降低。对集流体的形状或化学性质进行修改，例如通过使用 3D 金属结构框架、多孔箔材等，可以缓解这些问题。但是这种手段存在一些缺点，例如这些集流体的成本较高，并且必须开发特定工艺才能够将电极浆料涂覆到这些集流体上。其次，通过电晕处理或通过化学或电化学蚀刻修改金属箔的表面成分和/或粗糙度更容易改善集流体性能，从而改善电极性能。另一种解决方案是用纳米或宏观结构碳薄层包覆在活性材料表面，如 C-LiFePO$_4$（C-LFP）、碳包覆 LiNi$_{1/3}$Co$_{1/3}$Mn$_{1/3}$O$_2$（NCM）等。这种方式也使得电芯的整体性能都得到了改善，这归因于由于电极粉料与集电极界面处具有更多电接触点，使得材料与集流体的接触电阻降低，使得电芯的整体电极性能都得到了改善。但是这种方法的一个主要缺点是，所需的化学或电化学蚀刻、导电涂层或高温下的气相反应工艺可能是非常昂贵的处理，且它们在目前工业水平上的应用还比较少。目前常用的工业解决方案是用导电浆料涂覆金属箔上。在箔材表面涂布一些导电涂层，可有效改善集流体与活性颗粒的界面接触电阻，且提高活性物质与集流体的粘接强度，改善电极循环过程中的活性颗粒剥落问题。因为 LFP 导电性不好，涂炭铝箔一般在 LFP 动力电池中比较常见，涂碳铝箔就是将纳米导电材料和粘接剂分散好，调节溶液的 pH 至弱碱性形成导电浆料，再将导电浆料均匀、细腻地涂覆在预先清洁过的铝箔上并干燥。底涂加入到极片中后，活性材料和金属集流体之间增加有效的中间层，其作用除了改善界面接触电阻，还具有以下几点潜在的协同效益：①化学和电化学稳定的导电层可以作为一种有效的扩散屏障，阻止由于电解质分解和/或锂离子嵌入反应过程中副反应产生的氧的扩散，有效地防止金属集流体表面上形成氧化层，从而防止降解；②合理配方的导电层具有较好的导电性，可以形成大面积的接触，集流体和活性涂层界面电阻低，从而有利于快速的电荷转移过程，可以达到减少导电剂用量的目的；③导电层的柔韧性和机械缓冲性可以增强物理界面的附着力，提高极片剥离性能，降低粘接剂的使用量，从而最大限度地减少长期循环反应过程中界面处产生的应力引起的接触面积逐渐丧失而产生的相关问题。

彭海琳等[48]对比了普通铝箔（PA）和石墨烯保护的铝箔（GA）分别作为 LiMn$_2$O$_4$（LMO）正极集流体的电化学性能。图 4-62（a）低倍率充放电的循环性能可分为三个阶段，早期Ⅰ阶段；中期Ⅱ阶段和长期Ⅲ阶段。在第Ⅰ阶段，LMO/PA 和 LMO/GA 的性能接近，包括循环衰减趋势。Ⅱ阶段 LMO/PA 性能轻度优于 LMO/GA。然而，从长期来看，LMO/GA 的循环性能优势是相当突出的，阶段Ⅲ 显示出较慢的容量衰减。此外，自放电性能也很重要，图 4-62（b）比较了 LMO/PA 和 LMO/GA 电池的自放电性能，LMO/GA 电池的长期自放电明显缓慢。图 4-62（c）倍率测试表明，LMO/GA 具有更优越的倍率/功率性能。图 4-62（d）从充放电曲线可看出，在高电流密度下，LMO/GA 的极化比 LMO/PA 的极化小得多。图 4-62（e）电化学阻抗谱（EIS）进一步证实了 LMO/GA 的阻抗明显低于 LMO/PA。

　　涂炭箔的涂层一般通常由导电炭黑、石墨烯、碳纳米管、碳纤维等导电材料的两种或三种复配而成，建立有三维立体的导电网络，加大箔材和材料的接触面积和提升电解液浸润性起到降低内阻的效果，为了某些特殊要求也可选用其中一种做涂层。涂炭箔制作过程就是在铝或铜集流体上涂覆粘接剂和导电涂层，厚度在 1μm 左右，底涂效果一般会受到涂炭层的配方、涂层厚度、涂布均匀度等影响。

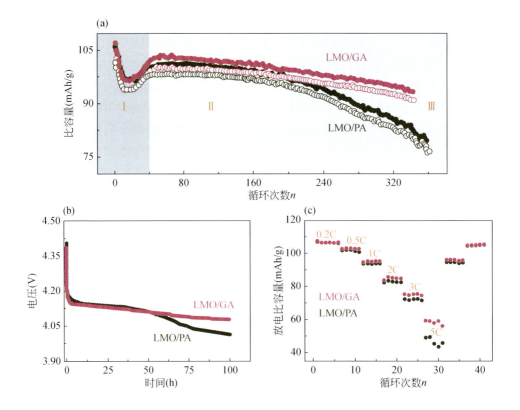

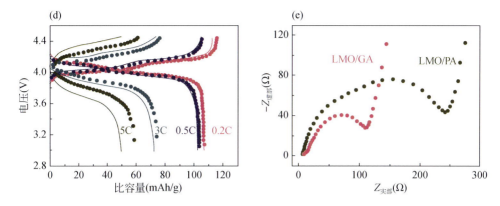

图 4-62　石墨烯底涂集流体倍率性能分析[148]

（a）LMO/PA 和 LMO/GA 电池的长期低倍率（0.5℃，1C=148mA/g）循环性能。实心和圆形分别代表 Ccha 和 Cdis；
（b）LMO/PA 和 LMO/GA 电池的自放电特性；（c、d）LMO/PA 和 LMO/GA 电池的倍率/功率性能及其充放电曲线。
实线和圆分别代表 LMO/PA 和 LMO/GA 电池；（e）LMO/PA 和 LMO/GA 电池的 EIS 分析

参 考 文 献

[1] 查全性. 电极过程动力学导论[M]. 北京: 科学出版社, 2002.

[2] 宋文顺. 化学电源工艺学[M]. 北京: 中国轻工业出版社, 1998.

[3] 朱松然, 张勃然. 铅蓄电池技术[M]. 北京: 机械工业出版社, 2002.

[4] 查全性. 化学电源选论[M]. 武汉: 武汉大学出版社, 2005.

[5] Doyle M, Fuller T F, Newman J. Modeling of galvanostatic charge and discharge of the lithium/polymer/insertionCell[J]. Journal of The Electrochemical Society, 1993, 140: 1526-1533.

[6] 杨绍斌, 梁正. 锂离子电池制造工艺原理与应用[M]. 北京: 化学工业出版社, 2019.

[7] Fuller T F, Doyle M, Newman J. Simulation and optimization of the dual lithium ion insertion cell [J]. Journal of The Electrochemical Society, 1994, 141: 1-10.

[8] Whittingham M S. The role of ternary phases in cathode reactions[J]. Journal of Electrochemical Society, 1976, 123(3): 315-320.

[9] Thackeray M M, David W I, Bruce F P, et al. Lithium insertion into manganese spinels [J]. Materials Research Bulletin, 1983, 18: 461-472.

[10] Padhi A K, Nanjundaswamy K S, Goodenough J B. Phospho-livinesas positive electrode materials for re-chargeable lithium batteries [J]. J Electrochem Soc, 1997, 144(4): 1188-1194.

[11] Mizushima K, Jones P C, Wiseman P J et al. $Li_xCoO_2(0<x<-1)$: A new cathode material for batteries of high energy density[J]. Materials Research Bulletin, 1980, 15(6): 783-789.

[12] Nobili F, Dsoke S, Croce F, et al. An ac impedance spectroscopic study of Mg-doped $LiCoO_2$ at different temperatures: Electronic and ionic transport properties [J].Electrochemica Acta, 2005, 50: 2307-2313.

[13] Liu Q, Su X, Lei D, et al. Approaching the capacity limit of lithium cobalt oxide in lithium ion batteries *via* lanthanum and aluminium doping[J]. Nature energy, 2018, 3: 936-943.

[14] Manthiram A, Song B H, Li W D. A perspective on nickel-rich layered oxide cathodes for lithium-ion batteries[J]. Energy Storage Materials, 2017, 6: 125-139.

[15] Noh H J, Youn S J. Comparison of the structural and electrochemical properties of layered Li

$[Ni_xCo_yMn_z]O_2(x=1/3, 0.5, 0.6, 0.7, 0.8$ and $0.85)$cathode material for lithium-ion batteries[J]. Journal of Power Sources, 2013, 233: 121-130.

[16] Thackeray M M. Manganese oxides for lithium batteries [J]. Progress Solid State Chemistry, 1997, 25: 1-71.

[17] Ravnsbaek D B, Xiang K, Xing W, et al. Extended solid solutions and coherent transformations in nanoscale olivine cathodes [J]. Nano Lett, 2014, 14: 1484-1491.

[18] Thackeray M M, Kang S H, Johnson C S, et al. Li_2MnO_3-stabilized $LiMO_2(M = Mn, Ni, Co)$electrodes for lithium-ion batteries[J]. Journal of Materials Chemistry, 17(30): 3112-3125.

[19] Xue Q J, Qing X, Yu X X, et al. A review on progress of lithium-rich manganese-based cathodes for lithium ion batteries[J]. Journal of Power Sources, 2021, 487: 229362.1-20.

[20] Inagaki M, Kang F Y. Carbon Materials Science and Engineering-Form Fundamentals to Applications[M]. Beijing: Tsinghua University Press, 2006.

[21] Toshiyuki M, Shigeharu T, Keiji S, et al. Comprehensive elucidation of crystal structures of lithium-intercalated graphite [J]. Carbon, 2019, 142: 513-517.

[22] Wu H, Cui Y. Designing nanostructured Si anodes for high energy lithium ion batteries[J]. Nano Today, 2012, 7(5): 414-429.

[23] Chen X, Li H X, Yan Z H, et al. Structure design and mechanism analysis of silicaon anode for lithium-ion batteries [J]. Science China Materials, 2019, 62(11): 1515-1536.

[24] Robertson A, Trevino L, Tukamoto H, et al. New inorganic spinel oxides for use as negative electrode materials in future lithium-ion batteries[J]. Journal of Power Sources, 1999, 81: 352-357.

[25] Lux S F, Chevalier J, Lucas I T et al. HF formation in $LiPF_6$-based organic carbonate electrolytes[J]. ECS Electrochem Lett, 2013, 2(12): A121-A123.

[26] Kim K, Ma H, Park S, et al. Electrolyte-additive-driven interfacial engineering for high-capacity electrodes in lithium-ion batteries: Promise and challenges[J]. ACS Energy Letters, 2020, 5: 1537-1553.

[27] Song Y M, Kim C K, Kim K E, et al. Exploiting chemically and electrochemically reactive phosphite derivatives for high-voltage spinel $LiNi_{0.5}Mn_{1.5}O_4$ cathodes[J]. Journal of Power Sources, 2016, 302: 22-30.

[28] Haruta M, Kijima Y, Hioki R, et al. Artificial lithium fluoride surface coating on silicon negative electrodes for the inhibition of electrolyte decomposition in lithium-ion batteries: Visualization of a solid electrolyte interphase using in situ AFM[J]. Nanoscale, 2018, 10(36): 17257-17264.

[29] Ryu Y G, Lee S, Mah S, et al. Electrochemical behaviors of silicon electrode in lithium salt solution containing alkoxy silane additives[J]. Journal of The Electrochemical Society, 2008, 155(8): A583-A589.

[30] Kim K, Park I, Ha S Y, et al. Understanding the thermal instability of fluoroethylene carbonate in $LiPF_6$-based electrolytes for lithium ion batteries[J]. Electrochimica Acta, 2017, 225: 358-368.

[31] Han J G, Lee J B, Cha A, et al. Unsymmetrical fluorinated malonatoborate as an amphoteric additive for high-energy-density lithium-ion batteries[J]. Energy & Environmental Science, 2018, 11(6): 1552-1562.

[32] Tomaszewska A, Chu Z, Feng X, et al. Lithium-ion battery fast charging: A review[J]. eTransportation, 2019, 1: 100011.

[33] Cho Y G, Kim Y S, Sung D G, et al. Nitrile-assistant eutectic electroleytes for cryogenic

operation of lithium ion batteries at fast charges and discharges[J]. Energy & Environmental Science, 2014, 7: 1737-1743.

[34]　Wang C Y, Liu T, Yang X G, et al. Fast charging of energy-dense lithium-ion batteries[J]. Nature, 2022, 611: 485-490.

[35]　Zhu G L, He Y Y, Deng Y L, et al. Dependence of separator thickness on Li ion battery energy density[J]. Journal of The Electrochemical Society, 2021, 168(11): 110545. 1-6.

[36]　Mikhail R P, Alexander A K, Alexander E B et al. New perspectives in SWCNT applications: Tuball SWCNTs. Part 1. Tuball by itself—All you need to know about it[J]. Carbon Trends, 2022, 8: 100175.

[37]　Zallen R. The Physics of Amorphous Solida[M]. New York: Wiley, 1983.

[38]　Haselrieder W, Ivanov S, Christen D K, et al. Impact of the calendering process on the interfacial structure and the related electrochemical performance of secondary lithium-ion batteries[J]. ECS Transactions, 2013, 50: 26-34.

[39]　Yu A B, Zou R P. Modifying the linear packing model for predicting the porosity of nonspherieal particle mixtures[J]. Industrial & Engineering Chemistry Research, 1996, 35(10): 3730-3741.

[40]　Zou R P, Yu A B.Evaluation of the packing characteristics of mono-sized non-spherical particles[J]. Powder Technology, 1996, 88: 71-79.

[41]　Ohzeki K, Ohsaki Y, Golman B.Influence of void-size distribution of anode film made of natural graphite paticles on high rate discharge capability of lithium- ion Battery[J]. Tanso, 2004, 213: 140-143.

[42]　Zhang X, Ju Z, Zhu Y, et al. Multiscale understanding and architecture design of high energy/power lithium-ion battery electrodes[J]. Advanced Energy Materials, 2020, 11: 2000808.1-20.

[43]　Kuang Y, Chen C, Kirsch D, et al. Thick electrode batteries: Principles, opportunities, and challenges[J]. Advanced Energy Materials, 2019, 9(33): 1901457.1-19.

[44]　Wu J, Ju Z, Zhang X, et al. Low-tortuosity thick electrodes with active materials gradient design for enhanced energy storage[J]. ACS Nano, 2022, 16(3): 4805-4812.

[45]　张沿江, 王双双, 武行兵, 等.负极陶瓷涂层对锂离子电池性能的影响[J]. 电源技术, 2015, 39(8): 1623-1625.

[46]　侯敏, 赵建伟, 曹辉, 等. 负极氧化铝涂层对锂离子电池电性能的影响[J]. 电源技术, 2015, 39(2): 239-241.

[47]　Friesen A, Hildebrand S, Horsthemke F, et al. Al_2O_3 coating on anode surface in lithium ion batteries: Impact on low temperature cycling and safety behavior[J]. Journal of Power Sources, 2017, 363: 70-77.

[48]　Peng H L, Liu Z F. Graphene-armored aluminum foil with enhanced anticorrosion performance as current collectors for lithium-ion battery[J]. Advanced Materials, 2017, 29(47): 1703882.1-7.

05

安全设计技术

5.1 概　述

锂离子电池发生失效的原因可分为外因和内因。外因包括热（如外部整体受热）、电（如电池之间外短路）、机械（如碰撞、跌落），还有高湿环境、低压环境、振动等。内因一般指电池内部的缺陷，如内短路、电池严重析锂、封装不良等。失效的表现形式包括变形、胀气、漏液、热失控等。EUCAR Hazard 标准规定了失效的 7 种等级[1]，如表 5-1。导致热失控的主要因素包括热、电、机械滥用、内短路和析锂。本章将从预防热失控的角度阐述电池安全设计方法。

表 5-1　锂离子电池安全检测结果危险等级分级表

危险等级	现象	等级标准或影响
0	无影响	无影响，无作用损失
1	自保护启动	无影响、无漏气、无漏液，无起火或燃烧，无破裂、无爆炸，无化学反应或热失控，保护装置须修复
2	有影响/损坏	无漏气、无漏液、无起火或燃烧，无破裂、无爆炸，无化学反应或热失控，整体可修复
3	漏气，质量减少＜50%	无漏液，无起火或燃烧，无破裂、无爆炸，电解质质量损失＜50%
4	漏液，质量减少≥50%	无起火或燃烧，无破裂、无爆炸，电解质质量损失≥50%
5	起火或燃烧	无破裂，无爆炸（无溅出物）
6	破裂	无爆炸（可允许有溅出物）
7	爆炸	爆炸，单元完全瓦解

电池的热稳定性属于最本征的安全特征，电池体系的热稳定性越高，一般安全性越好。正常情况下，电池的使用温度不超过 55℃，而在滥用时，电池整体或局部会达到很高的温度，从而引起电池热失控。对于每种热失控模式，需要先明确失效机制和影响因素，然后进行针对性的设计改善。因此研究改善电池的热稳定性是一项基础性、持续性的工作。下文将从材料的热稳定性入手，逐渐展开。

提高电池安全性，应尽量选择热稳定性高的材料体系，设计稳定的电池结构，保证电池制程稳定，不产生缺陷。另外，应加强电池系统的热防护设计、机械防护设计、电防护设计等，加强电池系统的耐火和灭火能力，保证即使单体电池发生热失控，电池系统也可起到报警和防护作用。

电池的安全设计，应涵盖电池从设计、使用到退役的整个全生命周期。在测试评价过程中，模拟电池实际使用工况，按照可能会遇到的危险诱因、强度去评价，再不断完善电池设计和制造。

5.2 热安全设计

5.2.1 电池受热链式反应机制

锂离子电池具有较高的温度敏感性，高温下锂离子电池内部链式副反应会持续发生，并释放大量热量。实际上，对于不同的电化学体系，相应的链式放热反应不尽相同，但其热失控具有相似的诱导和发展过程，主要包括 SEI（solid electrolyte interphase，固态电解质界面）分解、隔膜熔化、电解液燃烧、电解质与电极之间的反应和正极材料分解等过程。冯旭宁等[2]梳理总结了采用 NCM（镍钴锰酸锂）/石墨电极和 PE（polyethylene，聚乙烯）基陶瓷涂层隔膜的锂离子电池热失控链式反应机理。在整个升温过程中，依次发生了 SEI 分解、负极与电解液反应、PE 隔膜熔化、NCM111（Ni∶Co∶Mn=1∶1∶1）正极分解、电解液分解等过程，如图 5-1 所示。当温度高于 60℃时，会发生 SEI 分解，释放出少量气体和热量，到 90℃以上分解加速。SEI 的分解是放热反应，会导致锂离子电池内部温度升高。当温度足够高时，负极和电解液之间就会发生反应，并伴随着放热，导致电池温度进一步升高。此外，聚乙烯（PE）/聚丙烯（PP）隔膜会在温度高于 130°C 时软化，温度更高时熔化。尽管 PE/PP 隔膜的熔化是吸热过程，但由于隔

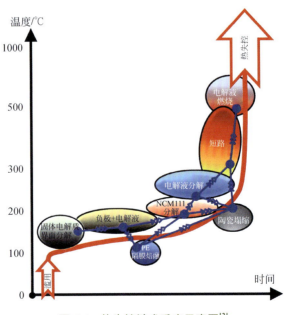

图 5-1　热失控链式反应示意图[2]

膜熔化会导致电池内正负极接触短路，从而很容易造成热失控。当温度高于180℃时，锂离子电池中的正极材料可能会发生分解，并伴有高热量的产生以及大量气体的释放。热量的积累和气体的释放（氧气和易燃气体）会引起锂离子电池的燃烧和爆炸。

材料的热稳定性通常用差示扫描量热仪（differential scanning calorimetry，DSC）测试表征，通过 DSC 曲线的起始放热温度说明材料的起始反应温度，通过峰顶温度和放热功率说明材料热失控温度和剧烈程度。Spotnitz 等[3]对电池热稳定性进行了 DSC 模拟仿真，DSC 模拟仿真结果揭示了电池不同组分间的反应顺序，如图 5-2 所示，SEI 首先在 60~70℃开始分解。在 85℃时，Li/溶剂开始反应，然后，在 110℃时，LiC_6/溶剂反应开始。LiC_6/粘接剂反应开始于 160℃，到 170℃时，发生 $NiCoO_2$ 分解反应和 Li/粘接剂反应。溶剂分解反应开始于 180℃。在190℃时，Mn_2O_4 开始分解。Li/溶剂反应、Li/粘接剂反应和 $NiCoO_2$ 分解反应的热流量较高。由于存在重叠反应，各组分在热失控中的作用尚不清楚。由于活性物质在电池中的质量比最多，因此在电池体系中，活性材料的热稳定性决定了电池的热稳定性，其他辅材也有一定影响。

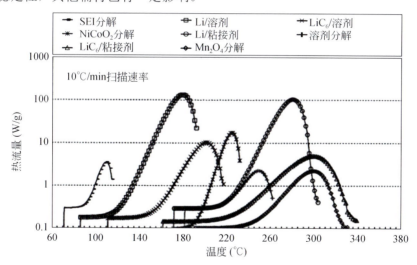

图 5-2　电池内部组分反应 DSC 模拟仿真结果[3]

在电池热失控行为的探索方面，已经由随机表观现象的研究逐渐向电化学、热特性及物质-能量转化新机制的探索转移。利用多种表征手段，探索热失控过程中物质和能量传输-转移的新机制，阐明不同材料体系的热失控行为，已成为电池安全性研究的重要趋势[4]。研究表明，通过内部或外部原因导致电池发生热失控的过程主要包括 4 个部分：①SEI 膜受热分解导致电解液在裸露的高活性炭负极表面的还原分解；②电解液分解放热进一步加快了电池的升温；③隔膜收缩和破损导致大面积短路的产生，释放出更多的热量；④正负极"化学串扰"，正极高温分解释氧，加剧放热反应，引发体系快速热失控。随着电池安全行为和材料热稳定性研究的不断深入，特别是微纳结构材料制备技术的不断发展和材料"结构−性能−热稳定性"关系逐渐被人们所认识[5,6]，一些通过微纳结构调控、掺杂、包覆等手段处理的新型电极材料被制备出来，结合电解液调控、表/界涂层/可控成膜等技术的应用，在保证电极具有良好离子扩散和电子传导性能的基础上，电池电化学体系的热稳定性显著提升。

5.2.2 电池热安全性影响因素

1. 正极材料

正极热稳定性表征关键指标是 DSC 第一个放热峰温度及放热量，第一个放热峰代表正极材料可以承受的极限温度。电芯内部热失控扩展速度由正极材料放热量和放热功率共同影响，正极材料放热量越高、放热功率越高，则电芯热失控爆发的速度越快，越激烈。研究人员将 LFP/NCM/Gr/LTO 等不同体系电池化学反应的主要特征信息，包括特征温度、表示热释放速度的加热功率（Q）和表示反应过程中释放的总能量的焓（ΔH）进行了梳理总结[2]。反应的特征温度包括反应的

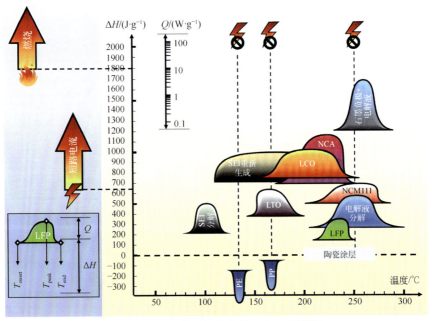

图 5-3　不同体系的热失控温度示意图[2]

起始温度（T_{onset}）、峰值温度（T_{peak}）和终点温度（T_{end}）。如图 5-3 所示，LCO、NCA、NCM111、LFP 的起始热分解温度逐渐升高。其中 LFP 的起始热分解温度最高、放热焓变最少，因此热安全性最好。

NCM 三元材料，根据镍含量的不同，又衍生出不同的材料。图 5-4 为笔者测试的不同镍含量三元材料的 DSC 曲线。随着镍含量的增加，材料的热稳定性快速下降。

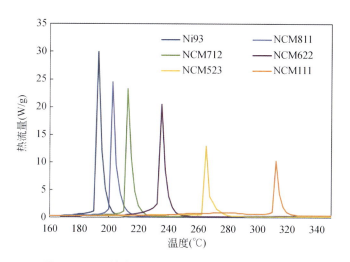

图 5-4　不同镍含量 NCM 满电正极 DSC 测试结果

为更简洁对比不同镍含量正极电性能和安全性能，可以参考表 5-2 中不同镍含量正极材料比容量和 DSC 对比数据。放热量/比容量指标可以体现该材料单位毫安时的放热量，由此可以看出高比容量的 NCM811/Ni93 的单位比容量放热量明显更高。NCM712 材料单位比容量放热量水平与 NCM622/NCM523 接近，第一放热峰温度略低，综合性能较佳。

表 5-2　不同 Ni 含量正极材料比容量&DSC 对比

材料类别	比容量（mAh/g）	第一放热峰温度（℃）	放热量（J/g）	放热量/比容量[J/（mAh）]
Ni93	215±2	192±5	2300±300	10.7
NCM811	198±2	200±5	1500±200	7.6
NCM712	195±2	210±10	1200±200	6.2
NCM622	185±2	240±15	1100±200	5.9
NCM523	178±2	265±15	1000±200	5.6
NCM111	145±2	311±30	800±200	5.5

三元材料中不同的元素含量也对热稳定性有影响。Bak 等[7]采用时间分辨 X 射线衍射（time-resolved X-ray Diffraction）和质谱（mass spectrometry，MS）相结合的方法，系统地研究了一系列带电 NMC433、NMC532、NMC622 和 NMC811 正极材料加热至 600℃时的热稳定性，如图 5-5 所示。TR-XRD/MS 结果表明，NMC 样品的热稳定性随镍含量的增加而降低，但随钴和锰含量的增加而增加。样品中镍含量越多，相变（即热分解）的起始温度越低，氧释放峰值越明显。由于镍是热分解过程中最不稳定的元素，在三元材料热分解过程 Ni^{4+} 快速还原为 Ni^{2+}，因此充电到4.3V后不稳定的 Ni^{4+} 数量是影响NMC正极材料热稳定性的最重要因素。相反，Mn 是热稳定性最高的元素，可以提高三元材料热稳定性，Co 在保持三元材料良好的热稳定性方面也起着重要作用。提高 Mn 和 Co 元素比例可以提高正极层状相向尖晶石相的转变温度。对比 NMC433、NMC532、NMC622 的起始相转变温度，NMC433 约 250℃、NMC532 约 240℃、NMC622 约 170℃。NMC532 到 NMC622，Mn 含量的降低导致材料热稳定性明显下降，NMC532 与低镍含量的材料 NMC433 具有相近的 Mn 含量，因此 NMC532 具有与 NMC433 接近的热稳定性。

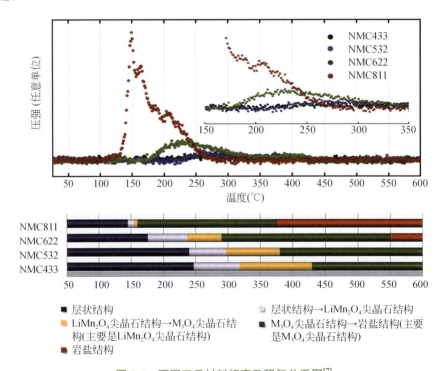

图 5-5 不同三元材料相变及释氧关系图[7]

高能量密度电池可以采用高镍正极体系设计提升电池能量密度，为改善电池安全性，一般需通过包覆、掺杂、结构优化等提高正极材料热稳定性[8,9]。在电极中掺混高热稳定性物质实现高镍正极物质间热阻隔或采用惰性电解液体系降低与正极副反应活性[10]，也可以进一步提高正极热稳定性。

2. 负极材料

负极最常用的是石墨，此外还有硅氧、硅碳、钛酸锂、金属锂等。图 5-6 为笔者测试的不同负极的满电 DSC 曲线。如图所示，石墨负极在 248℃出现最大放热峰，最大放热功率 15.0mW/mg，总放热量 823J/g。含硅氧的负极在 249℃时出现最大放热峰，最大放热功率 45.5mW/mg，总放热量 2226J/g。含硅氧负极的最大放热功率远大于石墨负极。

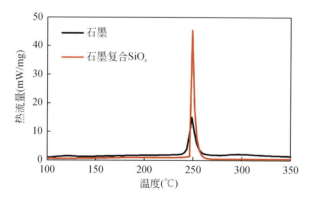

图 5-6 石墨和硅氧/石墨极片的满电 DSC 曲线

不同石墨的热稳定性也有一定差异。Chen 等[11]通过差示扫描量热仪（DSC）及绝热加速量热仪（accelerating rate calorimeter，ARC）评价了四种不同石墨负极的热稳定性差异，其中 MCMB 是中间相碳微球，D_{50} 为 11.8 μm，BET 为 2.01m²/g，SEI 分解活化能为 53kJ/mol；SMG-N-7b 是表面改性天然石墨（包覆软碳），D_{50} 为 11.1μm，BET 为 5.0m²/g，SEI 分解活化能为 88kJ/mol；SMG-N-20 是天然石墨，D_{50} 为 19.5μm，BET 为 5.1m²/g，SEI 分解活化能为 92kJ/mol；SMG-Ns-15f 是表面改性天然石墨（包覆软碳），D_{50} 为 21.6μm，BET 为 0.7m²/g，SEI 分解活化能为 78kJ/mol。通过对比 D_{50} 粒径及比表面积可知 SMG-Ns-15f 表面包覆软碳的厚度远大于 SMG-N-7b。如图 5-7 所示，四种负极样品 DSC 曲线的共同特征是在 110℃左右开始缓慢放热反应，一直持续到 230℃左右发生明显的放热反应。在局部放大图中可以看出，在 100～150℃范围内的 DSC 曲线上，与天然石墨材料相比，中间相碳微球（MCMB）具有较低的起始温度和较高的放热热流水平，表明锂化

MCMB 的稳定性较差。

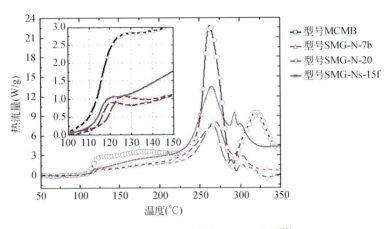

图 5-7　四种石墨材料的 DSC 曲线[11]

对使用上述 3 种石墨的电池进行 ARC 测试，结果如图 5-8 所示。使用天然石墨（SMG-N-20 型）的电池与使用表面改性天然石墨（SMG-N-7b）的电池具有相似的热稳定性，并且优于使用表面改性天然石墨（SMG-Ns-15f）的电池。表面改性天然石墨 SMG-Ns-15f 电池的阳极副反应起始温度为 175℃，而表面改性天然石墨 SMG-N-7b 和天然石墨 SMG-N-20 电池的阳极副反应起始温度为 185℃。表面改性天然石墨 SMG-Ns-15f 电池的峰值温升速率是其他天然石墨电池的两倍多，前后两者分别为 0.7℃/min 和 0.3℃/min。表面改性天然石墨 SMG-Ns-15f 热稳定性表现较差的原因是其表面包覆了大量软碳，导致其高温下 SEI 分解活化能较低。

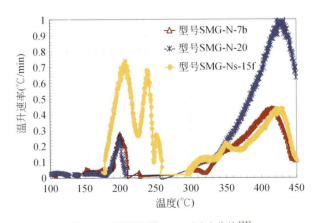

图 5-8　不同石墨 ARC 测试曲线[11]

3. 电解液

电解液主要成分包括电解质锂盐、有机溶剂和添加剂。目前常用的锂盐为六氟磷酸锂，常用的有机溶剂包括环状碳酸酯、链状碳酸酯，常用的添加剂包括成膜添加剂、阻燃添加剂、过充保护添加剂和多功能添加剂等。

Roth 等[12]在不同的电解质混合物上，采用 ARC 研究了 LiPF$_6$ 盐对产气的影响，如图 5-9 所示。使用 EC/EMC（3：7）作为基础电解液溶剂，与不同摩尔浓度的 LiPF$_6$ 组成电解液，进行 ARC 测试。根据 ARC 测试期间的压强分布计算出生成气体摩尔数，并除以溶剂 EC+EMC 总摩尔数，得到归一化的结果。LiPF$_6$ 的量对电解液的热分解温度和产气量都有影响。LiPF$_6$ 大于 0.6mol/L 时，在 200℃时产生的气体量明显增加。当 LiPF$_6$ 的摩尔浓度增加到 1.2mol/L 时，起始分解温度降低到 160℃，完全分解温度降低到 200℃。将 LiPF$_6$ 的摩尔浓度增加到 1.8mol/L 并没有导致产气的进一步变化。

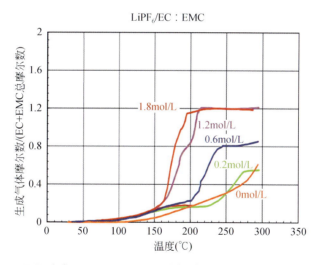

图 5-9　不同浓度 LiPF$_6$/EC：EMC 电解液 ARC 测试的产气量曲线[12]

在电解液中引入阻燃剂，可以抑制电解液碳酸酯类溶剂低沸点易燃烧的问题，从而降低锂离子电池热失控起火风险。有机磷酸酯作为一种阻燃添加剂，引入传统电解液中可以有效降低电解液的燃烧速度。但是电解液中低沸点的碳酸酯会先挥发进而导致燃烧，阻燃效果有限。因此，需要采用完全不燃的电解液来解决传统碳酸酯类溶剂电解液易燃问题，磷酸三甲酯（TMP）和磷酸三乙酯（TEP）电解液可以实现完全的阻燃，但这类电解液电化学兼容性不佳。曾子琪等[13]通过添加 5vol%FEC 和 0.05mol/L 二草酸硼酸锂（LiBOB）双成膜添加剂的协同作用，在石墨表面形成致密复合 SEI 膜，从而避免了磷酸三乙酯（TEP）与石墨负极的直接接触，降低了 TEP 在石墨负极表面的副反应。如图 5-10 所示，研究表明采用该电解液组装的 18650 型锂离子电池的首次库仑效率为 92.6%。通过对全充电态的 18650 电池测试发现，基于不燃型电解液的电池可以通过针刺测试，不起火、不爆炸[13]。

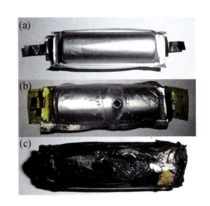

图 5-10　使用不同电解液电池的针刺实验：（a）针刺前电芯；（b）含 1∶2 LiFSI-TEP+5vol%FEC+0.05mol/L LiBOB 电解液的电芯；（c）含碳酸酯电解液的电芯[13]

4. 隔膜

隔膜是锂离子电池的主要组成部件之一，起到将电芯正极和负极隔开的作用，具有离子导电性和电子绝缘性。目前商业化的隔膜主要以聚烯烃的聚乙烯（PE）和聚丙烯（PP）为主，但其软化温度只有一百多度，受热时容易收缩，可能会导致正负极发生内短路。常规的改性方法是在隔膜表面涂覆陶瓷涂层，如氧化铝、勃姆石等，利用陶瓷颗粒的尺寸稳定性来提高隔膜的热稳定性。还可以使用芳纶涂层，利用芳纶高软化点（>350℃）、几乎不收缩的特性来提高聚烯烃隔膜的热稳定性。还可以在隔膜上涂覆 P（VDF-HFP）涂层，该涂层可以将隔膜黏在极片上，从而降低隔膜的热收缩率，并有助于改善隔膜和极片之间的界面，避免电池使用过程中产生的气体聚集在极片表面。

将 PE、PP、PE 涂覆芳纶陶瓷、PE 涂覆陶瓷的隔膜在 130℃下进行热收缩测试，通过热收缩率对比不同隔膜的热稳定性［热收缩率=（加热前长度–加热后长度）/加热前长度×100%］。结果如表 5-3 所示，PE 基膜、PP 基膜、陶瓷涂层 PE 隔膜、芳纶陶瓷混合涂层 PE 隔膜的热收缩率依次降低，说明改性后的隔膜热稳定性明显提升。

表 5-3 不同隔膜热收缩性能

项目	PP 基膜	PE 基膜	PE 基膜	陶瓷涂层 PE 隔膜	芳纶陶瓷混合涂层 PE 隔膜
测试条件	105℃，1h	105℃，1h	130℃，1h	130℃，1h	130℃，1h
机器方向（MD）热收缩率	0.5%～3.0%	0.5%～4.0%	>10%，严重收缩	0.5%～1.5%	0.5%～1.0%
横断方向（TD）热收缩率	0～1.0%	0～2.0%	>10%，严重收缩	0.5%～1.5%	0.5%～1.0%

5.3 机械安全设计

电池受机械损伤，可以简化为小面积尖锐刺伤（针刺）和大面积钝物挤压（挤压）两种模式。在电芯单体这一层面，针刺和挤压测试可以有效模拟动力电池所遇到的诸如电池包碰撞或碰撞时电池包内其他装置因冲击刺入电芯的事故情景。

5.3.1 针刺

针刺测试是指在电池中（通常是极片垂直方向）插入针（如钢针、陶瓷针等），使正负极片被刺穿发生短路。当针刺入时，极片、隔膜被刺破，正负极之间很容易直接或通过钢针间接接触，与电池内的锂离子形成回路，此时电池的能量会通过短路点在短时间内快速释放，短路点温度升高。根据短路的剧烈程度不同，轻则会导致温度上升，重则发生冒烟、火花，甚至产生起火爆炸等危害。针刺测试在电池的安全评价体系中属于严苛的实验，更容易触发电池热失控，也更容易评价出电池在极端滥用情况下的安全性，因此得到了广泛研究。

将两种三元电池按照 GB/T 31485—2015 进行针刺测试：在室温下将电池充至满电，然后使用 φ5mm 钢针，以 25mm/s 的速度刺穿电池，再观察 1h。图 5-11 是这两种电池的针刺数据图。图 5-11（a）中的电池在针刺后 30s 内电压下降为 0，说明电池被刺穿后内部严重短路，同时发生热失控。而图 5-11（b）中的电池电压只有轻微下降和波动，说明电池被刺穿，但无严重内部短路，温度几乎不变。

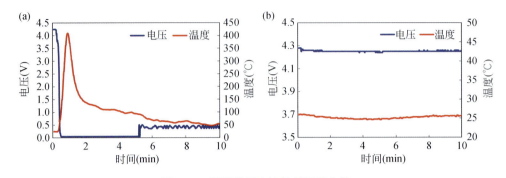

图 5-11   不同类型电池针刺测试曲线

（a）电池针刺后发生热失控，（b）电池针刺后未发生热失控

1. 针刺失效的机制

当针刺触发电池内短路时，正负极通过针连通，或被穿刺破坏后直接连通，短路电阻如公式（5-1）所示：

$$R_s = R_{nail} + R_{cnt} \tag{5-1}$$

式中，R_s 为短路电阻，R_{nail} 为针自身电阻，R_{cnt} 为接触电阻。

$$R_{nail} = \rho L / A \tag{5-2}$$

式中，ρ 为针的电阻率，L 为针的长度，A 为针的横截面积。

针刺后的欧姆热功率为

$$P = I^2 R_s \tag{5-3}$$

式中，P 为欧姆热功率，I 为短路电流。

Huang 等[14]采用一种原位传感的方法来探究钢针穿透测试的过程，用 3Ah 大小的电芯进行针刺测试，如图 5-12。针尖穿透第一层负极和隔膜与正极接触后，将形成短路电流，其发展可分为三个阶段。在阶段 1 中，针尖接触正极，使正极与铜箔和负极短路。正极材料的高阻抗会将短路电流限制在一个低水平。在这一阶段中，发热和针刺点局部温度的升高是缓慢的。在阶段 2 中，针尖接触铝箔，使铝箔与铜箔和负极短路。铝箔的阻抗比正极材料要低得多，并且铝箔与针尖之间的接触紧密，其接触电阻也很小，总的电阻将比第 1 阶段小几个数量级，这会导致非常高的短路电流流过钢针和针尖周围的铝箔。大的短路电流引起局部快速发热和温度上升。当针尖刺穿铝箔后，将进入第 3 阶段。在这个阶段，铝箔与针之间的接触电阻会变大，以致于整体的电阻将与阶段 1 相当。此时，短路电流和局部热量的产生将显著下降。此时，之前阶段产生的热量传导到钢针本体内部和邻近的电极材料中，针尖的局部温度也会迅速下降。当针尖深入到电池的更深处时，上述三个阶段的过程重复发生。结合在之前的重复针刺产生的热能，针刺点的温度峰值会越来越高，最终可能会高到导致电池热失控。

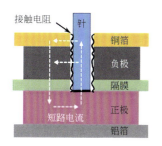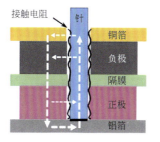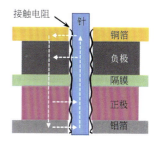

第1阶段
*正极与铜箔和负极短路
*正极阻抗较高
*内短路电流较低
*热积累缓慢
*局部升温缓慢

第2阶段
*铝箔与铜箔和负极短路
*铝箔阻抗低，且接触良好
*内短路电流较高
*局部热积累很快
*局部升温很快

第3阶段
*铝箔破裂
*铝箔和针之间阻抗变大
*内短路电流降低
*热积累变慢
*温度随散热下降

图 5-12　针刺过程中电池失效反应机制[14]

2. 针刺安全性的影响因素

1）外部影响因素

Abaza 等[15]采用不同直径（3mm 和 10mm）、不同材质（铜、钢、塑料）的针，在 15Ah 的锰酸锂-三元复合正极的软包叠片电池上进行针刺测试，来探究以上因素对电芯测试结果的影响。针刺实验结果不仅与针的材质（ρ）、粗细（A）有关，还与接触电阻和电芯的厚度（L）有关。针刺过程最复杂的地方在于针与电池内部正负极极片的接触位置存在接触电阻，且随着针刺深度的变化和内部化学反应的进行，接触电阻是动态变化的，从而导致针刺实验的重复性相对较差。

2）电芯内部影响因素

从针刺失效机制可知，影响因素主要是短路点电阻及正负极材料的热稳定性。而影响短路点电阻的又包括针的形状和电阻、极片电阻、集流体电阻、隔膜的热收缩率，正负极的热稳定性、局部热失控后的放热功率和放热量等。

材料热稳定性越高，越不易发生热失控。在常用正极材料中，磷酸铁锂体系相比三元材料（NCM、NCA）具有更稳定的结构、更低的能量，因此热稳定性更高，更难发生热失控。NCM 及 NCA 高镍体系的三元锂离子电池由于正极材料满电态时热稳定性差，易引发热失控。三元 NCM 体系中随着镍含量增高，正极材料的热稳定性变差。

常见的负极材料有硅基负极材料、石墨、钛酸锂，其中钛酸锂被认为是热力学稳定性最优的一种材料，钛酸锂的燃烧热较低[16]，因此在全电池中的热失控放热量也更低。

3）针刺安全设计

提高电池在应用过程中的针刺安全性，一方面可以改善电池材料、电池结构设计，提升电池自身的针刺安全性；另一方面应加强电池外部的机械防护，避免电池在使用中受到机械破坏而发生热失控。

改善电池材料、结构设计的主要方法包括：

（1）选择结构稳定性和热稳定性更高的材料，如磷酸铁锂、磷酸锰铁锂、钛酸锂等。高镍等三元正极材料由于热稳定性差，安全性相对更低。

（2）改善正极集流体，使其受到机械冲击时使正负极无法接触，或接触电阻急剧增加，来限制内短路电流和热量，从而降低针刺热失控概率。如在集流体表面制造出均匀的压花结构，保证电芯在针刺过程中在针刺断裂处的裂纹均匀一致，从而减少不规则破裂过程中产生的毛刺。将高粘接性的活性物质涂层紧密黏附在正极集流体表面，避免针刺时正极集流体裸露进而发生正极集流体与嵌锂负极的短路，从而提高电芯的安全性能。近年来开发的复合集流体，具有类似"三明治"的夹层结构（图5-13），中间为PET、PP等高分子绝缘薄膜，其两侧表面通过溅射镀上铝箔或铜箔，形成复合集流体。在相同厚度下，由于减少了金属用量，一方面大大降低了集流体质量；另一方面减少了针刺时集流体接触，也提升了电池针刺通过的概率。

铜或铝层
高分子基膜
铜或铝层

图 5-13　复合集流体结构示意图

（3）适当增大正负极电阻，也可以有效增大接触电阻，降低针刺热失控的概率。如在正负集流体上采用双层涂敷，首先在集流体上涂敷具有较大电阻或者较高粘接性的活性物质，再在上述涂层上涂覆较小电阻的涂层，这样一旦发生针刺，针刺点电阻相对较高，可以降低针刺时的短路电流，从而降低电池热失控的概率。

（4）选择热收缩率低、穿刺强度高的隔膜，并选用高闪点、热稳定性好的电解液。针对能量密度为 300Wh/kg 的电池，笔者进行了正极、负极、隔膜等多种验证改善。通过在高镍三元正极片中引入热稳定性高的纳米材料，在高镍正极颗粒周围构筑热防护层[10]，提升了正极的热稳定性，同时增强了正极涂层与铝箔集流体的粘接，减少了针刺过程中铝箔的暴露。另外，通过使用陶瓷涂敷隔膜，起到兼顾隔膜薄型化与降低热收缩的作用，并优化粘接剂、导电剂体系，使电池可以在满电态被钢针贯穿而不发生热失控，如图 5-14 所示。

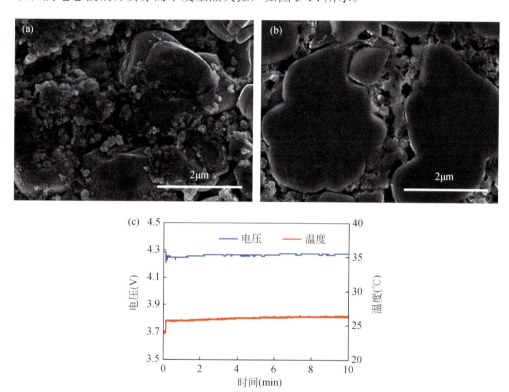

图 5-14 采用纳米包覆层的正极片 SEM（a）平面，（b）截面和（c）电池针刺测试曲线

5.3.2 挤压

电动汽车在发生事故时可能会导致动力电池包受到挤压，进而导致动力电池变形，在严重的情况下动力电池变形会引起内部极片断裂和隔膜失效，进而引发电池内短路，引起热失控。挤压与针刺的区别是电池没有直接被尖锐角破坏，受力面更大。一般通过挤压测试来模拟整车受到外力碰撞的过程中电池受到挤压发生变形的过程。根据外来挤压物的形状，可以将挤压简化为平板挤压、圆柱形挤压和球体挤压。通常用挤压测试对电池的耐挤压安全性进行研究，挤压测试比针刺测试要缓和得多，电池更容易通过挤压测试。

图 5-15 是某软包叠片电池按照 GB/T 31485—2015 测试的挤压数据图。测试条件：在室温下将电池充至满电，然后用挤压头以＜5mm/s 的速度垂直于电池极

板方向挤压，直至电池电压到 0V 或电池变形量 30% 或挤压力达到 200kN 后停止挤压，再观察 1h。电池在变形量达到 30% 后停止被挤压，其电压和温度没有变化，说明电池内部没有发生内短路，电池通过了测试。

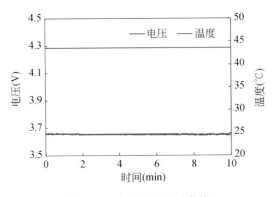

图 5-15　电池挤压测试曲线

1. 挤压失效的机制

针对电芯在挤压测试过程中的内部变化，Wang 等[17]利用方形锂离子电池研究了在挤压测试中电池结构的变化，认为在挤压过程中电池的形变可以分为以下几步：①初期对电芯均匀挤压：电极形变主要取决于每层电极的柔顺程度，电极位移非常均匀，电芯形变主要取决于挤压球的形状和电芯的各向异性。②电极失效：随着压力的不断增大，最终超过电芯的强度，引起局部失效。一种可能的失效原因是电芯内部的剪切强度低，因此在剪切力的作用下电芯内部的正负极被破坏，并将集流体撕裂。③材料的滑移和内部重组：在电芯失效线附近的电极材料可能会沿着失效线滑移，并进入到失效线内部，从而释放部分压力。④隔膜失效：由于电芯变形对隔膜形成的拉伸和扭转，最终使隔膜破裂，导致正负极发生短路。

2. 挤压测试的影响因素

影响挤压实验结果的因素很多，例如挤压速度、挤压的位置等都会影响最终的测试结果，Dixon 等[18]对影响挤压测试结果的因素进行了评测，测试结果表明是否有电解液、挤压速度等因素会对测试结果产生显著的影响，而挤压测试位置的变化，对测试结果几乎没有影响。兰凤崇等[19]的研究表明，当方形电池受到沿厚度方向的挤压时，在相同的 1mm/min 的挤压速度下，相比于使用能够覆盖住电池大面的平板对电池整个平面施压的方式，采用球形压头进行挤压会造成应力集中，从而造成电池在压头处发生内短路，电池温升更高。

3.挤压安全设计

在实际使用中，动力电池一般以模组或电池系统存在，电池单体应不受外部挤压。因此，电池在挤压情况下的安全性能提升主要需要优化电池系统的外壳设计和模组设计，使之具有良好的刚性结构，保证电池系统在受到外部挤压（如碰撞等）时，内部单体电芯不受力或受到很小的力，防止单体电芯发生内短路，出现热失控现象。

从电池单体的角度，当单体受到挤压时，相比于电池的正负极材料和电解液，起支撑性的、具有抗拉强度和延伸率的材料，如隔膜、铝箔、铜箔对电池的抗挤压性能有关键性的影响，其强度越高，延伸率越高，电池的抗挤压安全性越好。改进方向包括：使用压延集流体并进行提前拉伸处理，使用双向拉伸隔膜工艺，使用更厚的集流体和隔膜，等等。同时，使用热收缩率更高或隔热性更好的隔膜，可以使电池被挤压发生局部内短路时避免内短路点迅速扩大，从而降低了挤压热失控的风险。

系统层级可参考的改进策略包括：①在单体电池或模组中嵌入结构组件，当电池或模组受到较大的外部压力时，该组件会被挤出，起到释放外部压力的作用，减少了压力对电池或模组的破坏。②采用由高强度金属件构成的外部极耳保护装置，将极耳保护罩设置在电池两侧，极耳保护罩的高强度可以有效保护电池极耳，防止在电池受挤压过程中正负极极耳接触，有效降低电池起火、发生爆炸的概率，提高电池的安全性能。③采用隔离板将箱体分割成若干电池仓，电池仓内设有用于限制电池模组位移的限位组件。通过限位组件对电池腔内的电池进行限位，可以减少电动汽车在颠簸路段行驶时电池不断与电池腔的腔壁挤压导致电池损坏的可能，从而提升了电池在汽车行驶过程中的安全性。

5.4　电安全设计

5.4.1　过充电

过充电指的是电池电压高于规定电池使用的上限电压。在现在的电动车上，电池管理系统（BMS）已经较为成熟，若电池管理系统正常工作，电池一般不会过充电。但当电池系统和充电器的电压识别功能失效时，不能识别出电池已经达到上限电压，电池继续充电，就会发生过充；或者，当电池系统和充电器的开关关闭功能失效时，电池在充满电后不能停止，仍继续充电，也会发生过充。

1. 过充电失效的机制

Ren 等[20]通过 NCM+LMO/石墨电池的过充电测试对锂离子电池的过充电失效过程进行了研究，过充曲线如图 5-16 所示。

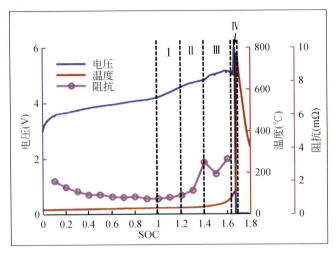

图 5-16　过充电过程电压、温度、内阻的变化曲线[20]

将过充的失效过程及机制分为以下四个阶段，如图 5-17 所示。

第 1 阶段：电池电压稳定上升，逐渐超过其标称上限电压，开始过充。此时电池内部没有明显的副反应，电池温度和内阻几乎没有增加。

第 2 阶段：当电池过充至 SOC（state of charge，荷电状态）高于 1.2 时，电池内部会发生副反应。在正极处，在正极高电位条件下 NCM+LMO 复合正极中 Mn 离子的溶解和电解液的氧化开始进行。同时，石墨负极充满插层锂后，金属锂开始在负极表面沉积。沉积的锂会与溶剂反应使 SEI 膜变厚，导致电池电阻增加。在第二阶段，由于焦耳热和副反应产生的热量，电池温度开始缓慢上升，电池开始明显膨胀。随着正极电位的升高，电解液氧化加速，产生大量的热和气体，如图 5-17（c）。

第 3 阶段：锂在负极表面继续沉积。随后锂化石墨与电解液发生反应。随着正极电位的升高，电解液氧化加速，产生大量的热和气体，电池温度上升较快，电池开始明显膨胀，如图 5-17（d）。电池电压在 5.2V 左右达到峰值后略有下降，主要原因是正极活性材料的结构变化。

第 4 阶段：电池内部压力超过极限导致电池破裂，导致隔膜变形，产生热失控。发生剧烈的内部短路，电池内部储存的能量瞬间全部释放，使电池温度达到 780℃ 左右的峰值，如图 5-17（e）。

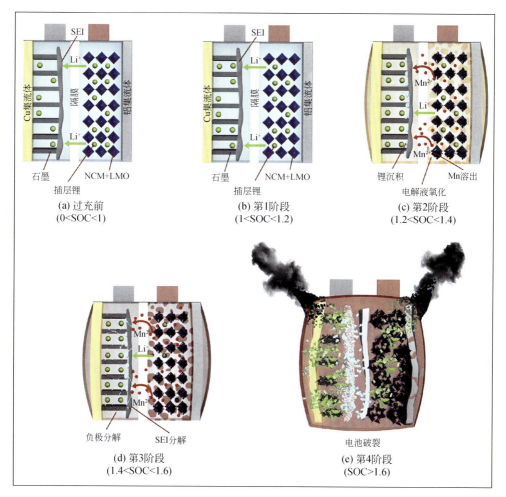

图 5-17　电池过充电不同阶段状态表现[20]

2. 过充电安全性的影响因素

由过充失效的机制可知，电池内部的副反应越严重，产热量越大，电池就越容易发生热失控。过充的电压、电流、时间、正负极材料的起始反应温度、电解液的稳定性及正负极材料的热失控温度都会影响过充安全性。

3. 过充电安全设计

（1）在电池体系中使用电解液添加剂[21]。一种方法是在电解液内加入电化学聚合单体，当电池电压高于使用上限电压时，如 $>4.3V$ 时，单体在正极聚合，形成导电聚合物。该聚合物会增大离子传输阻抗，降低或阻断充电电流，从而起到过充保护的作用。常用的电聚合单体有联苯、环己苯，二甲苯、噻吩、吡咯等。还有一种方法是在电解液中加入氧化还原对添加剂，当电池电压高于使用上限电压时，添加剂在正极被氧化，然后扩散到负极被还原，如此在正负极间往复，来释放多余的电能。常用的有金属有机络合物（如二茂铁）噻蒽、二甲氧基苯等。

过充保护添加剂应具备好的溶解度、扩散速率、氧化还原电势和电化学稳定性，但是，常用添加剂的电化学稳定性都不是很好，容易发生副反应，影响电池的内阻或容量。因此，过充保护添加剂在电池中没有得到广泛应用，有待进一步探索优化。

（2）采用正温度系数材料。还有一种方法是使用正温度系数（positive temperature coefficient，PTC）材料，其原理是当电池温度上升到一定边界值时，PTC 材料的电子电阻迅速增加，使电池变为电子断路状态，无法继续充电，从而起到终止过充的作用。常用的 PTC 材料为热塑性树脂和导电剂的混合物。

Feng 等[22]选取了高分子基环氧树脂-碳黑复合物作为 PTC 材料，碳黑含量为 40%的环氧树脂-碳黑复合物具有良好的 PTC 效应。在 70℃以下，该复合物的电阻基本不变；在 70~110℃温度区间，电阻开始明显增加；当温度超过 110℃时，电阻几乎直线上升，表现出典型的 PTC 效应。这种 PTC 电极的确具有良好的自关闭作用，如同温度敏感的可逆开关，可为锂离子电池提供一种内部自激活的热保护机制。PTC 涂层的缺点是，随着电池的使用，PTC 材料也会发生老化，可能在常规情况下也会导致电池电阻增大。在考虑使用电解液添加剂或 PTC 材料时，需要同时关注、评测其电化学稳定性，物理、化学稳定性，避免在电池正常使用时发生反应，影响电池的性能。

（3）电池使用策略优化。针对不同类型电池的单体极值监测，当单体电压超过允许充电极值时，充电设备应能够报警，并及时停止充电。充电机应能根据充电过程参数感知动力电池及车载电气设备的工作状态，判断 BMS 数据的有效性和一致性，防止动力电池发生过充。应结合电池的大数据分析结果，不断完善提升 BMS 的识别能力，对动力电池的安全风险进行预警，防止引发动力电池的安全事故。

笔者按照 GB/T 31485—2015 对比了不同类型的三元正极材料对电池过充性能的影响。测试条件：在室温下将电池充至满电，然后使用 1C 电流将电池充电至上限电压的 1.5 倍或充电 1h 后停止，再观察 1h。图 5-18 是这两种三元电池的过充数据图。采用二次颗粒三元正极材料作为正极的电池，在 1C 过充 26min，即过充容量 43%时，温度由约 90℃瞬间上升，电池发生了热失控，如图 5-18（a）所示。通过优化正极材料烧结工艺和粒径，得到结构与热稳定性优异的单颗粒三元正极材料，该正极在高电压下极化作用更强，因此采用该正极的电池，在过充约 20min 后其电压快速上升至 1.5 倍上限电压，停止过充，最高温度为 74℃，未触发热失控，如图 5-18（b）所示。

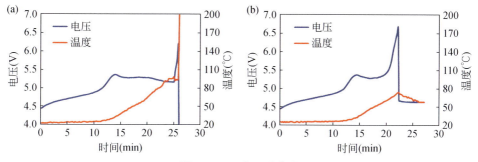

图 5-18　过充测试曲线
（a）采用二次颗粒三元正极材料电池过充曲线；（b）采用单颗粒三元正极材料电池过充曲线

5.4.2　过放电

过放电指的是电池电压低于规定其使用的下限电压。电池长期搁置、与电路负载长时间连接，以及电池本身或与之相连的电子元件处于潮湿的环境，都能导致锂电池发生过放电。通常用过放测试对电池的过放安全性进行研究，过放测试会导致电压低于 0V，比实际应用中发生的过放更为严苛。

图 5-19 是某种三元电池按照 GB/T 31485—2015 测试的过放电数据。测试条件：在室温下将电池充至满电，然后使用 1C 电流放电 90min。电池过放时，电池电压不断下降。当过放超过 60min 后，电池电压低于 0V。随着过放的进行，电池电压越来越低，电池温度也逐渐升高。电压下降达到最低值后，又逐渐回升至接近 0V，同时温度也有所降低。过放测试后电池不起火、不爆炸，未发生热失控。

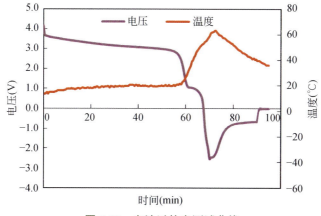

图 5-19　电池过放电测试曲线

1. 过放电失效的机制

电池过放时，电池电压低于正常电压，正极电位降低、负极电位升高。当电池发生深度过放时，电池接近 0V，负极 SEI 膜中的部分成分无法维持稳定，会发生分解反应，并产生气体，负极与电解液也会发生反应而产气，造成电池内阻增大。因负极电位升高，负极铜箔会被逐渐氧化成为铜离子，析出至电解液中。在过放测试中，电池进行大电流严重过放，铜离子会沉积到正极，析出过多时还会将正负极连通，导致正负极短路，从而造成安全事故。

2. 过放电安全性的影响因素

由过放失效机制可知，电池的电压、SEI 膜的稳定性是影响过放安全性的主要因素。

3. 过放电安全设计

比亚迪股份有限公司[23]的策略是在集流体与负极活性材料层之间设置防过放涂层，该防过放涂层由钛酸锂和粘接剂组成。该涂层的电子电导率会随电压变化而急剧变化，在电压过低时通过欧姆极化起到断路作用，有效地避免了 SEI 膜分解及负极集流体氧化溶解的问题，从而保证电池的使用寿命和安全性能。

LG 新能源公司[24]在正极中加入不可逆容量高的锂镍氧化物（如 Li_2NiO_2），在电池过放时，正极电位更低，可以防止负极电位过高、缓解铜溶出等问题。这样电池在轻度过放后可以得到较高的恢复容量。

5.4.3 外短路

外短路一般指正负极外部直接或间接连接造成的短路。容易触发外短路的原因有：车辆进水导致线束插口处外短路，电池包受撞击变形产生电连接回路，设计缺陷导致线束磨损绝缘层破坏，PCB 板绝缘不良导致正负极线路接触，车辆振动导致连接板或电线松动等。

1. 外短路失效的机制

外短路时，电池的行为符合欧姆定律。焦耳热 $Q=I^2Rt$，I 为瞬时电流，R 为瞬时直流电阻，t 为短路时间。在外短路初期，$Q=U^2/Rt$，U 为瞬时电压。由于形成外短路的原因多种多样，外短路时的电阻大小也是随机的。当外短路电阻很大时，如 kΩ 级以上，电池仅表现为漏电流，产生很小的焦耳热，电池温度小幅上升。当外短路电阻很小时，如 mΩ 级，短路焦耳热把电池加热至 SEI 膜分解温度后，SEI 膜会分解产气，产生化学热，此时焦耳热与化学热并存。同时，电池温度＞80℃后，电解液气化速度也会加快，表现为电池胀气、破口等。若电池的温度上升至正极或负极的热失控温度，或隔膜收缩导致正负极内短路，电池就会发生热失控。

　　Chen 等[25]使用卷绕电池研究了锂离子电池外短路过程中的失效机制。对电池施加不同的外短路时间，在短路前后对比容量、充放电曲线，使用 CT 监测短路过程中的电池结构变化，使用 SEM 对比短路前后的正负极材料、隔膜的结构变化，如图 5-20 所示。短路时间较短时，如 10s、20s，电池最高温度＜80℃，短路后容量下降，但仍能工作；随着短路时间的延长，电池＞90℃后，SEI 膜、电解液等发生副反应，电池发生泄漏。在该实验中，最高温度只达到 130℃，没有达到正负极活性材料的分解温度，因此正负极的 SEM 没有明显变化。但这种情况下电池已经泄漏，隔膜也发生了缩孔，因此无法再进行充放电。

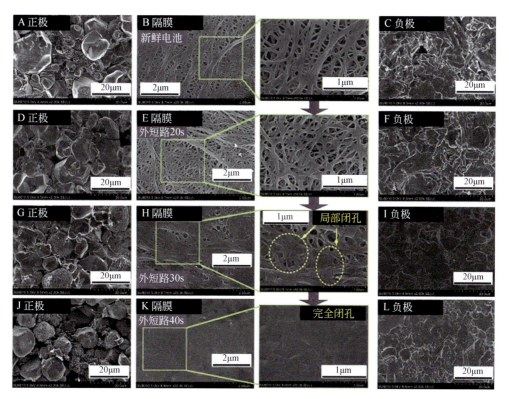

图 5-20　外短路不同时间的正负极、隔膜 SEM 图[25]

2. 外短路安全性的影响因素

从失效机制可知，影响焦耳热、化学热、热失控温度的因素会影响外短路安全性。当外短路电阻固定时，电压越低或电量越少、初始电阻越大，初始产热功率越低，短路造成的损伤越小。长时间外短路受化学热影响较大，电解液、SEI膜越稳定，产热越少。正负极本身的热稳定性越高，越不容易发生热失控。其次，电池本身的散热越快，环境温度越低，电池越不容易热失控。

3. 外短路安全设计

电芯层级，PTC 材料不仅可用于过充防护，由于其温度敏感和电阻变化快的特性，也可用于外短路防护，当电池外短路温度引起 PTC 的电阻快速变大后，电池的外短路可被中断。

LG 化学公司[26]公开了一种单体的安全设计，在极耳上串联低熔点保险丝或 PTC 中的一种，当发生过流时，会发生保险丝熔断或 PTC 阻断电流，来避免电池出现热失控。

清华大学[27]在极耳和极柱之间预置了 1～5mm 厚的金属材料（如镍片、锌片），并在极柱部分使用熔点≥120℃且≤300℃的绝缘密封垫圈来将极柱与电池壳密封到一起。当电池外短路时，极柱的垫圈底部因预置金属材料的发热开始明显融化，电池失密封，预置的金属材料被迅速氧化，破坏了极耳和极柱之间的连接，在短路 5s 内短路电流即跌至 80A 以下，电池安全性显著提升。

笔者对比了不同电极设计的三元电池的外短路性能。图 5-21 是两种三元电池按照 GB/T 31485—2015 测试的外短路数据。测试条件：在室温下将电池充至满电，然后使用<5mΩ 的外部电阻将电池短路 10min，再观察 1h。当正极面密度为 60mg/cm^2，极片电阻较高时，电池短路时产热较多，引起电池发生热失控，如图 5-21（a）所示。在短路的前 2min，电池电压迅速下降，电流最高可达到 1000A 左右，随着短路进行电池内阻增加，电流开始迅速下降。外短路引起电池内部的剧烈放热反应，但热量沿极片厚度方向传播较慢，检测到的电池表面温度存在滞后现象。电池在短路 4.2min 后检测到电池表面温度大于 120℃，随即电池温度快速上升，电池发生热失控。通过优化活性物质和导电剂，提高电极的电子、离子导电能力，提高极片的散热能力，或增加极耳面积和提升过电流能力，可以改善电池的外短路能力，如图 5-21（b）所示，改善后的电芯外短路温度没有明显上升。

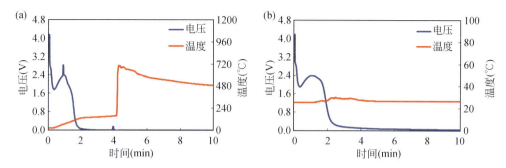

图 5-21　电池外短路测试曲线：（a）改善前电池测试曲线，（b）改善后电池测试曲线

5.4.4　内短路

1. 内短路失效机制

内短路和针刺的相似性非常高，由于针刺测试易于控制，人们经常也通过针刺研究内短路失效机制。可以参考 5.3.1 中针刺的失效机制。电池的内短路耐受性也通常采用针刺测试来评估。

内短路和针刺的区别：针刺必须要有锐物来刺破电芯，而内短路是不必有异物或滥用的，从表 5-4 可知，当电池的设计、策略、制程等有问题时，都可能连通正负极，形成内短路。

表 5-4　内短路的触发条件

类型	典型触发条件	失效模式
电芯设计	隔膜面积小于负极	负极与正极接触
策略设计	电池电流偏大，负极析锂	锂枝晶穿过隔膜导致正负极接触
原材料	隔膜破损或强度过低	隔膜破损后正负极接触
制程	异物进入电池	刺破隔膜
机械滥用	电池极片被磕碰产生尖角	刺破隔膜导致正负极接触
热滥用	温度过高导致隔膜热收缩	负极与正极接触
电滥用	电流过大产生析锂	锂枝晶穿过隔膜导致正负极接触

2. 内短路安全性影响因素

与针刺安全性的影响因素不同，内短路安全性多数情况下不受外部因素的影响。影响因素主要是短路点电阻及正负极材料的热稳定性。而影响短路点电阻的又包括异物/析锂的形状和电阻、极片电阻、集流体电阻（若集流体参与内短路）、隔膜的热收缩率、正负极的热稳定性、局部热失控后的放热功率和放热量等。

3. 内短路设计安全

材料层级：参考 5.3.1 针刺安全设计，内短路安全设计可以在满足电池容量要求时尽量选择热稳定性更高的正负极材料；增大负极电子电阻；选择热收缩率低、穿刺强度高的隔膜，并选热稳定性好的电解液。

电芯层级：充分评测负极膨胀率，避免负极膨胀过大，匹配合适的隔膜尺寸、电芯内空间冗余度；充分评测电池在不同倍率、不同温度下充电的析锂窗口，匹配以合适的充放电策略。行业内常在极耳、集流体裸露区域使用绝缘胶带或绝缘涂层[28]，如图 5-22 所示。

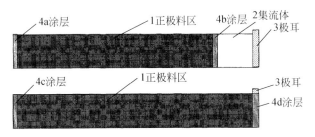

图 5-22　采用绝缘涂层的极片设计[28]

电池制程控制：采用合理的匀浆、涂布技术，保证各材料分布均匀，以保证充放电电流的均匀分布；进行严格的制程管理和设备定期保养，避免在分切工序产生大的毛刺，避免制程中引入异物；采用 X-ray 等技术来检测电芯内部的结构、极片对齐度、异物等。合肥国轩高科动力能源有限公司[29]公开了一种锂离子电池极耳反折矫正装置（图 5-23），在卷绕机上安装反折矫正气嘴，使已经反折至与极片贴合的极耳在吹气外力作用下回复至正常状态，解决了实际生产过程中由于极耳反折造成的电池内短路、内阻大及顶盖焊接不良的问题。

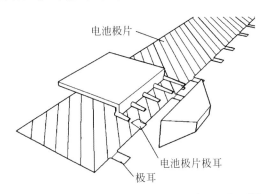

图 5-23　锂离子电池极耳反折矫正装置示意图[29]

5.5 析锂预防与识别

5.5.1 析锂的原因和影响

1. 析锂的原因

锂电池析锂指锂离子以金属形态在负极表面沉积的现象。当石墨负极嵌入锂后，形成了 Li_xC_6（$0 \leqslant x \leqslant 1$）的锂碳化合物。随着锂的进一步嵌入，形成了 LiC_6 化合物，其中一个锂原子与六个碳原子结合，提供了极限的理论比容量，约为 372mAh/g。然而，LiC_6 的嵌入电位略高于锂金属沉积的电位。在正常的充放电条件下，石墨负极的循环嵌入电位要高于锂金属沉积的电位。因此，从热力学的角度，在充电过程中，锂离子的嵌入优先于金属锂的沉积。这时，锂离子嵌入石墨负极形成了石墨层间化合物，具体化学反应如式（5-4）所示。

$$x\mathrm{Li}^+ + \mathrm{Li}_\delta\mathrm{C}_6 + x e^- \longrightarrow \mathrm{Li}_{\delta+x}\mathrm{C}_6 \tag{5-4}$$

然而在充电时，各种极化效应（包括浓差极化和电化学极化）会不可避免地发生，特别是在极端条件下，如高温、低温和高倍率电流等情况下，这些极化现象共同作用会导致石墨负极的电位降低到金属锂沉积的阈值。在这种情况下，锂金属开始析出在石墨表面，这就是石墨负极的析锂行为。因此，同时存在两个过程，即锂离子嵌入负极和锂离子在负极表面沉积，具体化学反应如式（5-4）和式（5-5）所示。

$$y\mathrm{Li}^+ + y e^- \longrightarrow y\mathrm{Li} \tag{5-5}$$

随着电池的使用，石墨负极内部结构逐渐劣化，容量大幅衰减，导致锂离子嵌入位置逐渐饱和，锂离子在石墨层间的扩散受到阻碍，进而造成锂金属在石墨表面不断积累，即发生析锂。析锂会严重影响电池在运行过程中的安全性。

影响锂离子电池负极析锂的主要因素包括电池的运行工况及电池的设计：①在寒冷环境、高倍率电流充电及过度充电等条件下，负极可能表现出较大的极化或嵌锂位点饱和等现象，进而出现析锂现象；②电池设计中的正负极间的容量配比、负极材料的厚度及孔隙率等参数设计不合理也会影响负极的极化效应，从而引发负极析锂；③负极材料及电解液匹配不当，会在充电过程中造成极化增加，从而影响负极的锂析出程度。析锂影响因素如表 5-5 所示。

在低温条件下，负极极化程度的增大是锂离子电池性能下滑的主要因素。极化程度变大引发了负极电位的下降，从而为负极析锂创造了条件。极化变大可能与 SEI 膜的电阻增加、界面传递的电阻加大、电解液里离子的电导率减小及锂离子在负极石墨材料中的固相扩散速率减慢等因素有关。然而，电解液里锂离子的扩散速率实际上远大于其在固相中的扩散速率，所以一般认为电解液的离子电导率不是导致负极析锂的最核心因素，而电荷传递的电阻或锂离子固相扩散的变慢才是负极极化变大的主要因素。

表 5-5　不同影响因素引起析锂的原因

影响因素		析锂原因
工况条件	高倍率充电	锂固相扩散缓慢
	低温	锂固相扩散和电荷传递过程变慢
	过充	负极嵌锂位置达到饱和
电池设计	负极余量不足	正极脱嵌的锂离子无法全部嵌入负极
	负极压实过高	电解液扩散通道狭窄，锂离子难以进入电极深层
	隔膜褶皱	嵌锂路径异常，对应位置无法均匀嵌入负极
	电芯变形	对应变形位置电极材料接触不良
	电解液浸润不良	锂离子在未充分浸润区域没有足够的通道
	结构设计	电流密度和温度的分布易不均匀
		电池中压力不均匀
	材料选取	颗粒大小、材料类型、表面结构、电解液种类等影响极化

采用高倍率对电池进行充电，不利于锂离子均匀嵌入石墨负极，受限于锂离子的固相扩散速率相对较慢，会导致大量锂离子在负极的界面处堆积。当界面处的锂离子浓度达到饱和状态时，负极开始产生析锂。

2. 锂的影响

电池析锂一方面会导致电池容量下降，另一方面也会对电池安全性能产生巨大影响。如图 5-24 所示，在一些情景下，如低温、高倍率充电和过充电，电池内部会产生锂的沉积，形成枝晶状锂金属物质[30]。新生成的锂金属表面与电解质反应，会形成新的固体电解质界面（SEI）膜，同时会消耗电池中的电解液，导致电池内阻增加，容量下降。在电池放电过程中，锂枝晶可能在根部无法完全被逆向氧化，从而断裂并形成死锂。这会进一步损失电池内部活性锂进而降低电池容量。

如果锂枝晶过度的沿纵向生长，可能会穿透隔膜，引发正负极短路，进而引起电池热失控。因此，负极的析锂原因及其安全边界条件是行业内的研究热点。

（1）容量损失机制

在充电过程中，锂在负极表面的沉积并不稳定。这一现象可以通过以下两个主要过程来解释：首先，锂在负极表面沉积时非常活泼，会与电解液发生反应，导致活性锂的消耗［参见式（5-6）］。其次，在小电流充电或搁置过程中，部分沉积的锂会重新嵌入负极［参见式（5-7）］。

图 5-24　锂离子电池负极析锂的危害[30]

在电池放电过程中，由于负极表面沉积的金属锂的反应电位要低于石墨层中的 Li_xC_6，会优先发生金属锂的溶解［参见式（5-8）和式（5-9）］。这导致金属锂会与电解液发生化学反应，持续消耗活性锂和电解液，损耗电池容量。

$$R+Li \longrightarrow R-Li\left(R代表电解液\right) \tag{5-6}$$

$$\varepsilon Li + Li_{\delta+x}C_6 \longrightarrow Li_{\delta+x+\varepsilon}C_6 \tag{5-7}$$

$$Li \longrightarrow Li^+ + e^- \tag{5-8}$$

$$Li_{\delta+x+\varepsilon}C_6 \longrightarrow 6C + \left(\delta+x+\varepsilon\right)Li^+ + \left(\delta+x+\varepsilon\right)e^- \tag{5-9}$$

（2）安全风险引发机制

沉积在电池中的锂不仅会引起电池容量快速衰减，还可能对电池的安全性造成威胁。首先，锂枝晶的生长可能会刺破隔膜，导致正极与负极短路，引发热失控。在锂析出的过程中，为了降低表面能，锂金属首先形成液滴状，并与电解液迅速反应生成固体电解质界面（SEI）膜。随着更多的锂金属在 SEI 膜下沉积，直至 SEI 膜破裂，新的 SEI 膜又会在锂金属表面生成。由于 SEI 膜的形成早于锂枝晶的生成，锂离子在 SEI 膜中的固相扩散对沉积锂的形貌有显著影响。当过电位较小时，锂离子在 SEI 膜中的扩散较快，沉积锂可以横向继续生长，使得沉积的锂呈现宏观致密的形状；而当过电位较大时，锂离子在 SEI 膜中的扩散较慢，导致锂纵向生长，形成锂枝晶。一旦锂枝晶穿透隔膜连通正极，会造成电池内部短路并迅速产生热量，引发电池内部的副反应，如电解质溶解和气体产生等问题。

另一方面，沉积的锂与电解液反应会释放大量热量，导致电池温度急剧增加，可能会导致电池热失控。Fleischhammer 等[31]通过加速量热仪对充电后的析锂电池进行了分析，发现析锂电池在 30℃ 时开始自动加热，而新鲜电池需要到 100℃ 才会产生相同的现象，这表明负极析锂会增加电池的自发加热速率。

5.5.2 析锂检测方法

析锂的检测方法可分为两类：非原位检测法和原位检测法。

非原位检测法主要是在电池拆解后进行的，包括使用扫描电子显微镜（scanning electron microscope，SEM）、透射电子显微镜（transmission electron microscope，TEM）等表征手段来观察沉积锂的形貌。使用辉光放电发射光谱法（glow discharge optical emission spectrometry，GD-OES）等手段来对锂化合物进行半定量分析。

原位检测法是指在电池运行过程中进行的检测。在整个测试过程中，更希望采用非破坏性的原位检测方法来对析锂过程进行实时分析。因此，本章着重介绍了原位析锂检测方法的研究进展及问题难点。

1. 原位表征手段分析法

锂离子电池的外部包装通常采用铝合金或铝塑复合膜来与外界隔离，难以直接检测电池内部变化。目前主要有两种思路来解决该难题。

第一种思路是构建特殊的电池结构，以模拟真实的电池工作环境，这种做法的好处在于能够确保电池的电极材料与外部环境隔离，同时允许光、微探针等检测信号进入电池内部，以便对析锂过程进行详细监测和分析。

第二种创新思路则是从全新的物理维度出发，引入了热、磁共振、超声等新颖的物理参数测量方法，用于检测析锂过程。这些方法提供了一种全新的方式来观察和理解锂的析出过程，从而为电池性能的改进提供了新的可能性。

虽然原位表征手段的分析方法由于电池结构的特殊性或成本较高等因素，可能无法直接解决商品电池析锂边界的实时检测问题，但它们帮助我们深化了对析锂过程的理解，同时也为研发抑制析锂的方法提供了重要的指导。

原位表征手段分析法的主要方法及其局限性如表 5-6 所示。

表 5-6　原位表征手段分析法

检测方法	限制条件
原位光学成像	①对电池有特殊结构要求；②分辨能力差；③无法定量分析；④石墨对光的吸收性影响表征结果
原位电子成像	①对电池有特殊结构要求，且需要在高真空环境下进行操作；②成像质量受制于电池材料本身的导电性、磁性、挥发性、热敏性等；③高能电子束对锂枝晶会造成一定损伤，不能真实反应枝晶生长情况
原位 X 射线成像	①对电池有特殊结构要求；②较难分析；③仅能对表面局部进行分析
原位微探针成像	①对样品表面平整度要求高；②扫描速度较慢
量热法	①需要大量的锂沉积；②常规 ARC 的测量仪器难以测量较大的电动汽车电池，测试成本高
核磁检测	①需要构建特殊的原位电池；②需低温前处理；③可能会改变 SEI 层的成分
中子技术	①成本高，无法大规模应用；②对样品平整度要求较高；③通过分析 LiC_6 和 LiC_{12} 强度间接判断有无析锂；④金属集流体和非金属电池外壳对检测结果存在一定干扰
超声无损检测	电池内部其他副反应造成的产气会影响检测结果

2. 电化学测试及模型驱动法

上述的原位表征方法主要用于基础研究，而在实际商品电池的析锂状态检测方面有所限制。目前，工业界通常采用的方法除了拆解分析外，主要是通过观测电池的电压、电流、容量等外信号，然后通过模型建立与电池析锂状态的对应关系，以正确判断电池的析锂情况。目前主流的析锂检测方法如表 5-7。

表 5-7　电化学测试及模型驱动法

检测方法	限制条件
电压平台法	需锂沉积量较大时才能识别；等待电压稳定时间较长
容量损失率及库仑效率法	需要高精度充放电设备
阻抗分析法	引起阻抗变化的电池内部特征反应难以区分
三电极法	参比电极植入是难点
模型驱动预测	对锂枝晶预测辨识度不高，受限于数据样本和使用环境，无法对实际工况进行很好的预测

5.5.3　析锂的设计改善

基于上述关于锂离子电池析锂影响因素和析锂原因方面的分析论述，可从优化电池设计、完善充电制度、材料改性三个方面改善或预防锂离子电池析锂的产生。

1. 电池设计

优化电池设计参数可以有效防止锂沉积。根据之前的分析，可以有针对性地改进设计，例如增加负极孔隙率、降低负极极片的面密度，以抑制负极锂枝晶的形成。同时，通过增加负极的容量和极片宽度等方法，来为负极提供更多的锂存储位点。然而，负极容量增加会导致电池的首次不可逆容量增加，增加了电池成本，因此需要综合考虑多个方面。在大型锂离子电池中，极耳的位置和数量对电流分布产生影响，特别是局部高电流可能导致负极局部析锂的发生。

2. 充电制度设计

合适的充电方案可以有效抑制负极析锂现象的产生。在高荷电状态下进行高倍率充电容易导致过度充电，因此应尽量避免在高荷电状态下采用高倍率充电。在低温环境下，普通的标准充电更容易引发负极的析锂，并加剧电池容量衰减。因此，Waldmann 等[32]提出了一种阶段性的充电方案：在高倍率充电至一定电位后，采用较小倍率充电直至达到截止电压。根据对锂固相扩散控制步骤的建模研究，发现通过合适的电流参数选择，可以有效避免在低温环境下电池负极界面的锂离子饱和现象，从而显著提升电池的低温充电性能。

在低温充电过程中，电化学和热学过程之间存在紧密的关联。因此，在低温条件下采取适当的保温措施可以有效抑制枝晶析锂的产生。特别值得注意的是，在低温环境下采用低电荷状态和高电流充电，尤其是脉冲充电方式，有助于产生自我加热效应，提高电池温度，从而减少电池在低温下的电极极化现象。这一方法有望提高电池在寒冷条件下的性能表现。

3. 材料改性

锂枝晶主要由负极表面的电荷分布不均匀引起，可以通过对负极表面进行处理来改善电荷分布状态，从而抑制锂枝晶的生长。目前碳材料依旧是锂离子电池中最常用的负极材料，具有高的可逆容量、低工作电压和低成本，通过改性能够提高石墨的整体性能，通过无定形碳包覆、金属或金属氧化物的包覆掺杂处理、石墨与改性软碳/硬碳混合等方法可以有效抑制锂枝晶的发生。此外，构建多维多孔结构的负极也是一种有效的改良手段。

加入电解液添加剂也可以改善负极界面。通过改善负极表面的化学环境或生成新的涂层，可以抑制锂枝晶的生长。主要采用以下三种策略：一是调节电解液以改善 SEI；二是添加电解液添加剂以改善界面的稳定性和均匀性；三是在负极表面形成双盐电解液成膜。通过这些界面改性方法可有效抑制锂枝晶的形成和生长。

5.6 全周期安全设计

动力锂电池全生命周期包括开发、生产与使用、回收三个环节。对于材料厂，全周期指从材料下线，直至电池报废，或直至电池回收后再被提炼为材料；对于电池厂和车厂，全周期指从电池下线到报废；对于消费者，全周期指车辆购买至退役。锂离子电池体系其热稳定性在其生命周期内并不是一成不变的，而是随着循环的进行、副反应增多而不断劣化。因此，研究电池在全生命周期内的热稳定性衰减机制和安全防护方法显得尤为重要。近年来，电池安全性研究已从"静态"的安全特性探索向"动态"的全生命周期安全机制研究转移[33]。本书以电动车电池为论述场景，因此本节重点论述动力电池在电动汽车上的使用寿命周期，即常规认知的，从电池下线到电池在电动车上使用直至容量衰减至 80%。

5.6.1 全周期安全性能演变表现

1. 循环老化对电池安全性能的影响

选择正极为 NCM523、负极为石墨，容量为 45Ah 的软包叠片电池作为分析样本，在 25℃ 1C/1C 下循环 1100 周和 2400 周，容量分别衰减至初始容量的 90% 和 75% 时，对比电池的安全性能，测试数据如表 5-8 所示。新鲜电池为 BOL（begin of life）状态，循环后的电池为 EOL（end of life）状态。

表 5-8　45Ah 电池 BOL 与 EOL 阶段性能对比表

对比项目	测试条件	对比数据	BOL	循环 1100 周	循环 2400 周
交流内阻	—	内阻（mΩ）	0.7	0.9	2.1
直流内阻	—	内阻（mΩ）	1.7	2.9	5.4
加热	烘箱，5℃/min 至热失控	热失控温度（℃）	190	190	138
针刺	φ5mm 钢针贯穿	现象	冒烟	无明显反应	无明显反应
挤压	挤压至电池热失控或断裂	边界压力（kN）	290	260	240
过充	1C 恒流充电	热失控电压（V）	6.9	21	15
短路	<5mΩ	电池最高温度（℃）	101	108	305（起火）

分析数据可知，热稳定性方面，电池循环 1100 周至 90% 容量保持率后，通过加热导致电池热失控的温度为 190℃，几乎与 BOL 电池相同。但循环 2400 周后，电池在 138℃ 发生热失控，热失控温度大幅下降。分析表明，电池在循环后期负

极出现析锂现象，析锂导致电池热稳定性下降，使热失控温度降低。

机械安全性方面，电池在循环后针刺耐受性变好，这是因为循环后电池阻抗增大，针刺时的短路电阻增加，产生的内短路电流减小。电池挤压耐受性略有下降，这可能由于循环后集流体、隔膜强度略下降所致。

电安全性方面，电池在循环后过充到较高电压才发生热失控，主要是由于电池 DCR（直流内阻）增大，导致充电时电池极化增加，电压上升较快。而当电池循环到 75%容量保持率时，虽然电池 DCR 增加，但因为负极发生析锂，导致电池的热稳定性下降，过充能力降低。短路安全性方面，受 DCR 增大的影响，虽然电池短路电流降低，但电池析锂等劣化导致热稳定性下降，更易引发放热反应，因此安全性下降。

2. 存储老化对电池安全性能的影响

Tobishima 等[34]选择容量为 1200mAh 的圆柱电池，分别在不同电压、不同温度（30℃或 60℃）下储存至衰减至初始容量的 33%～80%不等，随后对其进行安全测试。结果表明，衰减前后，挤压测试过程中电池的最高温度基本不变，常规安全性能无明显变化。Zhang 等[35]也验证了 2Ah 的圆柱电池，100%SOC 下在 55℃下分别搁置 150 天和 250 天，停测时容量衰减至初始容量的 12.5%和 18%，短路和过充测试均不起火，绝热热失控测试数据表明随搁置时间增加，自产热过程的升温速率降低，电池变得更安全。

Wu 等[36]将容量为 2300mAh 的 26650 电池和容量为 2600mAh 的方壳电池，在 100% SOC、60℃下搁置 12 周，然后将未存储和存储后的电池分别进行了绝热热失控测试。结果表明，电池储存后的自加热起始温度高于未存储电池，且自加热速率有一定程度的降低。这表明电池在存储老化后的热稳定性得到了改善。长期保存后，SEI 膜组分会随着时间的推移逐渐转变为稳定的组分，从而对石墨负极起到更好的保护作用，提高了电池的热稳定性。然而，在储存和老化过程中可能会产生气体，这可能会导致电池膨胀并危及安全性[37]。

3. 电池老化衰减机理与安全性能演变关系

基于现有研究，电池使用过程中，正极会发生结构变化、过渡金属离子溶解；负极主要为 SEI 膜增厚；电解液会与正负极反应成膜、产气；隔膜在负极充电的反复挤压下也可能会发生孔径变小、孔隙率下降的问题。电池内部老化衰减模式与安全性能之间常见的关系如表 5-9 所示。

表 5-9　电池老化衰减模式与安全性能演变的关系

电池组分	老化衰减模式	电池安全性能变化
正极	正极晶体结构变化	正极热稳定性可能下降，热失控温度降低
	过渡金属离子溶解	引发 SEI 膜稳定性变差，电池产气、析锂
负极	SEI 膜增厚	负极热稳定性先提高，后随着 SEI 膜过厚而降低，但内短路耐受性提高
	负极析锂	电池热稳定性下降
电解液	与正负极反应产气	电池内压、内阻增加，充放电焦耳热增加
隔膜	在压力作用下孔隙率下降	离子传输变差，可能引起析锂
电池结构	极片由于应力发生变形、开裂、包覆不良等	正负极可能发生内短路，导致电池严重自放电或热失控

5.6.2　全周期安全可靠性设计

根据国家标准 GB/T 6583—1994 的定义，可靠性是指产品在指定时间内、特定条件下无故障执行指定功能的能力。可靠性越高，产品的性能越好，无故障使用时间越长。这保证了锂离子电池的安全性和可靠性，避免了锂离子电池在正常使用过程中的热失控。可靠性的一个重要指标是，它表示产品在运行一段时间后，在一定时间内发生故障的概率。该故障率被认为是锂离子电池安全事故的一个指标。因此，自致热失控是锂离子电池可靠性的重要表现。

在传统的分析中，锂离子电池的安全故障分为"安全设计问题"和"可靠性问题"。安全设计问题集中在保证个体安全，而解决可靠性问题主要是指降低锂离子电池安全失效的概率，以实现成功的安全设计。

当下，对于锂离子电池安全可靠性评估探索的方向主要是从预防角度出发，主要方向是：①发现锂离子电池潜在的安全失效的原因；②找出锂离子电池安全失效的潜在测试方法；③找出能够避免或减少这些潜在安全失效发生的措施；④设计能够避免或减少安全失效后损害的措施。

通过对锂离子电池失效原因及机理分析，总结锂离子电池安全失效原因，并整理成鱼骨图，如图 5-25 所示。图中梳理归纳了锂离子电池从材料、设计、制成、系统层面导致锂离子电池失效的根本原因。

归纳来看，可以把锂电池安全失效的原因归为三类：一是内短路、析锂、漏液等造成的电池自身安全问题；二是系统设计制造不当造成电池的热、电、机械滥用；三是外部环境造成的滥用。电池内短路一般可通过精密充放电效率和自放电率进行识别，还可以利用 CT 扫描测试极片异常或者电芯制造缺陷等问题，如图 5-26 所示。电芯制造环境洁净度控制不佳（引入异物，或制造工序中引入异物，或其他因素导致异物引入）表现形式如图 5-26（a），制造过程中，由于正负极极片对齐度不良，表现形式如图 5-26（b），这些异物或极片对齐度不良同样会增加电池在发生变形或者受到挤压时发生内短路的风险。

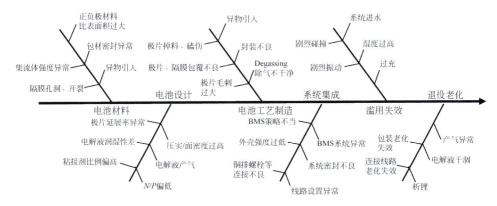

图 5-25　动力电池安全失效诱因鱼骨图

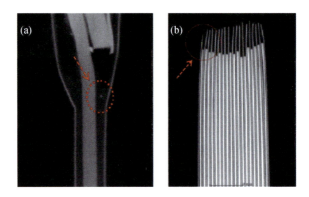

图 5-26　采用 CT 手段分析电芯制造环节缺陷：（a）极耳封装存在异物，（b）极片对齐度不良

5.6.3　电池健康状态评价

随着锂离子电池的快速发展，对其健康状态（state of health，SOH）的预测研究也在不断深入。不论是新电池还是梯次利用电池，准确判断其 SOH 有助于预知锂离子电池的整体寿命，完善充放电策略，避免电池滥用。

由于传感器无法直接测量电池的 SOH，且不同类型锂离子电池内部结构和材料不同，导致锂离子电池 SOH 估算准确度成为一个行业难题。目前，SOH 估计方法主要分为两类：实验分析方法和基于模型的方法。

实验分析法：通过充放电、DCR、EIS 等测试手段，观测电池的电压、电流、容量、阻抗等数据，判断容量及内阻等参数的变化程度，进而得出电池的健康状态。

为了评价电池的全周期热稳定性，可以通过 ARC 测试的方法[38]，采用电池 ARC 数据中的自加热起始温度、热失控临界温度、热失控酝酿时间三个参数作为电池安全程度的评价指标，如图 5-27 所示。

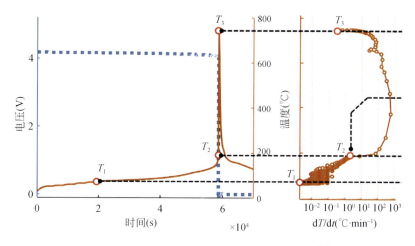

图 5-27 利用 ARC 数据分析电池热失控性能[38]

模型法：包括数据驱动模型、等效电路模型、电化学机理模型等。

（1）数据驱动模型：通过大量数据训练，模型自动挖掘数据特征，可以发觉正常难以观察到的特征量。然而本质上是黑箱模型，难以探知模型内部原理，无法进行机理解释，且需要大量全生命周期数据进行训练，模型准确度主要取决于训练数据的数量及质量。目前主流的数据驱动模型有神经网络、支持向量机、决策树等[39]。

（2）等效电路模型：本质是将电池看作一个线性系统，将电芯内部欧姆阻抗、离子扩散、脱嵌等性质或反应等效成电阻、感抗等电路元器件。通过电路器件等效电池电化学特性模型属于半机理模型，模型比较简单，易于计算，是目前主流的模型方式，可直接应用于电池系统中，可用于参数辨识/SOC/SOH 估计，但是无法体现内部反应机理。等效电路模型可分为频域和时域两种形式。频域模型即对 EIS 阻抗测试数据进行建模，Zhang 等[40] 进行了不同状态下锂离子电池的电化学阻抗谱（EIS）测试。通过等效电路模型辨识出了电子元件参数，并发现正极上的 SEI 膜增厚和成分变化是电池内阻增加和功率下降的主要原因。然而，值得注意的是，EIS 测试设备的高昂成本限制了其在大规模电池中的工程应用。时域模型是通过电池运行中的电压、电流等数据进行建模，Remmlinger 等[41]采用递推最小二乘法对 HEV 车辆的电压电流数据进行了在线参数识别，研究了温度对电池老化的影响。Sun 等[42]以磷酸铁锂电池欧姆内阻为研究对象，开展梯次利用锂电池 SOH 离线预测，基于设计锂电池的性能测试方法，构建均值内阻、最小内阻和内阻-SOC 曲线三种健康因子，进而构建了三种健康寿命模型，可满足同种类电池 SOH 预测评估需要。时域模型成本较低，在实际的工程化应用上更具优势。

（3）电化学机理模型：基于电化学原理，特别是电池中的氧化还原反应，通过数学方程和物理原理来模拟描述电池内部电化学反应和行为的理论模型，用以帮助我们理解和预测电池的性能、行为和特性。电化学机理模型在电池设计、电池性能优化、电池寿命预测及电池管理系统中发挥着重要作用。然而因其计算量过大，且需要提前得知大量的电化学参数，目前仅限于科研研究中，难以在实车数据中直接应用。

以上 4 种健康状态估算方法均具有各自的优缺点，具体分析对比见表 5-10。

表 5-10　锂离子电池健康状态评估方法的优缺点对比

评估方法	优点	缺点
实验分析	实验结果直观、准确	需要先取得电池再测试，人力、物力、时间成本都很高；难以全面在线应用
数据驱动模型	使用算法模型，不依赖电池模型	无法分析电池异常的深层原因；需要大量数据训练来保证准确度
等效电路模型	可区分电池内部各阻抗的大小	模型中不含电池非线性特性（如电压 vs. 内阻）、温度等参数变化的影响
电化学机理模型	可反映电化学变化造成的衰减机制	需要大量准确的电化学参数；模型复杂计算量大，难以在线应用

目前主流的 SOH 评估方法中，基于等效电路模型和基于数据驱动的 SOH 评估具有各自的优缺点，所以采用融合模型 SOH 估算、结合优点以提高估算准确度，是当前新的研究热点。目前一种思路是将不同的数据驱动算法融合，研究人员尝试将粒子群算法与支持向量机算法相融合，用粒子群算法对 SVM 算法进行参数寻优，以提高 SOH 预测的精度。另一种是将数据驱动算法与等效电路模型的方法相结合，通过数据驱动算法优化等效电路模型参数辨识误差以及观测状态方程的误差，提高 SOH 的估算精度。Wei 等[43] 以欧姆内阻增加量、极化内阻增加量和极化电容减少量作为电池的健康因子（health indicator，HI），并引入灰色神经网络离线训练以 HI 为输入、电池容量退化量为输出的灰色神经网络模型，最后通过在线构建电池 HI 实现电池 SOH 估算。该模型能够有效表征电池健康状态，且具有更高的 SOH 在线估算精度，估算误差不超过 2%。

在人工智能技术大发展的浪潮下，数据驱动型 SOH 估计及融合模型 SOH 估计是未来的发展趋势，而融合模型 SOH 评估方法在当前的研究水平下则更具有可实现性。

5.7 电池安全评价方法

5.7.1 国际动力电池标准

在动力电池领域，目前暂无安全标准专项法规，相关安全性要求及试验方法主要以章节或条款形式在 UN R100、UN GTR No.20 等整车法规中进行了规定，如表 5-11 中所示。UN GTR No.20 目前针对的动力电池安全性主要聚焦在振动、热失控热扩散、泡水和毒气等方面。其中，振动测试的起草方向为采用基于实际道路载荷电池包振动谱代替原有的基于经验参数或其他领域的半正弦振动谱；热失控热扩散测试在 UN GTR No.20 框架内的主要方式为采用小面积、高功率的加热片触发电池热失控，在减少外部引入能量的同时提高触发成功功率。

表 5-11 动力电池安全性要求相关国际法规

序号	类别	内容	标准名称	状态
1	GTR	安全	UN GTR No.20 Global Technical Regulation on the Electric Vehicle Safety 电动汽车安全全球技术法规	现行有效
2	UN	安全	Criteria（Part3，38.3） 联合国危险物品运输试验和标准手册（第 3 部分 38.3 款，锂电池运输安全要求）	现行有效
3	UN	安全	UN R100 Uniform Provisions Concerning the Approval of Vehicles with Regard to Specific Requirements for the Electric Power Train（Part 2） 关于就电动车辆特殊要求方面批准车辆的统一规定（第二部分）	现行有效

联合国针对危险品运输专门制定了《联合国危险物品运输试验和标准手册》，其中该手册第 38.3 款规定了锂电池运输安全要求，即锂电池在运输前必须要通过高低温循环、振动、冲击、外短路、过充电试验及强制放电等试验。除上述三项现行法规外，目前联合国世界车辆法规协调论坛（UN/WP.29）下设的电动汽车与环境（Electric Vehicles and the Environment，EVE）非正式工作组正在开展电池耐久性法规研制工作。

动力电池领域国际标准主要由国际标准化组织/道路车辆技术委员会/电动道路车辆分技术委员会（ISO/TC22/SC37）和国际标准化组织/蓄电池和电池组技术委员会（IEC/TC21）组织制定，其中安全性评测相关标准如表 5-12 中所示。

ISO 12405-3 的主要技术内容包括机械测试、环境测试、模拟整车事故、电气测试和系统功能测试。电池系统振动、机械冲击、结露、温度冲击、碰撞、短路、过充、过放等应在测试过程中及测试后 1h 内无泄漏、无外壳破裂、无着火或爆炸等现象，试验后的绝缘电阻应不小于 100Ω/V。电池系统挤压测试应无泄漏、无外壳破裂、无着火或爆炸等现象。

表 5-12 动力电池国际标准

序号	类别	内容	标准名称	状态
1	ISO	安全	ISO 6469-1: 2019 Electrically Propelled Road Vehicles-Safety Specifications-Part 1: Rechargeable Energy Storage System （RESS） 电动道路车辆——安全要求 第 1 部分：车载储能系统（RESS）	现行有效
2	ISO	安全	ISO 6469-1: 2019 AMENDMENT 1: Safety Management of Thermal Propagation 热失控安全管理要求	在研
3	ISO	安全	ISO 12405-3: Electrically propelled road vehicles-Test specification for lithium-ion traction battery packs and systems-Part 3: Safety performance requirements 电动道路车辆——锂离子动力电池包和系统试验规程 第 3 部分：安全性要求	现行有效
4	IEC	安全	IEC 62660.2: 2018 Secondary Lithium-ion Cells for the Propulsion of Electric Road Vehicles - Part 2: Reliability and Abuse Testing 电动道路车辆用二次锂离子动力电池 第 2 部分：可靠性和滥用试验	现行有效
5	IEC	安全	IEC 62660-3: 2016 Secondary Lithium-ion Cells for the Propulsion of Electric Road Vehicles-Part 3: Safety Requirements 电动道路车辆用二次锂离子动力电池 第 3 部分：安全要求	现行有效
6	IEC	安全	IEC TR 62660-4: 2017 Secondary Lithium-ion Cells for the Propulsion of Electric Road Vehicles-Part 4: Candidate Alternative Test Methods for the Internal Short Circuit Test of IEC 62660-3 电动道路车辆用二次锂离子动力电池 第 4 部分：内短路可选测试方法	现行有效

IEC 62660 主要包括机械测试、热测试和电气测试，此标准仅给出了试验过程和方法，并没有对评判标准做出规定。

5.7.2 国内动力电池标准

2006 年，QC/T 743—2006《电动道路车辆用锂离子蓄电池》是全球范围内较早发布的涉及动力电池安全要求的标准，发布并实施于 2006 年 8 月 1 日。该标准是一项新的汽车行业标准，文件中规定了具体要求、试验方法、检验规则、标志、包装、运输、存储。QC/T 743—2006 文件中的试验对象包括：单体蓄电池和蓄电池模块。文件中详细地说明了每种试验对象的基本情况、电性能和安全性相关要求和试验方法。

2015 年，发布并实施 GB/T 31485—2015《电动汽车用动力蓄电池安全要求及试验方法》，规定了电动汽车用动力蓄电池的安全要求、试验方法和检验规则。

GB/T 31467.3—2015《电动汽车用锂离子动力蓄电池包和系统 第 3 部分：安全性要求与测试方法》，规定了电动汽车用锂离子动力蓄电池包和系统安全性的要求和测试方法。2018 年，该标准被 CQC-C1101—2018《强制性产品认证实施细则 汽车》引用而成为强制性标准（电池模块的挤压试验、电池单体/模块的针刺试验暂不执行）。

2020 年，GB 38031—2020《电动汽车用动力蓄电池安全要求》标准被批准发布，于 2021 年 1 月 1 日开始实施。文件主要涵盖了动力电池单体、模块及系统安全要求和试验方法[44]，是我国电动汽车领域首批强制性国家标准。GB 38031—2020 测试对象包括：动力电池单体、电池包和系统。单体测试项目包括：电安全实验、机械安全实验、环境安全试验。如：过充、过放、外部短路、加热、挤压、温度循环（单体）、加热等。系统测试项目包括：电安全实验、机械安全实验、环境安全实验，例如：过充、过放、过流、过温、短路、挤压、振动、模拟碰撞、机械冲击、温度冲击、湿热循环（电池包或系统）、盐雾、浸水、高海拔、热扩散等。

国内动力电池主要标准汇总见表 5-13。

表 5-13　国内主要锂离子电池安全性测试标准

标准号	标准名称
QC/T 743—2006	《电动道路车辆用锂离子蓄电池》
GB/T 31485—2015	《电动汽车用动力蓄电池安全要求及试验方法》
GB/T 31467.3—2015	《电动汽车用锂离子动力蓄电池包和系统 第 3 部分：安全性要求与测试方法》
GB 38031—2020	《电动汽车用动力蓄电池安全要求》

GB38031—2020 标准优化了电池单体、模组安全要求，强化了对电池包和系统的安全性要求，涵盖了对电池包和系统的热扩散、外部火烧等要求，增加了热扩散试验，要求电池包或者系统由于某个电池热失控引起的热扩散、进而导致乘员舱发生危险之后 5min 应提供一个热事件报警信号。主要检测项目及条件见表 5-14。

表 5-14　主要检测项目及条件

检测项目	主要检测条件
过放	单体：充满电后，1C 放电 90min
过放保护	电池包和系统：（20±10）℃或更高温度下，SOC 调整到较低水平，按规定稳定放电至触发保护功能
过充	单体：充满电后，以 1/3C 充电至 1.1 倍上限电压或 115%SOC
过充保护	电池包和系统：（20±10）℃或更高环境下，SOC 调整到中间水平，以最短充电策略充电至触发保护功能

检测项目	主要检测条件
外部短路	单体：短路电阻不超过 5mΩ，短路 10min
外部短路保护	电池包和系统：短路电阻不超过 5mΩ，至启动保护功能（电池包和系统）
加热	单体：充满电后，以 5℃/min 速率升温至 130℃（±2℃），保温 30min
温度循环和湿热循环	单体：充满电后，25℃→-40℃→25℃→85℃→25℃，按照变量图进行 5 个循环。电池包或系统：25~60℃（或更高温度），50%~95%RH，按照变量图进行 5 个循环
挤压	单体：半径 75mm 半圆柱体，<2mm/s；电压到 0V 或变形到 15%，或者挤压力到 100kN 或 1000 倍样品质量停止挤压，保持 10min
	电池包和系统：半径 75mm 半圆柱体，<2mm/s；挤压力达到 100kN 或变形到挤压方向的整体尺寸的 30%停止挤压，保持 10min
振动	3 轴向：5~200Hz，最大 1.5g，13h（随机 12h+定频 1h）
机械冲击	施加 7g，6ms 半正弦波，±Z 方向各 6 次，共计 12 次
模拟碰撞	加速度：0~28g，脉宽：20~120ms，1 个方向
热稳定性	火烧：汽油、单体或模组距液面 50cm，或车辆底面距液面 50cm。预热 60s，直接暴露在火焰下 70s
温度冲击	-40~60℃（30min 内完成转换），每个温度点保持 8h，5 个循环
高海拔	室温，61.2kPa，5h
过温保护	室温或（20±10）℃或更高温度下：连续充电和放电升高电池温度进而触发电池过温保护
过流保护	（20±10）℃，SOC 调整到中间水平，5s 内将充电电流增加至规定最高电流至启动保护功能
热扩展	外部充电的电池包或系统，SOC 调整至不低于工作 SOC 的 95%；仅通过车辆能源进行充电的电池包或系统，SOC 调整至不低于工作 SOC 的 90%；直径 3~8mm 钢针，0.1~10mm/s 刺入，或使用 30~2000kW 棒状或平面状加热装置对电芯加热至电池热失控

GB38031—2020 的安全评价标准：电芯单体进行过放、过充、外部短路、加热试验、温度循环试验、挤压试验应不起火、不爆炸。电池包和/或系统进行振动、机械冲击、外部火烧、热扩散、温度冲击、盐雾、高海拔、模拟碰撞、湿热循环（电池包或系统）、过温、过流、外部短路试验，过充、过放应无泄漏、外壳破裂、起火或者爆炸现象，试验后的绝缘电阻应不小于 100Ω/V。电池包和/或系统挤压试验应不起火、不爆炸。

5.7.3　国内外动力电池标准对比

目前，国内外都高度重视锂离子电池的安全性能，已有许多专门的组织、协会或机构等在电池安全标准方面开展了大量研究工作，建立锂离子电池安全性检测评价标准体系。我国从事锂离子电池标准研究的机构主要有：中国电子技术标准化研究院、全国信息技术标准化技术委员会、锂离子电池安全标准特别工作组、中国电力科学研究院等。标准对象覆盖电池材料、电池单体、电池模块、电池包和电池系统。

国际与锂离子电池相关标准的组织机构主要是：国际标准化组织（ISO）、国际电工委员会（IEC），联合国危险货物运输委员会等。同时，国外各个国家也在积极推进相应的国家性标准，影响力比较大的包括：美国标准，如美国机动车工程协会（SAE）标准、保险商实验室标准（UL）；德国标准，如德国汽车工业协会（VDA）标准等。

国内外相继制定并发布了多项动力电池标准，重点内容主要聚焦在电性能、安全性能、使用寿命及回收利用等方面，多项标准的确立对新能源电池的质量提高、安全技术的提升具有重要作用，进一步提高了安全可靠性。

由于动力电池安全性是复杂的系统性问题，受电池选材、制造工艺、安全测试、标准分类、实际应用场景、新技术等多方面因素的限制，各类标准都存在一定差异性。

国内外主要的锂离子电池安全标准基本测试层级都在电芯、模组、系统上进行分层测试，具体规定中，在测试项目和适用范围上有所不同。此外，除了常规安全性能和电性能测试外，加大测试力度、测试难度，依据产品的特性增设了热失控测试项目，使得安全性的目标更加明确。这说明，电池安全标准体系取得了长足的进步，逐渐完善和提升。

目前，我国已经构建了较为完善的动力电池标准体系，但其内容仍然不能够适应锂离子电池在使用过程中的复杂多变、苛刻的使用环境。因此，应立足于现有国内外锂离子动力电池的现状，对技术现状进行深入分析，展望未来发展动向，进一步优化我国动力电池全生命周期安全性标准，完善动力电池标准体系。其中，不足之处包括：

（1）国内外标准着重考虑锂电池使用的安全要求，是以人身和财产的安全保护为基础，不对安全要求制定强制标准，不涉及电池的生产、运输、储存和使用。标准主要通过安全试验来保证动力电池的安全性能，对测试结果等级划分细致，但是暂无相关标准对在用车辆或者动力电池安全性能做出特殊规定和要求。在此标准基础之上，应进一步优化、完善动力电池安全标准体系文件，开展性能特性检测指标，比如：增加动力电池内部结构无损检测，如断层扫描技术、超声无损检测；增加产气安全、热失控预警、热扩散阻断等方面标准内容，提升安全预警性能，拓宽安全性评价维度和手段，有效减少或消除出现安全隐患问题的概率。

（2）现标准只有各种充放电制度下的衰减循环评价，缺少基于真实道路行驶工况的评估预测。对此，应建立起针对真实车辆的工况模拟，将整车工况向动力电池工况转化，保留真实车辆用户驾驶特征，压缩工况时长，建立动力电池循环寿命试验模型并量化评价方法，快速预估使用寿命。

（3）各类标准的内容虽然涉及广泛，也包括不同温度下的情况，但是，难以体现出真实工况中锂离子电池所处的全气候环境、全生命周期的使用要求。对此，应探究真实工况与标准之间的有效联系并进行转化，建立起有效标准对电动汽车热管理系统技术要求的测试和评价。

（4）单体电池、模组、电池包热失控、热扩展标准缺失，热失控报道屡屡出现。降低热失控事故频率、提高电池的热稳定性，对电池安全性能尤为关键。研究设计防火电池材料、探究热失控火蔓延特性、改进电池热管理系统、提高消防抑制措施对热失控安全具有重要意义。对此，可以开展储能用锂离子电池安全试验研究，采用分层级、多参数综合测试和评估储能系统抑制热失控火蔓延。

参 考 文 献

[1] UCAR. Battery requirements for future automotive applications [S]. 2019.

[2] Feng X N, Ouyang M G, Liu X, et al. Thermal runaway mechanism of lithium ion battery for electric vehicles: A review [J]. Energy Storage Materials, 2018(10): 246-267.

[3] Spotnitz R, Franklin J. Abuse behavior of high-power, lithium-ion cells [J]. Journal of Power Sources, 2003, 113(1): 81-100.

[4] Feng X N, He X M, Ouyang M G, et al. A coupled electrochemical-thermal failure model for predicting the thermal runaway behavior of lithium-ion batteries [J]. Journal of The Electrochemical Society, 2018, 165: A3748-A3765.

[5] Rodrigues M F, Babu G, Gullapalli H, et al. A materials perspective on Li-ion batteries at extreme temperatures [J]. Nature Energy, 2017, 2: 17108. 1-14.

[6] Liu X, Ren D S, Hsu H J, et al. Thermal runaway of lithium-ion batteries without internal short circuit [J]. Joule, 2018, 2(100): 2047-2064.

[7] Bak S M, Hu E Y, Zhou Y N, et al. Structural changes and thermal stability of charged $LiNi_xMn_yCo_zO_2$ cathode materials studied by combined *in situ* time-resolved XRD and mass spectroscopy [J]. ACS Applied Materials & Interfaces, 2014, 6(24): 22594-22601.

[8] Zhang Y D, Liu J D, Xu W C, et al. Gradient doping Mg and Al to stabilize Ni-rich cathode materials for rechargeable lithium-ion batteries [J]. Journal of Power Sources, 2022, 535: 231445.

[9] Hou P Y, Zhang H Z, Deng X L, et al. Stabilizing the electrode/electrolyte interface of $LiNi_{0.8}Co_{0.5}Al_{0.05}O_2$ through tailoring aluminum distribution in microspheres as long-Life, high-rate, and safe cathode for lithium-ion batteries [J]. ACS Applied Materials Interfaces, 2017, 9: 29643-29653.

[10] Hong Z W, Dong H C, Han S J, et al. Nail penetration-safe $LiNi_{0.6}Co_{0.2}Mn_{0.2}O_2$ pouch cells enabled by $LiMn_{0.7}Fe_{0.3}PO_4$ cathode safety additive [J]. Journal of Power Sources, 2021, 512: 230505.

[11] Chen Z H, Qin Y, Ren Y, et al. Multi-scale study of thermal stability of lithiated graphite [J].

Energy & Environmental Science, 2011, 4(10): 4023-4030.

[12] Roth E P, Orendorff C J. How electrolytes influence battery safety [J]. Electrochemical Society Interface, 2012, 21(2): 45-49.

[13] 曾子琪, 艾新平, 杨汉西, 等. 有机磷酸酯阻燃电解液的研究进展 [J]. 电化学, 2020, 26(5): 11.

[14] Huang S, Du X N, Richter M, et al. Understanding Li-ion cell internal short circuit and thermal runaway through small, slow and *in situ* sensing nail penetration [J]. Journal of The Electrochemical Society, 2020, 167(9): 090526.

[15] Abaza A, Ferrari S, Wong H K, et al. Experimental study of internal and external short circuits of commercial automotive pouch lithium-ion cells [J]. Journal of Energy Storage, 2018, 16: 211-217.

[16] 张明杰, 杨凯, 段舒宁, 等. 高能量密度镍钴铝酸锂/钛酸锂电池体系的热稳定性研究 [J]. 高电压技术, 2017, 43(7): 2221-2228.

[17] Wang H, Simunovic S, Maleki H, et al. Internal configuration of prismatic lithium-ion cells at the onset of mechanically induced short circuit [J]. Journal of Power Sources, 2016, 306: 424-430.

[18] Dixon B, Mason A, Sahraei E. Effects of electrolyte, loading rate and location of indentation on mechanical integrity of li-ion pouch cells [J]. Journal of Power Sources, 2018, 396, 412-420.

[19] 兰凤崇, 郑文杰, 李志杰, 等. 车用动力电池的挤压载荷变形响应及内部短路失效分析 [J]. 华南理工大学学报, 2018, 46(6): 65-72.

[20] Ren D S, Feng X N, Lu L G, et al. An electrochemical-thermal coupled overcharge-to-thermal-runaway model for lithium ion battery [J]. Journal of Power Sources, 2017, 364(1): 328-340.

[21] 曾彪. 锂离子电池过充保护添加剂研究[D]. 长沙: 中南大学, 2009.

[22] Feng X M , Ai X P , Yang H X . A positive-temperature-coefficient electrode with thermal cut-off mechanism for use in rechargeable lithium batteries [J]. Electrochemistry Communications, 2004, 6(10): 1021-1024.

[23] 比亚迪股份有限公司. 一种锂离子电池负极及其制备方法, 含有该锂离子电池负极的锂离子电池: 中国, ZL201410374978. 4 [P]. 2018-12-21.

[24] 株式会社 LG 新能源. 调节过放电期间阴极终止电压的方法和用于锂二次电池的阴极活性材料: 中国, ZL 1020030066866 [P]. 2006-03-08.

[25] Chen Z Y, Xiong R, Zhang B, et al. Benign-to-malignant transition in external short circuiting of lithium-ion batteries [J]. Cell Reports Physical Science, 2022, 3(6): 100923.

[26] 株式会社 LG 化学. 在电池端子处配备安全元件的二次电池: 韩国, ZL1020060033064A[P]. 2006-04-19.

[27] 清华大学. 一种置于锂离子电池内部的外短路延时保护系统: 中国, ZL200810112632. 1 [P]. 2010-06-09.

[28] 比亚迪股份有限公司. 一种锂离子电池及其制备方法: 中国, ZL200910134934. 3[P]. 2013-08-28.

[29] 合肥国轩高科动力能源有限公司. 一种锂离子电池极耳反折矫正装置: 中国, ZL201621032488. 7[P]. 2017-05-24.

[30] 周宇, 邓哲, 黄震宇, 等. 锂离子电池负极析锂检测方法的研究进展 [J]. 硅酸盐学报, 2022, 50(1): 17.

[31] Fleischhammer M, Waldmann T, Bisle G, et al. Interaction of cyclic ageing at high-rate and low

temperatures and safety in lithium-ion batteries [J]. Journal of Power Sources, 2015, 274: 432-439.

[32] Waldmann T, Kasper M, Wohlfahrt-Mehrens M. Optimization of charging strategy by prevention of lithium deposition on anodes in high-energy lithium-ion batteries-electrochemical experiments [J]. Electrochimica Acta, 2015, 178: 525-532.

[33] Han X B, Lu L G, Zheng Y J, et al. A review on the key issues of the lithium ion battery degradation among the whole life cycle [J]. eTransportation, 2019, 1: 10005.

[34] Tobishima S, Yamaki J, Hirai T. Safety and capacity retention of lithium ion cells after long periods of storage [J]. Journal of Applied Electrochemistry, 2000, 30(4): 405-410.

[35] Zhang L. Study on influencing factors of safety for lithium battery[M]. Qinhuangdao: Yanshan University Press, 2012, 102-106.

[36] Wu Y F, Brun-Buisson D, Genies S, et al. Thernal behavior of lithium-ion cells by adiabatic calorimetry: One of the selection criteria for all application of storage [J]. ECS Transactions, 2009, 16(29): 93-103.

[37] Roder P, Stiaszny B, Ziegler J C, et al. The impact of calendar aging on the thermal stability of a $LiMn_2O_4$-$LiNi_{1/3}Mn_{1/3}Co_{1/3}O_2$/graphite lithium-ion cell [J]. Journal of Power Sources, 2014, 268: 315-325.

[38] Wang L, Feng X N, Xue G, et al. ARC experimental and data analysis for safety evaluation of Li-ion batteries [J]. Energy Storage Science and Technology, 2018, 7(6): 1-9.

[39] Shu X, Li G, Shen J W, et al. A uniform estimation framework for state of health of lithium-ion batteries considering feature extraction and parameters optimization [J]. Energy, 2020, 204(9): 117957.

[40] Zhang Y C, Wang C Y. Cycle-life characterization of automotive lithium-ion batteries with $LiNiO_2$ cathode [J]. Journal of the Electrochemical Society, 2009, 156(7): A527-A535.

[41] Remmlinger J, Buchholz M, Meiler M, et al. State-of-health monitoring of lithium-ion batteries in electric vehicles by on-board internal resistance estimation [J]. Journal of Power Sources, 2011, 196(12): 5357-5363.

[42] Sun D, Xu S. State of health prediction of second-use lithium-ion battery [J]. Transactions of China Electrotechnical Society, 2018, 33(9): 2121-2129.

[43] Wei H Y, Chen X J, Lv Z Q, et al. Online estimation of lithium-ion battery state of health using grey neural network [J]. Power System Technology, 2017, 41(12): 4038-4044.

[44] 郑昆, 丁胜, 林文表, 等. 动力电池安全性分析及检测技术概述 [J]. 环境技术, 2021, 234(6): 229-233.

06

仿真设计技术

仿真是指利用模型复现实际系统中发生的本质过程，并通过对系统模型的试验来研究存在的或设计中的系统。其意义和作用在于当研究的系统造价昂贵、试验危险性大，或是制造周期长、不易实际试验时，通过有限元的原理，借助仿真软件对本质过程进行预测，得到合理的最优解。目前，仿真作为一种有效的设计工具被应用于各种制造领域。

动力电池由于其制造周期长、验证工况复杂多样，因此需要借助仿真分析手段，在动力电池设计之初对客户要求的电性能、安全可靠性等进行针对性的设计，模拟使用工况下电池的使用状态，从而提高动力电池的设计合理性，为产品的质量安全性能保驾护航。

6.1 结构仿真

6.1.1 结构仿真概述

动力电池结构仿真可以在产品设计阶段评估电池不同设计方案，如电池壳体材质尺寸、极柱结构、电芯结构等的合理性，加快产品研发速度、降低开发成本，尤其可对电池新结构、新设计的开发迭代提供技术支撑。

结构仿真其本质是使用有限元软件的求解器，通过真实的数据模型，对其实行网格划分，给定合理的边界条件，加载实际使用的力学工况，生成符合实际应力、位移分布云图，从而发现结构设计中的隐患，帮助工程师进行结构的优化和改进。结构仿真的大致流程图如图 6-1 所示。

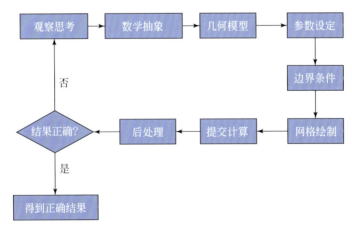

图 6-1 结构仿真流程图

仿真的过程是不断逼近实际的过程，仿真结果与实际结果不可避免地存在一定的误差，其中包括算法的误差、材料参数的误差、接触的误差、设定的误差等。这就需要注重仿真结果与实际的比对，思考两者的差异原因。这需要开发人员对产品的设计原理（一般是电化学机理）、材料力学、有限元本质有深刻的理解。

6.1.2 结构仿真使用的软件、目的、意义

1. 对于宏观的机械结构仿真，目前主要使用 ABAQUS 作为主流使用软件。ABAQUS 是一套功能强大的工程模拟有限元软件，特别是能够驾驭非常庞大复杂的高度非线性问题。在针对锂离子电池的结构分析中，主要使用如下分析步：

（1）Static General：线性或非线性静力学分析，主要用于物体处于力学平衡的状态或是准静态的物体的力学分析，不需要考虑时间对物体的作用。如《GJB150.15A 军用装备试验室环境试验方法-加速度部分》中对于物体在收到持续加速度的工况下的状态或是水下航行器在受到水压等持续的稳态载荷时，可使用静力学分析步分析。

（2）Dynamic Explicit：显示动力学分析，主要用于物体处于运动状态的分析。在分析的过程中，不能忽略时间对物体的影响，适用于短时间高速运动的物体。如《GJB150.18A 军用装备试验室环境试验方法-冲击部分》或《GT/T38031-8.2.2 机械冲击》中对于系统收到短时间的冲击波或是力学工况的载荷状态时，可使用显示动力学分析。

（3）Dynamic Implicit：隐式动力学分析，主要用于物体处于运动状态的分析。在分析的过程中，不能忽略时间对物体的影响，适用于相对较长时间（4s～1min）低速运动的物体。如《GJB150.23 军用装备试验室环境试验方法-倾斜和摇摆部分》5.1.3 章节中，工况要求部件处于相对低速、长时间周期运动时，可采用隐式动力学分析。

（4）Frequency：模态分析，主要用于分析物体的共振频率及显示物体的模态振型。模态分析是随机振动、扫频振动等振动仿真的基础，通过模态的叠加，求解在随振动过程结构的应力和位移。

（5）Random Response：随机振动分析，用于分析物体在随机振动的状况下 R-Mises 应力分布，位移分布。《GJB150.16A 军用装备试验室环境试验方法-振动部分》中规定，针对不同种类、不同用途的产品部件，加载相对应的功率谱密度进行分析。

同时，针对复杂的工况，ABAQUS 可以使用复合工况进行联合仿真，对不同工况的多重作用进行求解。

2. 对于微观层面，目前主要使用 Comsol Multiphysics 软件进行模拟仿真。Comsol Multiphysics 是一款大型的高级数据仿真软件，广泛地应用于各种领域的科学研究和工作计算中，其主要优势是擅长对多个物理场进行耦合。在针对锂离子电池微观力学研究中，主要使用到的物理场模块如下：

（1）锂离子电池模块：通过多孔微观颗粒的数模，建立微观电化学耦合力学模型，求解电化学充放电、SEI 膜增长和温度变化带来的力学膨胀变化。

（2）结构力学模块：输出均质化力学属性和随 SOC 循环次数变化的膨胀曲线，同时可以验证正极、负极、极组的弹性模量，为 ABAQUS 宏观求解提供电池材料本质的本构参数。

3. 对于几何结构体的网格划分，使用 Hyperworks 对几何数模进行网格划分，生成对应求解器的.inp /.bdf 格式文件，导入 ABAQUS 或是 Comsol。

6.1.3 结构仿真分析模型的建立

结构模型的建立一般使用三维绘图软件 catia、Solidworks、PTC 等，首先对需要分析的电池进行 1∶1 的绘制。电池大致分为圆柱形、方形、软包聚合物三种，电池的数模大致如图 6-2 所示。

  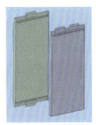

圆柱形　　　　　　　　方形　　　　　　　软包聚合物

图 6-2　各类电池建模示意图

之后通过 Hyperworks 软件，将数模进行网格化。划分完成后的网格如图 6-3 所示。

图 6-3　通过 Hyperworks 进行前处理绘制网格

同时，网格的绘制并不是针对一种电池一成不变的，需要对客户分析的部位进行细化。如果客户需求是整个电池包，那么可以将电池作为一个整体进行分析。如果分析的目标是电池内部的极柱或是某个部件，则需要将目标部件的网格进行进一步的细分。例如，对整体的系统结构体分析，为了减少计算成本，可以将模组的网格的尺寸放大，重点考虑箱体在力学工况下的应力状况。如图 6-4 所示。

图 6-4 针对系统整体分析使用的网格

如果分析模组，则将模组内部结构进行细化，对电芯、汇流排、电芯间的缓冲材料进行建模，考虑模组在力学工况下的刚度及受力状况，评估在力学工况下的稳定性，如图 6-5 所示。

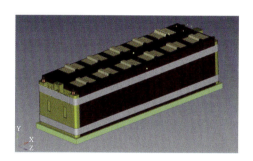

图 6-5 针对模组分析使用的网格

如果考虑电芯内部的极组受力状况，则需要对电芯内部建模绘制网格，考虑极组表面的应力分布状况，如图 6-6 所示。

图 6-6 针对电芯分析使用的网格

对于微观方向的结构仿真，一方面，须通过算法人为生成虚拟的电极结构。通过人为设定不同成分的比例和形状，利用相关计算软件在三维空间中生成三相结构。另一方面，先用 CT 设备获取电极的 CT 数据集，之后在 AVIZO 等软件中进行图像处理，最后进行仿真模型的搭建。图像处理的过程包括使用中值滤波手段降低图像噪音；使用阈值分割手段区分活性物质相、孔隙相；在分割工作室进行图像平滑、移除孤岛等操作［图 6-7（a）］。图 6-7（b）为通过一系列的图像处理获得的电极三维图像，红色部分为活性物质相，灰色部分为孔隙相、导电粘接剂相。此外，通过更加先进的 CT 设备还可以对孔隙相和导电粘接剂相进行区分。基于 CT 数据和三维重构模型，可以获得电极的孔隙率、迂曲度等重要信息。构建的孔隙网络模型如图 6-7（c），可以清楚地观察到活性物质周围的孔隙路径。

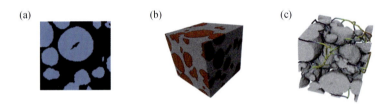

图 6-7　（a）CT 数据二维切片图；（b）重构模型三维渲染图；（c）孔隙网络模型

图 6-8（a）显示了电极的孔隙分布情况，是通过每一个二维切片图孔隙相面积与总面积之比得到的；图 6-8（b）为活性物质相的表面积和体积，通过 CT 和三维重构技术可以更加精确地获取电极活性材料的表面积和体积；迂曲度为介质在极片中通过的实际路径长度与极片厚度的比值，迂曲度对电极中的锂离子电导率和电解液扩散有重要影响，图 6-8（c）为通过重构图像计算得到的迂曲度，在这里表示为孔隙路径与最短路径的比值。

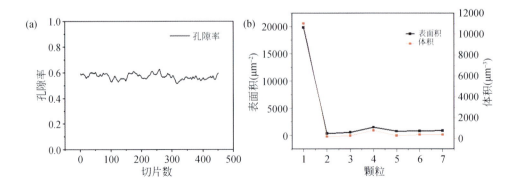

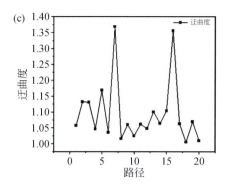

图 6-8 （a）重构模型孔隙率分布； （b）活性物质相表面积与体积分布； （c）电极迂曲度分布

6.1.4 仿真材料参数的获取

在仿真的过程中，需要输入材料的力学参数作为求解的输入。材料参数的准确性对仿真结果的真实符合度无疑起到决定性的作用，如何获取材料的力学参数？单单从网上查资料，或是使用软件给出的基础参数是远远不够的。

1. 金属/有机物类

一般对于有标准牌号的金属及有机物类材料，优先使用供应商提供的拉伸压缩数据。如果供应商不测试材料力学属性的测试数据，可以通过网上标准实验室的拉伸数据查得。当然如果考虑到材料在极端高低温或是在高速冲击作用下的力学表现，则需要材料在不同温度、不同应变率下的材料属性。

2. 动力电池

动力电池内部包括正极、负极、隔膜、电解液等部件，且由于电池在组装过程中采用叠片或卷绕的方式组装，所以电池在不同的方向表现出来的力学属性也不一样。所以，需要针对不同工况采用不同方式测量电池的力学属性。

（1）针对测试过程中不发生电化学反应的工况，可以采用拉压的方式，收集电池在不同方向的压缩曲线，从而生成电池的真实应力应变曲线。

（2）对于测试过程中发生电化学反应的工况，如循环所产生的膨胀力，则不能使用压缩方式测量，因为电池在充放电过程中，不同的 SOH 状态下，电池内部呈现不同的复杂的电化学反应，电池的弹性模量也时刻发生着变化，所以只能通过试验的方式，收集电池产生的膨胀力，通过膨胀率对电池的弹性模量进行反推。

（3）使用 Comsol 软件，输入正负极的材料参数，模拟微观层面正负极片的弹性模量。对正负极片的模拟如图 6-9 所示。

负极多孔石墨等效杨氏模量

正极NMC等效杨氏模量

图 6-9　使用 Comsol 模拟正负极片弹性模量

需要在仿真软件中调整正负极的粒径及材料配比，通过实际的试验数据，校准仿真结果，使仿真的数据与实际试验基本接近。

6.1.5　结构仿真的评价方法

如何评价仿真的结果是否可信？需要从仿真软件自身的输入、设置和对比试验关键参数与仿真结果的差异两个方面进行。两个方面一个是自身对仿真的理解，一个是实际对仿真分析的校准。两者在仿真过程中相辅相成，都是不可或缺的。

1. 对仿真软件输入的检查

（1）材料关键力学属性的输入。对于材料的力学属性如何查找，请参考 6.1.4 节。

（2）关于网格的质量，须对网格的长宽比、雅可比、最小尺寸、扭曲度进行检查。如果网格的质量不能满足要求，在求解过程中，求解的增量步是按照最小尺寸定义步长，过小的网格尺寸会影响求解过程的运算资源的使用，导致运算速度变慢；同时，如果雅可比、扭曲度质量较低，容易出现网格奇异，从而造成求解结果的应力异常。对于网格类型，六面体网格具有质量高、易收敛、离散误差小等优点，所以对关键部位尽可能使用六面体网格，如果使用四面体网格，需要转换 2 阶精度（但会增加求解成本）。

（3）关于接触属性，观察实际部件的接触方式，看是否存在过盈配合。同时对于焊接部位的轨迹、焊线的宽度要看是否能够保证电池在实际工况不会开裂。如有增加焊点的单元需对焊接进行评估。

（4）关于分析步设定，需要考虑实际工况是在什么情况下产生，具体见 6.1.2。

2. 对实际试验的收集

（1）膨胀力试验收集电池产生的膨胀力（图 6-10）。对比仿真数据，误差在 15% 以下的仿真才有实际的指导意义。

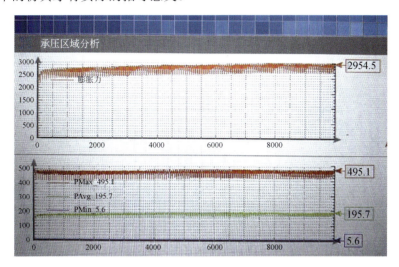

图 6-10　膨胀力数据

（2）对于物体的模态分析。需要通过仿真分析固有共振频率，同时，使用测试仪器测试电池箱体的频率，对两者进行对比。图 6-11 为仿真的模态振型与测试的振型对比分析：表格中有限元分析数据第一列使用 UG 软件对系统进行模态分析，得到前 5 阶模态的共振频率。表格中有限元分析数据第二列使用 Abaqus 软件对系统进行模态分析，得到前 5 阶模态的共振频率。使用亿恒传感器测量实际的系统振动情况，得到前 5 阶模态的共振频率。使用 LMS 传感器测量实际的系统振动情况，得到前 5 阶模态的共振频率。

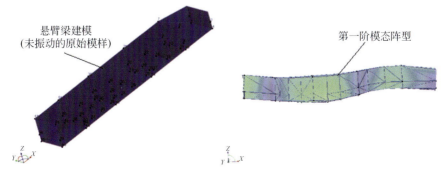

固有频率	有限元分析数据		亿恒测试设备数据	LMS测试分析数据	与LMS误差
一阶	568.6	537.25	517.5	518.148	−0.13%
二阶	1046.6	1016.1	913.1	914.165	−0.12%
三阶	2475	2397.7	2176.3	2177.255	−0.04%
四阶	3258	3089.6	2966.9	2968.365	−0.05%
五阶	3897	3754.1	3466.3	3466.534	−0.01%
	UG仿真	Abaqus仿真			

图 6-11　仿真与实际测试的模态对比分析

可以看到，仿真分析得到的共振频率与实际传感器收集的共振频率误差在0.5%以下，说明仿真的结果基本可信。

6.1.6　结构仿真常用的优化方案

ABAQUS 自带 Tosca 和 Isight 模块，可对模型进行无参数优化和有参数优化。注意：如果需要对一个参数进行优化，比如部件的倒角在 1～5mm 中取一个合理的值，使其对整体的应力最小，同时结构质量最小，这属于有参数优化；如果需要对部件的形状进行优化，达到要求质量下的强度最优，这属于无参数优化。

1. Tosca 结构拓扑优化模块

Tosca 结构拓扑优化模块通过给定的设计空间，满足指定加载工况和边界条件进行优化计算，最终得到合理的最优设计。该模块可帮助客户显著缩短设计时间，提供更高水准的设计方案，从而达到节省材料、优化质量的目的。

优化的约束或目标相应包括：刚度、固有频率、反应力、速度和加速度、质量、质心位置、惯量等。同时也支持在优化过程中对优化的方向进行复合制造过程的约束，如钻孔、拔模、轴向旋转、轴向对称等。Tosca 结构中的 Bead 模块用于优化电池箱体结构中加强筋的位置和方向，通过在钣金结构中添加加强筋能够提升钣金件的弯曲刚度和箱体结构的动力学（振动）特性，以及提高钣金件的疲劳寿命。图 6-12 为电池箱体上盖的优化结果。

图 6-12　电池箱体上盖优化结果

2. Tosca 形状、厚度优化

Tosca 结构中的 Sizing 模块能够完成形状、厚度优化，模块通过参数自动调节（如改变壳的厚度参数）从而改善结构的特性，如增加刚度的同时降低设计质量、减小局部应力、提高振动频率等。

Sizing 求解器允许将每一个单元作为设计变量实现自由尺寸优化，也可将一组单元作为一个设计变量进行优化，以保证一个指定的设计区域能同时变化，确保优化结果最终能通过制造实现。例如，客户要求框架质量降低 30% 的情况下，保持静载 3 倍重力框架能够满足安全系数＞1.5。图 6-13 为对电池框架的优化过程。

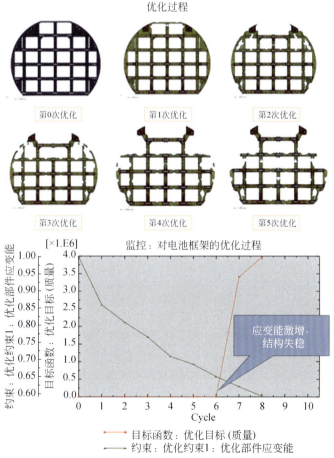

图 6-13　电池框架的优化过程中能量变化及质量减小示例

通过求解对优化后的模型进行仿真分析（如图 6-14 和图 6-15），在给定的力学工况下进行仿真，发现应力小于材料的屈服强度，且安全系数大于 1.5，符合安全设计准则。

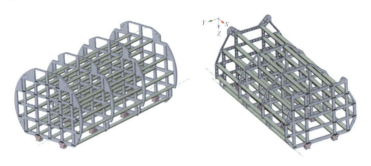

图 6-14 优化前后的结构对比

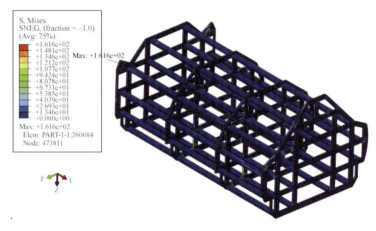

图 6-15 优化后的结构及静载应力分布

通过拓扑结构优化，在保证结构强度的前提下，将质量降低 35%。

6.1.7 仿真分析的应用案例

近期越来越多的仿真工具应用到锂离子电池的开发、研制、使用等工况中，如下选取几个有代表性的仿真案例。

1. 电池膨胀力分析

由于锂离子电池是一个封闭的体系，难以对正负极材料嵌锂过程中的反应进行直接的观测，因此建模也就成了了解锂离子电池内部反应机理最为有效的方式。一般来说，这样的建模需要包含两部分：

（1）电化学模型，模拟活性物质在充放电过程中的反应机理；

（2）机械模型，模拟活性物质在嵌锂后的形变情况。这种膨胀是可逆的。

此次采用 Comsol 软件的锂电池模块和力学模块，设计了一套从微观到宏观的锂电池电化学膨胀分析路线。构建了 NCA 三元体系电芯颗粒随机分布的微观模型，求解充放电过程中电芯膨胀力变化。正负极的微观数模经过前期的电镜扫描测试后，使用 Catia 建模得到如图 6-16 所示。

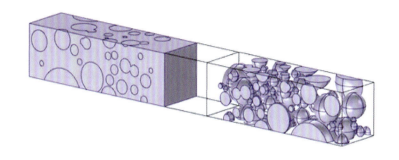

图 6-16　NCA 三元体系电芯颗粒随机分布数模

通过 Comsol 求解器求解，得到在充放电过程中颗粒的膨胀应力分布，如图 6-17 所示。其中，单独针对正极、负极求解，可以得到不同 SOC 荷电态下物质的等效弹性模量，如图 6-18 所示。

通过得到的弹性模量数值，同时根据拆解实测电池极片得到的厚度膨胀率，使用 ABAQUS 软件对单体电芯的膨胀力试验进行模拟，得到电池内部电芯膨胀率与整体膨胀力的对应关系。

图 6-17　电池充放电过程正负极颗粒膨胀应力云图

负极多孔石墨等效杨氏模量 　　　　　　正极NMC等效杨氏模量

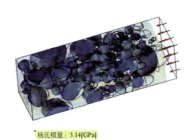 

杨氏模量：3.14[GPa] 　　　　　　杨氏模量：13.3[GPa]

图 6-18　充放电过程中正负极等效弹性模量

2. 使用 ABAQUS 动力学模拟圆柱形电池滚槽、封口制备工序

对于 18650、21700、26650 或 4680 圆柱形电池，其滚槽及封口制备工序参数的优化设计非常重要，否则易引起电池漏液、壳体开裂情况出现。

第一步：建立滚槽、封口的三维数模，并对其进行网格化（图 6-19）。

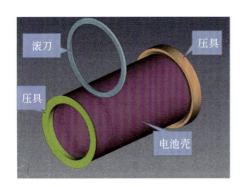 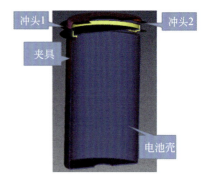

图 6-19　滚槽模型网格划分图

第二步：对其施加相应的边界条件和载荷。如图 6-20 所示。

对滚槽的边界条件：

（1）将滚刀、工装夹具设置为刚体。

（2）将夹具施加向电池壳轴向 5kN 的推力，并施加 1500rad/min 的转速。

（3）对滚刀施加 2.5mm 的向下位移。

对冲压的边界条件及载荷：

（1）将夹具设置为刚体，并且全约束，在求解过程保持静止。

（2）冲头 1 施加 3.8mm 的向下强制位移，时间为 2s。

（3）冲头 1 抬起，冲头 2 施加 5.9mm 的向下强制位移，时间为 2s。

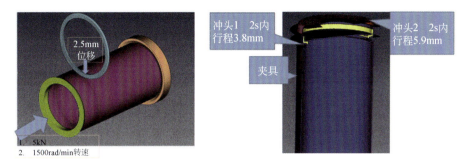

图 6-20 滚槽与冲压边界条件示意图

第三步：使用求解器求解，得到冲头和滚刀受到的反力与时间关系，如图 6-21 所示。该反力与设备收到的反力实际数据基本一致，误差在 20% 以内。

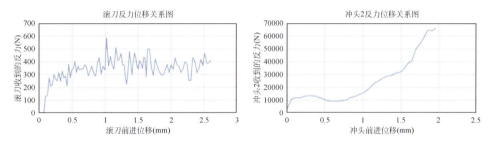

图 6-21 滚槽滚刀与冲压压头反力变化

第四步：观察壳壁厚度与反力关系。

实际工艺要求在冲压和滚槽的过程中，壳壁最小厚度必须≥0.15mm，不然存在壳裂风险。经过仿真分析，采用当前的工艺参数，最小厚度为 0.219mm，大于工艺要求。所以工艺参数可行。

3. 基于 CT 重构的介观尺度模型仿真

对电极的三维重构模型进行网格划分，并通过基础的电化学、扩散、电荷和物质守恒、能量守恒等理论方程描述电极充放电反应，即可获得介观尺度电化学模型。相较于传统的 P2D 模型，介观尺度电化学模型可以更好地对微观下的电化学特性进行模拟，并能更加直观地描述电极结构对电池性能的影响。图 6-22（a）显示了不同放电倍率下 NCM111 电极介观尺度模型的放电曲线，高倍率情况下（3C、5C 放电）电池放电平台和放电容量显著降低，这与实验结果相吻合。电极固相、液相浓度分布如图 6-23，在放电结束时，活性物质颗粒的锂化状态是不均匀的，这也是微观结构的不均匀性导致的。大颗粒活性物质和小颗粒活性物质的固相锂浓度分布差距很大，较大的活性物质颗粒导致锂离子的固相传输距离较长，造成颗粒中心的锂浓度远低于表面浓度，导致活性物质不能完全放电。小颗粒活性物质放电结束后，其锂化较为完全，因此电极制备中采用较小的颗粒可以提升电池的倍率性能。图 6-23（b）为放电结束后液相锂离子浓度分布，液相锂浓度分布在厚度方向上有一定梯度分布，这是锂离子液相传输较慢导致的。为了提高电池容量，需要增加电极的厚度，厚度方向上也会有更大的锂浓度梯度，导致集流体一侧的电极不能完全放电。为了提高活性物质在高倍率下的放电性能，还可以通过调节固相扩散系数来改善。图 6-22（b）为不同固相扩散系数下的介观尺度模型放电曲线，更高的扩散系数表示锂离子在颗粒中的传输能力更强，可以使活性材料放电更加充分。从图像中看到，固相扩散系数越高，放电平台越高，放电容量越大。

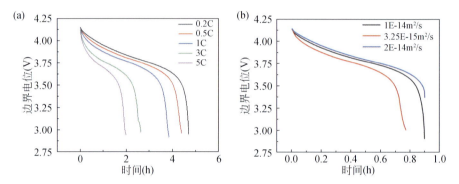

图 6-22 （a）不同倍率的放电曲线模拟；（b）不同固相扩散系数下的介观尺度模型放电曲线模拟

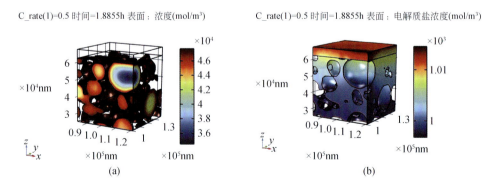

图 6-23 （a）0.5C 放电结束固相浓度分布；（b）0.5C 放电结束液相浓度分布

锂离子电池正极在循环过程会形成 CEI 膜，同样可以通过介观尺度模型研究 CEI 膜对电极性能的影响。在形成 CEI 膜后，锂离子从液相穿过 CEI 膜到达颗粒表面的过程受膜的离子电导率影响。图 6-24（a）的仿真结果表明更高的膜离子电导率使得正极材料的放电性能更加优异；图 6-24（b）的仿真结果显示了不同膜厚对电化学性能的影响，厚 CEI 膜延长了离子的传输路径，也提高了膜阻，影响了正极的电化学性能。此外，CEI 膜也会影响界面反应方程从而对模型仿真产生影响，可以通过实验研究了解 CEI 的生长机理，并在介观尺度模型中耦合界面反应模型。

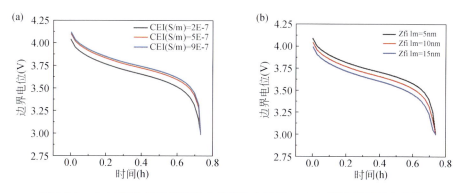

图 6-24　（a）不同 CEI 膜离子电导率放电性能；（b）不同膜厚放电性能

6.1.8　总结与展望

锂离子电池作为一种新能源产品，被广泛使用于我们生活的各个领域，其开发周期较长，对于产品的性能及安全性很难一一进行充分的样品试验。为了保障其性能、安全要求，就需要通过仿真软件，对锂离子电池的材料选取、制造工艺、产品设计、使用状态一系列全生命周期的工况进行仿真，找出根据客户工况的最优解。

而对于结构仿真来说，我们要从宏观和微观两个方向进行延伸。微观领域，对于电化学的颗粒在电池充放电过程中表现出来的应力状况、粘接剂在高压下的稳定性是否能够保证等问题，这些微观领域的仿真会对我们的电池设计、工艺流程起到至关重要的指导作用。在宏观领域，包括我们所看得见、摸得着的部件，是否能在客户给定的工况下保持稳定性，不会出现断裂、失稳、短路等对安全有影响的情况，结构仿真也能给出有指导意义的结论。

目前的仿真软件多种多样，但对于关键的仿真设定，一定要结合实际的实验数据，经过多次的对比试验，逐渐提高仿真的准确度。当一套参数能够多次符合试验数据，那仿真结果才能够有一定的指导意义，脱离了试验的仿真只是空中楼阁。对于仿真中的参数设定，我们更要知其然更知其所以然，不能只了解大致的设定，不然只能得到似是而非的结果。所以对仿真在锂离子电池上的应用，需要对电化学、材料力学、线性代数、泛函分析有一些基本的了解。仿真，是多学科交叉的使用模式，在锂离子电池产品的开发过程如果得到合理使用，必然会起到很好的作用。

6.2　电化学仿真

6.2.1　电化学仿真技术概述

锂离子电池开发模式已逐渐完善，其仿真建模及分析技术为产品开发提供了有力的技术支撑，是非常重要的研发辅助方法。在 Comsol、ANSYS 仿真软件上有相对应的锂离子电池模块，为电池研究人员提供了有效工具手段，可有效缩减电池研发周期。

锂离子电池仿真模型大体可以分为等效电路模型和电化学模型两类。等效电路模型通过一些基础电气元件反映电池的宏观特性，在模拟电池充放电和输出特性等方面有着不错的应用，但并没有考虑电池内部的微观反应，所以无法得到一些微观物理参数以及无法反应电化学性能[1]。电化学模型则是基于内部反应机理，以电化学理论为基础建立的模型。由于其模型精度高的特点，在电池内部优化、安全性能分析等方面是重要的研究工具。

准二维模型（P2D 模型）拉开了电化学模型研究的序幕，由于其精度高、模拟性能好的特点受到研究人员的广泛关注。然而，准二维模型计算的复杂性及部分变量准确获取较为困难，后续一些研究者对准二维模型进行了简化、降阶去研究寻找更适合的电化学模型，现在很多的电化学模型都是基于准二维模型简化而来，例如单颗粒模型、平均电极模型。在构建准二维模型、单颗粒模型等模型时，基于电极为均匀多孔介质，但这导致了与实际电极和隔膜微孔构形存在较大差异，这类模型也称作宏观模型。为了更好地对电池介观微结构进行研究，找到限制电池性能的关键参数，对锂离子电池介观尺度模型的研究是当前的发展趋势[2]。在本节的第二部分会对准二维模型、单颗粒模型、介观尺度模型的技术现状进行详细介绍。

6.2.2　电化学仿真模型类型

1. 准二维模型

准二维模型将电池活性材料等效为多个均匀球状颗粒（图 6-25），"二维"指模型等效的球状颗粒的半径（r 方向）与电池厚度方向（x 方向），因为电池厚度方向远大于颗粒半径方向,与二维模型存在一定差异,所以称为准二维模型。现阶段很多电化学模型都是基于准二维模型简化而来,所以准二维模型是经典的电化学模型之一。

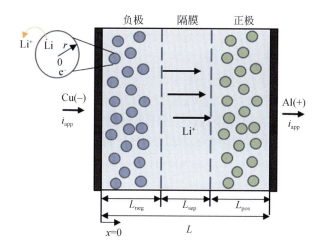

图 6-25　P2D 模型的原理图

　　虽然准二维模型精度很高,但由于模型本身带有大量偏微分方程,会导致计算量过大,部分变量难以获取。研究人员进而在准二维模型的基础上寻找简化的电化学模型,Santhanagopalan 等[3]对准二维模型、单颗粒模型、多项式近似多孔电极模型进行比较。结果表明单颗粒模型忽略了溶液浓度的限制,只适合小电流的充放电,准二维模型和多项式近似多孔电极模型在 1C 放电率下表现较好。多项式近似多孔电极模型仍然存在计算烦琐的问题。韩雪冰[4]提出了准二维模型的简化模型,将简化模型成功应用到电池 SOC 估计上的同时也提出了基于简化模型的 SOC 估计算法。

　　另一方面,与其他物理场耦合也是准二维模型研究的发展方向。Arora 等[5]将析锂副反应耦合到准二维模型,提出的模型可以避免锂沉积并且能够预测不同充电条件下负极锂的分布。Gao 等[6]针对 Si-C 复合负极提出的模型将准二维模型与力学模型耦合,运用耦合模型探讨研究充放电、机械约束、Si 的比例对电化学和机械性能的影响。Wang 等[7]对准二维模型方程进行简化,并提出了基于准二维模型的电化学热耦合模型,该模型在很低的温度下依然可以准确反映电池特性。

2. 单颗粒模型

　　Haran 等[8]提出的单颗粒模型具有简单的结构,并且精度较高,在近几年来也受到人们的关注。单颗粒模型见图 6-26,将正负电极等效为单个球体粒子,并且忽略了液相扩散及锂离子浓度分布问题。单颗粒模型在低放电倍率下可同时兼顾计算速度和精度，但在高放电倍率下精度较低。

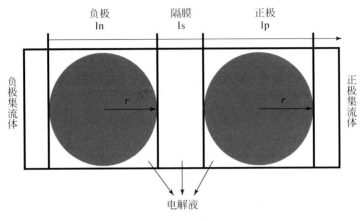

图 6-26　单颗粒模型示意图

　　因为单颗粒模型不考虑液相扩散，所以单颗粒模型主要由固相扩散控制，部分学者对如何简化或扩展固相方程进行了研究。

　　除了对模型固相方程的研究，现在对单颗粒模型的研究还主要集中在平衡模型精度和计算速度上，然后进一步完善模型。庞辉[9]在单颗粒模型的基础上考虑温度和液相浓度变化，提出的改进模型相较于单颗粒模型在变电流放电下有着更高的精度。Rahimian 等[10]通过实验验证了单颗粒模型如果想提高在高放电倍率下的精度，必须考虑溶液电势的影响，并且将液相扩散过程用多项式近似表达出来，提高了模型在高倍率电流下对电压预测的准确性。

3. 介观尺度模型

　　单颗粒模型和准二维电化学模型等在模型构建中都采用了宏观均一理论，它们在电极方面都采取了一定的假设，认为电极是均质多孔介质，并将活性物质颗粒认为是固定粒径的球形颗粒。然而，这些假设与实际情况相差很大，电极的微观结构对锂离子电池内部离子传输和电化学性能有较大影响。因此，越来越多的研究人员开始着眼于构建锂离子电池的介观尺度模型。

　　介观尺度模型分为两类，一类是通过算法直接生成电极微观结构的正向重构模型；一类是基于高精度层析成像技术获取多孔电极微观图像，再通过图像处理获得电极三维结构的逆向重构模型。利用重构的微观结构代替传统模型假设的结构建立数学、数值模型。其中，正向重构模型对三相的结构等仍采取了一定假设，在真实性上不如后者，但其对三相结构性质的调整空间更大，而逆向重构模型的优点就在于其具有更好的真实性。

正向重构模型一般先是人为假定活性物质颗粒（AM）的形状、导电粘接剂（CBD）的形态及活性物质、导电粘接剂及孔隙相的比例，通过相关算法随机或不随机地生成电极的微观结构。粒子之间的相互作用由一组力或力场来描述，即给定的粒子-粒子相互作用相关的数学方程。正向重构模型在制造工艺上（浆料配比、压实、干燥）的模拟有一定优势。不同的课题组利用重构模型对此进行了研究分析。在浆料配比方面，通过控制不同相的比例，人为生成了三种不同配方的电极的微观结构，通过仿真模拟确定了一种电化学性能较好的配方[11]。在极片压实方面，从孔径分布、弯曲因子和颗粒排列等方面分析了压延对电极细观结构的影响，讨论了电极宏观电化学行为随压延程度的演变，进一步深入了解了压延压力、电极细观结构及其整体性能之间的联系[12]。在干燥方面，通过收缩 CBD 相的方式模拟了干燥步骤，分析了干燥速率对最终电极介观结构的影响，模拟不同的干燥方式，确定最优干燥方案[13]。利用正向重构模型对制造工艺进行模拟，确定最优的制造参数，可工艺制造步骤上给出指导。

逆向重构模型基于图像建模，可以获取电极真实的微观结构，可以分析颗粒形状、粘接剂分布不均匀性对电极性能的影响。在构建过程中涉及高精度成像技术及图像处理技术。逆向重构模型在电极微观结构方面的分析上有一定优势，例如讨论 AM 相、CBD 相不均匀性以及孔隙率厚度等参数对电化学性能的影响。基于逆向重构的介观尺度模型搭建电化学仿真模型，对电池循环性能、锂化状态和电解质浓度分布的仿真模拟有助于进一步了解电极微结构设计对电池性能的影响。此外，高精度的成像技术可以将活性物质颗粒的裂纹等微观现象展示出来，借此建立三维介观尺度模型，模拟颗粒破裂、裂纹产生与扩大的现象，并分析其对电池电化学性能的影响，有利于深入了解电池失效等问题。同时，可以通过孔隙率、厚度的变化来反映压实工艺对电极结构的影响，并基于图像建立重构模型进行电化学仿真模拟，找到关键工艺参数。

锂离子电池的多尺度特性促使锂离子电池模型向着多元化的方向发展，其中电化学模型从锂离子电池的基本原理出发，能够获得较为丰富的电池仿真信息，在电池设计和系统开发中具有重要意义。基于 6.2.2 节的讨论，不难发现目前电化学仿真模型在分别向着更宏观或者微观的方向发展。宏观模型主要包括准二维模型和单颗粒模型；微观尺度模型主要是在微结构重构基础上发展起来的介观模型。微观尺度模型较大程度上减少了模型假设，降低了模型系统误差，更重要的是使直观展示电极结构与电池性能的演化关系成为可能。然而由于微观结构的复杂性，介孔模型往往需要较大的计算量，因此其应用目前还停留在实验室阶段。因此，开发新的算法、提高模型的计算效率将是未来介观模型的重要发展方向。宏观尺度上的电池电化学仿真系统在现有的锂离子电池开发和应用中扮演着越来越重要的角色。而电池系统不仅受电池本身物性状态的影响，同时还要承受内外部多种物理场的交互作用，如热场、应力场、流场、电场等，因此开展宏观尺度的多物理场仿真是电池系统综合设计的必经之路。

6.2.3 电化学仿真模型建立

由 Newman 和 Doyle 提出的 P2D 模型是目前主流的电化学模型框架，由偏微分方程和代数方程组成。P2D 模型方程主要包含：Butler-Volmer 电化学动力学方程，锂离子在液相中的质量守恒和电荷守恒方程，以及锂离子在固相中的质量守恒和电荷守恒方程。

1. 液相扩散方程

锂离子会在电池液相电解质中发生扩散，通常把这个过程称作液相扩散，表达式如下：

$$\varepsilon_e \frac{\partial c_e}{\partial t} = D_e \frac{\partial^2 c_e}{\partial x^2} + a_s(1-t_+)j_r \tag{6-1}$$

其中，ε_e 为电池液相的体积分数，∂t 和 ∂x 分别为液相电解质中锂离子浓度随时间和沿 x 轴位置的变化。c_e 为液相中 Li^+ 的浓度，mol/m^3；D_e 为液相扩散系数，m^2/s；t_+ 为锂离子迁移数。另两个变量中，j_r 为固相-液相交界面处的锂离子通量，表达式如下：

$$j_r = \frac{j_f}{F} \tag{6-2}$$

其中，j_f 表示局部电流密度，A/m^2；F 为法拉第常数。a_s 代表活性颗粒比表面积，与颗粒的半径 R_s 及电极活性物质体积分数 ε_s 有关：

$$a_s = \frac{4\pi R_s^2}{4\pi R_s^3 / 3\varepsilon_s} = \frac{3\varepsilon_s}{R_s} \tag{6-3}$$

由公式（6-1）可知，由液相的浓度差导致的扩散会引起在固液两相交界面发生电化学反应。

液相锂离子浓度梯度在电极-隔膜处是连续的，在电极-集流体处则为 0，液相扩散的边界条件方程如下：

$$D_e \frac{\partial c_e}{\partial x}\bigg|_{x=0,L} = 0 \tag{6-4}$$

$$D_{e,n} \frac{\partial c_e}{\partial x}\bigg|_{x=L_n^-} = D_{e,sep} \frac{\partial c_e}{\partial x}\bigg|_{x=L_n^+} \tag{6-5}$$

$$D_{e,sep} \frac{\partial c_e}{\partial x}\bigg|_{x=L_n+L_{sep}^-} = D_{e,p} \frac{\partial c_e}{\partial x}\bigg|_{x=L_n+L_{sep}^+} \tag{6-6}$$

其中，x 为电极的厚度方向，下标 n、sep、p 分别代表负极、隔膜和正极；L_n 与 L_{sep} 分别为负极的厚度和隔膜的厚度，μm；L 为负极、隔膜与正极厚度的和。

2. 固相扩散方程

固相扩散方程描述了锂离子在活性物质颗粒内的运动，菲克第二定律适用于锂离子在球形固体颗粒中的扩散。利用球坐标系建立了锂离子固相扩散方程。

$$\frac{\partial c_s}{\partial t} = \frac{1}{r^2} \frac{\partial}{\partial r}\left(r^2 D_s \frac{\partial c_s}{\partial r}\right) \tag{6-7}$$

在式（6-7）中，c_s 为活性颗粒的固相锂离子浓度，mol/m^3；r 为球形活性颗粒的半径方向；∂t 和 ∂r 分别为固相锂离子浓度随时间和沿颗粒半径 r 位置的变化；D_s 为锂离子的固相扩散系数，mol/m^2。

固相扩散方程存在两个边界条件，并且锂离子的浓度梯度在球形活性颗粒中心位置一直是 0。

$$D_s \frac{\partial c_s}{\partial r}\bigg|_{r=0} = 0 \tag{6-8}$$

其中，表面固相锂离子浓度梯度与局部锂离子通量如下式所示：

$$D_s \frac{\partial c_s}{\partial r}\bigg|_{r=R_s} = -j_r \tag{6-9}$$

3. 液相欧姆定律

电池液相的电势分布采用修正的欧姆定律来描述，公式如下所示：

$$\kappa^{eff} \frac{\partial \phi_e}{\partial x} = \frac{2RT\kappa^{eff}}{F}\left(1-t_+\right)\frac{\partial \ln c_e}{\partial x} - i_e \tag{6-10}$$

其中，ϕ_e 代表锂离子电池的液相电势，V；R 代表摩尔气体常数；T 代表温度，℃；i_e 代表液相电流密度，A/m^2；κ^{eff} 代表液相有效电导率，S/m；计算公式如下：

$$\kappa^{eff} = \kappa \varepsilon_e^{Bruggeman} \tag{6-11}$$

其中，κ 代表液相电导率，S/m；ε_e 为液相体积分数；Bruggeman 为修正系数，锂离子在多孔电极内迁曲传递，需采用 Bruggeman 理论对电池传输参数进行修正。

电极-集流体处的液相电势梯度为 0，电极-隔膜处的电势梯度连续，边界条件如下所示：

$$\left.\frac{\partial \phi_e}{\partial x}\right|_{x=0} = \left.\frac{\partial \phi_e}{\partial x}\right|_{x=L} = 0 \tag{6-12}$$

$$-\kappa^{\text{eff}} \left.\frac{\partial \phi_e}{\partial x}\right|_{x=L_n^-} = -\kappa^{\text{eff}} \left.\frac{\partial \phi_e}{\partial x}\right|_{x=L_n^+} \tag{6-13}$$

$$-\kappa^{\text{eff}} \left.\frac{\partial \phi_e}{\partial x}\right|_{x=L_n+L_{\text{sep}}^-} = -\kappa^{\text{eff}} \left.\frac{\partial \phi_e}{\partial x}\right|_{x=L_n+L_{\text{sep}}^+} \tag{6-14}$$

4. 固相欧姆定律

锂离子电池内部固相电势的分布遵循欧姆定律，方程式如下：

$$\sigma^{\text{eff}} \frac{\partial}{\partial x} \phi_s = -i_s \tag{6-15}$$

其中，ϕ_s 为固相电势，V；i_s 为固相电流密度，A/m²；σ^{eff} 为固相有效电导率，S/m；固相有效电导率的计算公式如下：

$$\sigma^{\text{eff}} = \sigma \varepsilon_s^{\text{Bruggeman}} \tag{6-16}$$

其中，σ 为固相电导率，ε_s 为活性物质的固相体积分数，Bruggeman 为修正系数。在电极-集流体处，电池的电流密度等于固相电势梯度乘以有效电导率，在电极-隔膜处，固相电势梯度为 0，边界公式如下：

$$-\sigma^{\text{eff}} \left.\frac{\partial \phi_e}{\partial x}\right|_{x=0} = -\sigma^{\text{eff}} \left.\frac{\partial \phi_s}{\partial x}\right|_{x=L} = i \tag{6-17}$$

$$\sigma^{\text{eff}} \left.\frac{\partial \phi_s}{\partial x}\right|_{x=L_n} = \sigma^{\text{eff}} \left.\frac{\partial \phi_s}{\partial x}\right|_{x=L_n+L_{\text{sep}}} = 0 \tag{6-18}$$

其中，i 为电池充放电时电流密度，A/m²。公式如下：

$$i = \frac{I}{A} \tag{6-19}$$

其中，I 为电池外电流的大小，A；A 为电极有效面积，m²。

5. Butler-Volmer 动力学方程

Butler-Volmer 电化学动力学方程用作求得在电池固液两相界面处的电化学反应速率 j_f，其表达示为：

$$j_f = i_0 \left[\exp\left(\frac{a_a F}{RT}\eta\right) - \exp\left(\frac{-a_c F}{RT}\eta\right) \right] \tag{6-20}$$

$$i_0 = Fk_i \left(c_e\right)^{\alpha_a} \left(c_{s,max} - c_{surf}\right)^{\alpha_a} \left(c_{surf}\right)^{\alpha_c} \qquad (6\text{-}21)$$

其中，α_a 和 α_c 分别为正、负极的电化学反应传递系数，大小为 0.5。k_i 代表电池电化学反应速率常数，c_{surf} 代表电极表面固相锂浓度，mol/m^3；$c_{s,max}$ 为电极的最大理论可嵌入锂浓度，mol/m^3。

η 为电池的表面过电势，计算方式如下：

$$\eta = \phi_s - \phi_e - IR_{film} - U_{Eq} \qquad (6\text{-}22)$$

其中，U_{Eq} 为电池平衡电位，V，可由模型的活性颗粒表面锂离子浓度与理论最大锂浓度的比得到；R_{film} 为电池的膜阻，Ω。

电池的端电压定义为正、负集流体两侧固相电势的电压差，计算公式如下：

$$U_t = \phi_s\big|_{x=L} - \phi_s\big|_{x=0} \qquad (6\text{-}23)$$

其中，U_t 为电池的端电压，与电池各个部分位的过电位相关，其表达式为：

$$U_t = \phi_e\big|_{x=L} - \phi_e\big|_{x=0} + \eta\big|_{x=L} - \eta\big|_{x=0} + U_{Eq}\big|_{x=L} - U_{Eq}\big|_{x=0} + I\Delta R_{film} \qquad (6\text{-}24)$$

其中，ΔR_{film} 为正、负极 SEI 膜阻的差值。

6.2.4 电化学模型参数化

电化学机理模型计算复杂度较高，参数众多。因为模型描述了电池内部的物理、化学和电化学特性，所以电池的几何、热力学和动力学特性都需要输入到模型中。这些参数决定了模型的准确性。此外，这些参数需要通过许多实验来获取。基于物理模型的参数化研究是模型开发的重点，电池内部真实状态的获取需要提供十分准确的材料和电化学参数。

1. 平衡电位

电极材料平衡电位获取的流程为：让极小的电流通过制备好的扣式半电池，完成充放电的测试，获取半电池在相同温度、不同 SOC 下的开路电压，随后可选择插值或函数拟合等方法表达电极的开路电压曲线。获得的正负极平衡电位如图 6-27 所示。

2. 固相扩散系数

在电化学储能器件中，电极材料性能主要受电子传导和离子扩散性能的影响。例如锂离子电池的正常工作需要让电子通过外电路传输到材料表面，离子通过扩散进入材料内部，最终活性材料、电子和离子发生电化学反应。通常来说内电路的离子扩散速率比外部电路电子转移速率慢，所以需要一直改进材料界面特性来让电荷更快平衡，避免材料表面发生净电荷累积，降低快速充放电过程中的极化。

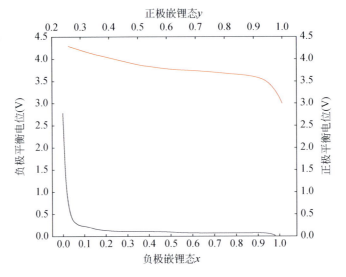

图 6-27　电池电极平衡电位曲线

离子在材料内部的扩散是指离子从高浓度向低浓度的方向传输，趋向于材料内部离子浓度均一化的现象，在电池充放电过程中，固相扩散是限制电池性能的主要因素。

恒电流间歇滴定法是测量固相扩散系数的一种常用且有效的方法。GITT 的测试方法是在恒定的环境温度下，对电池进行恒电流充电或恒电流放电，一段时间之后，电流断开进行搁置，同时记录电池的电压变化。测试工况由一系列"脉冲+恒电流+弛豫"组成，根据公式（6-25）可以计算材料的固相扩散系数。

$$D^{\text{GITT}} = \frac{4}{\pi \tau} \left(\frac{m_\text{B} V_\text{M}}{M_\text{B} S} \right)^2 \left(\frac{\Delta E_\text{s}}{\Delta E_\text{t}} \right)^2 \tag{6-25}$$

其中，τ 为弛豫时间，m_B 为极片活性物质的质量，V_M 为摩尔质量，M_B 为摩尔体积，S 为极片面积，ΔE_s 为脉冲前后平衡电位的变化，ΔE_t 为脉冲前后电位的变化。

计算结果如图 6-28 所示，蓝色的线为 GITT 测试的电池电压，红色的点线为计算得到的固相扩散系数。

GITT 测试可有效避免电阻极化带来的影响，而且 GITT 测试操作便捷，不依赖复杂精准的库仑计或者单独的库仑滴定曲线。

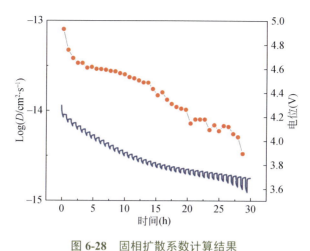

图 6-28　固相扩散系数计算结果

3. 电极物质平衡

当锂离子电池工作时，依据电荷守恒和物质守恒，需要保证还原的锂离子数量和氧化的锂原子数量相同。若电池的正负电极物质未达到平衡，会导致电池容量和开路电压出现偏差，最终影响活性物质的利用率和电池应用缺陷。所以在锂离子电池模型如何实现电极平衡是一个重点，电极平衡关联着模型电池容量与电池电压的准确程度。为了较为方便地实现电池的电极平衡，开发了一个基于电池首效容量计算正负极嵌锂态的程序，流程图如图 6-29 所示。

fcc 下标代表电池第一次充电，fdc 下标代表电池第一次放电，th 下标代表电池理论值，cat 上标代表正极，an 上标代表负极，min 和 max 下标表示最小值和最大值，up 和 low 下标代表上限和下限，q 代表比容量，x、y 分别表示负极 SOC 与正极 SOC，U 代表电池电压，NP_{ratio} 代表电池 NP 比。

流程分成两部分，第一部分先根据输入的正极首充比容量、正极理论比容量和全电池的最大开路电压计算正极工作的下限 SOC(y_{low})。根据 y_{low} 所对应的正极平衡电位及电池最大开路电压计算所对应的负极电位，根据负极平衡电位曲线得出负极电位所对应的负极工作的上限 SOC(x_{up})。因此，该程序的第一部分得到了四个参数，分别是负极工作的上限 SOC(x_{up})、对应的负极最小平衡电位 U_{min}^{an}、正极工作的下限 SOC(y_{low})、对应的正极最大平衡电位 U_{max}^{cat}。程序的第二部分则是根据第一部分输出的四个参数，结合正极首放比容量及正极理论比容量和电池的 NP 比，计算出正极工作的上限 SOC(y_{up})。根据公式计算出负极工作的下限 SOC(x_{low})，分别在正负极平衡电位曲线上查找 y_{up} 所对应的正极最小平衡电位 U_{min}^{cat}、x_{low} 所对应的负极最大平衡电位 U_{max}^{an}。因此，该程序的第二部分得到了剩余的四个参数分别是负极工作的下限 $\text{SOC}(x_{\text{low}})$、对应的负极最大平衡电位 $U_{\text{max}}^{\text{an}}$、正极工作的上限 $\text{SOC}(y_{\text{up}})$、对应的正极最小平衡电位 $U_{\text{min}}^{\text{cat}}$。

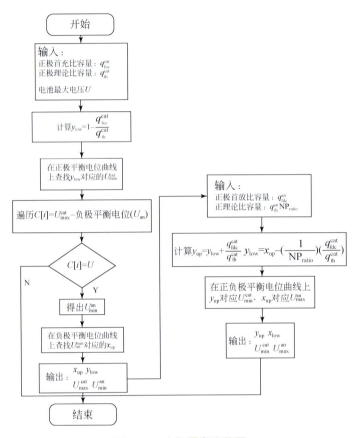

图 6-29　电极平衡流程图

正极嵌锂态范围为 0.22～0.92，最大和最小正极电压分别为 4.36V 与 3.577V；负极嵌锂态范围为 0.026～0.81，最大和最小负极电压分别为 0.6825V 与 0.08V。

6.2.5　模型验证

验证电化学机理模型是否准确可模拟不同倍率、温度下的电性能和热性能。包括室温 25℃条件下，验证不同放电倍率（1/3C、1C、3C 和 5C）条件下的电压、SOC、温度特性。

对比图 6-30 我们不难发现，实验得到的数据与模型仿真数据基本保持一致。在室温不同放电倍率条件下放出的容量基本相同，并且电池放电曲线转折程度也和实验得到的数据保持一致。以相对误差用来描述数据准确程度，计算公式如6-26所示。通过仿真得到的电池电特性和热特性数据和实验得到的数据相比，相对误差小于1%。因此搭建的基准电化学-热耦合模型可以准确地模拟电池在室温下不同放电倍率工况下的电性能和热性能。

$$相对误差 = \frac{仿真值 - 实验值}{实验值} \times 100\% \tag{6-26}$$

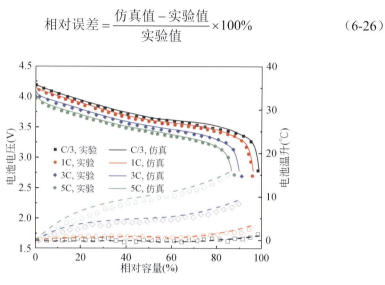

图 6-30 室温下不同倍率放电

在室温下不同充电倍率工况下的电压和温升曲线与实验数据基本重合（图6-31）。

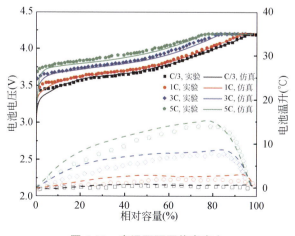

图 6-31 室温下不同倍率充电

通过基准电化学-热耦合模型预测得到的电压曲线在恒流充电阶段重合,并且在恒压阶段和恒流转入恒压阶段的转折点也高度重合。电特性的相对误差小于1%,表明了搭建的模型可以很好预测电池充电行为。不过在电池充电的前期,模型对电池温度预测还是有一定的偏差,但最大误差仍保持在 2℃内,并且温度拟合随着充电时间的增加,拟合程度会变好,表明搭建的模型可以用于模拟电池在室温下不同充电倍率工况下的电池电性能和热性能。

图 6-32 对比了基准电化学-热耦合模型在不同环境温度下预测电池的电性能与热性能数据与实验结果。对比实验与仿真数据可以发现,模型预测在除-40℃的环境温度下的电池电性能结果与实验数据拟合程度都很高,最大相对误差控制 1%左右。通过实验得到的数据发现,电池在-40℃情况下会有一个电压陡降的情况,但是模型并没有很好地模拟出这一现象,使得相对误差达到了 3.3%。此外模型预测电池在不同温度下的热性能存在不同程度的过预测情况,这是因为在-40℃的条件下,电池产热会急剧增大,使温度测量存在一定的误差。另一方面,所搭建的电池热模型是均匀产热模型,但实际上,电池从内部到外部存在温度梯度,这也会影响模型预测的准确性。模型预测温度与数据集实验测量的温度的最大误差为3.2℃,在控制范围之内。

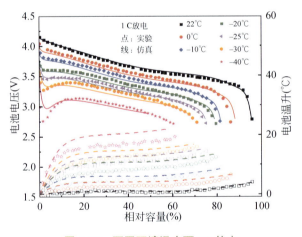

图 6-32　不同环境温度下 1C 放电

从充放电倍率特性和环境温度方面综合对比分析模型预测结果和数据集实验结果。通过对比分析发现,基准电化学-热耦合模型预测的结果基本与实验结果一致,电性能和热性能都具有较好的一致性,证明所建立的基准电化学-热耦合模型能够预测电池的性能。

6.2.6 与多物理场的结合与拓展

锂离子电池充放电过程是电化学、热及力的耦合过程。其中，电池充放电时锂离子在活性物质中的嵌入和脱出会导致活性材料体积膨胀和收缩，产生扩散-诱导应力；电池温度会随着电池的电化学过程发生变化；电池温度梯度的产生进一步导致了电池内部热、应力的加剧。建立电化学-热-力耦合模型有助于了解电池内在电化学、热、力之间的相互关系，深入剖析锂离子电池工作机理，有助于提升锂离子电池多场耦合建模能力和前沿理论的发展。

1. 热-电化学耦合

温度是显著影响电池整体性能的重要参数，电池内部所有物理和电化学过程都与温度有关。较高的温度导致锂离子在电解质和电极中扩散更快，电荷转移反应也更容易进行。同时，电子电阻也随着温度升高而增大，电子电导率被抑制。

电池循环过程中，存在三种类型的温度：环境温度、表面温度和内部温度。环境温度是指电池周围介质的环境温度，表面温度表示电池表面的温度，内部温度表示电池内部的温度。当电池长时间搁置时，表面和内部温度最终将等于环境温度。然而，在电池运行期间，这些温度会因发热而产生变化。电池的电化学过程反应热包括可逆热和不可逆热。可逆热是指与两个电池电极的（电）化学反应熵变化相关的熵热。不可逆热包括各种电化学反应的过电势引起的热以及集电器、多孔电极和电解质产生的欧姆效应引起的热，热学模型见热仿真部分。

利用电化学热模型可以对电池在 0D、1D、2D 或 3D 维度的热效应进行模拟。对于零维（0D）模拟，传导传热被认为是无限快的，这导致整个电池具有相同的温度。温度变化直接与热的产生和消散有关。电池的热行为与环境温度和施加电流密切相关。

2. 力-电化学耦合

锂离子的嵌入和脱出会导致活性电极材料的体积变化。在锂离子脱嵌过程中，由于传输速度的限制，活性电极颗粒内部将形成锂离子浓度梯度，导致电极颗粒内部存在应变和应力。该应力产生在颗粒水平上，称为扩散诱导应力（DIS）。对于球形颗粒，锂离子插入导致沿径向存在锂离子浓度梯度，表面浓度更高而中心区域浓度较低，由此分别沿直径方向和垂直于直径方向产生径向和切向应力。产生的应力同时也会反作用于颗粒内锂离子扩散和颗粒表面的嵌入动力学。此外，活性电极颗粒的体积变化也会导致孔隙率变化，并最终导致电池水平的应力。

力学耦合模型控制方程如下：

（1）应力平衡方程：

$$\begin{cases} \dfrac{\mathrm{d}\sigma_r}{\mathrm{d}r} + \dfrac{2}{r}(\sigma_r - \sigma_\theta) = 0 \\[2mm] \dfrac{\mathrm{d}\sigma_r}{\mathrm{d}r}\Big|_{r=0} = 0, \sigma_r\big|_{r=R_p} = 0 \end{cases} \tag{6-27}$$

其中，σ_r 为径向应力，σ_θ 为切向应力，R_p 为颗粒半径。

（2）应力-应变关系：

$$\begin{cases} \varepsilon_r = \dfrac{1}{E}(\sigma_r - 2v\sigma_\theta) + \dfrac{\Omega}{3}(c_l - c_l^0) \\[2mm] \varepsilon_\theta = \dfrac{1}{E}[\sigma_\theta - v(\sigma_r + \sigma_\theta)] + \dfrac{\Omega}{3}(c_l - c_l^0) \end{cases} \tag{6-28}$$

其中，ε_r 为径向应变，ε_θ 为切向应变，E 为杨氏模量，v 是泊松比，Ω 为偏摩尔体积。c_l 与 c_l^0 分别为当前状态锂浓度和初始无应力的锂浓度。

（3）应变-位移关系：

$$\varepsilon_r = \frac{\mathrm{d}u}{\mathrm{d}r}, \varepsilon_\theta = \frac{u}{r} \tag{6-29}$$

（4）位移方程：

$$\frac{\mathrm{d}^2 u}{\mathrm{d}r^2} + \frac{2}{r} \cdot \frac{\mathrm{d}u}{\mathrm{d}r} - \frac{2u}{r^2} = \frac{(1+v)\Omega}{3(1-v)} \cdot \frac{\mathrm{d}c_l}{\mathrm{d}r} \tag{6-30}$$

（5）应力方程：

$$\begin{cases} \sigma_r(r) = \dfrac{2\Omega E}{3(1-v)}\left[\dfrac{1}{R_p^3}\int_0^{R_p} c_l r^2 \mathrm{d}r - \dfrac{1}{r^3}\int_0^r c_l r^2 \mathrm{d}r\right] \\[3mm] \sigma_\theta(r) = \dfrac{\Omega E}{3(1-v)}\left[\dfrac{2}{R_p^3}\int_0^{R_p} c_l r^2 \mathrm{d}r + \dfrac{1}{r^3}\int_0^r c_l r^2 \mathrm{d}r - c_l\right] \\[3mm] \sigma_h(r) = \dfrac{\sigma_r(r) + 2\sigma_\theta(r)}{3} \end{cases} \tag{6-31}$$

其中，σ_h 为静应力，σ_r 为径向应力，σ_θ 为切向应力。

在电化学模型的基础上引入力学模型，称为电化学-机械模型。活性电极颗粒的体积变化也将影响孔隙率和电极厚度。Garrick 等模拟了活性颗粒体积变化导致的孔隙率和尺寸变化[14]。通过应力和应变模拟可以了解电池内部情况，以更好地了解指导电池设计，Rieger 等将软包电池厚度变化与电极内颗粒的浓度依赖性体积变化联系起来，可以高精度地预测不同充放电倍率下的电池厚度变化[15]。

6.2.7 电化学仿真技术研究与应用

1. 电极结构的设计与优化

随着电动汽车领域的兴起，动力电池需要提供更多能量确保其长续航里程；需要高倍率性能来满足电动汽车的快速充电需求。因此，需要对高比能或高功率应用进行优化设计。电化学模型可用于阐明电池性能与各种电极结构参数之间的复杂关系，用以指导电池设计与优化。

研究人员模拟了电极厚度、孔隙率、材料的体积分数和颗粒尺寸对电池性能的影响，发现在低充放电倍率下，电极厚度几乎不会影响电极利用率。但由于欧姆极化和电解质中的传输限制，高倍率下电极利用率很低。较低的孔隙率和较大的电极厚度有利于低放电倍率下获得最大能量。对于高放电倍率，较大的孔隙率和较薄的电极有利于降低 LIB 内的传质限制。电极厚度和活性材料体积分数的增加会提高能量密度，但同时也会增加极化及发热，而小颗粒有助于提高能量和功率密度。

Newman 及其同事基于多孔电极和浓溶液理论开发了非常经典的准二维（P2D）模型，模型假设多孔电极由大小相等、各向同性、均匀的球形颗粒组成。虽然 P2D 模型可以较好地模拟电池的充放电行为，但是该模型未能体现电极微观结构不均匀性，无法解释不均匀的电极颗粒对电池性能的影响，例如高倍率下的性能下降、颗粒间应力造成活性物质损失等问题。此外，基于球形颗粒和电极孔隙迂曲度使用 Bruggeman 校正来估计比表面积的方法一直存在争议。为了更加真实地模拟电池充放电过程，迫切需要一种能够基于真实电极微观结构模拟锂离子电池行为的先进模型。X 射线计算机断层扫描技术（XCT）可以提供高空间分辨率的 2D 切片图，再通过三维重构技术获得电极微观结构的 3D 模型。基于电极 3D 模型，可以对电池的三维微观形貌进行研究，揭示电池服役过程中电极结构变化过程。此外，以所获得的真实电极的 3D 几何结构作为模型，以最基本的电化学、扩散、电荷和物质守恒、能量守恒等理论为基础，建立电池介观尺度模型，可以用于研究电极充放电过程。

Kashkooli 等[16]利用纳米 CT 技术获得了 $Li_4Ti_5O_{12}$（LTO）电极的真实三维形态，搭建了电极的三维真实模型。通过实验获取固液相扩散系数、反应速率常数、固体基质电导率和电解质电阻等参数，并将其输入到三维电化学模型中，最终将仿真结果与实验结果比较证实了模型在不同倍率下预测电池放电性能的能力。

Ngandjong 等[17]通过离散元法建立了 $LiNi_{0.33}Mn_{0.33}Co_{0.33}O_2$ 的三维重构模型，相较于 P2D 模型和单颗粒模型，该模型引入了压实工艺步骤，考虑了 AM 和 CBD

颗粒之间的空间分布及相互作用，并通过微压痕实验、孔隙率测试及压延压力曲线测试验证三维重构模型的真实性。可以看到，重构模型在微观结构设计和工艺优化上有一定优势。另外，利用电池模型仿真技术优化设计电池电极结构，满足各领域日益增长的需求，同时也可节约时间和成本，为电池高效设计开发提供技术支撑。

2. 失效分析

随着电池的使用，会发生容量下降、功率衰减等失效现象，人们对其中一些衰减因素已经有了一定的了解，包括石墨负极处的固态电解质膜（SEI）形成、锂沉积、过渡金属从正极溶解、活性颗粒开裂、结构无序等。这些衰减机制可分为两类：锂损失和活性材料损失。

SEI 膜的生成和生长是导致锂损失的主要原因之一。SEI 膜是一种在负极活性材料表面形成的复合膜。在电池首次充电循环期间生长极快，并会造成锂的损失。研究人员考虑了电子通过 SEI 的传输，并获得了 SEI 生长的速率，随后的研究使用量子力学隧穿问题的解析解来导出 SEI 形成速率的表达式。在另一种方法中反应速率由 Butter-Volmer 方程描述，由于将过电位和溶剂浓度联系起来很方便，该模型被广泛用于描述 SEI 膜的演变。由此，SEI 膜增长被纳入 P2D 模型框架，以模拟电池容量损失。

循环过程中，电极材料的活性物质损失也会导致不可逆的电池容量和功率损失。通过在电化学模型中引入过渡金属元素析出和活性物质颗粒膨胀破裂来模拟活性物质损失的过程。Simth 等[18]通过设置不同充放电电流、运行 SOC 区间、环境温度、放电深度等工况，研究电池在循环阶段不同老化机制的相互作用。研究表明，在电池进行循环充放电时，老化的轨迹基本符合 $t^{1/2}$ 关系，通过循环后拆解试验验证了电池在循环老化工况条件下活性粒子开裂造成活性物质损失，导致电池发生容量衰减。

Jin 等[19]将 SEI 膜生长和活性物质损失引入到电化学仿真模型，建立了容量损失模型。该模型不同于半经验模型和经验模型，它源自于已经被广泛接受的电化学模型，不包括特殊项，因此该模型可以被广泛应用于各种电池的容量损失预测。

3. 健康状态分析

准确评估锂离子电池的健康状态对电动汽车的使用至关重要。及早发现性能不足有助于及时维护动力电池系统，同时可以降低使用成本、防止故障和安全事故的发生。

电化学仿真模型具有高精度且易于访问内部电池状态的优点，可以实时模拟电池的健康状态（SOH）和温度状态（SOT），非常适合应用于电动汽车的高级

BMS 中的状态估计。Li 等将单粒子模型（single particle model，SPM）与 SEI 形成和应力诱导裂纹扩展相结合，快速计算 SOH[20]。计算电池的 SOH 需要模型同时满足高精度和高计算效率，传统电化学全阶模型的计算过于复杂，所以选择了 SPM 作为一个替代方案，但 SPM 应用到 SOH 的问题在于其在高放电倍率下的精度较低，文章将 SPM 与化学和机械降解机制相结合，得到的模型在不同的荷载条件下可以用于 SOH 的计算，同时也减少了 SPM 在较高倍率循环下的误差。

6.2.8 总结与展望

随着锂离子电池体系完善程度的提升，未来的锂离子电池产品必将向更加标准化的方向发展，从材料到极片、从极片到电芯、从电芯到模组，将形成一个固定的标准体系，结合仿真的方法进行电池开发将成为主流的开发方式。电池主要性能参数有很多，影响电池性能的因素同样很多，需要找出最根本、最重要的因素。通过条件实验和假设条件模拟，逐步验证从材料到工艺中各因素和参数对电池电化学性能的影响。基于电化学-热耦合模型深入分析材料、制备工艺对电池传质规律、热生成规律、放电性能以及电池寿命的影响。在实验和模拟的基础上提取影响电池热电性能和寿命的相关数据和参数，建立设计-工艺-电极结构-电池性能之间的构效关系。针对电池使用场景，获取电池性能参数指标，通过实测和模拟验证材料、制备工艺参数对电池性能的影响，在此基础上对各重要因素和参数进行分析，研究实现所需性能指标应该或必须包含的方面，基于材料-工艺关键参数与电池性能的关系，获取最优参数区间。通过以上对重要因素的把握，最终指导从材料到工艺、到电池和系统的电池设计。

6.3 热 仿 真

6.3.1 锂电池热仿真技术概述

随着动力电池能量密度和功率密度的不断提高，其安全性问题也愈加突出。其中热安全性由于易导致电池热失控，引发燃烧或爆炸事故而受到了广泛关注。温度作为影响电池性能的关键因素，无论过高还是过低，都会使电池性能有所衰减，严重时会引发电池热故障，从而引起安全事故的发生。锂离子电池热仿真技术可以模拟电池在应用条件下的热行为，从而对电池的产热、传热及散热的内在规律进行研究，对电池内部温度和表面温度进行实时计算，获取反应温度场的实时信息，为电池的整体设计及后续优化提供技术依据。

　　锂离子电池在进行充放电时，不同的充放电倍率会产生不同的产热速率，使电池内外部出现温差，所以对锂离子电池进行建模与分析，研究电池的热特性尤为重要。锂离子电池热仿真技术以能量守恒原理为基础，其控制方程如下式所示：

$$\rho C_p \frac{\partial T}{\partial t} = k_x \frac{\partial^2 T}{\partial x^2} + k_y \frac{\partial^2 T}{\partial y^2} + k_z \frac{\partial^2 T}{\partial z^2} + Q \tag{6-32}$$

其中，ρ 为材料密度，kg/m^3；C_p 为比热容，J/(kg·K)；T 为温度，K；k_x、k_y、k_z 为热导率，W/(m·K)；Q 为总产热速率，W/m^3；x，y，z 代表三维模型的三个方向。

　　总产热速率 Q 主要由可逆反应热 Q_{rev} 和不可逆阻抗热 Q_{irrev} 组成。其中，不可逆阻抗热 Q_{irrev} 又包括欧姆热 Q_{ohm} 和极化热 Q_{act}，所以总产热速率 Q 的表达式如下：

$$Q = Q_{rev} + Q_{irrev} \tag{6-33}$$

可逆反应热：

$$Q_{rev} = J_{Li} T \frac{\partial E_{eq}}{\partial T} \tag{6-34}$$

不可逆阻抗热：

$$Q_{irrev} = Q_{ohm} + Q_{act} \tag{6-35}$$

欧姆热：

$$Q_{ohm} = -i_s \cdot \nabla \varphi_s - i_l \cdot \nabla \varphi_l \tag{6-36}$$

极化热：

$$Q_{act} = J_{Li} \eta \tag{6-37}$$

其中，J_{Li} 为粒子表面电流密度，A/m^2；E_{eq} 为电极平衡电位，V；i_s 为电极电流密度，A/m^2；i_l 为电解质电流密度，A/m^2；φ_s 为电极电势，V；φ_l 为电解质电势，V；η 为过电势，V。

　　早在 20 世纪 80 年代，国外对于锂离子电池热仿真技术就有相关报道。1985 年美国加州大学伯克利分校的 Bernardi 等[21]提出了电池内部的生热模型；1986 年美国阿贡国家实验室成功实现电动车用电池热仿真模型的建立。随着锂离子电池应用领域的不断拓展，热仿真技术的研究受到越来越多的关注。

　　针对电池产热的仿真研究，国内起步相对较晚，但也取得了不错的成果。锂离子电池在过充电过程中的电化学和热学行为具有高度的相互作用，并伴随着显著的电压和温度变化[22]。清华大学欧阳明高院士团队[23]提出了一种电化学-热耦合过充电热失控模型，该模型有助于量化分析单体电池由过充电到热失控过程中每个热源的产热率，并通过模型来预测电池温度，为解决锂离子电池过充电问题提供解决方案。锂离子电池中的快速热失控传播可能会导致使用这些电池的系统发生爆炸或火灾等安全事故，清华大学冯旭宁团队[24]通过建模仿真的方法，研究并比较了锂离子电池模块在三种典型触发模式（加热、穿刺和过充）下的热失控传播行为，得出以下结论：不同触发方式下，在热失控传播早期，热失控传播时间和触发温度的差异是明显的，但在热失控传播后期，这些差异逐渐消除；仿真结果表明，60%以上的热失控能量用于电池自热，26%以上的热失控能量用于电池材料爆炸。

随着锂离子电池热仿真技术的不断发展，热模型按照建模原理可划分为电-热耦合模型、电化学-热耦合模型以及热滥用模型，按照模型建模维度可以划分为集总模型、一维模型、二维模型和三维模型。

1. 集总模型

集总模型，也称零维模型，该模型的核心是将电池看作一个质点，从而建立起数学模型，展开计算。Pals 等[25]通过建立电池产热的集总模型，对锂聚合物电池的热特性进行了仿真模拟，从而预测了锂聚合物电池的工作温度。同时，还将集总模型的应用推广到电池模块，通过使用随时间和位置变化的发热率近似值对电池模块中的温度曲线进行了计算。集总模型的突出优势在于模型建模过程和计算过程都较为简单，能够对电池整体性能进行研究，对影响电池性能的相关因素进行分析。然而，该模型并未考虑电池内部温度梯度的变化，而是将整个电池一体化，从而得到电池的一个平均温度，对于电池各个位置的实际温度，该模型并不能计算得出。因此，集总模型仅限于对小型电池的研究。

2. 一维模型

一维模型可以对电池某一维度上的温度分布进行研究，电池有轴向和径向两个维度，温度在轴向上的变化速率远远小于径向上的变化速率，因此研究电池径向的温度分布显得尤为重要。此外，一维模型常与等效电路模型、电化学模型等结合到一起进行建模，进而对整个电池的内部温度进行研究。Wang 等[26]建立了一维热模型对电池的热力学和电化学特性进行了模拟，即使在较宽的温度范围内，该模型同样得到了很好的应用。他们通过电化学阻抗谱实验和粒子群优化方法在 6 个不同的温度下对模型参数进行了识别，从而得出了参数与温度的关系。最后，通过基于模型状态的观测器提出了一个框架，该框架能够对电池内部温度及电池的充电状态进行联合估计，其误差仅为 0.3℃。

一维模型能够对单体电池的内部温度进行有效的估计，通过与其他物理场的耦合，进而对单体电池进行设计及后续的优化。但是，当电池的集成规模较大时，一维模型的建模精度则满足不了实际的需求。

3. 二维模型

二维模型可以对电池某一截面的温度分布进行建模研究,所以相比于一维模型,二维模型的建模精度得到了很大的提高。该模型主要用于研究电池内部的温度分布对电流分布产生的影响。Yi 等[27]通过将二维热模型与电模型进行耦合,建立了电池热管理系统的风冷组件电热模型,他们对二维平面电池的温度分布情况进行了观测,从而对电池温度的一致性进行了分析。通过模型仿真进行结构优化,电池的最高温度和温差较优化前相比分别降低了 2.67℃和 1.11℃。

二维模型相较于一维模型,模型的复杂程度较大,而且模型的计算也较为烦琐。但是,对于电池内部温度分布的问题,二维模型提供了有效的解决方法。对于圆柱形或棱柱形的电池而言,均可采用二维模型对其温度分布进行研究。然而,对于电池模组,二维模型对温度分布的研究仍达不到实际的精度要求。

4. 三维模型

三维模型可以对电池整体进行建模,相较于二维模型,该模型解决了只能对电池某一截面建模的问题。三维模型的建立对于大型电池模组的设计具有重要意义,对其温度分布以及系统热管理的研究也尤为重要。Xie 等[28]建立了面向控制的动力电池三维热模型,同时,他们利用集成基于神经网络的车速预测器,基于帕累托边界的目标电池温度适配器开发了智能模型预测控制策略。在新欧式驾驶循环下,电池的实时温度与目标温度的平均差仅为 0.26℃,其中模块间最大温差为 1.03℃。

三维模型对于电池的设计具有重要的指导意义,然而,该模型与集总模型、一维模型及二维模型相比,模型的复杂程度导致了模型在计算过程中耗时较长,模型计算的复杂度也相对较高。

6.3.2 模型输入参数

三维热模型的参数如表 6-1 所示,本小节重点介绍 4680 电池三维热模型参数。三维热模型的导热系数为各向异性,沿电池片方向(圆柱轴向)的导热系数比沿电池片法向(圆柱径向)的导热系数高。

表 6-1 三维热模型参数

模型参数	值	描述
$r_{mandrel}$(mm)	2	芯轴半径
r_{batt}(mm)	22.5	电池半径

续表

模型参数	值	描述
$H_{\_batt}$ (mm)	74	电池高度
ρ_{batt}（kg/m³）	2251.8	电池密度
$C_{p,batt}$ [J/(kgK)]	1366.9	电池比热容
$k_{T,r}$ [W/(mK)]	0.92484	径向导热系数
$k_{T,ang}$ [W/(mK)]	43.166	轴向导热系数
h[W/(m²K)]	20	传热系数

圆柱径向导热系数 $k_{T,r}$ 的计算为：

$$k_{T,r} = \frac{\sum L_i}{\sum L_i / k_{T,i}} \tag{6-38}$$

其中，L_i 是电池各层的厚度，$k_{T,i}$ 是各层的材料导热系数。

圆柱轴向的导热系数 $k_{T,ang}$ 的计算为：

$$k_{T,ang} = \frac{\sum L_i k_{T,i}}{\sum L_i} \tag{6-39}$$

活性电池材料的密度 ρ_{batt} 和热容 $C_{p,batt}$ 的计算为：

$$\rho_{batt} = \frac{\sum L_i \rho_i}{\sum L_i} \tag{6-40}$$

$$C_{p,batt} = \frac{\sum L_i C_{p,i}}{\sum L_i} \tag{6-41}$$

所建立的 4680 电池的三维模型如图 6-33 所示。

6.3.3 产热仿真

通过对锂离子电池的结构和工作原理进行分析，可以了解到电池在充放电过程中会产生热量，从而使电池温度上升。电池在工作过程中主要有五个部分的热量来源：电化学反应热 q_r、欧姆热 q_j、极化热 q_p、电解液分解热 q_e 及 SEI 膜分解热 q_s。当锂离子电池在正常温度范围内进行充放电时，相比于电化学反应热、欧姆热和极化热，电解

图6-33　4680圆柱电池的
三维模型

液分解热和 SEI 膜分解热的数值较小，可以忽略不计。所以，电池在正常工作时的总产热量 q 可以表示为：

$$q = q_r + q_j + q_p \tag{6-42}$$

电化学反应热，即可逆热，是锂离子电池发生电极反应时正负极活性材料上产生的热量，表达式如下：

$$q_r = IT\frac{dE}{dT} \tag{6-43}$$

其中，I 为电池电流，A；T 为电池温度，K；E 为电池电动势，V。

欧姆热是由电池内部材料组成的欧姆电阻产生的，当电流流过欧姆电阻时，便会产生热量，其过程符合欧姆定律，表达式如下：

$$q_j = I^2 R_j \tag{6-44}$$

其中，R_j 为电池欧姆电阻，Ω。

极化热是由电池等效的极化电阻产生的，当电流流过极化电阻时，发生极化反应，便会产生热量，表达式如下：

$$q_p = I^2 R_p \tag{6-45}$$

其中，R_p 为电池极化电阻，Ω。

综上，电池总产热量 q 的表达式如下：

$$q = I^2\left(R_j + R_p\right) + IT\frac{dE}{dT} \tag{6-46}$$

电池总产热速率 q_v 的表达式如下：

$$q_v = \frac{1}{V}\left[I^2\left(R_j + R_p\right) + IT\frac{dE}{dT}\right] \tag{6-47}$$

其中：V 为电池体积，m^3。

锂离子电池在正常工作情况下的产热速率主要受电流 I、电池欧姆电阻 R_j、电池极化电阻 R_p、电池温度 T、电池熵热系数 dE/dT 的影响。

锂离子电池产热和温升的研究主要集中在实验和仿真模拟两方面，其中仿真模拟因效率高、周期短等显著优势已成为锂离子电池产热机理研究的重要手段，且常常与其他物理场进行耦合，从而形成电-热耦合模型、电化学-热耦合模型等。

如图 6-34 所示不同放电倍率下 4680 电池三维温度分布。可以发现，随着放电倍率的增加，电池在轴向方向的温度分布均匀，电池在径向的温度分布有较大温差，且倍率越高，电池内外温差越大。此外，环境温度是影响锂离子电池工作的另一重要参数，部分电化学参数，如扩散系数、液相电导率等，都是温度依赖参数。为了研究环境温度对电池热行为的影响，在不同环境温度下（-10℃、0℃、25℃和40℃）以1C的倍率对电池进行放电，研究4680电池的温度及产热率的变化。如图6-35，观察4680电池三维温升分布情况，可以发现在1C倍率下，低温会略微加剧电池径向的内外温差，对轴向温度基本无影响。

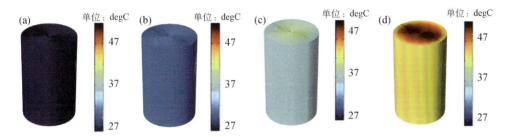

图6-34　不同放电倍率下4680电池三维温度分布：（a）1/3C；（b）1C；（c）3C；（d）5C

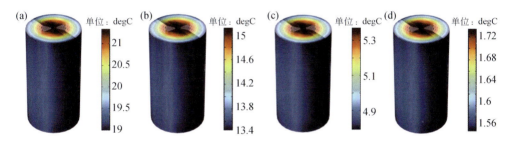

图6-35　不同环境温度下4680电池三维温升分布图：（a）-10℃；（b）0℃；（c）25℃；（d）40℃

6.3.4　产热特性分析

在不同放电倍率下，4680电池的温升变化曲线如图6-36所示：在C/3放电速率下，温升曲线在开始阶段增大，达到40%放电容量后减小，并在放电过程结束时再次增大；在1C放电速率下，温升在约40%放电容量附近出现温度平台期，而后逐渐上升；在3C及以上的高倍率放电下，温升则近似线性增长。低倍率放电工况下，电池总产热率较小，有足够

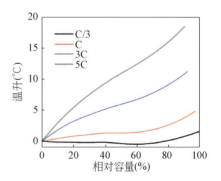

图6-36　不同放电倍率下4680电池温升曲线

的时间进行有效散热；而在放电速率较高时，有大量欧姆热以及极化热产生，外部自然对流换热并不能及时把产生的热量散失掉，导致电池温度升高。

锂离子电池在工作时的产热主要包括以下三类：可逆热、极化热和欧姆热。此外，电池与周围环境间还存在着对流换热。产热与散热的共同作用决定了锂离子电池的热特性。为此，基于产热模型研究环境温度为 25℃、不同放电倍率下（1/3C、1C、3C 和 5C）的各类产热平均产热速率，从而了解不同性质产热对整体产热率的影响。图 6-37（a）～（d）是各放电倍率下不同性质产热随时间变化的曲线，判断不同性质产热的影响力主要是看各类别产热曲线对总产热曲线趋势或形态的影响。C/3 倍率下，电池总产热由可逆热主导，由于放电电流较小，欧姆热和极化热都不明显，与可逆热不在一个量级。在放电初期以及中期，可逆热主要为吸收热量；在放电后期，可逆热迅速上升，其趋势主要受熵热系数影响。随着放电倍率的增大，电池放电平台变短，极化现象严重。极化热迅速上升；同样，欧姆热因与放电电流呈正相关，也迅速增加，二者产热占比增大。电池总产热不再完全由可逆热主导。其中，欧姆热相对于极化热占比更高。

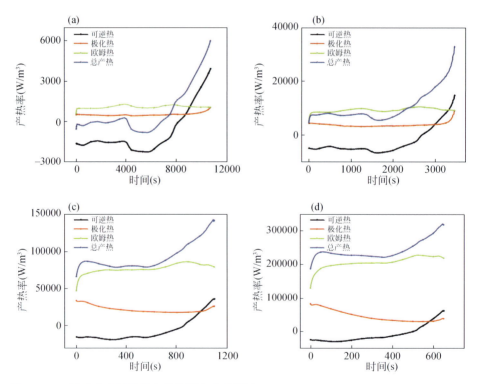

图 6-37 三类产热在不同放电倍率下的产热情况：（a）1/3C；（b）1C；（c）3C；（d）5C

图 6-38 为环境温度为 25℃、不同放电倍率下（1/3C、1C、3C 和 5C）的电池的各部分产热随放电时间的变化。其中，把极耳的欧姆产热归并到集流体产热里。

在放电倍率较低的情况下（C/3 和 1C），总产热的曲线趋势与负极产热的曲线趋势相似，总产热率主要受负极的影响，且在前文中已经证明，低倍率下总产热主要以可逆热为主，总产热率在前期为负值，即吸热状态，放电后期转为放热状态。1C 及以上放电倍率下，电池各部分的产热均有所增加，导致电池总产热率有了明显的提高。高倍率下（3C 和 5C），正负极集流体产热显著增加，这是由于集流体产热主要为欧姆热，受放电倍率影响较大。

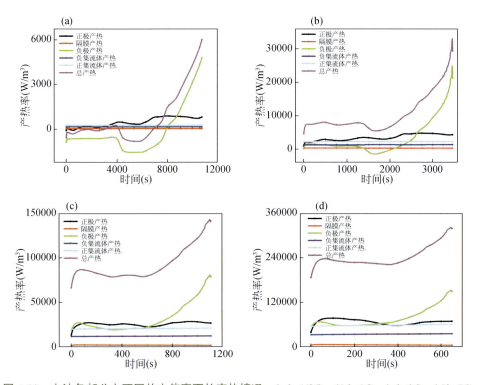

图 6-38　电池各部分在不同放电倍率下的产热情况：（a）1/3C；（b）1C；（c）3C；（d）5C

6.3.5　热仿真技术研究与应用

近年来，随着新能源技术的兴起，包括汽车在内的各个领域的消费者有了更多的选择，对于人们的日常生活来讲，确实带来了很多便利，但对于电池设计者却提出了巨大的挑战。

国内外大批研究学者都基于电化学机理模型对电池产热仿真展开了深入的研究。Zhao 等[29]通过构建锂离子电池电化学-热耦合模型，研究了放电倍率及电极厚度对电池工作性能的影响。研究结果表明，电池在低倍率进行放电时，总产热量中，可逆热所占的比重较大，而在高倍率进行放电时，欧姆热为主要的产热来源，可逆热远小于欧姆热。同时，当电极较薄时，可逆热为电池的主要产热来源，可逆热所占总产热的比重随着电极厚度的增加而逐渐减少。此外，在大倍率放电时，不可逆热为主要的产热来源；小倍率放电时，可逆热为主要的产热来源。同时，当对流换热系数增大时，电池的平均温度会随之下降，但会使电池内部温度分布的不一致性进一步加剧。Lai 等[30]以容量为 10Ah 的 LiFePO₄ 电池为研究对象，搭建电化学-热耦合模型对其产热情况进行了研究。研究结果表明，电池在工作中，隔膜与集流体的产热量较小，且产热量大部分为不可逆欧姆热，对电池的整体温升几乎不会产生影响，其中，负极区域是不可逆热的主要产热来源。同时，当电池以 5C 倍率进行放电时，电池温度会过高，为使电池正常工作，维持电池工作温度，应采取适当的冷却措施进行处理。宋文吉等[31]基于等效电路原理，通过构建分层结构的电-热耦合模型，对锂离子电池的温度分布进行了研究，从而对电池的电-热变化规律进行了分析。研究结果表明，当仅通过增加电池层叠层数的方式提高电池容量时，最大温升会随着电池容量的增加而显著提高，会使电池热管理难度大大增加。当仅强化电池极耳的换热方法，能够使电池的最高温度有所降低。通过改变极耳的位置，能够提升电池的散热能力，使电池温度均匀性进一步提高，随着电池容量的增大，这种改善效果越明显[32]。

Sahraei 等[33]运用 LS Dyna 软件建立了锂离子电池的二维有限元模型，模型包括由 1401 个元素离散化而成的正负极和两层隔膜。正负极和隔膜均采用可挤压泡沫材料模型。模型中，电极部分与集流体合并，但隔膜与每个电极之间的界面由二维自动单表面接触定义，摩擦系数为 0.4。过程中，隔膜应变最高，其次是正负极，但由于正极厚度较大，在总变形量方面，正极的变形量比分离器大。与预期一致，铝箔和铜箔在这种载荷下的应变要低得多。由此得出，当不同刚度的材料在通厚载荷下分层时，低刚度材料的形变程度最大。仿真模型的建立，成功预测了负载位移并可以进一步为电池内部故障的发生提供依据。

Chen 等[34]提出了一种新的圆柱形锂离子电池电化学-热耦合模型，用于对锂离子电池的安全性分析、温度预测以及故障诊断。基于 COMSOL 有限元软件，通过所提出的模型对各向异性热传导进行模拟研究，观察热分布特征。然后，从电特性和热特性两方面对所提出的模型进行实验验证。电特性方面，研究人员在 COMSOL 中建立仿真模型对外部短路电流进行估算，基于模型，对三种不同初始 SOC 的电池进行模拟，获取外部短路电流数据，并与实验数据进行对比，最大误差都可控制在 5%以内，由此可见模型可以准确模拟外部短路电流。针对热特性，对三种不同初始 SOC 的电池进行模拟后，对获取的数据进行比较，内部温度的最大误差为 1.771%，正极和负极附近表面温度的最大误差分别为 3.915%和 1.089%，模型同样可以准确预测电池温度。在电池设计方面，该团队提出，改善集流体的布置方式和提高电池负极的散热能力有利于降低外部短路发生的风险。

6.3.6 总结与展望

锂离子电池由于具有能量密度高、循环寿命长、环境友好等优点被广泛应用在电动汽车及各种储能产品中。而随着锂离子电池的广泛应用，其安全性愈发受到人们关注。如果锂离子电池使用不当或者热管理系统发生故障，则极容易发生热失控，造成起火甚至爆炸等安全事故。热仿真是一种高效、方便、经济的技术手段，通过采集模拟对象的材料、形状参数及环境参数等信息，计算得到模拟对象的散热情况，直观展现模拟对象整体和内部单体的温度分布，从而有针对地对产品进行设计方案的优化[35]。热仿真技术通过分析，可以针对锂离子电池组及模块进行合理布局，从而减少由于热蔓延、热滥用等带来的热失控问题，避免事故的发生。

6.4 寿 命 仿 真

6.4.1 锂电池老化机理

电池的充放电循环过程常常会伴随一种或多种副反应，使电池性能发生潜移默化的变化。主要的性能变化反映在电池的可用容量衰减和内阻增加。电池老化主要包括 SEI 膜的生成、可用锂离子损失、充放电时电极结构变化、电极活性材料隔离溶解、颗粒破碎导致电极破坏等，这些老化可导致电池可用容量的衰减。此外，电极中黏合剂、正负极集流体的分解和腐蚀，以及电池 SEI 膜的增厚都会导致电池内阻增加[36]。

锂离子电池的老化机制与不同类型的正负电极活性材料有很大关系。目前的研究表明，在循环过程中，三元正极材料的锂离子会导致结构不稳定，活性材料中的过渡金属元素会造成材料从层状结构转变为尖晶石结构，最终转变为岩盐结构[37-39]，从而导致正极活性材料的损失，电流倍率和充电截止电压影响材料结构的转换过程。此外，三元材料中过渡金属元素的溶解也是正极损失的主要原因，溶解生成物通过电解质迁移到石墨负极，并与负极发生作用，如锰和镍溶解到电解质，将继续沉积在负极，导致石墨颗粒表面 SEI 膜的破坏和重构，促进 SEI 膜生长，从而加速锂离子损失，导致电池可用容量衰减和阻抗增加[40]。

引起锂离子电池老化的内部诱因多样且复杂，但整体来说电池的老化模式可以细分为 3 类：

（1）可循环锂的损失（LLI）：由于副反应，SEI 膜生长、分解等反应消耗锂离子，锂离子不再用于正负电极之间的循环，导致电池容量下降。负极析锂也会导致电池容量下降。

（2）负极活性材料损失（LAMNE）：由于负极颗粒破裂和电接触损失，或活性材料孔隙被电阻层堵塞，活性锂不再插入负极活性材料，导致电池容量和功率下降。

（3）正极活性材料损失（LAMPE）：由于正极结构衰变、活性材料腐蚀溶解、颗粒破裂脱落等原因，锂离子无法插入正极，电池容量和功率衰减。

上述三种不同类型的电池老化有不同的原因。锂离子电池在循环或搁置时可能会经历上述一个或多个老化过程，但具体的老化因素和老化速度将取决于电池的具体使用条件。实际使用过程中的锂离子电池老化包括日历老化和循环老化，以及长循环过后的容量"跳水"过程。解析各种老化类型的老化机理是建立锂离子电池老化模型的基础。

1. 日历老化模型机理

日历老化是指电池搁置过程中容量随搁置时间而缓慢下降的现象。在电池搁置过程中，负极 SEI 膜增厚导致活性锂的损失，且电池 SOC 越高、温度越高，电池的日历老化速度越快。Naumann 等[41]提出，锂离子电池的日历老化速度与搁置 SOC 不成正比。容量衰减大致是时间的一半。当电池保持在 25%～62.5%SOC 的范围内时，日历老化的速度基本相同；而 SOC 增加到 62.5%之后，随着 SOC 的增加，日历老化速度迅速增加，这是因为负极平衡电势影响 SEI 膜增厚，负极平衡电势越低，SEI 生长速度越快。从以上研究可以看出，尽量避免在高 SOC 范围和高环境温度下搁置电池，以延缓其日历老化。

2. 循环老化模型机理

循环老化指锂离子电池在充放电循环过程中的不可逆容量损失，主要受到充放电倍率、充放电截止电压、SOC 范围、温度和放电深度（DOD）因素的影响。在各种循环条件下，明确电池的老化特性对优化电池的使用以延长其使用寿命具有重要意义。Monem 等[42]对磷酸铁锂电池在各种充电工况下电池容量下降特性进行了评估，结果表明，在电池充电过程中定期施加较小的放电脉冲有助于减少浓差极化，延长电池寿命。欧阳明高院士团队[43]通过拆解电池和原位观察，研究了磷酸铁锂电池在低温充电过程中的衰退特性。当充电倍率或充电截止电压超过一定临界值时，由于负极析锂，电池容量衰退速度急剧增加。Somerville 等[44]分析了充电倍率对电池衰退特性的影响，研究表明，大倍率充电将加速负极颗粒表面SEI 膜的生长，甚至改变 SEI 膜的化学成分，出现新的反应机制，从而加速电池容量衰退和阻抗的增加。Keil 等[45]认为提高充电截止电压会显著缩短三元电池和磷酸铁锂电池的循环寿命。

上述差异性可能是因为电池材料体系和电池类型不同所导致的，对于电池内部的循环老化机制相互作用机理并没有明确的表述，也可能与此有关。

3. 容量"跳水"模型机理

在正常循环工况下，锂离子损失主要是因为 SEI 在负极活性材料颗粒表面生长增厚所消耗锂离子，此时，随着累计充放电安全时间或等效全放电循环次数的增加，电池容量近似线性衰减。在某些情况下，电池在近似线性下降一段时间后可能会突然加速衰减，即容量"跳水"，这表明新的老化机制主导了电池容量衰减过程[37]。许多文献表明，即使在一些适当的温度和充电应力条件下，电池在线性衰退后期也可能出现容量"跳水"现象。在极端使用条件下，如低温大倍率充电和过充电，由于负极析锂，电池容量"跳水"。"跳水"现象有三个特点：①容量"跳水"出现在各种正极活性材料系统下，据此推断，"跳水"的主导机制可能来自负极；②充电电流和充电截止电压的大小可显著影响线性衰退阶段与容量"跳水"转折点对应的时间或容量保持率；③拆解分析表明，大量金属锂出现在负极和隔膜的界面处。绝大部分文献都把电池正常衰退一段时间之后的容量突然"跳水"归因于负极在充电过程中出现了析锂。由于电池充电末期石墨负极的平衡电位接近锂析出电位，当电池充电极化较大时，负极电位低于锂析出电位，导致析出锂枝晶，消耗大量锂离子。在电池长期循环老化过程中，石墨颗粒表面 SEI膜的持续生长不仅消耗了电解质，而且降低了电池多孔电极的孔隙率，导致负极扩散中锂离子的动力学性能恶化，从而增加了极化。因此，即使在适当的充电放电条件下，电池老化后也可能出现负极析锂。沉淀的锂金属可以与电解质反应并转化为 SEI 膜，这将进一步降低负极的离子动力学性能，形成正反馈过程，导致电池容量急剧下降。目前，研究锂离子电池容量"跳水"机制的文献主要集中在石墨负极上，正极材料对容量"跳水"的影响较少。容量"跳水"后电极活性材料是否加速下降尚不清楚。此外，目前的研究主要是通过事后拆卸来找出容量"跳水"的诱发机制，尽管"跳水"后的正负电极和隔膜特性参数可以准确定位原因，但无法获得电池在整个生命周期内从正常衰退阶段到"跳水"后老化表征参数的演变规律，这不利于基于电池外部电压电流监测提取容量"跳水"表征指标及实现"跳水"电池的在线识别。

目前，对锂离子电池在各种循环条件下的老化机制的分析主要是通过事后拆卸来实现的。缺乏锂离子电池在不同充电倍率和充电截止电压下的老化特性，缺乏不同充电应力条件下电池老化内部表征参数及在整个生命周期内演变曲线，电池老化状态的管理很难实现。实现电池的原位监测及利用电池模型探究电池老化机理是非常有必要的。通过模型仿真的方法，减小实验试错成本，节约时间；而且，可以观察不同老化模式的结果，如活性锂损失和活性物质的损失。

6.4.2 SEI 生长老化模型

锂离子电池生产后会不断经历老化的过程，不管处于循环还是搁置状态，电池都会出现容量衰减和内阻变大，归因于电池 SEI 的生长，EC 与 Li^+ 反应生成 $(CH_2OCO_2Li)_2$。

$$2C_2H_4CO_3 + 2e^- + 2Li^+ \longrightarrow (CH_2OCO_2Li)_2 \downarrow + C_2H_4 \uparrow \qquad (6\text{-}48)$$

SEI 形成受动力学和扩散双重限制，SEI 生成老化副反应电流密度 j_{SEI} 为：

$$j_{SEI} = -a_s F k_{0,SEI} c_{EC}^s \exp\left[-\frac{\alpha_{c,SEI} F}{RT}\left(\phi_s - \phi_e - \frac{j_{tot}}{a_s} R_{film} - U_{SEI}\right)\right] \qquad (6\text{-}49)$$

其中，$k_{0,SEI}$ 是 SEI 生长的动力学速率常数；U_{SEI} 是 SEI 生长的平衡电势，一般设置为 0.4V；c_{EC}^s 为石墨表面的 EC 浓度，mol/L；j_{tot} 为锂离子电池电化学模型总电流密度，A/m^2；R_{film} 为 SEI 膜阻，Ω。EC 遵循质量守恒方程为：

$$-D_{EC}\frac{c_{EC}^s - c_{EC}^0}{\delta_{film}} = -\frac{j_{SEI}}{a_s F} \qquad (6\text{-}50)$$

其中，D_{EC} 表示 EC 溶剂扩散系数，c_{EC}^0 表示 EC 溶剂浓度，δ_{film} 是 SEI 膜的厚度。

SEI 生长反应的物质守恒：

$$\frac{\partial c_{SEI}}{\partial t} = -\frac{j_{SEI}}{2F} \qquad (6\text{-}51)$$

其中，c_{SEI} 为 SEI 每单位体积的摩尔数。

假设生成的 SEI 均匀分布在球形颗粒的表面，生成的 SEI 膜厚度为：

$$\delta_{film} = \frac{1}{a_s}\left(\frac{c_{SEI} \cdot M_{SEI}}{\rho_{SEI}}\right) \qquad (6\text{-}52)$$

其中，M_{SEI} 为 SEI 的摩尔质量，ρ_{SEI} 为 SEI 的密度，SEI 膜阻为：

$$R_{film} = \omega_{SEI}\frac{\delta_{film}}{\kappa_{SEI}} \qquad (6\text{-}53)$$

其中，κ_{SEI} 为 SEI 的电导率，ω_{SEI} 为 SEI 的体积分数。

SEI 在不断生长过程中会侵占电极结构的孔隙，会造成电极孔隙率下降：

$$\frac{\mathrm{d}\varepsilon}{\mathrm{d}t} = -a_{\text{s}} \frac{\mathrm{d}\delta_{\text{film}}}{\mathrm{d}t} \qquad (6\text{-}54)$$

锂离子电池电化学模型的总电流密度 j_{tot} 是上述所有反应的电流密度之和，包含电池主反应和 SEI 生长老化副反应。在基准电化学-热耦合模型基础上耦合 SEI 生长副反应，使模型能更加准确地模拟电池实际状态。

$$j_{\text{tot}} = j_{\text{f}} + j_{\text{SEI}} \qquad (6\text{-}55)$$

SEI 生长老化模型的参数如表 6-2 所示。

表 6-2　SEI 生长老化副反应模型参数

参数	单位	数值
SEI 反应速率 $k_{0,\text{SEI}}$	m/s	8×10^{-17}（*）
溶剂扩散系数 D_{EC}	m^2/s	1×10^{-20}（*）
溶剂浓度 c_{EC}^0	mol/L	4.541
摩尔质量 M_{SEI}	kg/mol	0.162
SEI 密度 ρ_{SEI}	kg/m^3	1690
平衡常数 $\alpha_{c,\text{SEI}}$	—	0.5
SEI 电导率 κ_{SEI}	S/m	5×10^{-6}

注：*表示数据为拟合值。

6.4.3　日历老化模型验证

上一小节证明了耦合 SEI 生长的电化学-热耦合模型能够精确地预测锂电池日历老化数据集。基于日历老化实验数据，模型中 SEI 反应速率（$k_{0,\text{SEI}}$）为 $1 \times 10^{-16}\text{m/s}$，溶剂扩散系数（$D_{\text{EC}}$）为 $8 \times 10^{-20}\text{m}^2/\text{s}$。图 6-39 将电池日历老化实验数据与仿真数据进行对比。如图所示，搭建的模型可以较为准确地预测电池在搁置 SOC 为 0.5 和 0.9 时的老化程度。仿真与实验数据最大相对误差为 1.7%，并且随着搁置 SOC 升高，容量衰减速度也越快。

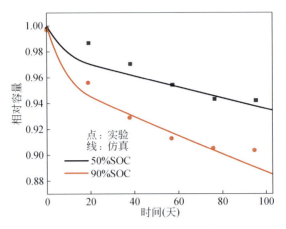

图 6-39　电池日历老化仿真与实验对比图

综上所述，将 SEI 生长耦合到电化学-热耦合模型中预测的不同体系电池在不同储存温度、SOC 下的容量衰减与实验数据对比，可以较好地拟合。所以在一些地方可利用该模型去替换电池老化实验，加快电池开发过程。

6.4.4　日历老化分析

搭建 SEI 生长老化模型，然后与基准电化学-热耦合模型进行耦合。根据上述公式描述，SEI 生长的危害很多，会使电池容量减小、内阻增加、电性能降低；温度会导致 SEI 生长，进而使电池容量降低。

尽管耦合 SEI 生长的电化学-热耦合模型在准确预测不同体系电池的日历老化方面表现出高精度，但是对于电池循环老化的预测准确性，仅仅依靠耦合 SEI 生长的电化学-热耦合模型是未知的。测试电池的正极材料为 NCM622，负极材料为石墨，得到一个同时包含日历老化实验数据［图 6-40（a）］与循环老化实验数据（图 6-41）的数据集。为了验证仅耦合 SEI 生长的电化学-热耦合模型预测电池循环老化的准确性，需要对同时包含电池日历老化实验与循环老化实验的数据集进行仿真验证。

具体流程包括以下步骤：首先，利用数据集中的日历老化实验数据，对 SEI 生长老化参数进行调整，以拟合日历老化实验数据。随后，基于评估后的 SEI 生长老化参数和电化学-热-SEI 生长老化模型，进行循环老化的仿真。

利用耦合 SEI 生长的电化学-热耦合模型对 Kandler 报道的电池日历老化实验的数据集进行拟合，对 SEI 生长的老化参数进行调整，拟合结果包括不同储存温度（10℃、25℃、45℃、55℃、60℃）以及不同 SOC（50%、90%）下的电池容量衰减。SEI 生长的老化参数如表 6-3 所示。

表 6-3　拟合 Kandler 日历老化数据集的模型参数

老化参数	单位	值
SEI 反应速率 $k_{0,SEI}$	m/s	8×10^{-17}（*）
溶剂扩散系数 D_{EC}	m²/s	1×10^{-20}（*）

注：*表示数据为拟合值。

　　模型与数据集拟合结果如图 6-40（a）所示，模型仿真数据和数据集实验数据分别是用点和线标记的。根据实验数据可知，日历老化所造成的容量损失随着温度的升高而增加；电池容量损失则随着 SOC 的增大而加快，与实验的老化趋势保持一致。模型预测结果与实验数据基本保持一致。

　　验证模型是否准确，需要对仿真与数据集实验结果进行比较。如图 6-40（b）所示，日历老化测试周期大约为 350 天，在此期间两者结果的最大相对误差不超过±2%，由此可以证明耦合 SEI 生长的电化学-热耦合模型可以进行较为准确的日历老化预测及反映电池的老化趋势。

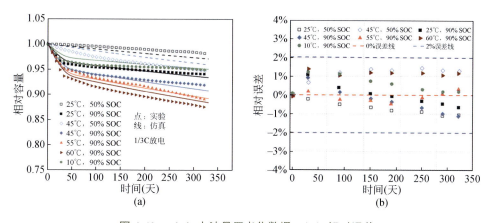

图 6-40　（a）电池日历老化数据；（b）相对误差

　　基于日历老化数据集所调整的 SEI 生长老化参数去预测电池的循环老化。选取常温下的三种不同工况进行循环老化仿真（图 6-41），模型基于日历老化所拟合的 SEI 生长老化参数预测电池的循环老化会出现欠预测的情况。这是因为电池在循环工况下工作时，电池内部不只发生 SEI 生长一种老化副反应，锂离子频繁地嵌入和脱嵌，在活性颗粒内部诱发机械应力，机械应力导致活性颗粒结构疲劳，造成活性物质损失。SEI 生长与活性物质损失共同导致电池的容量下降。

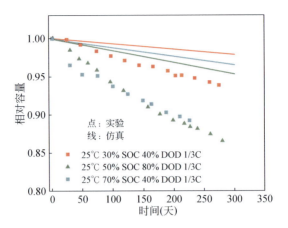

图 6-41　基于日历老化拟合参数预测循环老化验证

6.4.5　活性物质损失老化模型

在锂离子电池充放电时，由于锂离子在正负极会发生嵌入和脱嵌，会让电池出现可恢复膨胀变形现象，也称作可逆形变。石墨负极是层状结构，导致在嵌锂时会出现体积膨胀，最大可膨胀 10%，影响电池的稳定性。电池内部应力会不断累积，使电极活性物质机械疲劳，进而会让电极开裂，并让导电剂、粘接剂分离，进而不能进行脱嵌锂。应用基于物理模型的构建方式，在已经耦合 SEI 生长老化机制的电化学-热耦合模型的基础上增加活性物质损失老化机制。该模型可得到由于锂离子传输产生的浓度梯度引起的应力，并计算由于应力累积导致的损害。应力会使电极活性物质减少，进而加速电池循环老化速度，导致电池容量衰减。所以，在耦合 SEI 生长的电化学-热耦合模型基础上添加活性物质损失老化模型，活性物质损失老化模型包括力学模型来计算应力，将应力与疲劳驱动的累积损伤相结合。

在目前的模型中，将电池扩散诱导应力与疲劳驱动的累积损伤相结合，将循环充放电过程中的应力和电极活性物质损失（loss of active material，LAM）与电池容量衰减相结合。根据颗粒层面的应力模型，径向应力 σ_r、切向应力 σ_t 分别如下：

$$\sigma_r = \frac{2\Omega E}{3(1-v)}\left(\frac{1}{R^3}\int_0^R c_s r^2 \mathrm{d}r - \frac{1}{r^3}\int_0^r c_s \xi^2 \mathrm{d}\xi\right) \tag{6-56}$$

$$\sigma_t = \frac{\Omega E}{3(1-v)}\left(\frac{2}{R^3}\int_0^R c_s r^2 \mathrm{d}r + \frac{1}{r^3}\int_0^r c_s \xi^2 \mathrm{d}\xi - c_s\right) \tag{6-57}$$

其中，Ω 是偏摩尔体积，E 是杨氏模量（石墨电极颗粒的杨氏模量随嵌锂态变化，单位是 GPa，对模型结果有直接的影响），v 是泊松比，r 是颗粒的半径，ξ 是虚拟积分变量。

$$E = 11x + 7 \tag{6-58}$$

其中，x 为石墨电极的嵌锂态。活性物质损失老化机制的瞬时反应方程：

$$\frac{\partial \varepsilon}{\partial t} = \beta \left(\frac{\sigma_h}{\sigma_c} \right)^m, \quad \sigma_h > 0 \tag{6-59}$$

只有拉应力（$\sigma_h > 0$）才会造成活性物质损失，β 和 m 是两个常数，可从实验中获得，ε 为活性物质体积分数。流体静应力 $\sigma_h = \frac{\sigma_r + 2\sigma_t}{3}$，$\sigma_c$ 是临界应力。

由于活性物质损失会造成电极活性物质体积分数的减少：

$$\varepsilon = \varepsilon_0 + \Delta\varepsilon_{LAM} \tag{6-60}$$

其中，ε_0 为新电池的初始电极体积分数，$\Delta\varepsilon_{LAM}$ 是活性物质损失所造成的电极体积分数的变化量。

活性物质损失老化模型的参数如表 6-4 所示。

在本小节主要介绍构建的活性物质损失老化模型，与融合 SEI 生长与活性物质损失的电化学-热耦合模型进行耦合，可得到电化学-热-老化（包含 SEI 生长与活性物质损失两种老化机制）耦合模型。该模型不仅能准确预测电池日历搁置，还能计算在循环运行的老化衰减。

表 6-4　活性物质损失老化模型参数

参数	单位	数值
偏摩尔体积 Ω	m^3/mol	3.076×10^{-6}
泊松比 ν	—	0.3
β	—	7×10^{-7}（＊）
m	—	2
临界应力 σ_c	Pa	5×10^7

注：＊表示数据为拟合值。

6.4.6　循环老化实验数据集验证

基于融合 SEI 生长与活性物质损失的电化学-热耦合模型，研究电池在不同平均 SOC、不同 DOD 及不同充放电倍率条件下的容量衰减。图 6-42 表示模型预测结果与循环老化实验结果的对比，老化模型预测结果与实验结果具有较好的一致性，而且模型也能很好地模拟出日历与循环混合工况下的电池容量衰减行为。与实验结果相比，模型预测电池循环老化的最大相对误差约为 5.3%。

比较模型模拟数据与实验数据，可以得出以下结论：电化学-热-老化耦合模型可以预测电池的日历老化和循环老化。模型数据和实验数据可以达到较好地拟合，具有一定的预测精度，一定程度上可以利用该模型替代电池老化实验，对老化行为分析会更加便捷。

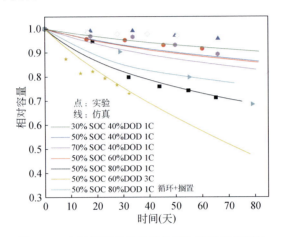

图 **6-42**　电池循环老化仿真数据与实验数据对比

6.4.7　寿命仿真技术研究与应用

剩余使用寿命的预测通常对电池使用工况、历史健康状况等数据进行分析总结，运用相关算法挖掘电池寿命衰退的内在规律，从而对电池未来的衰退轨迹进行预测，最终获得电池的剩余使用寿命。对电池寿命进行准确的预测，不仅能够了解电动汽车的使用状况，而且也能够避免在行驶的过程中因电池出现故障而导致事故的发生。近些年来基于模型的方法对锂电池寿命预测的研究逐渐成为热点。通过研究电池的衰退机理，然后建立起相对应的数学模型去分析预测电池寿命。所建立模型的好坏直接影响寿命估计的精度。基于模型的方法是通过用于描述电池的衰退过程的数学模型来预测电池的老化轨迹，从而得出电池的剩余使用寿命。

Wang 等[38]针对商用 LiFePO$_4$ 电池加速循环寿命研究的循环测试结果，研究并描述了测试参数（时间、温度、DOD、倍率）对电池寿命的影响。结果表明，在 C/2 放电倍率下，容量损失受时间和温度的影响较大，而受 DOD 的影响较小。作者建立了一个寿命模型来描述在这种低放电倍率下容量衰减的时间和温度依赖性关系。使用曲线拟合，作者证明了在 15～60℃ 区间，容量衰减与电荷吞吐量遵循幂律关系。建立的幂律模型被用作开发模型方程的基础，以描述在每个较高放电倍率（2C、6C 和 10C）下的容量衰减。对于所有的放电倍率，模型方程表明幂律因子的值非常接近 0.5。这种时间依赖性的平方根与老化机制相一致，老化机制涉及导致活性锂损失的扩散和寄生反应。总的来说，该模型考虑了容量吞吐量（时间）、倍率和温度，并与实验数据取得了定性一致。

黄海[39]采用二阶 RC 模型对 RUL 进行预测，该模型精度比其他模型更能动态地反应电池的参数变化，精度较高。对电池在 103 次循环、205 次循环、307 次循环的 HPPC 放电实验数据分别进行参数辨识，对比了三种不同老化程度下的等效电路模型参数。结果表明，电池老化特性显著改变了等效电路模型的各个参数，所以电池管理系统应定期对电池模型的参数进行更新。将等效电路参数形式的电化学过程模型与描述状态转变、老化过程和测量精度的统计模型相结合，形成 RUL 预测框架，使用了相关向量机和几种不同的粒子滤波器用于剩余寿命预测和提供不确定性边界。然而，等效电路模型难以描述电池电化学系统的复杂的内部、外部特性及静态、动态特性，对电池系统的仿真能力有限。

电化学模型法依据电池内部的电化学反应建立机理模型。Yang 等[40]等提出了一个基于物理的电化学锂离子电池模型，该模型能够预测与析锂相关的锂离子电池老化特性。该模型中包含 SEI 生长和析锂造成的负极孔隙率降低等老化机制，发现在循环的早期阶段，电池老化随循环次数呈线性关系，在此期间，电池容量线性下降，而电池内部电阻仅略微增加，这是由于 SEI 生长是线性老化阶段的主要老化机制。随着循环的进行，SEI 连续的生长会导致负极孔隙率下降，因此负极电解质电位的梯度更大，从而降低充电过程中的锂沉积电位（LDP）。经过一定次数的循环后，电池充电中的 LDP 将降至 0V *vs.* Li/Li$^+$，导致析锂开始。锂金属在负极/隔膜界面狭窄区域的出现进一步加速了负极局部孔隙率的降低，导致负极中电解质电位梯度变大，从而降低了 LDP 和提高了析锂速率。析锂速率的增加和负极孔隙率的降低之间的正反馈导致镀锂速率呈指数上升，同时负极/隔膜界面附近的局部孔隙率急剧下降。因此，电池老化从线性过渡到非线性。析锂速率的急剧增加导致锂库存的快速损失，同时，隔膜附近孔隙的堵塞导致负极电解质电阻的大幅上升，这也导致严重老化电池在高倍率下放电曲线中出现电压下冲行为。基于电化学模型的方法可以准确反映电池内部老化机理，但是由于待辨识参数众多及求解微分方程计算量较大，较适合用于离线仿真，对电芯开发有指导意义，不适合用于车载 BMS。

电池模型体系的建立意义重大。初步研究表明：只有有机的融合电化学模型、等效电路模型、经验模型和能够更准确反映动力电池内外特征的模型等，有效体现许多不同模型的优点，弥补只有一个模型的不足，才有望获得更加精确的、能表征多时间尺度下有动态跟踪能力的动力电池模型。

6.4.8 总结与展望

对于锂离子电池，由循环充放电所引起的容量下降是表征寿命衰退过程的指标。因此，动力电池在使用过程中会发生性能衰退，面对复杂的实际运行环境往往达不到预期寿命值。如果对电池准确的寿命状态缺乏深入研究，则过早更换电池会产生巨大的资源浪费，过晚更换电池会对电池系统性能产生影响，甚至导致一系列的安全问题。此外 2000~4000 次的循环寿命评估周期较长，通常需要 1~2 年时间，因此为了缩短电池循环寿命的评估周期，需要研究其寿命衰减规律，建立寿命模型，加快评估时间进程。

分析电池性能衰减原因，解析电池内部副反应过程，从而建立精准的动力电池寿命模型，对电池寿命准确估计是动力电池安全性、经济性和可靠性的重要保证。同时，下一代电池技术将从传统的电池技术逐步过渡到智能电池技术，未来的重点发展方向主要包括可嵌入式多维传感器技术、内-外传感器一体化集成技术及锂离子电池仿真模拟技术。依据各类传感器采集的信号和仿真结果，后续通过数字信号处理及各种数据分析算法建立精确的电池寿命和性能模型，以及相应的管理和预警系统，提高锂离子混合电容器储能系统的运行效率及安全性和稳定性。

参 考 文 献

[1] 陈琦. 基于电化学模型的锂离子电池状态估计[D]. 江苏大学, 2022.

[2] 程昀, 李劼, 贾明, 等. 锂离子电池多尺度数值模型的应用现状及发展前景 [J]. 物理学报, 2015, 64(21): 145-160.

[3] Santhanagopalan S, Guo Q, Ramadass P, et al. Review of models for predicting the cycling performance of lithium ion batteries [J]. Journal of Power Sources, 2006, 156(2): 620-628.

[4] 韩雪冰. 车用锂离子电池机理模型与状态估计研究[D]. 清华大学, 2014.

[5] Arora P, Doyle M, White R E. Mathematical modeling of the lithium deposition overcharge reaction in lithium-ion batteries using carbon-based negative electrodes [J]. Journal of the Electrochemical Society, 1999, 146: 3543.

[6] Gao X, Lu W, Xu J. Modeling framework for multiphysics-multiscale behavior of Si–C composite anode [J]. Journal of Power Sources, 2020, 449(15): 227501.

[7] Wang D, Huang H, Tang Z, et al. A lithium-ion battery electrochemical–thermal model for a wide temperature range applications [J]. Electrochimica Acta, 2020, 362(1): 137118.

[8] Haran B S, Popov B N, White R E. Determination of the hydrogen diffusion coefficient in metal hydrides by impedance spectroscopy [J]. Journal of Power Sources, 1998, 75(1): 56-63.

[9] 庞辉. 基于扩展单粒子模型的锂离子电池参数识别策略 [J]. 物理学报, 2018, 67(5): 259-269.

[10] Rahimian A K, Rayman S, White R E. Extension of physics-based single particle model for higher charge–discharge rate [J]. Journal of Power Sources, 2013, 224(15): 180-194.

[11] Liu C, Lombardo T, Xu J, et al. An experimentally-validated 3D electrochemical model

revealing electrode manufacturing parameters'effects on battery performance [J]. Energy Storage Materials, 2023, 54: 156-163.

[12] Ngandjong A C, Lombardo T, Primo E N, et al. Investigating electrode calendering and its impact on electrochemical performance by means of a new discrete element method model: Towards a digital twin of Li-ion battery manufacturing [J]. Journal of Power Sources, 2021, 485: 229320.

[13] Lombardo T, Ngandjong A C, Belhcen A, et al. Carbon-binder migration: A three-dimensional drying model for lithium-ion battery electrodes [J]. Energy Storage Materials, 2021, 43: 337-347.

[14] Garrick T R, Huang X, Srinivasan V, et al. Modeling volume change in dual insertion electrodes [J]. Journal of The Electrochemical Society, 2017, 164(11): E3552.

[15] Rieger B, Erhard S V, Rumpf K, et al. A new method to model the thickness change of a commercial pouch cell during discharge [J]. Journal of The Electrochemical Society, 2016, 163(8): A1566.

[16] Kashkooli A G, Foreman E, Farhad S, et al. Morphological and electrochemical characterization of nanostructured $Li_4Ti_5O_{12}$ electrodes using multiple imaging mode synchrotron X-ray computed tomography [J]. Journal of The Electrochemical Society, 2017, 164(12): A2861.

[17] Ngandjong A C, Lombardo T, Primo E N, et al. Investigating electrode calendering and its impact on electrochemical performance by means of a new discrete element method model: Towards a digital twin of Li-ion battery manufacturing [J]. Journal of Power Sources, 2021, 485: 229320.

[18] Smith K, Gasper P, Colclasure A M, et al. Lithium-ion battery life model with electrode cracking and early-life break-in processes [J]. Journal of The Electrochemical Society, 2021, 168: 100530.

[19] Jin X, Vora A, Hoshing V, et al. Physically-based reduced-order capacity loss model for graphite anodes in Li-ion battery cells [J]. Journal of Power Sources, 2017, 342: 750-761.

[20] Li J, Adewuyi K, Lotfi N, et al. A single particle model with chemical/mechanical degradation physics for lithium ion battery State of health (SOH) estimation [J]. Applied energy, 2018, 212: 1178-1190.

[21] Bernardi D, Pawlikowski E, Newman J. A general energy balance for battery systems [J]. Electrochemical Society Extended Abstracts, 1985, 132(1): 5-12.

[22] Yang N, Zhang X, Shang B, et al. Unbalanced discharging and aging due to temperature differences among the cells in a lithium-ion battery pack with parallel combination [J]. Journal of Power Sources, 2016, 306(29): 733-741.

[23] Ren D, Feng X, Lu L, et al. An electrochemical-thermal coupled overcharge-to-thermal-runaway model for lithium ion battery [J]. Journal of Power Sources, 2017, 364: 328-340.

[24] Lai X, Wang S, Wang H, et al. Investigation of thermal runaway propagation characteristics of lithium-ion battery modules under different trigger modes [J]. International Journal of Heat and Mass Transfer, 2021, 171(2021): 121080.

[25] Pals C R, Newman J. Thermal Modeling of the Lithium/Polymer Battery [J]. Journal of The Electrochemical Society, 1995, 142: 3274.

[26] Wang Y, Zhou C, Zhao G, et al. A framework for battery internal temperature and state-of-charge estimation based on fractional-order thermoelectric model [J]. Transactions of the Institute of Measurement and Control, 2022, doi: 10. 1177/01423312211067293.

[27] Yi X, Hg A, Wei L A, et al. Improving battery thermal behavior and consistency by optimizing structure and working parameter [J]. Applied Thermal Engineering, 2021, 196: 117281.

[28] Xie Y, Wang C, Hu X, et al. An MPC-based control strategy for low-temperature electric vehicle battery cooling considering energy saving and battery lifespan [J]. IEEE Transactions on Vehicular Technology, 2020, (99): 1.

[29] Zhao R, Gu J, Liu J. An investigation on the significance of reversible heat to the thermal behavior of lithium ion battery through simulations [J]. Journal of Power Sources, 2014, 266(1): 422-432.

[30] Lai Y, Du S, Ai L, et al. Insight into heat generation of lithium-ion batteries based on the electrochemical-thermal model at high discharge rates [J]. International Journal of Hydrogen Energy, 2015, 40(38): 13039-13049.

[31] 宋文吉, 陈明彪, 白帆飞, 等. 基于电-热耦合模型的锂离子电池热特性与优化 [J]. 电池, 2018, 48(5): 309-312.

[32] Wang M, Noelle D, Shi Y, et al. Effect of notch depth of modified current collector on internal-short-circuit mitigation for lithium-ion battery [J]. Journal of Physics D: Applied Physics, 2018, 51(1): 015502.

[33] Sahraei E, Bosco E, Dixon B, et al. Microscale failure mechanisms leading to internal short circuit in Li-ion batteries under complex loading scenarios [J]. Journal of Power Sources, 2016, 319(1): 56-65.

[34] Chen Z, Zhang B, Xiong R, et al. Electro-thermal coupling model of lithium-ion batteries under external short circuit [J]. Applied Energy, 2021, 293(1): 116910.

[35] 彭锦, 李海霞, 张翔, 等. 基于 ANSYS Icepak 的车载电源机箱热仿真分析 [J]. 上海师范大学学报(自然科学版), 2022, 51(4): 544-549.

[36] Chowdhury R, Banerjee A, Zhao Y, et al. Simulation of bi-layer cathode materials with experimentally validated parameters to improve ion diffusion and discharge capacity [J]. Sustainable Energy & Fuels, 2021, 5(4): 1103-1119.

[37] Bach T C, Schuster S F, Fleder E, et al. Nonlinear aging of cylindrical lithium-ion cells linked to heterogeneous compression [J]. The Journal of Energy Storage, 2016, 5: 212-223.

[38] Wang J, Liu P, Hicks-Garner J, et al. Cycle-life model for graphite-LiFePO$_4$ cells [J]. Journal of Power Sources, 2011, 196(8): 3942-3948.

[39] 黄海. 锂离子动力电池老化特性研究与循环寿命预测[D]. 山东大学, 2016.

[40] Yang X G, Leng Y, Zhang G, et al. Modeling of lithium plating induced aging of lithium-ion batteries: Transition from linear to nonlinear aging [J]. Journal of Power Sources, 2017, 360: 28-40.

[41] Naumann M, Spingler F B, Jossen A. Analysis and modeling of cycle aging of a commercial LiFePO$_4$/graphite cell [J]. Journal of Power Sources, 2020, 451(1): 227666.

[42] Monem M, Trad K, Omar N, et al. Lithium-ion batteries: Evaluation study of different charging methodologies based on aging process [J]. Applied Energy, 2015, 152(15): 143-155.

[43] Ouyang M G, Chu Z, Lu L, et al. Low temperature aging mechanism identification and lithium deposition in a large format lithium iron phosphate battery for different charge profiles [J]. Journal of Power Sources, 2015, 286: 309-320.

[44] Somerville L, Bareno J, Trask S, et al. The effect of charging rate on the graphite electrode of commercial lithium-ion cells: A post-mortem study [J]. Journal of Power Sources, 2016, 335: 189-196.

[45] Keil P, Jossen A. Charging protocols for lithium-ion batteries and their impact on cycle life—An experimental study with different 18650 high-power cells [J]. Journal of Energy Storage, 2016, 6: 125-141.

07

电池制造技术

7.1 锂离子电池制造原理

电池制造的目标是在保证电池具备所需性能的前提下，实现电池大规模、高质量制造。实现最佳制造效益，其原理就是依据电池化学原理和电池结构要求，确保电池制造达到要求的安全、质量和效率，并取得应有的效益。

电池制造首先要考虑电池原理。电池充放电的本质是物质和能量的转移过程，电池制造实质也是构造加工制造方法实现电池的结构和性能，保证离子、电子在电池中的顺利迁移\转移并得以保持。因此，电池制造过程是基于原子、分子微观结构和物质的宏观效应，从纳米、微米再到毫米、米尺度的材料操作，用控制装置实现其生产、加工的过程。早期电池制造主要集中在基于牛顿力学的设备制造效率、制造质量和成本的管控，主要管控的是宏观物体的物理位置、速度、加速度、惯量、摩擦、阻力等参数，相对而言这些控制是宏观的，过程的可见性和可观测性都比较容易把控。但是，基于电池内部相对复杂的反应过程，必须从微观和宏观的全角度，用量子力学和牛顿力学相结合的方法来管控电池生产过程，考虑电池生产及制成后结构和组成的演变、内部电位变化、晶体结构演化、结构形貌与孔结构、体积变化和接触应力变化、电子和离子的输运行为、界面问题和尺度效应对电池性能的影响，更进一步要考虑内部原子、分子、离子间的耦合效应、温度效应及体积变化，从而控制电池的安全、自放电、循环寿命、能量密度和功率密度，还需要更多地从微观角度考虑制造过程热力学、动力学（离子输运动力学、电荷转移动力学、反应动力学、相变动力学等）、产气机理和稳定性。然而，这些复杂过程的管控表现在制造方面目前还只有一些定性原理和模型，还缺少完整的定量描述和理论。电池制造本质是多物理场耦合，多元、异构数据，海量数据管理，以实现电池多尺度下的控形、控性问题；能够采取的方法是基于定性趋势分析、大数据分析建模优化、机器学习优化方法，用量子力学理论摸清电池内在科学规律，进行决策、控制和过程优化，建立分析方法、评价手段，达到电池制造的可重构、大规模、定制化；最终解决离子迁移、热与传热、内部压力管控等，实现解决电池使用过程 形变和 SEI 膜、锂枝晶控制等问题。如图 7-1 所示电池制造过程机理管控图[1]。

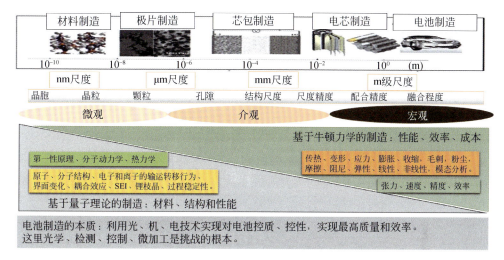

图 7-1 电池制造过程机理管控

7.2 动力电池结构与工艺流程[1]

动力电池制造工艺指的是生产企业利用制造工具和装备，对各类原材料、半成品等进行加工处理，最后制造出成品的工作、方法和技术。它是人们在电池制造实践中积累起来并总结的操作技术经验，也是电池制造过程中有关工程技术人员应遵守的技术规程。产品的制造工艺是大规模制造业的基础和根本保证，对电池逐步成为未来通用产品的今天，探讨电池的制造工艺、制造方法和制造规范，是电池产业未来走向高质量、高效、低成本制造的基础。

动力电池制造工艺涉及从电池原材料到电芯，再到成品电池的全过程。本节主要对方形电池、圆柱电池、软包电池制造工艺进行详细解说。我们认为电池制造跟半导体制造是非常类似的，首先应该考虑的是怎么把电芯做到极致的安全和高质量。电芯的选择应该遵循标准化、规格化和系列化[2]，满足大规模制造要求，电芯尽可能不要定制化（针对特殊市场和特殊应用的产品）。其次是通过电芯的不同组合满足不同应用场景的功率、电量和运行时长的要求。这才是通用目的产品实现大规模制造的基本思想。我们过去在电芯起步阶段就定制化，结果导致规格品种过多，制造成本居高不下，难以提升制造质量。在把电池制造产业建立起来之前，应该且必须先走标准化，产业发展到成熟阶段，然后再走定制化。

7.2.1 动力电池制造工艺

电池的组成比较繁杂，其构成有正极片、负极片、隔膜、电解液等，还涉及电化学、离子传导、电子传导和热量扩散等反应。在此，电池极片的制造工艺流程首先是将活性物质、粘接剂和导电剂等混合制成的浆料涂覆在铜或铝集流体的两面，接着通过干燥的方式以去除溶剂，从而得到干燥的极片。此时的极片涂层还需要经过压实，然后再裁切或分条，最后才将正负极片和隔膜一起组装成电芯，经过封装、注液和充放电激活后形成电池产品。锂电池按形态划分可分为圆柱电池、方形电池和软包电池三大类，它们在生产工艺上虽然存在着一定的差异，但是锂电池制造流程整体上可以划分为极片制造（前段工序）、电芯制造（中段工序）和电池制造（后段工序）。如图 7-2。

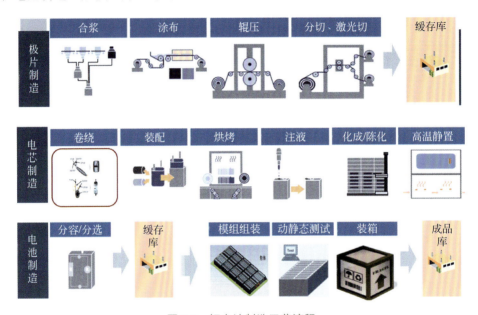

图 7-2　锂电池制造工艺流程

随着新能源整车续航里程、快充性能等需求的不断提高，以及 CTP、CTC、CTB 等结构的出现，对动力电池比能量、功率特性，尤其是一致性要求也越来越高，因此相应地也提高了对电池制造装备精度、稳定性和自动化水平的要求。以下简要介绍一下各段工序流程[3]。

极片制造（前段工序）的目标是完成正负极片的生产，其工序的主要流程有合浆（匀浆）、涂布、辊压、分切、制片、模切，相关设备包括搅拌机、涂布机、辊压机、分条机、制片机及模切机等。

电芯制造（中段工序）的目标是完成电芯的制造，也就是将前段工序中正负极片、隔膜和电解液等半成品进行有序地装配。此时电池的功能结构已经形成，即成为具备可充放电功能的电池。由于方形、圆柱与软包电池的结构差异，使得中段工序的技术路线和产线设备会有明显不同。其主要流程有卷绕（叠片）、入壳、注液、封装等，涉及的设备包括卷绕机（叠片机）、入壳机、注液机、封装设备（滚槽机、封口机、焊接机）等；而软包电池只能通过叠片工艺完成，因此其涉及的设备有所不同，主要为叠片机、注液机、封装设备等。

电池制造（后段工序）的目标是完成电芯的化成分容及封装，该工序的意义在于激活电芯，并通过检测、分选、组装后，得到性能稳定、安全的锂电池成品。该流程主要有化成、分容、检测、分选等，主要设备包括充放电机、检测设备等。

如前所述，不同类型电池其制造工艺会有所差别，以下就分别对方形电池、圆柱电池及软包电池制造工艺进行详细介绍，具体如下。

7.2.2 方形动力电池制造工艺

1. 前工序制片工艺

（1）制浆：制浆是将活性物质粉体、粘接剂、导电剂等和溶剂按照一定比例和顺序混合均匀制成稳定悬浮液的过程。锂电池的浆料分为正极浆料和负极浆料。浆料配方、分散均匀度、浆料黏度、附着力、稳定性、一致性对锂电池性能有着重大影响。将上述组成电极的活性物质、导电剂、增稠剂、粘接剂、添加剂、溶剂等按照一定的比例和顺序通过自动投料控制系统投入到搅拌机中，借助搅拌机公转搅动和自转高速分散作用得到分散均匀的固液悬浮状浆料以利于涂布。图 7-3 为制浆搅拌原理示意图。

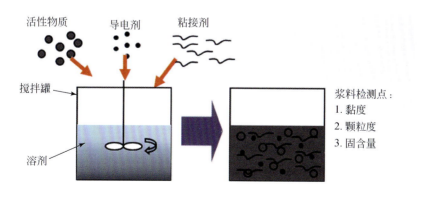

图 7-3 制浆搅拌原理示意图

搅拌工艺中比较重要的因素或参数有搅拌桨形状、搅拌速度及时间、真空度、浆料黏度及温度等。搅拌桨对分散效果有一定影响，其大致包括蛇形、蝶形、球形、桨形、齿轮形等。其中分散难度大的材料或配料的初始阶段会使用蛇形、蝶形、桨型的搅拌桨来搅拌；对于分散难度较低的浆料，使用球形和齿轮形有着较好的效果。搅拌速度作为制浆的关键因素之一，搅拌速度越快，则材料分散速度越快，但这对于材料的自身结构和设备的损伤也越大。对于浆料稳定性方面，黏度是重要的考量指标，黏度太小将导致溶剂材料的冗余浪费和加重浆料沉降分层。并且，黏度对后续极片的粘接性有着一定的影响，通常黏度越大，粘接强度也就越大，反之则粘接强度越小。此外，真空度也是制浆工序需要保证的指标参数，因为真空度越高越有利于材料表面和缝隙的气体排出，从而降低液体吸附的难度；在完全失重或重力较小的情况下，材料均匀分散的难度也将大大减小，同时针对高镍三元材料表面残碱吸水易成果冻状的问题，高真空度也有利于其浆料分散。温度对分散程度也有一定影响，温度太高浆料容易结皮，温度太低则浆料的流动性将大打折扣，只有在事宜的温度下，浆料流动性好并且易分散。搅拌是锂电后续工艺的基础，即高质量搅拌是后续涂布、辊压工艺高质量完成的基础，会直接或间接影响到电池的安全性能和电化学性能的发挥。

匀浆设备按操作方式分为间歇式匀浆和连续式匀浆，间歇式匀浆代表设备有双行星搅拌匀浆和分散机循环匀浆设备；连续式匀浆代表设备有双螺旋连续研磨分散设备。

（2）涂布：涂布是将正极（负极）悬浮液浆料均匀涂布在铝箔（铜箔）集流体基材表面，然后进行干燥成膜的过程。根据浆料参数（黏度、流变性等）调节泵速，控制挤压头腔体压力的同时，通过挤压头垫片厚度及均匀性调节控制涂层厚度，使浆料均匀涂布在集流体基材上，并以一定的走速通过烘箱并加热除去基材上的浆料溶剂，使固体物质很好地粘接于基材上，最后通过收卷装置形成正、负极的极片卷。涂布工序的质量将直接影响成品电池的一致性、安全性及寿命周期等，因此涂布机也是前段工序中价值最高的设备。如图7-4涂布机示意图。

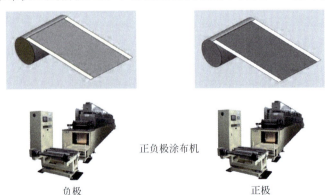

正负极涂布机

负极   正极

图 7-4　涂布机示意图

（3）辊压：即通过辊压使涂布的电极层与集流体、电极层内材料颗粒之间接触更紧密，缩短了离子和电子的移动距离，降低了电池内阻，提高电导率；同时在一定的电池内部空间里降低了极片厚度，相对可填入更多的电极，提高了电池内有效物质的装填量，电池体积利用率的提高也就意味着电池容量的提高。如图 7-5 辊压工序示意图。

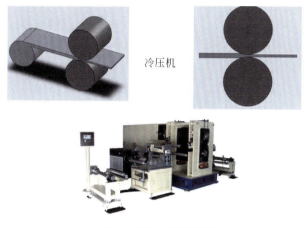

冷压机

图 7-5　辊压工序示意图

（4）分切：根据来料尺寸及规格要求，可使用分切机将电极卷或隔膜卷切成多个尺寸相同的卷料，即将极片或隔膜分切成设计的宽度，从而达到电池卷芯尺寸要求。如图 7-6 分切工序示意图。

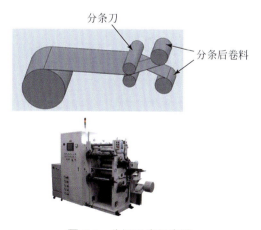

分条刀

分条后卷料

图 7-6　分切工序示意图

（5）模切：将正负极片通过激光或成型刀模剪切形成特定形状和尺寸的极片

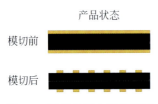

图 7-7 模切前后电极示意图

（固定的极耳尺寸和极耳间距）。如图 7-7 为模切前后电极示意图（在工序中，模切与分切前后顺序不确定，也有模切和分切功能在一台设备上同时实现的）。

2. 中段装配段制造工艺

装配工艺流程：卷绕/叠片→热压→X-Ray 检测（根据产品要求）→电芯组对（如有）→集流体焊接→超声波/激光焊接→绝缘底入壳→片状组合电芯入壳→顶盖焊接→气密性检测→真空烘烤→注液→常温/高温静置。

（1）卷绕：卷绕工序流程如图 7-8。

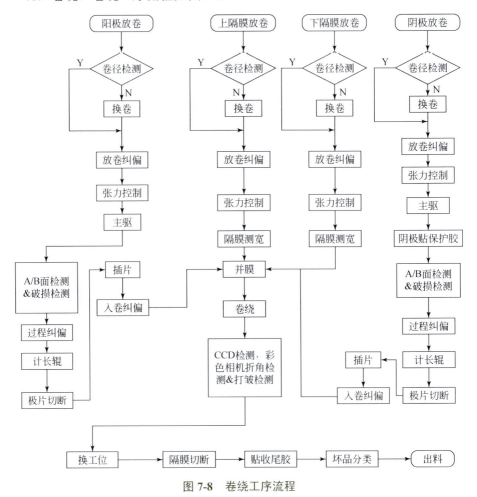

图 7-8 卷绕工序流程

卷绕是将正极极片、负极极片、隔膜按一定顺序通过绕制的方法，制作成电芯（Jellyroll，简称 JR）的过程。主要用于方形、圆形锂电池生产。相比圆柱卷绕，方形卷绕工艺对张力控制的要求更高，故方形卷绕机技术难度更大，卷绕工序需要监控的指标有极片或隔膜破损情况、物料表面金属异物、正负极片涂层边缘错位值、来料坏品、极片起皱、极耳打折、翻折等；过程具备纠偏机构、张力控制组件、极片计长组件等控制部件，以保证卷绕出的电芯各个参数符合规格要求。如图 7-9 卷绕状态示意图。

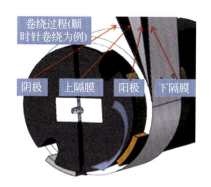

图 7-9　卷绕状态示意图

（2）热压：电芯热压的目的主要是对电芯进行整形，改善锂离子电池的平整度，降低电芯转运过程易造成的极片隔膜跑偏导致短路或 overhang（指负极极片长度和宽度方向多出正极极片之外的部分）发生变化的问题，消除隔膜褶皱及赶出电芯内部空气，使隔膜和正负极片能紧密地贴合在一起，从而缩短锂离子扩散的距离，达到降低电池内阻的目的；同时控制电芯厚度在相对一致的规格范围内，为电芯入壳及电池一致性打下基础。

其中，加压压力、加压时间和模板温度是电芯热压整形的主要工艺参数。在合适的工艺参数下，厚电芯内部的隔膜和极片能紧密黏合在一起，几乎没有空气的存在，使得松散电芯能够变成硬板状态。但是，针对近年来使用的陶瓷涂层隔膜，其陶瓷层的存在，使隔膜与极片黏合在一起的状态没有那么的硬板。在工艺确定试验中，检测点包括电芯厚度是否满足入壳要求、极片是否发生断裂。另外，也需要对隔膜的透气性、厚度变化进行检测。因为电池隔膜作为电池的核心部件之一，如果隔膜的透气性不好，将影响锂离子在正负极之间的传递，继而影响锂电池的充放电性能。隔膜透气性测试工艺过程通常是先固定电池隔膜，再在隔膜一侧施加气压，并计量气压压降和所用的时间，从而检测出隔膜的透气度。该过程中所用的时间越短，说明透气性越好。在热压过程中，如果参数设置不合理，隔膜可能被严重压缩，隔膜厚度也会发生较大变化，进而导致微孔被堵塞。此时用肉眼观察隔膜变成透明色，则说明热压整形对电芯作用超限，影响锂离子传输，使电芯 DCR（电芯内部直流内阻）增大，导致容量发挥不足，因此需调整热压参数到合理范围。另外，如果极片比较脆，卷绕形电芯的折弯处在热压整形中容易发生掉粉甚至断裂，同样会增加电池内阻。

因此，电芯热压整形也必须避免上述情况发生。在保证电芯成型基础上，要求热压整形压力越小越好，时间越短越好。常规的可在电池热压前进行预热处理以降低热压电芯升温时间，从而减短热压时间。试验线大多采用手动热压机，量产线均采用自动热压机。如图 7-10 热压工序设备示意图。

图 7-10　热压工序设备示意图

图 7-11　X-ray 测试仪

（3）X-Ray 检测：对卷绕热压完成的电芯进行尺寸复查。此道工序由工艺部门根据实际情况决定全检或抽检，以防止不合格电芯流入后工序。如图 7-11 为 X-ray 测试仪图片。

（4）电芯配对：针对方形电池，为了性能可以满足客户需求，衍生了多 JR（即一个铝壳内装多个并联电芯）的结构方式，即 2JR 电芯以上组成一个新的电池的工艺。多 JR 产生的主要原因，一方面相对于大电芯不良品的报废，拆成小电芯的方式可降低报废成本；另一方面电芯极片长度太长，对于卷绕设备，当其控制精度能力难以满足时会导致极耳错位、来料浪费等。该工序的动作为将输送线上的 AB 面电芯分拣并实现堆叠配对。

（5）软连接焊接：锂电池软连接焊接又称集流体焊接，用于完成电池顶盖与软连接的焊接工作（如第 3 章图 3-27 蝴蝶焊的转接片与盖的焊接）。主要检测焊印尺寸和焊接拉力，若焊印尺寸偏小则可能残留面积偏小、过流能力差，焊接拉力异常也可能造成焊机虚焊，将影响电池过流能力。

（6）超声波/激光焊接：将电芯的正负极极耳分别与软连接片焊接起来，进而实现顶盖上的极柱与电芯的极耳连通。

（7）绝缘底入壳：在卷绕电芯插入铝壳以前，为了防止电池内部短路，会在铝壳底部放一个绝缘底。

（8）电芯入壳：即将成品电芯装入铝壳内。入壳采用的设备多为将铝壳通过机械手转运到固定夹具，后通过高精度轨道推动电芯平缓进入铝壳。电芯入壳后要对其进行短路检测，以防止短路不良电芯流入后道工序。

（9）壳盖焊接：将入壳后的电池进行壳与盖的焊接，通常为激光焊接方式。

（10）气密性检测：多采用氦气检测，通过向顶盖焊接后的电池注入氦气并检测其是否泄漏，来判定电芯铝壳及顶盖焊接部位是否存在针孔或间隙。

（11）真空烘烤：通过真空环境下的高温烘烤，达到去除电芯中水分含量的目的，使其达到安全界定值。因此，需对真空烘烤后的电池进行水分含量检测。

（12）注液：将一定量的电解液按照相应注液工艺注入电池内，采用注液机，设置注液时的抽真空、加压和静置阶段的工艺参数，在满足注液量要求的同时，尽量使电解液快速浸润。

（13）静置：在注液完成后，需要静置电芯，目的是让注入的电解液充分浸润极片，依据工艺的不同会分为高温静置与常温静置。

3. 后段测试工艺

截至装配段工序，方形电池的电芯功能结构已经形成，测试段工序的意义在于将其激活，经过检测、分选、组装，形成使用安全、性能稳定的电池成品。其工艺路线大致分为：化成分容→激光清洗→密封钉焊接→清洗→尺寸测量（根据不同设计需要，化成分容也可能在密封钉焊接之后进行）。

（1）化成分容：电池首次充电，负极表面会形成一层 SEI 膜，实现了电池的"初始化"，并通过抽真空的方式排出电芯内的气体。之后，电池再经过几次充放电循环，后陈化 2～3 周，剔去电压异常的微短路电池，再进行充放电，即容量分容。在化成排气时电解液损失严重的电池可进行二次注液补充电解液。

（2）激光清洗：对注液口进行激光清洗保证密封钉焊接的质量。

（3）密封钉焊接：化成分容后会对电池负压充入一定量的惰性气体，然后插入密封钉进行密封封口焊接。

（4）清洗：对电池外壳进行表面清洁。

（5）尺寸测量：对电池尺寸进行测量，尤其是厚度尺寸，以保证电芯尺寸一致性。

以上即为方形电池常规生产制造的工艺流程介绍。整体工艺流程图如图 7-12

方形电池工艺路线概览。

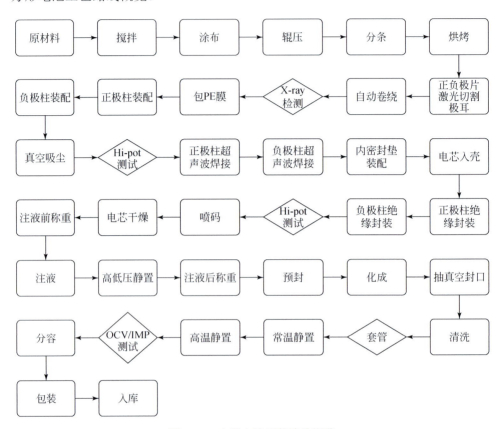

图 7-12　方形电池工艺路线概览

7.2.3　圆柱形动力电池制造工艺

圆柱形电池一般为全极耳电池（大圆柱），相对于方形电池制造工艺，全极耳圆柱电池前工序取消了模切制片工序，其余工序和方形电池制造流程基本一致。装配段典型工序为揉平、包胶。其极耳揉平方式在电池制程过程中占据重要的地位（结构可参考第 3 章 3.2.2 圆柱形电池结构设计）。对于全极耳电池而言，其正负极片的空白区位于电池两端，因此需要先对空白区进行揉平，使其端面致密，再对其进行极耳焊接。在极耳焊接之前，为防止电池的极耳短路，会对极耳外露的部分提前进行包胶。测试段/后段与方形电池测试流程也基本一致。如图 7-13 全极耳圆柱电池制造流程。

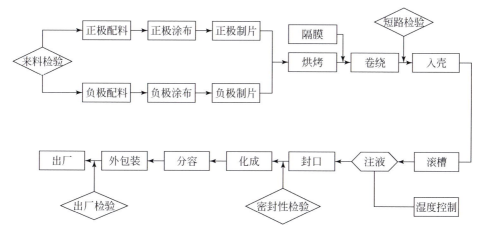

图 7-13　全极耳圆柱电池制造流程

7.2.4 软包电池制造工艺

软包电池，其外壳采用的是铝塑膜。与方形电池比，其外壳材料的不同决定了其封装方式也不同。在第二章中陈述过铝塑膜的各部分组成，在此不再赘述，软包电池采用的是加热封装方式，即其 PP 层在封头加热作用下熔化黏合，然后撤去封头，降温固化粘接。图 7-14 所示为铝塑膜实物图片。

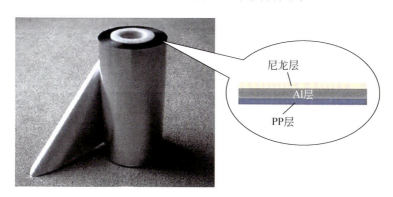

图 7-14　铝塑膜实物图片

由于软包电池与方形电池制造工艺中，电芯成型及其之前的工艺都是相同的，不同就是从铝塑膜冲坑成型、入壳封装开始的，因此以下主要从铝塑膜冲坑开始介绍。

1.冲坑

软包电芯的尺寸可以根据客户的需求设计，当外形尺寸设计好后，就需要开具相应的冲坑模具，使铝塑膜先成型。该成型工序也叫作"冲坑"，就是用加热过的成型模具在铝塑膜上冲出一个能够装卷芯的坑。如图 7-15 冲坑工序示意图。

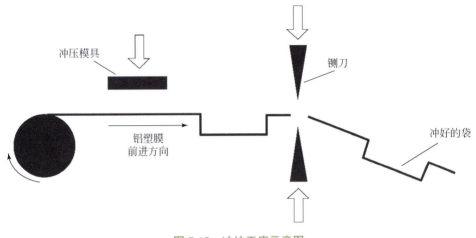

图 7-15　冲坑工序示意图

铝塑膜冲好并裁剪成型后的产物被称之为 Pocket 袋（即冲好的袋）。一般在电芯较薄的时候选择冲单坑，在电芯较厚的时候选择冲双坑，因为当电芯较厚时如果采用冲单坑的方式，那么会由于变形量太大超过铝塑膜的变形极限而导致铝塑膜冲坑边缘破裂。

2.顶侧封工序

顶侧封工序是软包电池的第一道封装工序。其实际包含了顶封和侧封两个工序，需要把卷绕好的电芯放到冲好的铝塑膜坑里，并将包装膜对折，使电芯被包裹在铝塑膜里。

图 7-16 是包裹电芯后，铝塑膜需要封装的几个位置，包括顶封区、侧封区、一封区与二封区。下面分别进行介绍。

把包裹电芯的整个铝塑膜放到顶侧封的夹具中，在顶侧封机里进行顶封与侧封。图 7-17 的顶侧封机带四个夹具，左边工位是顶封，右边工位是侧封。机器中央的两块黄色的金属是上封头，下面还有一个下封头，封装的过程中两个封头都带有一定的温度（一般在 180℃左右），并在上下封头合拢时压在铝塑膜上，上下两层铝塑膜的 PP 层熔化，并粘接在一起实现封装。顶封区域如图 7-18 所示，

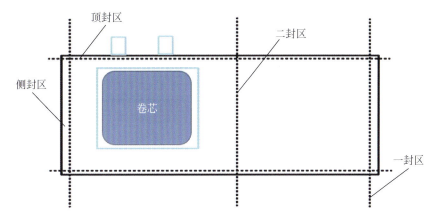

图 7-16 顶侧封示意图

图 7-17 顶侧封机

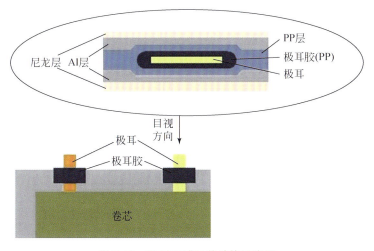

图 7-18 顶封区域封装结构示意图

顶封最重要的是要封住极耳，极耳是金属材质（正极铝，负极镍）。如何跟 PP 层封装到一起，这就要靠极耳上的一个小部件——极耳胶来实现。极耳位的封装见图 7-18 中圆圈插图部分。封装时，极耳胶中的 PP 层与铝塑膜的 PP 层熔化粘接，可形成有效的封装结构。

3. 注液、预封工序

软包电芯在顶侧封之后，需要进行 X-ray 测试，检查其电芯的平行度，然后进行烘烤除水分，之后就进入了注液与预封工序。

如上所述，电芯在顶侧封完成之后，就只剩下气袋那边的一个边没有封口，这个没封口的边将用来注液。在注液完成之后，需要马上进行气袋边的预封，也叫作一封（图 7-16）。在一封完成后，从理论上来说，电芯内部就与外部环境完全隔绝了。一封的封装原理与顶侧封相同。

4. 静置、化成、夹具整形工序

在注液与一封完成后，进入静置和化成工序。这部分与方形电池机理相同，不再详述，重点需要说明的是与方形电池不同的是在化成过程中产生的一定量气体如何排出的问题，图 7-16 中一封区与二封区之间的铝塑膜部分称为"气袋"，有些工厂会在化成工艺中使用夹具化成，即把电芯夹在夹具里（最简易的也有采用玻璃板作为夹板，然后上钢夹子的方式）再上柜化成，这样产生的气体会被充分地挤到旁边的气袋中去，使化成后的电极界面质量更佳。对于某些特殊的设计，如厚电池，其夹具化成时也有可能会产生一定的变形，所以某些工厂会在化成后设置一个夹具整形的工序，也叫作夹具 baking（烘烤）。

5. 二封工序

在化成过程中将气袋内的气体抽出后并进行第二次封装。在这里有些公司分为两个工序：Degassing（排气）与二封（还有后面一个剪气袋的工序，这里统称为二封）。二封时，首先使用铡刀将气袋刺破，紧接着通过抽真空的方法将气袋中的气体与一小部分电解液抽出。随即采用二封封头在二封区（图 7-16）进行封装，保证电池的气密性。最后把封装完的电池气袋部分剪去，一个软包电芯就基本成型了。二封也是软包电池最后一个封装工序。

6. 后续工序

在二封剪完气袋之后还要进行电池边缘整形，也就是通过裁边与折边将一封边与二封边裁到合适的宽度，然后折叠起来，保证电芯的宽度不超标。折边后的电池就可以上分容柜进行容量测试分容了，以检测电芯容量有没有达到规定范围。从原则上来说，所有的电池出厂之前都需要做分容测试，避免将容量不合格的电池送到客户手中。但在电池生产量大的时候，也存在使用部分分容统计概率的方式来判断该批次电池容量的合格率。分容后，容量合格的电池会进入后工序，包括检查外观、贴黄胶、边电压检测、极耳转接焊等，也可以根据客户的需求来增减若干工序。

7.2.5 电池制造关键工艺控制

1. 电池制造过程控制

电池制造过程控制是保证电池制造质量和制造安全的主要因素，过程控制关键点主要包括：制造尺寸控制、设备参数控制、生产环境水分控制、加工毛刺控制、环境粉尘控制及极片保护。相应的控制总体要求如下。

1）尺寸控制

电芯尺寸控制主要体现在涂布厚度、卷绕/叠片对齐度等方面。涂布工艺中涂辊转动会带动浆料运动，刮刀间隙的调整可以改变浆料的转移量。因此，通过利用背辊或涂辊的转动将浆料转移到基材上，并按工艺要求来控制涂布层的厚度及均匀性。可采用涂布型激光测厚仪或射线测厚仪对涂布厚度进行测量。在卷绕与叠片工艺中，为提高设备对极片纠偏的精度，采用视觉检测系统（CCD）精密检测极片位置度并实现闭环联动调节，从而提升电芯的对齐度。

2）设备控制

设备运行的稳定性与可靠性对于电芯的制作至关重要。例如，在电芯的卷绕制作过程中需要精确控制极片与隔膜张力，避免极片与隔膜断带。张力过大，会导致后期成品电池充放电时内部极组应力过大、极组扭曲，使电池外壳发生形变，以及影响电池的充放电性能发挥；张力太小，又影响电芯的卷绕对齐度。因此，设备需设有精密的张力控制机构用以提升张力控制能力。另外，设备中与电芯极片接触的或间接接触的部件工装（如卷针、过辊、拉手等），需要防止其材料元素的摩擦脱落等，造成锌、铜、镍等杂质元素对电芯的污染。

在追求更高的电芯制作效率时，需提升设备的运行速度，但速度过高，易导致断带的发生，从而影响电芯的连续制作。因此，高效的运行速度需要设备综合性能的提升，如通过优化设备的结构与布局、提升来料质量与精度、优化装配工艺等方面来提升设备的综合性能。

3）水分控制

极片制造过程中吸入的水分会与电解液及正负极界面膜发生一系列副反应，并产生气体，影响电池容量发挥及自放电等性能，因此在锂离子电池生产过程中，需要确保原材料的水分被控制在一定的范围内，还需要严格控制电池制造过程中的环境湿度，防止水分进入。尤其对高镍正极材料，水分控制更为严格，即不同体系、不同材料的电池其水分控制数值也有所不同，在企业相应工艺标准中都会有所规定。

4）毛刺控制

极片毛刺（图 7-19）是指极片分切或冲切过程中产生的断面基材拉伸和弯曲。行业内对极片毛刺的普遍标准是 Vh≤7μm（以集流体表面为基准），Vk≤15μm（以极片边缘为基准）。在极片和极耳分切过程中要严格控制切刀状态，以减小毛刺的产生，或者采用新型的分切技术，如利用极片激光切割机或激光极耳成型机的制片效果远比刀模极片冲切机、极耳焊接机等要好，其毛刺小且制片速度快。

根据电极设计的不同，如对于薄型电极，毛刺尺寸的要求通常为不超出极片涂覆层。

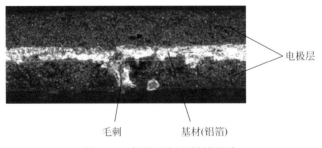

图 7-19　极片毛刺显微镜照片

5）粉尘和异物控制

锂离子电池生产过程中，要控制环境的粉尘和异物，尤其是金属屑，关键工序应当配置除尘措施和环境粉尘监控措施，也可以配置专门的吸尘装置等对粉尘进行清除，可有效解决粉尘的不良影响。例如，采用真空吸盘式自动机械手从料盒中取放极片，避免了极片制作过程中人手与极片的直接接触，减少极片的掉粉问题。再如，对电芯进行焊接时应确保焊接质量，避免虚焊、漏焊等焊接不良状况的发生，尤其对焊接过程带来的焊渣等需要进行防护和清理，以免其进入电池内部影响后续电池的自放电及安全性能。粉尘和异物控制涵盖于电池制备全流程，在此不一一赘述。

6）极片保护

极片作为电芯的重要组件，在制作过程中应避免受到损伤，具体体现在分切、卷绕与叠片工艺时极片不被划伤、污染，以及不褶皱、掉粉等。制造方法与工艺手段对极片造成的毛刺或划伤也应控制在锂离子电池制造工艺规定的范围内，同时设备应具备防止电芯变形的功能，且在组装过程中避免碰伤与压折。

2. 电池制造核心工序控制

电池制造的核心工序控制要求及控制要点见表 7-1。

表 7-1　电池制造核心工序控制

工序名称	制造过程重要参数	过程控制关注点
1. 制浆	固含量： 1）工艺配方的确认 2）计量的准确性 工艺流程的确认： 1）黏度（如正极：4500～5500cps、负极：4000～5000cps） 2）搅拌参数的设置（如公转 25Hz、自转 30Hz） 3）水循环效果的确认 4）搅拌机的真空度（-0.09MPa）	1）设备保持干燥，控制车间的温湿度 2）正极对原材料进行脱水，一般用 120℃常压烘烤 2 小时左右 3）NMP 脱水。使用干燥分子筛脱水或采用特殊取料设施，直接使用 4）分散好的浆料应均匀一致，没有团聚颗粒，且真空除气泡 5）PVDF 溶解过程比较缓慢，制浆前需提前溶解 PVDF 于 NMP 中；CMC 也较难溶解，制浆前需提前溶解 CMC 于水中；PVDF 和 CMC 要充分溶解，分散均匀，对仍存在颗粒的粘接剂浆料须增加搅拌时间或更改搅拌工艺 6）搅拌初期，浆的转速不要调得太高，要初步完成剪切、分散、捏合、对撞、乳化等过程后，浆料达到一定的细度、均匀度及黏度要求后方可抽真空
2. 涂布	极片的面密度： 1）基材面密度的确认 2）涂布刀口的合理调节 3）涂布幅宽和涂布厚度确认正确 4）料槽液面的高度 5）浆料的搅动 6）面密度的一致性 涂布的尺寸： 1）工艺要求确认 2）基材尺寸的确认 3）涂覆宽度的确认 4）涂覆长度的确认 5）涂覆间隙的确认 6）单双面涂覆对应效果的确认 7）人机界面参数的确认 涂布的干燥度： 1）工艺分段温度要求的确认 2）分段温度及走速的设置 3）实际温度与设置温度的差异 4）风门的调节 5）外部环境温度的影响	1）要尽可能保证涂布的一致性，操作时应关注浆料黏度的变化、料斗内液面高度的变化、涂布速度的变化 2）涂敷了浆料涂层的电极进入烘箱干燥，除去 NMP 溶剂（NMP 沸点 202℃，闪点 95℃）。如溶剂干燥蒸发过慢，涂层在表面相对长时间有流动性，随着电极走带，其涂层厚度会出现波动而不稳定；干燥蒸发过快，会造成表面层起皱现象。为保证 NMP 均匀蒸发，通常采用分段干燥，中间段温度最高。正极一般为 100～130℃，负极若采用水性体系，干燥温度一般为 75～90℃。走速和温度是涂布工序两个联动的重要参数，需要结合浆料的配方、状态来确定最佳的走速和温度设置 3）涂布和干燥要做到首件三检——厚度、涂敷量、尺寸符合要求，采用自动测厚仪器实时监控电极生产过程中的涂敷量或厚度

工序名称	制造过程重要参数	过程控制关注点
3. 辊压	材料的压实密度大小： 1）转速频率（≤50Hz） 2）辊压压力（≤30MPa） 3）扎辊间隙（≥0.05mm） 4）两边间隙的一致性 5）相对湿度（<35%RH） 6）环境温度（23～30℃）	1）辊压厚度应注意符合工艺要求 2）压片时应注意气泡、掉料、极片变形等异常 3）对辊机辊径越大越好 4）极片经过辊压如出现极片翘曲严重，如"裙边"现象，将不利于后续极片分切、卷绕，需调整设备参数设置或采用辅助工装等 5）极片横向、纵向厚度 6）极片收卷时调节好纠偏和张力，收卷要整齐 7）压力不足，导致辊压厚度不到位，会带来后续工序的卷绕对位不准、装配困难，严重时可能引起安全问题 8）辊面不平整易带来辊压后的极片表面不光滑甚至有毛刺，易引起电池短路、自放电甚至出现安全问题
4. 模切	模切的尺寸： 1）刀模的规格 2）红外线感应器的感应效果 3）转送带走速的调节 4）异常的处理 极片的毛刺： 1）刀模的锋利 2）刀模的完好度 3）刀具寿命管控	1）模切边缘区无掉粉。正极掉粉漏铝箔，会使对应的负极嵌锂不足；负极掉粉漏铜箔，易产生析锂，带来安全隐患 2）极片出现弧形则装配困难、卷绕对位不准，严重时可能引起电池短路甚至安全问题 3）极片尺寸符合工艺要求。尺寸不合格的极片卷绕时会造成正负极冗余不匹配、包覆不良，易导致电芯短路 4）毛刺符合工艺要求。切口有毛刺易引起电池短路、自放电甚至出现安全问题 5）收卷时，设备压杆装置一定要下压，避免出现翘边现象
5. 卷绕	极耳中心距： 1）极耳与极片无断裂 2）极耳无褶皱 3）极耳中心距符合规格 芯包的包覆： 1）头尾部的 overhang 符合工艺要求 2）隔膜、正极和负极的 overhang 符合工艺要求 电芯的外观： 1）隔膜无破损，无裂口 2）终止胶带无褶皱，不能超出电芯两端的隔膜边缘区 3）电芯无抽芯	1）卷绕起始和终止部分，负极超出正极 5mm 以上 2）电芯卷绕时上下端的 overhang 必须符合工艺规格，采用 X-ray 抽检 3）正负极片对位不齐，正极活性区域超出负极活性区域，存在安全隐患 4）操作过程中隔膜受到损伤易导致电池短路或自放电大，甚至引起安全问题 5）贴终止胶带外观应无褶皱，不能超出电芯两端隔膜边缘处 6）卷芯外观无抽芯现象 7）极耳无明显错位情况 8）手动取电芯时必须握紧电芯，避免人为因素造成电芯抽芯
6. 装配	极耳完好度： 1）极耳与极片无断裂 2）极耳无褶皱 超声焊的完整度： 1）正负极焊区外观无裂纹 2）垫片边沿无翘起 3）焊印区剥离残留量>50% 入壳电芯的完好： 1）电芯必须无短路现象 2）表面平整，无破损 3）壳体无毛刺 4）入壳时不得划伤电芯	1）热压压力过大或过小。压力过大易导致电芯压坏短路；压力过小使电芯压不到位，起不到热压效果 2）超声波焊接时焊接区外观无裂纹，避免虚焊，易导致电池断路或内阻偏大 3）具备防焊渣进入电芯的装置 4）极耳贴胶时无折叠、无起边、能完全覆盖 5）装配过程中保持电芯表面清洁 6）转运过程中不要对电芯有重力撞击或者尖锐物品刺穿隔膜造成短路

续表

工序名称	制造过程重要参数	过程控制关注点
7. 激光焊接	壳体与顶盖完好度： 1）入壳后顶盖和壳体无明显缝隙 2）壳体与顶盖之间不存在任何异物 电芯预焊效果： 1）顶盖中间区域与壳体完全吻合 2）脊柱没有被激光损坏 3）预焊接后顶盖不翘起、不凹陷 终焊的效果： 1）电芯无爆点现象 2）电芯的气密性合格 3）焊接区表面有金属光泽，无氧化 4）焊接后顶盖不翘起、不凹陷	1）调节好保护气的压力 2）预焊和终焊做好焊接防护 3）预焊时要保证顶盖和壳体完全重合，顶盖和壳体之间无凹陷、无凸起、无缝隙 4）预焊后的电芯做一次清洁工作，清除掉表面的灰尘或者其他异物 5）终焊时，用吸尘器对电芯顶部进行吸尘，排除焊接区的表面异物 6）焊接功率不稳定，容易出现焊接漏点，引起电池漏气或漏液 7）焊接时焊接面有杂质炸火，会引起电池漏气或漏液并影响电池外观 8）焊接定位不良，容易导致电池焊接合格率低并影响电池外观 9）优化焊接参数，减少爆点率 10）焊接完的电芯要做气密性检测，避免出现漏检或误检
8. 电芯烘烤	干燥能力： 1）工艺烘烤温度的确认（如 95℃） 2）烘烤循环的设置（加温干燥、保温干燥、换氮气、抽真空、保温干燥） 3）真空度的要求（−0.09MPa） 4）周转环境的要求：温度 20～30℃，相对湿度＜45%，必须经过专用通道进入注液间	1）温度失控。温度偏高会使隔膜收缩，温度过低会影响水分的去除 2）真空度不达标。真空度不够会影响电池中水分的去除
9. 注液	注液环境要求：温度 23～27℃，露点＜−45℃ 注液量的精准：注液泵调节，电子秤的校准和清零 电池表面洁净度：防止电解液残留在壳体表面，有电解液应及时用吸水性强的无尘纸等擦干净	1）注液量不准。注液量过多会导致电池后续注液口封口质量不佳或产气增多带来的一系列问题，过少会导致电池容量发挥不充分、内阻偏大、平台低及循环性差等问题 2）注液时露点要严格控制，否则易导致电池内水分含量增加，引起电池容量低、内阻大、平台低及循环性差等问题 3）注液前或定期检测电解液内的水含量和氢氟酸含量
10. 化成	化成工艺的确认 化成工步及参数设置 1）电池两极与化成柜两极的对应 2）充电过程巡查，发现异常及时处理	1）根据工艺要求设置工步，通常以小电流充电，截止电压可设置不高于 3.7V，但根据体系设计等不同也有所差别 2）控制化成温度，减小温度对化成结果的影响 3）化成的通道和电池要一一对应，做好标示，避免混淆 4）负压化成时，注意控制好相应参数 5）注意电池的正负极柱和化成设备的正负极触点对应
11. 电池老化	老化温度的设置：如 40～45℃	1）老化期间巡查：防止老化温度偏差过大；防止电池老化短路，自燃 2）老化后全检电池：挑选出自放电过大、鼓胀的电池
12. 分容	分容工艺的确认 分容工步及参数的设置	1）下柜电池的标识 2）记录电池型号、生产批次、标称容量、容量分选等级、内阻、电压等 3）分容环境要求：温度（如 20～30℃）、相对湿度（如＜60%） 4）分容过程巡查：防止电池接触不良，造成分容不准确；防止电池内部或者外部短路，造成起火燃烧等事故

7.3　电池制造设备[1]

7.3.1　制浆设备

由于制浆工序是电池整个制造过程中最基本也是最重要的工序，因此针对制浆工艺及设备在此进行更为详尽的介绍。

1. 制浆工艺介绍

1）制浆工艺的重要性

锂离子电池性能上限是由所采用的化学体系（正极活性物质、负极活性物质、电解液）决定的，而实际性能表现主要取决于极片性能，取决于极片的网络结构，而极片的网络结构主要是由浆料的微观结构和涂布过程决定的，这其中浆料的微观结构占主导。因此行业较为认可的说法是在制造工艺对锂离子电池性能的影响中，前段工序影响至少占 70%，而前段工序中制浆工序的影响至少占 70%，即制浆工序的影响较大。

2）浆料的组成及各组分的理想分散状态

锂离子电池的电极材料包括活性物质、导电剂和粘接剂三种主要成分，其中活性物质占总重的绝大部分，一般在 90%～98%，导电剂和粘接剂的占比相对较少，一般在 1%～5%。这几种主要成分的物理性质和尺寸相差很大，其中活性物质的颗粒一般在 $1\sim20\mu m$，而导电剂绝大部分是纳米碳材料，如常用的炭黑其一次粒子直径只有几十纳米，碳纳米管的直径一般在 30nm 以下，粘接剂则是高分子材料，有溶于溶剂的，也有在溶剂中形成微乳液的。

锂离子电池的电极需要实现良好的电子传输和离子传输，从而要求电极中活性物质、导电剂和粘接剂的分布状态需满足一定要求。电极中各材料的理想分布状态如图 7-20 所示，即活性物质均匀分散，导电剂均匀分散并与活性物质充分接触，形成良好的电子导电网络，粘接剂均匀分布在电极中并将活性物质和导电剂粘接起来使电极成为整体。

为了得到符合上述要求的极片网络结构，需要在制浆工序中得到具有相应微观结构的浆料。也就是说，浆料中活性物质、导电剂和粘接剂均须充分分散，且导电剂与活性物质之间、粘接剂与导电剂/活性物质之间须形成良好的结合，而且浆料中各组分的分散状态必须是稳定的。浆料实际上是一个固体颗粒悬浮在液体中形成的悬浮液，悬浮液中颗粒之间存在着多种作用力，其中由范德瓦耳斯力形

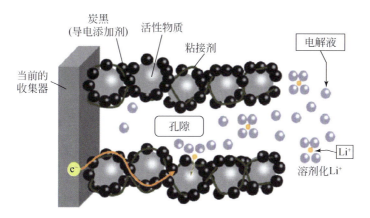

图 7-20　锂离子电池电极中各材料的理想分布状态

成的颗粒之间的吸引力是颗粒团聚的主要原因，要防止这种团聚，需要使颗粒之间具有一定的斥力。常见的斥力包括静电斥力和高分子链形成的空间位阻。描述胶体分散液稳定性的一个经典理论是 DLVO 理论（Deryaguin – Landau – Verwey – Overbeek Theory），它考虑了双电层静电斥力和范德瓦耳斯引力的综合作用（如图 7-21 所示），由图可见在一定距离上由静电斥力和范德瓦耳斯引力构成的总能量会达到一个极大值 $G_{\max}$，这个极大值形成了一个能垒，能够防止颗粒之间进一步接近形成硬团聚（G_{primary}）。

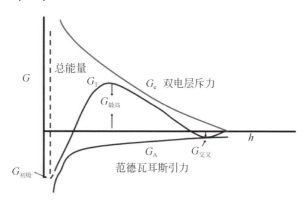

图 7-21　DLVO 理论中由双电层斥力和范德瓦耳斯引力构成的颗粒间相互作用能
随颗粒间距离的变化情况

　　在锂离子电池浆料中，粘接剂的分子链吸附在颗粒表面所形成的空间位阻对于浆料的稳定性有非常重要的作用。当粘接剂分子吸附在颗粒表面上形成吸附层后，两个颗粒表面的吸附层相互靠近时，由于空间位阻会产生相互作用能，空间位阻作用力与双电层斥力以及范德瓦耳斯引力一起构成了颗粒之间总的相互作用能，如图 7-22 所示。

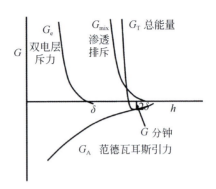

图 7-22 颗粒表面吸附有高分子链后的颗粒间相互作用能随颗粒间距离的变化情况

因此，要防止浆料中的颗粒出现团聚或沉降，需要让粘接剂的高分子链吸附到颗粒表面，形成一定的空间位阻，使浆料的分散状态能够长时间保持稳定，有利于后续涂布工序中浆料状态的稳定。

3）制浆的微观过程

锂离子电池制浆过程就是将活性物质和导电剂均匀分散到溶剂中，并且在粘接剂分子链的作用下形成稳定的浆料的过程。从微观上看，其过程通常包括润湿、分散和稳定化三个主要阶段（如图 7-23 所示）。

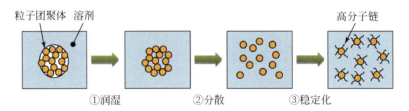

图 7-23 微观上看制浆的三个主要阶段

润湿阶段是使溶剂与粒子表面充分接触的过程，也是将粒子团聚体中的空气排出，并由溶剂来取代的过程。这个过程的快慢和效果一方面取决于粒子表面与溶剂的亲和性，另一方面与制浆设备及工艺密切相关。分散阶段则是将粒子团聚体打开的过程，这个过程的快慢和效果一方面与粒子的粒径、比表面积、粒子之间的相互作用力等材料特性有关，另一方面与分散强度及分散工艺密切相关。稳定化阶段是由高分子链吸附到粒子表面上，防止粒子之间再次发生团聚的过程，这个过程的快慢和效果一方面取决于材料特性和配方，另一方面与制浆设备及工艺密切相关。需要特别指出的是，在整个制浆过程中，并非所有物料都是按上述三个阶段同步进行的，而是会有浆料内不同组分处于不同阶段的情况，比如一部分浆料组分已经进入稳定化阶段，另一部分浆料组分还处于润湿阶段，这种情况实际上是普遍存在的，这也是造成制浆过程复杂性高、不易控制的原因之一。

4）浆料分散的设备和工艺

用于浆料分散的设备主要分为两大类，一类是利用流体运动产生的剪切力对颗粒团聚体进行分散的设备，包括采用各种类型搅拌桨的搅拌机、捏合机，还包括三轴研磨机和盘式研磨机等；另一类是利用研磨珠对颗粒团聚体进行冲击从而达到分散效果的设备，主要包括搅拌磨等。当然还有一些比较特殊的分散设备，比如超声波分散机是利用超声波产生的"空化"效应和瞬间的微射流来对颗粒团聚体进行分散的。这些不同类型的分散设备如图 7-24 所示。

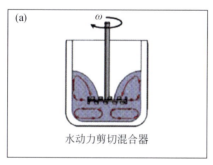
水动力剪切混合器

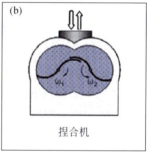
捏合机

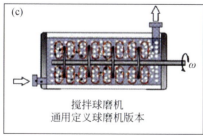
搅拌球磨机
通用定义球磨机版本

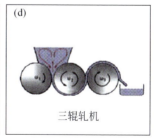
三辊轧机

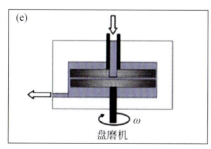
盘磨机

超声均质器

图 7-24　典型的分散方法和设备

以上这些分散设备并非都适用于锂离子电池的所有制浆，比如：采用研磨珠的搅拌球磨机由于研磨珠产生的冲击力很大，容易破坏一些正负极活性物质表面的包覆层，甚至有可能将活性物质打碎，在锂离子电池研发早期被使用过，现在已经很少被用于锂离子电池的制浆；超声波分散设备不适用于高固含量、高黏度的浆料，而锂离子电池的浆料通常是高固含量（正极浆料可达 50%～80%，负极浆料可达 40%～60%）和高黏度（2000～20000mPa·s）的，并不适合用超声波分散机来分散。因此，实际上用于锂离子电池制浆的设备都属于用流体运动产生的剪切力来进行分散的类型，包括搅拌机、捏合机等，其中最典型的设备就是双行星搅拌机，其构造和原理将在下一小节详细介绍。

制浆工艺对锂离子电池浆料性能影响较大，如采用不同加料顺序所得到的浆料性能可能有较大差别。例如，有文献报道采用两种不同的加料顺序来制备镍钴锰三元正极材料的浆料，所得到的浆料特性和电极性能相差很大，如图 7-25 所示。第二种加料顺序所得到的浆料固含量更高，且电极的剥离强度和电导率都要高很多，其原因在于导电剂与活性物质先进行干混的方式能够让导电剂较好地包覆在主材表面，减少了游离导电剂，一方面降低了浆料的黏度，另一方面减少了干燥后导电剂的团聚，有利于形成良好的导电网络。

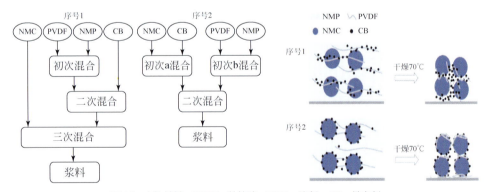

NMC：电池材料，PVDF：粘接胶，NMP：溶剂，CB：导电剂

图 7-25　不同加料顺序制浆方法

目前锂电行业常用的制浆工艺有两大类，分别称为湿法工艺和干法工艺，其区别主要在于制浆前期浆料固含量的高低。湿法工艺前期的浆料固含量较低，而干法工艺前期的浆料固含量较高。这两类制浆工艺的典型工艺流程如图 7-26。

湿法制浆的工艺流程是先将导电剂和粘接剂或粘接剂胶液（粘接剂+溶剂）进行混合搅拌，充分分散后加入活性物质再进行充分的搅拌分散，最后加入适量溶剂调整黏度以适合涂布。粘接剂的状态主要有粉末状和溶液状，先将粘接剂制成胶液有利于粘接剂的作用发挥，但也有公司直接采用粉末状的粘接剂。需要指出的是当粘接剂的分子量大且颗粒较大时，粘接剂的溶解需要较长的时间，先将粘接剂制成胶液是必要的。

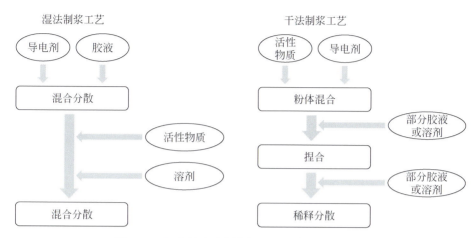

图 7-26 锂离子电池制浆的湿法工艺和干法工艺

干法制浆的工艺流程是先将活性物质、导电剂等粉末物质进行预混合，之后加入部分粘接剂胶液或溶剂，进行高固含量、高黏度状态下的搅拌（捏合），然后逐步加入剩余的粘接剂胶液或溶剂进行稀释和分散，最后加入适量溶剂调整黏度以适合涂布。干法制浆工艺的特点是制浆前期要在高固含量、高黏度状态下进行混合分散（捏合），此时物料处于黏稠的泥浆状，搅拌桨施加的机械力很强，同时颗粒之间也会有很强的内摩擦力，能够显著促进颗粒的润湿和分散，达到较高的分散程度。因此，干法制浆工艺能够缩短制浆时间，且得到的浆料黏度较低，与湿法制浆工艺相比可以得到更高固含量的浆料。但干法制浆工艺中物料的最佳状态较难把控，当原材料的粒径、比表面积等物性发生变化时，需要调整中间过程的固含量等工艺参数才能达到最佳的分散状态。

2. 制浆设备介绍

1）传统制浆设备——双行星搅拌机

目前国内外锂离子电池制浆普遍采用的还是传统的搅拌工艺，通常采用双行星搅拌机。双行星搅拌机的工作原理是使用 2～3 个慢速搅拌桨做公转和自转相结合的运动，使得桨叶的运动轨迹能够覆盖整个搅拌桶内空间，如图 7-27 所示。

随着技术进步，在原有慢速桨的基础上又增加了高速分散桨，利用齿盘的高速旋转形成强的剪切作用，可以对已经初步混合好的浆料进行进一步的分散，如图 7-28 所示。

图 7-27   双行星搅拌机慢速搅拌桨做公转和自转相结合的运动时的轨迹

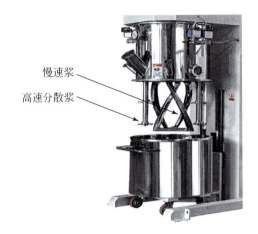

图 7-28   带高速分散桨的双行星搅拌机

　　双行星搅拌机的突出优势是能够方便地调整加料顺序、转速和时间等工艺参数来适应不同的材料特性，并且在浆料特性不满足要求时可以很容易地进行调整返工，适应性和灵活性很强。此外，在品种切换时，双行星搅拌机尤其是小型搅拌机的清洗较为简单。

　　在双行星搅拌机中，物料被搅拌桨作用的时间存在概率分布，要保证所有物料充分混合和分散需要较长的搅拌时间。早期一批浆料的制备需要 10 多个小时，后来通过工艺的不断改进，尤其是引入干法制浆工艺后，制浆时间可以缩短到 3～4 小时。但由于原理上的限制，双行星搅拌机的制浆时间难以进一步缩短，其制浆的效率比较低，单位能耗偏高。

　　由于搅拌桶的体积越大，越难达到均匀分散的效果，目前用于锂离子电池制浆的双行星搅拌机最大容积不超过 2000L，一批次最多能够制备 1200L 左右的浆料。

　　目前双行星搅拌机的主要厂商有：美国罗斯，日本浅田铁工、井上制作所，国内红运机械等。双行星搅拌机的技术已经非常成熟。

2）新型浆料分散设备——薄膜式高速分散机

由于双行星搅拌机的分散能力有限，对于一些难分散的物料如小粒径的磷酸铁锂材料、比表面积较大的导电炭黑时，难以达到良好的分散效果，因此需要配合使用一些更高效的分散设备。日本 PRIMIX 公司推出的薄膜式高速分散机 FILMIX 就是一种性能优良的浆料分散设备。它的工作原理是：浆料从下部进入分散桶后，随分散轮一起高速旋转。在离心力的作用下，浆料被甩到分散桶的内壁上形成浆料环，同时高速脱离分散轮外壁撞击分散桶壁，在轮壁表面瞬间形成真空，促使浆料穿过分散轮上的分散孔，形成图 7-29 所示的运行轨迹。

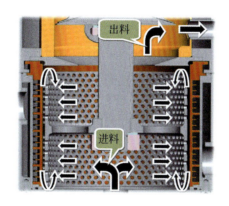

图 7-29 浆料在薄膜式高速分散机中的运行轨迹

同时，由于分散轮与桶壁之间的间隙只有 2mm，当分散轮高速旋转（线速度可达 30～50m/s）时，浆料在该间隙里会受到均匀且强烈的剪切作用。浆料在分散桶内滞留时间约 30 秒，在此期间，浆料在分散机中不断循环运动并被剪切分散，因此能够达到理想的分散效果。图 7-30 是通过仿真计算得到的双行星搅拌机和薄膜式高速分散机中浆料所受到的剪切强度和频率的对比。从图中可以明显地看到，双行星搅拌机中只有在搅拌桨的端部区域浆料才会受到强的剪切作用，导致浆料受到高剪切作用的频率很低；而薄膜式高速分散机中浆料在整个区域内都能受到高剪切作用，浆料受到高剪切作用的概率高，从而大幅度提高了浆料的分散效果和效率。

该薄膜式高速分散机，已被韩国及中国的一些锂离子电池厂采用。需要指出的是，这种薄膜式高速分散机不能单独用来制浆，需要先用双行星搅拌机等设备对粉体和液体原料进行预混得到浆料之后才能用它来进一步分散，因此这种设备的应用有一定的局限性，通常与双行星搅拌机配合应用于难分散材料的制浆。

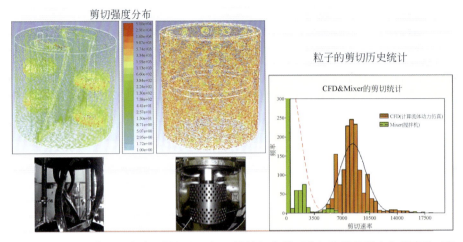

图 7-30 浆料在薄膜式高速分散机和双行星搅拌机中受到剪切作用的强度和频率的对比

3）新型制浆设备——双螺杆制浆机

针对双行星搅拌机效率不高的问题，一些设备厂家推出了新型的制浆工艺和设备，其中德国布勒公司推出的以双螺杆挤出机为核心设备的连续式制浆系统引起了广泛关注。双螺杆挤出机原本被广泛应用于塑料加工等行业，适用于高黏度物料的混合和分散。布勒将这种设备引入到了锂离子电池的制浆领域，通过在螺杆的不同部位投入粉体和液体来连续式地制备出浆料。具体过程是：先将活性物质和导电剂的粉体投入螺杆的最前端，然后在螺杆的输送作用下向后端移动，然后在螺杆的后续部位分多次投入溶剂或者胶液，并在各种不同螺杆元件的作用下实现捏合、稀释、分散、脱气等工艺过程，到了螺杆的最末端，输出的就是成品浆料，整个过程如图 7-31 所示。

图 7-31 双螺杆制浆机的制浆过程示意图

在双螺杆制浆机中，浆料的分散主要是在捏合阶段完成的，这一阶段浆料的黏度高，在螺杆元件的作用下产生强烈的剪切作用，从而实现浆料的高效分散。浆料在捏合元件作用下的运动情况及受到的剪切作用如图 7-32 所示。

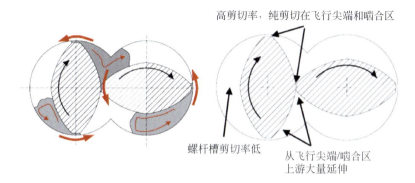

图 7-32　浆料在双螺杆中的运动及受到的剪切作用

常用的捏合元件包括有传输作用元件和无传输作用元件。有传输作用的捏合元件可以兼顾浆料传输功能，但是其混合效果和剪切效果比无传输作用的捏合元件要差。

由于双螺杆机的制浆过程是将粉体和液体原料在连续投料的过程中进行混合，大大提高了宏观混合的效率，加上捏合元件对高固含量、高黏度浆料进行高强度的剪切分散，大幅度提高了分散效率，因此双螺杆制浆机具有效率高、能耗低的显著优势。

但是双螺杆制浆机用于锂离子电池制浆也存在一些明显短板。首先，由于双螺杆制浆机的螺杆很长，为了减小磨损和延长停留时间，转速就不能太快，通常螺杆元件端部的线速度在 2～3m/s。在较低线速度下要想产生很强的剪切作用，同时也为了减少残留，就需要把螺杆元件之间以及螺杆元件与筒壁之间的最小间隙控制得很小，目前双螺杆制浆机中其最小间隙在 0.2～0.3mm，这对加工和安装精度要求很高，易造成螺杆元件的磨损，而磨损产生的金属异物可能会引入电池产品中带来严重安全隐患。其次，双螺杆制浆机的连续制浆模式要求粉体和液体原料必须精准地进行动态计量，保证所有粉体和液体的给料流量准确且稳定，一旦某种原料的给料流量出现波动，就会导致浆料中的原料配比出现波动，这种波动一旦超出范围，就会造成部分浆料的报废，甚至给后续工序造成不可预料的损失。因此，这种连续式制浆系统必须配备高精度的原材料动态计量和给料系统，这导致整套系统的成本显著升高。在实际生产中，为了防止瞬间的给料流量出现波动导致异常，通常会在双螺杆挤出机的后面配备一个大的带搅拌的缓存罐，用于将双螺杆挤出机制备出来的浆料进行一定程度的均匀化，消除给料流量的瞬间波动造成的影响，但这种做法某种程度上使得整套系统接近批次式制浆系统。此外，双螺杆制浆机对原材料的品质波动敏感，一旦出现由于原材料的品质波动导致浆料参数不合格时，无法进行返工处理。而且在品种切换时，可能需要改变一部分螺杆元件来适应新的材料和配方，导致适应性较差。

目前，双螺杆制浆机的供应商主要是德国布勒公司，国内一些厂家也能提供类似设备。该连续式制浆系统已被国内的少量动力电池厂采用。

4）新型制浆设备——循环式制浆机

鉴于连续式制浆机的长处和短板，一些设备厂家推出了半连续式制浆系统，其中循环式高效制浆机结合了连续式制浆系统和批次式制浆系统的优势，采用批次计量、连续投料制浆、循环分散的方式来实现浆料的高效制备和整批浆料的均匀分散，现已有国内动力电池厂采用该类型设备。

循环式制浆机的基本结构如图 7-33 所示。其基本工作原理是先将粉体混合好后通过粉体加料模块按设定的流量连续投入制浆机中，粉体在制浆机排料形成的负压条件下脱出部分气体，并且被高速旋转的粉体打散装置打散成烟雾状，然后被吸入快速流动的液体中，被浸润并分散到液体中。浆料在向下流动进入叶轮下部的分散模块时，受到高速旋转叶轮与固定在腔体上的定子构成的定转子结构的强烈剪切作用，达到良好分散状态，并被叶轮加速后通过设置在切向方向的出料口排出。

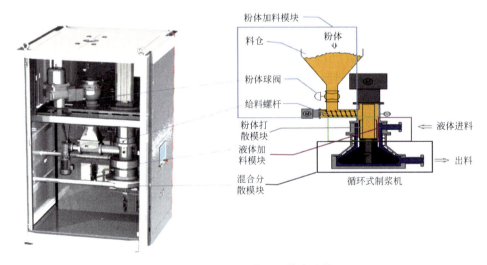

图 7-33 循环式制浆机的基本结构

7.3.2 极片涂布设备

1.涂布机设备原理及分类

极片涂布设备原理：将正极或负极配方所需材料均匀混合后涂敷或复合在铝箔或铜箔基材的正反面，设备通常由以下几个单元组成：放卷单元-涂布单元（含供料系统）-干燥单元-出料单元-收卷单元等。

常用湿法涂布方式分为两类，一类是转移式涂布，一类是狭缝模头喷涂式涂布。现阶段电池批产先主要采用狭缝模头喷涂式涂布方式。

逗号刀逆向转移涂布原理如图 7-34所示。通过调整涂布辊与逗号刀辊之间的间隙大小，将一定量的浆料附着在涂布辊上，再通过调节涂布辊和背辊间隙大小实现将涂布辊上的浆料转移至箔材上。

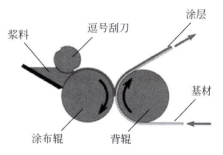

图 7-34　逗号刀逆向转移涂布原理

使用狭缝模头涂布的原理如图 7-35 所示。这是一种高精度的预计量涂布方式，将牛顿或非牛顿流体浆料用计量泵供给狭缝模头后均匀地涂覆在基材表面，其中涂布厚度大小计算公式如下：

$$涂布的厚度 = 计量泵流量/（涂布宽度 \times 涂布速度）$$

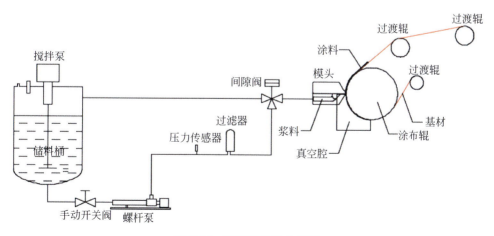

图 7-35　狭缝模头涂布原理

另外，模头是这个狭缝涂布方式的重要部件，是决定涂布精度的关键因素之一。

由于对涂布速度要求越来越快，针对此要求可使用真空腔机构来保证在高速涂布过程中涂布质量，通常涂布速度≥30m/min 的时候要考虑配置真空腔结构。

狭缝模头原理如图 7-36 所示。

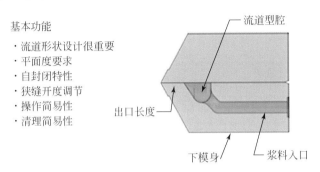

图 7-36　狭缝模头原理

模头的设计需考虑以下几方面因素：①根据浆料流变参数（使用流变仪测试）进行流道型腔计算和仿真；②上下模唇的平面度和直线度要求；③模头材料选择，尽可能选用不锈钢材料；④使用过程中防止金属异物的产生，要做好防护，不能让异物进入浆料中；⑤方便拆卸和清洗。

大电芯、全极耳、干法电极，是特斯拉 4680 电池的核心突破和创新，其干法电极技术是一种无溶剂的生产技术，通常是将正/负极活性物质、导电剂与粘接剂粉末直接混合后，挤出涂布到集流体上，或者通过工艺制成自支撑膜后再与集流体基材复合成为正/负极片，成本相对更低。目前干法电极技术在超级电容领域被广泛应用，同时在锂离子电池领域的应用也在不断探索中。由于该工艺及设备目前成熟度还有待进一步提高，因此在这里仅简单介绍一下其原理及优势。

干法极片制备原理示意如图 7-37 所示（Maxwell 公司）。

该涂布技术与固态电池技术结合后有望满足未来新型锂电池的需要，例如，对于硫化物固态电池，干法电极技术是一个很好的工艺技术方向。这个技术的优势有：①可以满足欧洲地区苛刻的环保要求，生产过程无 NMP 溶剂，绿色环保；②生产过程中安全，传统锂电池正极涂布浆料使用的溶剂是 NMP，溶液安全性不好；③设备投入成本低、占地面积小、环境湿度要求降低；④可以制备厚极片，这样在相同的体积比容量下可以节约箔材和隔膜，有很好的 BOM 成本优势。

2.涂布设备的组成及关键结构

涂布设备共由五大部分组成：放卷单元、涂布单元（含供料系统）、干燥单元、出料单元、收卷单元。涂布机单元构成如图 7-38。

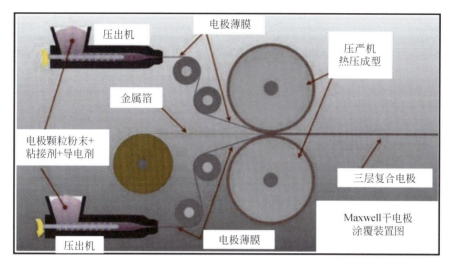

图 7-37 干法极片制备原理示意图

图 7-38 涂布机单元构成

1）放卷单元

放卷单元如图 7-39 所示，放卷方式有自动接带方式和手动接带方式两种。

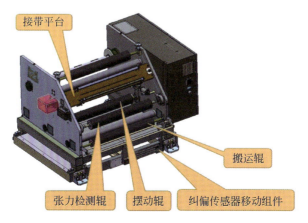

图 7-39 放卷单元示意图

待生产的成卷集流体基材安装于放卷轴上，经过纠偏及张力控制后，导入到涂工部分。该装置的主要控制点为放卷纠偏及张力。

纠偏由专用的 EPC 控制单元实现。超声波位置检测传感器（可实现对基材的检测）实时检测材料边缘的位置，通过电机驱动放卷装置左右移动，以适合基材的边缘与纠偏传感器的相对位置恒定。纠偏模式分为三种：全自动，控制系统上电后即进入自动纠偏状态（根据纠偏传感器决定驱动电机的运动）；半自动，系统在自动运行时（涂布、牵引）进入自动纠偏状态，而处于停止状态时则进入手动纠偏状态；手动，无论系统处于何种状态，纠偏机构仅可以手动点动操作。

张力控制分为浮辊位置控制及实际检测张力控制两部分。浮辊位置控制原理为：当系统自动运行时，PLC 控制器（可编程逻辑控制器）根据电位器反馈实时的浮辊位置信号（0～100%），以 PID 算法调节放卷轴电机的转速，以达到浮辊位置恒定（默认设定位置为 50%）。实际检测张力的控制可分为三种调节模式，即手动设置电空变换阀的输出比例、开环给定电空变换阀、闭环给定电空变换阀。其中，系统自动运行后，会清除手动状态，切换到自动调节模式。闭环给定模式下，控制系统会根据实测的张力值及设定的张力值进行 PID 调节，直到实测值与设定值一致。需要注意的是，仅当浮辊实际位置与设定位置的偏差在 ±20% 以内，闭环给定模式才起作用。

2）涂布单元及供料和间歇阀系统

（1）涂布系统

如图 7-40，这是转移涂布的头部系统。材料通过放卷导入涂布辊后，经过入料压辊进行张力隔离（放卷张力与出料张力隔离），最后由涂布辊导出到干燥炉（烘箱）内。该装置的主要控制点为整机速度的稳定性、模头与背辊之间的缝隙值。

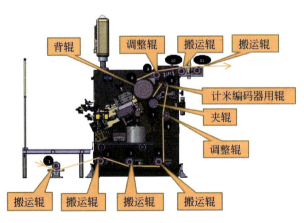

图 7-40 转移涂布的头部系统

整机的线速度由背辊提供，速度由 HMI（人机界面）设定，可分为涂布速度、倒带速度、点动速度。涂布速度即为系统涂布或者牵引时箔材的速度，倒带速度为整机自动反转运行时的速度，点动速度为手动点动某一个部件时的速度（如点动背辊，点动放卷轴）。

模头与背辊之间的位移由两个部分驱动。大范围移动通过气缸实现（前进、后退），精确定位由左右两侧的伺服电机驱动（高精度光栅尺检测实际的位移，分辨率 0.1μm）。

（2）供料系统

供料系统包含储料罐、计量泵、除铁器、过滤器及连接的管道。

首先将浆料加到储料罐中，在涂布开始后，储料罐里的浆料在计量泵的作用下，经过连接的管道、除铁器（除去铁杂质）及过滤器进入到 SLOT DIE（狭缝式涂布机）进行涂布。在液位传感器检测到储料罐的浆料低于规定液位时，开始对储料罐进行加料。当浆料达到规定的液位时，液位传感器给出指令停止对储料罐进行供料。

如图 7-41 所示的是供料系统图。

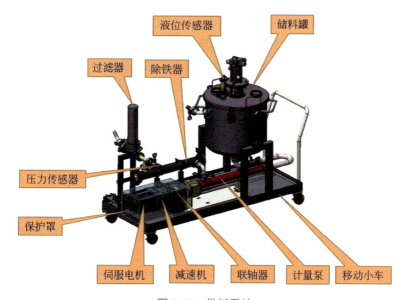

图 7-41　供料系统

（3）间歇阀系统

通过进料阀及回料阀实现对 SLOT DIE 的涂布供料，并监控涂布压力及回流压力，其中回流压力用于间歇涂布时使用（图 7-42）。

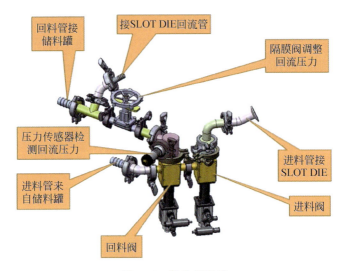

图 7-42　间歇阀系统

3）干燥系统

由涂布单元生产的含有液态溶剂成分的电极（液态涂层和基材）进入到烘箱内，为了安全有效地蒸发掉溶剂，需要控制各段烘箱的温度、送风量、排风量等。单节温控系统由加热和循环风机组成。风机由变频电机驱动，可通过频率的设定改变风量及风速（与频率成正比），通过传感器检测控温点温度变化实现加热温度的恒定控制，保证干燥质量。有时为了提高干燥效率会使用辅助加热系统，例如红外或者激光加热，但须以保证安全和符合国家安全规定为前提。干燥原理如图 7-43 示意。

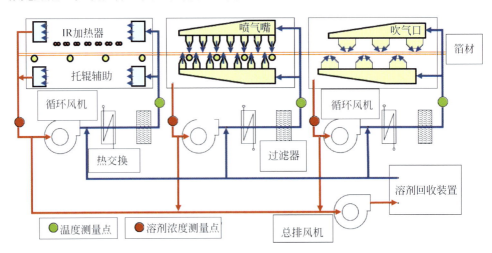

图 7-43　干燥原理示意图

4）出料系统

如图 7-44 为出料装置。干燥后的基材运行到出料装置。由出料装置控制烘箱内的张力及箔材边缘位置。该装置的主要控制点为干燥区域纠偏及张力。纠偏与张力调控原理与放卷单元一致。

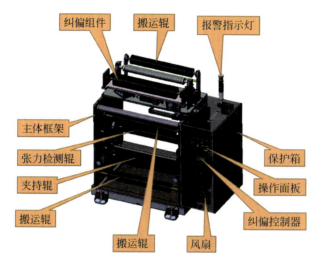

图 7-44　出料装置示意图

5）收卷系统

图 7-45 是收卷系统示意图，收卷方式有自动接带方式和手动接带方式两种。生产完成的电极经过纠偏及张力控制后，导入到收卷轴。该装置的主要控制点为收卷纠偏及张力。纠偏与张力调控原理与放卷单元一致。

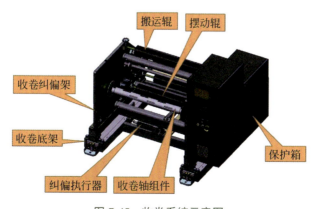

图 7-45　收卷系统示意图

7.3.3 电芯制造设备

电芯制造设备是将电池正极片、负极片及隔膜以一定的方式（连续卷绕或按片叠片）组装成电芯（Jelly Roll）的机器。

1. 卷绕机

国内卷绕制造设备始于 2006 年，从半自动圆形、半自动方形、自动化制片开始，之后是组合自动化、制片卷绕一体机、激光模切卷绕一体机、阳极连续卷绕机、隔膜连续卷绕机等。

1）卷绕机原理

卷绕机有正、负极送料单元，将正极、负极和隔膜卷绕在一起的承载介质叫卷针。

按照电芯的形状主要分为方形和圆柱形电芯卷绕机，一般卷绕设备采用两副或以上卷针，单侧抽针的结构。卷绕机的主要结构包括正负极极片和隔膜主动放卷、极片和隔膜换卷、自动纠偏、自动张力检测与控制。极片由夹辊驱动引入卷针部分，与隔膜一同按照工艺要求进行卷绕。卷绕完成后自动换工位、切断隔膜和贴终止胶带。成品裸电芯自动下料后，经过预压、扫码，良品电芯自动转移到托盘中再转移到后工序，不良品电芯自动卸料到不良品收集处。卷绕的工艺流程如图 7-46 所示。

2）卷绕机理说明

①预卷绕：为正负极片初始送极片过程，该过程中送极片机构夹持极片以一定的速度送入卷针，需要控制卷针的旋转角和速度与送极片机构相匹配。该过程涉及两个同步——隔膜的放卷速度与卷针速度的同步，送极片速度与卷针的速度同步。

②卷绕过程：在完成了正负极片初始送极片过程后，正负极片被隔膜裹紧，并绕卷针缠绕，后续转动卷针即可实现连续卷绕。该过程中通过检测料卷的张力大小以调整极片放料电机的放料速度来保证卷绕过程中料卷的恒定张力。

预卷绕中的控制问题属于开环控制问题，卷针、隔膜和极片两两之间是否真正同步无法准确测量，因此需要建立准确的卷绕控制模型，尤其是对于尺寸较大电池的卷绕要求更高。卷绕中极片和隔膜均带张力，可以在控制中采用闭环反馈控制技术（图 7-47）。

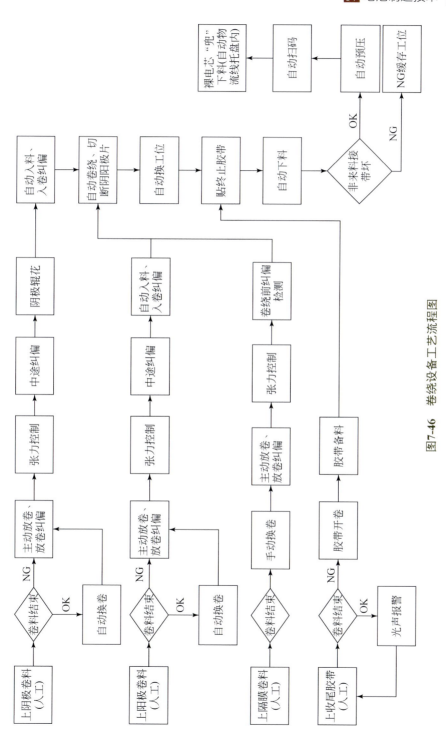

图7-46 卷绕设备工艺流程图

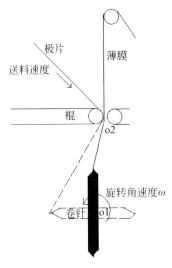

图 7-47　卷绕过程示意图

对于圆柱形卷绕，实际控制的是卷绕电机转动的角速度，而实际速度是各料卷及卷针卷绕实际半径的函数，该半径是动态变化的。目前，在没有实际传感器测量的情况下，预先通过程序设定初始卷绕半径，随着卷绕进行卷芯逐步增大，卷芯半径的变化规律符合阿基米德螺旋线定律。

③卷绕过程动态控制模型：由于预卷绕过程属于开环控制，准确的数学模型是卷绕控制系统成败的关键，尤其是极片线速度大于 1m/s 时，准确的卷绕模型是控制卷绕张力稳定，进而提高卷绕质量的关键因素。

④电芯高质卷绕：电芯高质量卷绕的核心问题是卷绕电芯的隔膜与极片贴合均匀。实现该工艺有两个重要控制点，这对卷绕机提出两个方面的要求。一是，卷芯抽卷针后依然保持上述贴合应力的一致，这对卷针轮廓形状的设计非常重要，尤其是方形卷绕电池，要保证卷绕抽针后极片和隔膜的贴合应力均匀，卷针轮廓曲线的一阶导数应该是连续的封闭曲线。判断原则是卷针截面轮廓曲线连续不间断，平滑无尖角。二是，隔膜、极片进入卷针时，在卷针接触点的法线方向沿着卷针母线方向的张力是一致的，这要求隔膜、极片的纠偏幅度不宜太大，应该保证在其弹性范围内的某个限值。

⑤方形卷绕电芯的 GAP 问题：方形卷绕电池的 GAP，是指卷绕方形电池多次充放电后，在极片隔膜折返处会逐步形成间隙，这个间隙称之为 GAP，如图 7-48。即使方形电芯的卷针轮廓曲线是一阶导数连续的封闭曲线，压扁后极片、隔膜没有间隙，但在电池的充放电循环过程中，也会由于极片膨胀和收缩程度的不一致，导致极片间的间隙逐步增大，长时间使用会带来析锂安全问题。并且，随着动力电池能量密度不断提升的需求，负极逐步导入硅负极体系，其极片膨胀大，卷绕成型的电芯长期循环后易出现内圈极片断裂问题（图 7-49），影响电池使用寿命，因此限制了硅材料添加量。

3）卷绕机的特点

依据卷绕机的自动化程度可以划分为手工、半自动、全自动和一体机等类型。按照制作的电芯大小可以划分为小型、中型、大型、超大型等。几种常用卷绕机的示意图见图 7-50。

圆角区

图 7-48 卷绕电芯圆角区 GAP 示意图   图 7-49 卷绕电芯变形情况

方形制片卷绕一体机   圆柱自动卷绕机   方形自动卷绕机

图 7-50 几种常用卷绕机示意图

卷绕卷芯的特点为：①极片、隔膜连续一体，制造效率高；②卷绕只有两条边，边缘少，极片完整，便于毛刺控制；③生产控制简单，操作容易，控制难度低；④不宜卷太厚、层间互相影响，容易变形；⑤极片柔性要求高；⑥极片横向张力不一致，内部可能产生间隙，贴合应力难以均匀；⑦极片膨胀带来 GAP 问题、难以实现高质量。

4）卷绕机关键结构

设备主要模块包括：极片/隔膜自动放卷模块，极片/隔膜换卷模块，自动纠偏模块，导辊模块，极耳导向抚平模块，主驱模块，张力控制模块，张力测量/显示与储存模块，极片入料模块，隔膜除静电装置，极耳打折/翻折及极片破损检测模块，CCD 在线检测模块，极片切断模块，除尘系统，极片和隔膜不良品单卷与剔除模块，卷绕头组件，隔膜切断模块，隔膜吸附模块，贴终止胶带模块，自动卸料模块，电芯预压模块，下料模块，设备框架和大板模块。如图 7-51 卷绕机布局示意图。

5）卷绕机的发展趋势

①高速、高精度：卷绕极片线速度由现阶段的 2～3m/s 发展到 4～5m/s，卷绕极片对齐精度由现有的 ±0.3mm 提升至 ±（0.1～0.2）mm。

②高合格率：过程能力指数 CPK 由 1.33 到 1.67，最终发展到 2.0 以上，达到免检水平。

③稳定性：提升平均无故障时间，由现有几十、几百小时提升至千、万小时级别。

④设备实现数字化、智能化控制：卷绕张力、极片与隔膜的对齐度实现在线监控，卷绕参数和最终电池性能参数实现闭环优化，持续提升卷绕合格率。

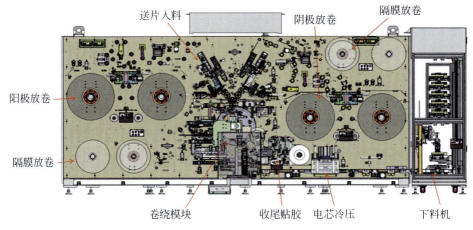

图 7-51　卷绕机布局示意图

⑤激光模切卷绕一体化：激光模切与卷绕工序结合实现设备集成一体化。

⑥高速卷绕机：通过隔膜连续卷绕技术的突破，实现卷绕效率的倍增。

对于车规级动力电池，在其大容量、大规模、标准化要求趋势下，对制造一致性、制造质量、制造安全性的要求也越来越高，卷绕工艺在控制 GAP 方面要特别关注。在此背景下，叠片工艺能够相对较好地满足锂离子在电池内部均匀、平行移动的需求，叠片工艺相对于卷绕（尤其是圆角区域）具备接触界面均匀、内阻低、能量密度高、倍率特性好、极片膨胀变形均匀等综合特点，将成为未来电池结构发展的趋势。

2.叠片设备

1）叠片设备的分类

叠片工艺现阶段主要分为 Z 型叠片、复合卷叠、复合堆叠和复合摆叠等类型（表 7-2）。早期的叠片电池以 Z 型叠片为主，即隔膜采用 Z 字形方式往复运行，设备机械手将正/负极片精准叠放在叠片台的每一层隔膜上，如此往复，完成设定数量极片的堆叠，最终形成电芯。Z 型叠片机可以分为单工位 Z 型叠片机、多工位 Z 型叠片机、摇摆式 Z 型叠片机和模切 Z 叠一体机。从电芯结构工艺角度分析，由于 Z 型叠片的机理是隔膜材料的往复高速运动再配合叠台的压针动作，这个过程易出现极片定位不准（压针撤离时极片移动）及隔膜在最大加速度下频繁动作，容易造成隔膜不均匀及拉伸变形，这种情况在叠片机高速运动中隔膜变形破坏风险会更高。

表 7-2 叠片类型及优缺点

类型	Z型叠片	复合卷叠	复合堆叠	复合摆叠
示意图				
优点	单机价格低	制造效率高	电芯性能好	正负极完全隔离、电芯性能好、效率高,自动对齐,合格率高
缺点	1.效率低 2.电芯内部及隔膜尾卷褶皱 3.制造合格率低	1.极片复合间隙变化,卷绕隔膜拉伸 2.不适合大电芯制造	电芯存在正负极交叉感染、隔膜翻折的结构安全风险	协调同步控制难度大,需要高速同步控制技术

Z 型叠片提升效率的方式除了单工位效率提升外,一般采用多工位的制作方式来提升效率。但是多工位 Z 型叠片机存在较复杂的极片调度系统和视觉定位系统(视觉的误判率很难降到千分之一以下,因而会出现偶尔对齐度超差的情况),其整机的实际利用率较低。

复合叠片不同于上述 Z 型叠片,较适合用于未来半固态或全固态电池的制作,可以分为复合卷叠机、复合堆叠机和复合摆叠机。复合叠片的基础需要使用双面涂胶隔膜,包括水系或油系隔膜,通过压力和温度将极片与隔膜黏附在一起形成复合单元,再使用不同的叠片方式叠成电芯。同时,复合叠片技术可以保证隔膜张力均匀、无拉伸突变、隔膜与极片结合界面均匀、可以在线检测正/负极片及隔膜的对齐度并实现制造数据闭环,因而对叠片制造质量提升很有帮助。

2)叠片设备原理

Z 型叠片机:此设备完成动力电池的自动叠片、贴胶及自动下料功能。隔膜主动放卷,经过渡辊、垂直张力机构引入主叠片台。主叠片台带动隔膜前后往复运动,呈 Z 字形折叠并放置极片。正负机械手分别从正负极片盒内取出极片,经次定位台定位,精确叠放在主叠片台上。在叠放至设定片数后,停止叠片,完成尾卷、贴胶后,自动下料到后工序。其设备流程如图 7-52,主要性能指标如表 7-3。

复合叠片机:用于实现高速全自动叠片工艺,主要包含正负极片与隔膜放卷机构、极片裁切与除尘机构、极片隔膜热复合机构、叠片平台、电芯热压、贴胶、称重、贴二维码与扫码机构等。其设备流程如图 7-53,主要性能指标如表 7-4。

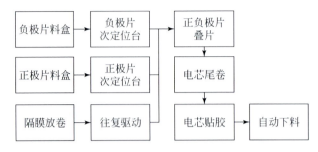

图 7-52　Z 型叠片机设备流程图

表 7-3　Z 型叠片机主要性能指标示例表

项目类型	参数
单叠片台速度（s/片）	0.6～1
换电芯辅助时间（s）	3～4
单片对齐精度（mm）	±0.2
极片整体对齐精度（mm）	±0.3
料盒宽度可调范围（mm）	±10（可调）
单个电芯完成辅助时间（s）	8～10
装一次极片工作时间（h）	0.5
叠片数量	可设定
外包隔膜	隔膜圈数可调
收尾方式	自动贴胶（侧面）

表 7-4　复合叠片机主要性能指标示例表

项目类型	参数
单叠片台速度	≤0.125s/单片 连续叠片，电芯切换没有辅助时间
设备稼动率	≥98%
产品优率	≥99.5%
电芯整体对齐度	≤±0.5mm
外观要求	极片和隔膜无褶皱
极片毛刺控制要求	纵向毛刺不超出涂层区，横向毛刺≤20μm

3）叠片设备的关键结构

Z 型叠片机，主要部件构成包括：机架系统、正/负极片盒组件、隔膜放卷组件、负极片二次定位组件、叠片台组件、机械手组件、隔膜切断组件、电芯贴胶组件、电芯下料组件。Z 型叠片电芯示意如图 7-54。

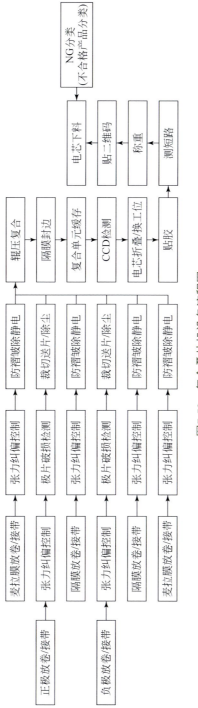

图7-53 复合叠片机设备流程图

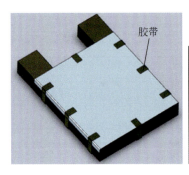

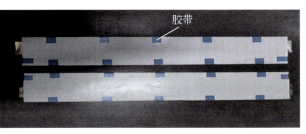

图 7-54　Z 型叠片电芯示意图　　　　图 7-55　复合叠片电芯示意图

复合叠片机，主要部件构成包括：机架系统、放卷系统、张力控制系统、极片来料缺陷检测、麦拉膜收放卷系统、纠偏系统、极片裁切/送料系统、热复合系统、叠片平台、贴胶机构、Hi-pot 测试机构、称重机构、贴二维码扫码机构、下料机构、粉尘控制机构。电芯图片如 7-55。

4）叠片设备的发展趋势

单机效率提升：由单机 1GWh 能力逐步提升至 2GWh、4GWh。

产品合格率提升：由现有的 99% 逐步往 99.5%、99.8%、99.99% 发展，同时产品的过程能力指数 CPK 由 1.33 逐步提升至 2.0 以上。

设备稳定性提升：平均无故障工作时间（MTBF）延长至数千小时。

智能化一体化：模切叠片一体化、数据闭环智能化。

叠片机设备核心指标路线如图 7-56。

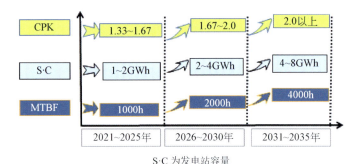

S·C 为发电站容量

图 7-56　叠片机设备核心指标路线图

7.4　电池制造质量体系建立

很多动力电池的生产厂家在新能源汽车行业的高速发展中迅速壮大，但行业的快速发展是机遇也是挑战，只有快速迎合市场，不断变化需求的公司才能不断赢得市场份额，而质量、成本、交期跟不上节奏的企业将举步维艰。所以，新能源汽车行业高速建设发展态势对动力电池产品的"质量安全、产品一致性、后续维护成本"有更高要求，需要电池生产企业建立完善的质量管理和质量保证系统。

7.4.1 动力电池产品质量控制的几个阶段

品质是设计制造出来的，不是检验出来的。好的品质首先要有好的设计，设计的产品要经过 DFM（design for manufacturing，即面向制造的设计）。在 DFM 这个阶段，产品设计需要满足产品制造的要求，具有良好的可制造性，使得产品以最低成本、最短时间、最高质量制造出来。每一款电池，从客户需求（voice of customer，VOC）出发，必须经过 QFD（quality function development，质量功能展开），把顾客或市场的要求转化为设计要求、零部件特性、工艺要求、生产要求。正负极材料体系、隔膜品种、导电剂、电解液、极耳、外壳等材料及规格和制造工艺、参数的选择，以及工装夹具的设计必须在满足客户要求的情况下，选择更适合自己公司现有能力和水平的。此外，过程能力指数 CPK 能否达到设计团队的要求，这一点非常重要。电池设计在第 2 章中有详细论述，在此不多做赘述。

对电池制备产线的布局要运用精益的理念对产线的线平衡、节拍时间、UPH（units per hour，每小时产能）及产线物流做优化设计。在设计过程中对产线设计、机械设备等要有防呆措施，避免由于员工操作失误造成的一些问题。

在过程分析当中，模具和设备公差分析也很重要，在每一个工序的设计当中需用流程的概念对输入输出做一些分析。当产线在设计的时候，每个工序的 UPH 是否匹配决定了产线是否顺畅。每个工序的检验措施或检验手段对于控制计划里所有的检测设备要有一个详细的现场计划，防止不良品流到下一个工序甚至流到客户端。所以一个好的质量体系，不仅要有好的设计，在检测体系里面要具备完善的检出不良品的能力。

当产品的设计及产线布局完成之后，通过雏形（prototype）-EVT（engineering verification test，工程验证测试阶段）-DVT（design verification test，设计验证测试阶段）-PVT（production/process verification test，生产/制程验证测试阶段）四个阶段对产品的 ORT（ongoing reliability test，可靠性测试）、产线的 UPH、设备的 OEE（overall equipment effectiveness，设备综合效率）等进行验证和改善，当产品通过这几个阶段的测试及改善，量产就可以顺利进行。

7.4.2 供应商质量管理

电池的主要材料包括：正极材料、负极材料、铜箔、铝箔、隔膜、电解液、外壳（铝塑膜，铝壳等）、极耳、设备等，每一个都对电池最终的性能、质量、成本有不同程度的影响。不同供应商、不同批次的材料都可能有较大的差异，这就要求对供应商进行管理。供应商的产品质量、成本、交期、研发能力、反应速度和供应商的战略定位都是考核供应商的指标，而质量管理是供应商管理的最重要的考核 KPI 之一。

供应商质量管理有一个重要理念是共赢，即给供应商合理的利润空间，有钱赚他们才能保证质量，一味杀价会出现供应商降低产品质量或者在人员培训和检测手段上做一些偷工减料的情况。所以在供应商报价时，应列出物料成本、制造成本、管理成本及合理利润空间。

供应商的定期审核及现场过程控制非常重要。在欧美企业里，有很多工程师负责供应商的管理、过程的监控，保证供应商提供的产品品质按照要求的品质去执行。从新产品开发到样品制作到成品量产出货，每个供应商定期有现场人员去监控质量。当供应商产品送到下一个供应商时，下一个供应商会做 IQC（来料质量控制）进料检验，如果发现物料不良要及时反馈。用 8D 的逻辑去找根本原因，闭环控制去关闭这个案例，甚至会把 8D 的逻辑里面这个产品或类似产品犯的错误在相似的产品或者工序做预防和改善，在其他的产品或工序做彻底的改善，避免发生同样的错误。

这就是供应商管理过程。保证供应商有好的管理，保证供应商过程有监控，才能保证供应商来料符合要求，有问题及时改正，最终保证供应商的物料达到公司的品质要求。

7.4.3 过程质量控制

1. SOP（Standard Operation Procedure，标准作业指导书）和 SIP（Standard Inspection Procedure，标准检验指导书）文件的建立

针对每一道工序，标准指导书都要拟清楚，同时涵盖标准操作流程和注意事项。如果有重大影响产品质量（CTQ）的项目要标注出来，并告诉员工不能违规操作以及误操作会造成产品不良的严重程度。"标准检验指导书"对检验的抽样频率、检验方法、检验使用的仪器都要有一个清晰的定义，培训检验员按照"标准检验指导书"的要求去检验，确保检验方法正确不会误判。还有就是对 KPIV （key input variable，关键输入变量）、KPOV（key output variable，关键输出变量）以及输入输出要做出识别，对哪些过程的输入会影响输出做一个管控，要用 DOE（design of experiment，试验设计）做一些设备参数和过程参数的优化，对机器的输入输出做出管控，对关键产品输出做管控。

2. MSA 量测系统

为确保检验能真实反映产品性能，必须保证检验系统 GR&R（测量系统误差的重复性再现性）符合要求，当 MSA（测量系统分析方法）GR&R<10%是好的量测系统，10%<MSA GR&R<20%有条件接收，MSA GR&R>30%测量误差太大，量测系统需要做改善，否则不能用于产品的检验。比如说，电池的称重、极片的称重、配料的称重这类测量仪必须严格的校准。

3. 关键质量特性 CTQ（critical-to-quality）

所有影响产品质量的输入输出参数，都必须在过程里面识别出来。对于这些 CTQ 的项目，要做特别的监控，包括输入参数，比如报警或者机器设备设计的时候要考虑对于实时的监控，如果 CPK 值能够达到 1.33，那么可以采用抽检的方式，所以 CTQ 的识别非常重要。

对于过程里面 CTQ 的参数，要运用 SPC 过程统计技术去监控过程输入输出参数是否受控。SPC 可以反映过程是否稳定，如果有异常会在 SPC 控制图里面反映出来，提示提前调查原因并采取预防措施去避免生产过程的失控。对于有异常的 SPC 要及时处理，把过程遇到的问题及时解决掉，保证生产过程是受控稳定的。

4. 过程控制防呆系统和产品追溯系统

对于关键特性参数，在过程控制中，要用现有的 MES（生产制造执行系统）做一些监控，如果上一个工站测试不良，那么在下一个工站要把不良品挑选或者拦截住，当产线有员工操作失误，系统的防呆会保证不让不良品流到下一个工序或者流到客户手上。在做 PFMEA（过程失效模式及后果分析）或者在做产品的关键特性控制时也必须要有这个系统，否则不会允许供应商生产。过程控制防呆系统是供应商应具有的必需条件，没有这套系统很难成为客户的合格供应商。

5. 产品的追溯系统

如果生产有异常或客户有投诉，方便快速召回产品并确定产品的影响范围，便于追溯、隔离产品及质量调查。追溯系统至少要做到能够追溯产品相关的人、机、物料及生产时间，具体包括关键过程的特性参数、作业员、机器设备编号、物料批次号、生产时间、CTQ 等。

过程控制防呆系统和产品追溯系统是供应商管理和质量管理的两大硬性条件，两大系统缺少任何一个都将使客户失去对其的信任，不会与其合作。目前很多企业这两点做得不够好，没有这两大系统，导致很多品质问题无法追溯和调查。

6. 员工的自检与复检

要对员工进行培训，每个员工必须明确当前操作的工位哪些是不良品、哪些是良品，哪些是合格、哪些是不合格。必须要进行员工培训、认证，考核合格后才能上岗。当生产过程中反映出不良，员工会将不良检验隔离出来，不会流到下一站，甚至流到客户手上。

7. IPQC 巡检（制程控制巡检）

IPQC 就像工厂里面的警察，对生产线的机械设备参数、作业员的操作手法、作业员对作业流程的遵守、CTQ 的参数、设备的输入/输出参数等按抽样计划做定期检查。巡检根据产品的过程稳定性，有可能 2 小时一次，有可能 4 小时一次，有可能一个班次一次。在做过程控制计划的时候，对巡检频率、抽样频率、检验方法应有一个清楚的定义。

8. 过程质量记录的保存

对于每一个过程中输入/输出的关键参数，都必须有详细的记录保存下来，以保证在客户端或者过程发现异常时，有充足的质量记录证明产品是符合规格书的要求的，过程也是受控的。当发生质量争议或者客户投诉的时候，过程质量记录将作为强有力的证据来证明过程控制是受控的，异常问题是特别的，不是批量问题，生产控制是符合质量要求的。

9. 合格率的监控及改善

要有数据记录下来生产过程中每个工序的合格率是多少，根据公司的持续改善或者过程的良率目标去控制过程的良率。对于没有达标和不良率过高的项目要收集数据，用柏拉图也就是二八原则去分析，做持续的改善。根据统计学上的质量分析，往往 80% 的不良是由 20% 的项目造成的，反过来说，用柏拉图分析，往往 80% 的不良是由前两项、三项造成的，这就应该把精力、资源放在 80% 不良的前两项、三项，有重点地去改善。柏拉图的好处就是对于过程的不良、过程的分析不会泛泛而谈，而是有的放矢，这就是柏拉图的应用。

10. 节拍（cycle time）及 UPH 监控及改善

当 cycle time 来进行分析和改善的情况下，交货周期、WIP（work in progress，工作过程在制品）运转或者 WIP 库存都会减少，从而可以缩短交货期，缩短产品的生产周期，快速响应客户的交货需求。而 UPH 的改善在于改善和提高设备的产能。

11. 机械设备的预防保养

设备管理人员要根据设备的操作指导书对购置的机械设备拟定一个详细的保养维护计划以及设备点检维护作业指导书。要清楚地罗列保养方法、保养频率、备品备件更换的周期，对设备做好预防保养，保证设备处于一个良好的运行状态。设备的保养类似于汽车的保养，对生产设备要做预防保养，不能等到坏了才去修，否则对设备的寿命及备品备件的利用是一个很大的损失。

7.4.4　成品的质量管理（OQC）

成品质量管理很重要的一点就是抽样计划，根据不同的质量要求，抽样计划表须拟定不同的抽样计划、抽样的频率、抽样的数量。当抽样项目确定好后，量测系统、MSA、GR&R 要做评估，如果仪器设备或测量系统不符合要求，那么需要及时做出改善。接下来是检验人员的培训及考核，检验人员要培训考核合格后才能上岗，如果对检验标准和要求都把握不准，那么也会影响对产品检验的公正性。如果当成品检验发现不合格时，要有返修计划，当发现不良产品的时候，要通过物料评审委员会（MRB）及时处理，降级接受、重工还是报废，要有一个清晰的行动计划及时处理。

7.4.5　产品的 ORT 可靠性测试管理

ORT（ongoing reliability test）测试也非常重要，对产品性能进行抽样测试，根据不同行业不同行规要求制定出不同的 ORT 测试项目，比如高温、高湿、冲击等。经过一些极端测试和模拟客户使用中的极端条件，确保产品符合要求，有任何不良可以及时发现并做一些改善。同时，ORT 的管理也很重要，包括抽样计划，测试的数量、频率，测试的项目，测量系统（图 7-57），测试人员的培训及考核。ORT 不良的返修计划大致应当为：测试人员发现不良及时向上级报告，团队针对不良做出及时的评估，而后做不良分析，再对不良做出改善措施。

图 7-57　动力电池老化测试设备

7.5　动力电池智能制造工厂建设[1,4,5]

动力电池智能制造工厂是实现电池产品目标的基础设施，需满足生产质量、效率、环境、法律法规要求，满足高质量、高效、成本生产的要求。智能工厂建设，首先需考虑产品定义、工厂建设规范、环保条件、建设目标规模、生产大纲以及工厂建成后的技术经济指标；其次需要选择与设计工艺流程，进行设备选择与开发，实施安装施工，设备调试验证、提产，最终竣工验收，满足设计目标要求。在工厂建设中，制造产品的选择及目标、工厂设计、综合指标分解、设备选择及开发是智能工厂建设的核心环节。

7.5.1　智能制造工厂建设的原则与内容[6]

1. 智能制造工厂建设的基本原则

工厂建设主要应考虑满足电池性能条件下，电池制造的安全、合格率、效率、系统的柔性及建设的速度，以快速适应市场的需求，产生最大的经济效益。

2. 动力电池大规模生产的条件

为了满足电池快速增长的市场需求，如何保证电池大规模生产是目前需要重点考虑的问题。高质量、高安全性、低成本是行业一直以来对电池生产的追求，也是保证大规模生产的关键。综合考虑目前的电池技术、材料、装备的保障能力，动力电池大规模智能制造应满足如下基本条件：

1）生产型号趋于单一化：单产线生产的尺寸规格型号 1-2 个；

2）整线制造能力：4GWh 以上，单台设备的产能不小于 0.5～1.0GWh；

3）制造合格率：96%；

4）材料利用率：95%；

5）制造成本：0.10 元/Wh；

6）安全控制，环境、环保指标，能耗指标控制优化措施；

7）来料数字化、过程数字化、设备网络互连、大数据优化。

3.制造合格率分解

动力电池工厂主要分为六大功能模块（浆料制备、极片制备、芯包制造、电芯装配、干燥注液、化成分容），在确定合理的电池结构设计后，针对合格率指标，根据制程控制的难易程度和可能达到的目标，将总体合格率目标按照核心影响因素原则分解到各大模块，确定模块关键产品特性 KPC（key product characteristics）的工序能力（CPK），再进一步分解到模块内的核心工序，这是从上到下的分解。再根据各个工序工艺方法的关键控制特性 KCC（key control characteristics）可能达到的工序控制能力 CPK 值，结合设备投入进行综合分析，总体核算整线设备投入、各个工序控制点 CPK 的保证能力、可靠性、稳定性，达到设备投入与制造质量的最优化。一般电池制造合格率目标分解如图 7-58。在设备规划时一般根据工序质量控制的难易程度及产线投入成本进行 CPK 综合分解平衡，反复迭代优化到最佳设计，即同样的投入，达到最佳质量，或者保证质量要求前提下最少的设备投入，同时还要考虑设备和产线的综合输出产能。

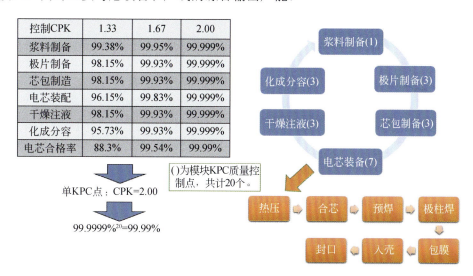

图 7-58　电池制造合格率目标分解

动力电池产线涉及工序设备较多，所以整条产线的多个设备可能会由不同的设备厂商提供，采用的也是多种不同的协议和标准。因此，智能工厂集成不仅需要将不同厂家提供的不同设备物理结合在一起，还需要各设备间能够互连、互操作，不产生冲突。更为重要的是，整个系统要达到系统性能最优、成本最低、生产产品质量最好，同时易于扩展和维护。

4. 电池生产设备选择原则

1）设备选择原则

电池生产设备的选择应遵循以下几个原则：

技术先进性：设备采用先进技术，可满足高效、高质量的生产要求。设备的技术指标：制造合格率、效率、稳定性、设备综合效率（OEE）；

生产适应性：设备整体技术与实际生产情况是相适应的；

经济合理性：设备采购成本相对来说是合理、可接受的，同时设备整体布局合理，占地面积尽可能小，方便厂房布局；

相互兼容性：设备采用的接口及控制协议与其他设备是相互兼容的，网络连接方便，便于系统集成；

人机友好性：系统操作界面合理易懂，操作简单；同时设备换型方便，维护简便。

2）设备综合选择

设备须是保证产品质量、提升制造合格率和制造效率的。设备投入直接影响设备质量及电芯制造合格率，如图 7-59 所示，纵轴代表成本（设备投入成本，合格率变化带来成本改变），横轴代表合格率。图中曲线①为设备投入曲线，设备投入增加，质量会趋好，合格率也提升；曲线②由于合格率提升带来成本损失减少；③为曲线①与②的合成，可以看出曲线③表示设备投入增加，合格率提升综合成本逐步下降，但随着设备投入增加，合格率提升有限，降低废品损失的程度也逐步减少，因而综合成本会逐步上升。总之，设备的投入与成本有一个最优点，该点就是设备投入的最佳选择。如 1GWh 的规划产能，如设备总体投入 3 亿元，设备增加 10%，为 3000 万，按照 6 年折旧，每个 Wh 成本的增加为 0.005 元，总体策划成本增加 500 万/年；如果 1GWh 产能，合格率每提高 1%，每年将增加 500 万的利润，也就是设备投入增加 10%，制造合格率如果提升 1%，综合起来是合算的，最关键的是制造质量得到提升，制造隐形缺陷减少，制造安全性得到了提高。当然，设备投入的最佳点也可以通过建立成本模型和构筑优化算法而获得。

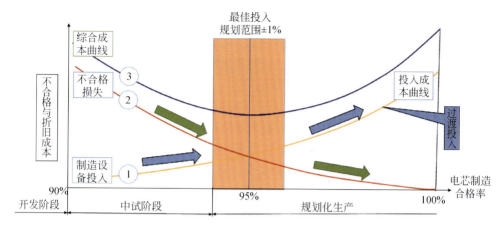

① 设备投入曲线；② 制造不合格导致的质量损失；③ 综合成本曲线

图 7-59　合格率与设备投入、制造损失的关系图

5. 智能工厂设计流程

智能工厂的规划建设是一个十分复杂的系统工程，如何设计动力电池智能制造工厂是一个难题，需要进行详细的分析与规划，经过详细的项目方案评审，再到方案的落地以及实施。智能工厂的设计流程如图 7-60 所示。

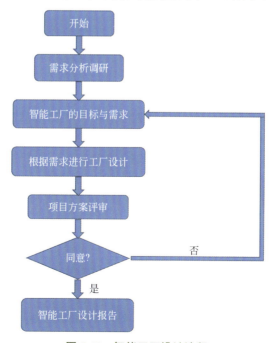

图 7-60　智能工厂设计流程

电池智能工厂的规划设计一般分 6 个步骤进行。

1）企业发展战略是智能工厂的总输入，是对企业长远发展的全局性谋划，也是由企业的愿景、使命、政策环境、长期和短期目标及实现目标的策略等组成的总体概念，是企业一切工作的出发点和归宿。

2）首先要做详细的市场调研、分析，确定项目产品的应用领域，是乘用车、商用车、物流车还是专用车等。再根据市场情况，确定项目规模，预估产品价格定位，同时对企业可持续发展的竞争能力进行调研分析。

3）根据识别出的需求，站在智能工厂的高度，对企业的组织、管理模式、业务流程、技术手段、数据开发利用等进行诊断和评估，找出打造可持续发展的核心竞争力需求，从而确定智能工厂的方针、目标、需求，为智能工厂每个分项目的设计提供依据。

4）根据产品定位以及工厂目标，设计电池产品的基本参数，如电池产品性能（容量、充放电倍率、循环性能和安全性能等）、材料体系、尺寸结构以及模组 Pack 规格等。通过试验验证、确定工艺制程（流程）、对各工序的参数进行验证，初步确认制程工艺参数、项目规模、目标分解、工艺设备选型、目标验证，以及进一步确定各工序设备对土建公用的需求，包括能源需求（水电气）、环境需求（湿度、洁净度）及土建需求（基础荷载、地面要求、吊顶高度和厂房高度等）等。

5）项目方案评审，包括对项目投资预算和方案可行性进行评审。按照每个项目的设备、设施购置费、软件开发费、咨询服务费、人工成本、运行维护费、不可预见费对项目的投资预算进行汇总和分析评审。同时对项目的主要内容和配置，如市场需求、资源供应、建设规模、工艺路线、设备选型、环境影响、资金筹措、盈利能力等，从技术、资金、工程多个方面进行调查研究和分析比较，并对项目建成以后可能取得的财务、经济效益及社会环境影响进行预判，从而提出该项目的投资意见和如何进行建设的意见。

6）确认项目的项目方案和实施计划，落实总项目和分项目的负责人及团队，编制项目实施计划，明确项目实施先后顺序、内容、时间进度和关键节点。然后结合智能工厂的核心业务及工厂要达到的各个目标，针对设备、环境、能源管理、信息采集及工业互联进行系统设计。总体设计思路如图 7-61 所示。

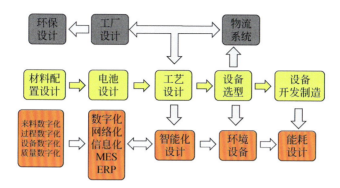

图 7-61　智能工厂设计思路

7.5.2　电池智能工厂硬件集成[7]

1. 智能工厂总体框架

智能制造是基于生产设备的高度自动化，应用现代化的企业信息管理体系执行精益生产模式，通过生产链条的互联互通以及企业信息物理系统的构建，使电池的生产方式具有深度自学习、自纠错、自决策、自优化功能，从而实现智能水平，实现电池制造的优质、高效、低成本的目标。

电池智能工厂是以制造高度自动化、生产工艺精益化和管理体系信息化作为基础，是在数字化工厂的基础上，利用物联网技术和监控技术加强信息管理和服务，提高生产过程可控性、减少生产线人工干预，并合理计划排程，同时集智能手段和智能系统等新兴技术于一体，构建高效、节能、绿色、环保、舒适的人性化工厂，其本质是人机有效交互。电池智能工厂总体框架如图 7-62 所示。

通过技术变革和业务变革，让企业具有更加优异的感知、预测、协同和分析优化能力。智能工厂模型框架如图 7-63 所示。

2. 电池智能工厂核心的业务

电池智能工厂需要建设从仓储管理、物流配送、产品加工、物料转运、信息采集、数据识别、生产计划排产、质量管理

图 7-62　智能工厂总体框架

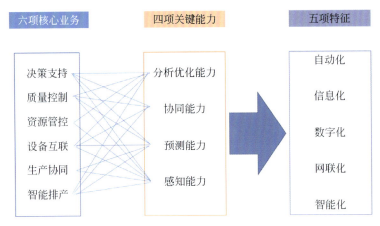

图 7-63   智能工厂模型框架

等全过程实现高度自动化作业，尽量减少人为干预，在自动化、信息化、数字化的基础上融入工业机器人技术及大数据智能分析技术，形成人、机、物深度融合的新一代工厂。这样的智能工厂核心业务如图 7-64 所示。

3. 智能工厂主要技术特征

1）自动化

高度自动化的生产过程是电池制造的精髓所在。电池生产的过程对环境有着严苛的要求，恒温、恒湿和优质的空气洁净度是最需要保证的。因此，动力电池企业应在规划生产线建设时就严格限制人工数量，以保证所需的环境要求，尤其是在制造前端的匀浆和涂布环节。综合来看，目前在电池各生产环节均已基本实现自动化，人工参与的环节正在大幅度减少，下一步发展的重点是要实现机器对人的全面替代，提高单机工作效率和制造精度，通过工业机器人的布局和应用，衔接动力电池生产线上下游的各个工艺环节，打造无人工厂，从而为智能制造打下基础。

2）信息化

信息化是企业实现现代化发展转型的管理基础，是实现科技与创新精益生产的必备手段。应用 ERP、MES、PLM 等企业管理、生产管理和产品管理信息系统来实现企业业务的横向、纵向、端到端的集成方式以及研发数据、生产数据和销售数据的融合贯通，并进一步实现动力电池产品的全生命周期追溯功能。这种信息化的管理执行通过对人、机、料的协同规划，实现生产过程的逻辑化、透明化和规范化，促进精益生产的开展和实施，提升生产效率，减少浪费，增强企业软实力，为智能制造的数据开发及应用奠定基础。

智能排产	生产协同	质量管控	资源管控	设备互联	决策支持

厂级计划

紧急计划插单

车间级作业计划排产

生产能力及资源平衡

生产计划实时调度

车间作业计划管理

工单及调度管理

现场作业管理

在制品追踪和追溯

设备工装资源管理

互操作生成及集成

质量检验标准

质量检验数据采集

不合格品管理与跟踪

质量实测值及数据包

质量评价分析及SPC

质量知识库

WMS立体仓库管理

AGV调度系统集成

条码标识及跟踪

提前的物料配套

线边车收料及安装配物料

消耗及跟踪

设备联网及CPS

自动化实时互操作性

NC程序管理与传递

设备状态监控与数据采集MDC

设备监控与OEE分析

车间看板和可视化

产线及设备健康监视

车间三维可视化

综合指挥调度中心

统计分析与报表输出

图7-64 智能工厂核心业务示意图

3）数字化

企业的数字化建设包含以下两层含义：对电池制造过程中原料、装备、工艺、辅具以及人工等均进行数字定义；在制造过程中产生的生产大数据，由企业管理系统进行调用和分析，并及时掌握生产状态以及预判生产质量的发展走势。

企业信息物理系统的构建，使现实生产与虚拟生产互相映射，在虚拟世界中一一对应现实中的生产活动，现实生产活动中的发展变化也能够在虚拟环境中被捕获和反映，并可以通过对虚拟生产活动的调节和控制，影响现实当中的生产活动，做到快速反馈、快速调节和快速生效。并且，借助于覆盖工业现场的感知网络快速感知与工厂相关的各类信息，实现物理制造空间与信息空间的无缝对接，可极大地拓展人们对工厂现状的了解和监测能力，为精细化和智能化管控提供前提。

4）网联化

网联化是智能制造的重要基础，是实现智能识别和智能控制的必备手段，也是设备与设备、生产链条与链条之间达到互联互通，实现不同来源的、异构的数据格式统一以及数据语义统一的方式。通过打通研发设计信息、物料信息、生产信息、管理信息和业务流程与组织再造等环节，使数据在各环节都能够被读取和准确识别，并促进物理系统和数字系统的融合，以及通信、控制和计算的融合，从而营造信息物理系统的执行环境。

5）智能化

智能制造追求的终极目标是智能化，要实现智能制造就必须真正意义上的实现智能控制。自动化、信息化、数字化和网联化均是实现智能制造的基础，具备了这些基础条件的企业，就可以形成自主的动力电池制造专家系统，通过大数据及云计算等技术在动力电池再制造过程中实现自诊断、自分析、自纠错和自决策等高级控制，并对生产过程中的质量错误进行及时诊断并实施高效纠错，减少工序中断环节，提高生产效率和产品品质。智能制造对工业知识的生成和传承主要依赖机器，机器可以突破人在认知方面的限制，会对制造过程中产生的海量数据进行学习，通过一定的算法进行数据训练，形成数字模型，并为再制造过程中的错误进行纠错和调整，使制造一直处于正常高效的工作模式。

4. 智能工厂硬件集成

智能工厂要想具备上述六项核心业务能力以及四项关键能力，必须配备相应的硬件、软件及系统，将软硬件采集的信息进行整合，利用平台优势发挥作用。

下面对智能工厂主要集成内容进行介绍。

1）智能厂房

智能工厂的厂房设计，引入建筑信息模型（BIM），通过三维设计软件进行工厂建模，尤其是水、电、气、网络和通信等管线的建模；使用数字化制造仿真软件对设备布局、产线布置和车间物流进行仿真。

同时，要规划智能视频监控系统、智能采光与照明系统、通风与空调系统、智能安防报警系统、智能门禁一卡通系统及智能火灾报警系统等。采用智能视频监控系统，通过人脸识别技术以及其他图像处理技术，可以过滤掉视频画面中无用的或干扰信息，自动识别不同物体和人员，分析抽取视频源中关键有用信息，判断监控画面中的异常情况，并以最快和最佳的方式发出警报或触发其他动作。

2）先进的工艺设备

工艺设备是工厂智能化的基础单元，制造企业在规划智能工厂时，必须高度关注智能装备的最新发展。动力电池生产工艺设备更新换代和升级尤其快速，如涂布分切一体机、辊压分切一体机、激光模切分切一体机、全自动卷绕机、高速复合叠片机、垛式化成分容机等逐步被行业应用到生产中，提高了生产效率、减少了输送量。

产线装备自身的自动化程度正逐步提高。通过传感器、数控系统或 RFID、5G 与自动化物流系统进行信息交互，通过数字化仪表接受能源管理系统能耗监控，通过控制系统、网络通信协议、接口与 MES 系统进行信息交互，进行生产、质量、能耗和设备综合效率（OEE）等数据采集，并通过电子看板显示实时的生产状态；产线具有一定富余，如产线上有设备出现故障，能够及时调整到其他设备上进行生产；针对人工操作的工位，能够给予智能的提示，并充分利用人机协作。

设计智能产线需要考虑如何节约空间，如何减少人员移动，如何进行自动检测，从而提高生产质量和生产效率；分析哪些工位应用自动化设备及机器人，实现工厂的少人化甚至无人化需求。

3）自动化物流系统

智能工厂建设中，智能化物流十分重要。工厂规划时要尽量减少无效的物流输送，充分利用空间、提升输送效率，避免人员的烦琐操作和误操作，实现自动化输送系统与工业互联系统、企业 ERP 系统的信息交互，实现工厂物流的透明化管理。

动力电池工厂中自动化物流系统的应用非常广泛，主要有自动化立库及输送系统、智能提升装置、堆垛机、AGV（自动导引车）和机器人等，主要硬件如图 7-65 所示。

图 7-65　物流系统主要硬件图

电池工厂的自动化物流系统规划时，还要充分考虑到电池生产的消防安全问题，如电池带电后的自动化立体仓库要配置烟感控、温度传感器及消防报警、喷淋灭火系统等。

4）生产管理系统

工业互联是智能工厂规划落地的关键手段[8]。工业互联是面向车间执行层的生产信息化管理系统，上接 ERP 系统，下接现场 PLC 程序控制器、数据采集器、条形码和检测仪器等设备。构建适合电池制造工艺的 MES 系统，是为了最终完善电池生产制造信息系统，实现智能工厂乃至工业 4.0，推进工业互联网建设。

实现工业互联应用，最重要的基础就是要实现设备互联 M2M，即设备与设备之间的互联，建立工厂网络。设备与设备之间的互联，需要制定通信方式（有线、无线）、通信协议和接口方式、采集数据处理等，需建立统一的标准。

7.5.3　锂电数字化车间数据集成

1. 数字化车间现场网络架构

数字化车间网络架构的设计、软/硬件系统的配置要求应根据动力电池数字化车间的特点和功能需求确定，动力电池数字化车间网络架构如图 7-66 所示。

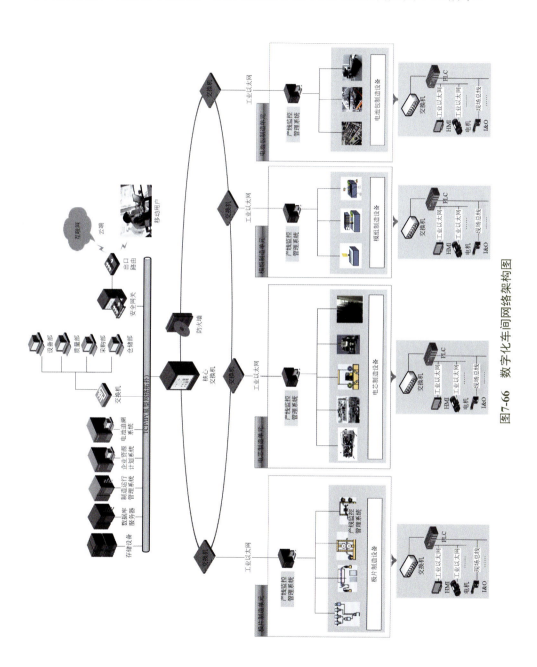

图7-66 数字化车间网络架构图

2. 数据集成架构

数据集成是把不同来源、格式、特点性质的数据在逻辑上或物理上有机地集中组合成可信的、有意义、有价值的信息，从而为用户提供全面的数据共享。是技术和业务流程的组合。数字化车间集成架构图如图 7-67 所示。

先进动力电池智能制造需要建立起体系化的生产执行制造及应用服务平台，图 7-67 描述了该平台的架构，平台分为 L1～L5 五层架构。

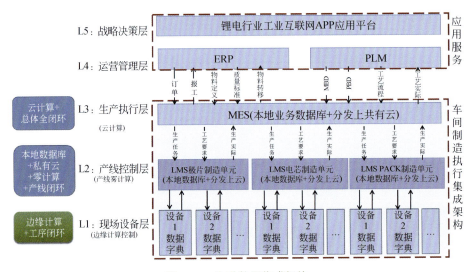

图 7-67　先进数据集成架构

L1 现场设备层：主要包括动力电池生产设备，通过建立规范的数据字典对设备对象进行抽象描述，实现设备数据采集与集成，利用智能硬件和软件算法实现边缘计算及工序闭环。

L2 产线控制层：按动力电池制造过程分工段实现产线生产过程管控，同时实现本地数据处理及数据向上层系统分发，使用私有云计算及雾计算的方式实现产线闭环。

L3 生产执行层：实现车间级的生产过程管控，同时与企业运营管理、决策系统进行集成，利用云计算等技术手段实现数字化车间全闭环。

L4 运营管理层：包括 PLM，ERP 等工厂信息化系统，实现工厂级的资源调度，包括设计、生产、物流、库存、订单、财务等资源的优化整合。

L5 战略决策层：主要是构建科学的企业级经营决策体系，利用全面准确的数据分析，形成一系列应用服务系统，给企业运营、战略决策提供有力的支持。

3. 数据集成信息流

动力电池数字化车间制造过程数据集成主要信息流如图 7-68。

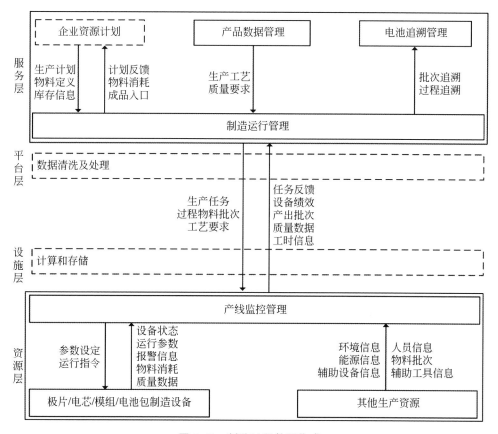

图 7-68 制造过程数据集成

4. 数据采集方式及数据集成要求

动力电池数字化车间各组成单元之间的数据采集层次如图 7-69。

车间数据采集主要包括基础层、车间层、管理层三个层次，其中较为重要的设备数据采集方式如下：

1）传感器数据应通过输入输出或通信（如现场总线或工业以太网）等方式进行数据采集；

2）文档数据包括设备运行过程记录信息、CCD 检测图片、设备在线测试记录数据等，应通过直接从设备拷贝或通信等方式进行数据采集；

3）数据库数据应通过数据库同步的方式进行数据采集；

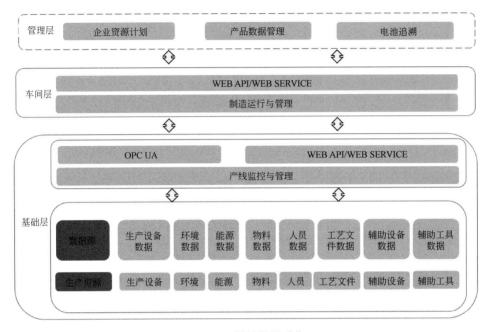

图 7-69　储能数据采集

4）接口数据应通过设备开放的特定接口（如 WEB API 或 WEB SERVICE）进行数据采集。

5）能源数据应通过人工记录或从水、电、气等计量仪器自动读取的方式进行数据采集。

7.5.4　电池无人工厂

无人工厂的意义：从电池整个制备过程看，人是最大的湿度来源，人工操作的不确定性和随意性难以保证 CPK1.0 以上的质量要求。

目前电池工厂基本上处于单机自动运行，AGV 自动上下料，但是辅料和废料都是人工处理，属于 L0 级的无人化工厂级别。智能工厂的目标是建立 L4 级的黑灯工厂，完全实现工厂的无人化。如图 7-70 为无人化工厂的分级要求。

无人化工厂级别	L0	L1	L2	L3	L4
	规划级 单机自动化	规范级 工序一体化	集成级 信息贯通化	优化级 制造智能化	引领级 黑灯工厂
信息传递 (PDM、CAPP)	手动输入 固定程序	物料传递信息 程序模块化	一键下达 控制语言化	一键下达 程序自适应	一键下达 透明工厂
机器操作	人操作监控 机器	人启动机器	单元集控 监管运行	单元集控 自治运行	待机一键启动
质量监控	人监控质量	自动检测质量	自动判断质量	质量全闭环	质量免检
设备运维	事后维修	预测性维护	健康管理	机器学习运维	健康运维
制造安全管控	人监控管理	安全自诊断	安全监控	安全预警闭环	安全全闭环
物料传送	人工上下物料 辅料人工 废料人工	物料自动 辅料人工 废料单机收集	物料带信息流 辅料人工回收 废料集中处理	辅料人工回收 废料自动处理	物料黑箱进出

图 7-70　无人工厂等级要求

参 考 文 献

[1] 阳如坤. 先进储能电池智能制造技术与装备[M]. 北京: 化学工业出版社, 2022.

[2] 中国标准化研究院. 国家标准体系建设研究[M]. 北京: 中国标准出版社, 2007.

[3] 杨绍斌, 梁正. 锂离子电池制造工艺原理与应用[M]. 北京: 化学工业出版社, 2019.

[4] 彭瑜, 刘亚威, 王健. 智慧工厂: 中国制造业探索实践[M]. 北京: 机械工业出版社, 2016.

[5] 崔少华. 锂离子电池智能制造[M]. 北京: 机械工业出版社, 2022.

[6] 刘强, 丁德宇. 智能制造之路[M]. 北京: 机械工业出版社, 2017.

[7] 孙巍伟, 卓奕君, 唐凯, 等. 面向工业4.0的智能制造技术与应用[M]. 北京: 化学工业出版社, 2022.

[8] 孙延明, 宋丹霞, 张延平. 工业互联网: 企业变革引擎[M]. 北京: 机械工业出版社, 2021.